经以济世

建德开来

贺教育部

老科技问项目

启动之际

季羡林
九六又七月八

教育部哲学社会科学研究重大课题攻关项目

地方政府改革与
深化行政管理体制改革研究

RESEARCH ON LOCAL GOVERNMENT
REFORM AND THE DEEPENING
OF ADMINISTRATIVE SYSTEM REFORM

沈荣华

等著

经济科学出版社
Economic Science Press

图书在版编目（CIP）数据

地方政府改革与深化行政管理体制改革研究／沈荣华等著．
—北京：经济科学出版社，2013.5
教育部哲学社会科学研究重大课题攻关项目
ISBN 978－7－5141－2933－5

Ⅰ.①地… Ⅱ.①沈… Ⅲ.①地方政府－行政管理－体制研究－研究－中国 Ⅳ.①D625

中国版本图书馆 CIP 数据核字（2013）第 013140 号

责任编辑：王　丹
责任校对：杨晓莹
版式设计：代小卫
责任印制：邱　天

地方政府改革与深化行政管理体制改革研究
沈荣华　等著
经济科学出版社出版、发行　新华书店经销
社址：北京市海淀区阜成路甲 28 号　邮编：100142
总编部电话：88191217　发行部电话：88191537
网址：www.esp.com.cn
电子邮件：esp@esp.com.cn
北京季蜂印刷有限公司印装
787×1092　16 开　27.25 印张　520000 字
2013 年 5 月第 1 版　2013 年 5 月第 1 次印刷
ISBN 978－7－5141－2933－5　定价：68.00 元
（图书出现印装问题，本社负责调换。电话：88191502）
（版权所有　翻印必究）

课题组主要成员

（按姓氏笔画为序）

王扩建　王荣庆　张　晨　芮国强
余敏江　钟伟军　容　志　黄建洪
葛建一　蓝慰青

编审委员会成员

主 任 孔和平　罗志荣
委 员 郭兆旭　吕　萍　唐俊南　安　远
　　　　文远怀　张　虹　谢　锐　解　丹
　　　　刘　茜

总　序

哲学社会科学是人们认识世界、改造世界的重要工具，是推动历史发展和社会进步的重要力量。哲学社会科学的研究能力和成果，是综合国力的重要组成部分，哲学社会科学的发展水平，体现着一个国家和民族的思维能力、精神状态和文明素质。一个民族要屹立于世界民族之林，不能没有哲学社会科学的熏陶和滋养；一个国家要在国际综合国力竞争中赢得优势，不能没有包括哲学社会科学在内的"软实力"的强大和支撑。

近年来，党和国家高度重视哲学社会科学的繁荣发展。江泽民同志多次强调哲学社会科学在建设中国特色社会主义事业中的重要作用，提出哲学社会科学与自然科学"四个同样重要"、"五个高度重视"、"两个不可替代"等重要思想论断。党的十六大以来，以胡锦涛同志为总书记的党中央始终坚持把哲学社会科学放在十分重要的战略位置，就繁荣发展哲学社会科学做出了一系列重大部署，采取了一系列重大举措。2004年，中共中央下发《关于进一步繁荣发展哲学社会科学的意见》，明确了新世纪繁荣发展哲学社会科学的指导方针、总体目标和主要任务。党的十七大报告明确指出："繁荣发展哲学社会科学，推进学科体系、学术观点、科研方法创新，鼓励哲学社会科学界为党和人民事业发挥思想库作用，推动我国哲学社会科学优秀成果和优秀人才走向世界。"这是党中央在新的历史时期、新的历史阶段为全面建设小康社会，加快推进社会主义现代化建设，实现中华民族伟大复兴提出的重大战略目标和任务，为进一步繁荣发展哲学社会科学指明了方向，提供了根本保证和强大动力。

高校是我国哲学社会科学事业的主力军。改革开放以来，在党中央的坚强领导下，高校哲学社会科学抓住前所未有的发展机遇，紧紧围绕党和国家工作大局，坚持正确的政治方向，贯彻"双百"方针，以发展为主题，以改革为动力，以理论创新为主导，以方法创新为突破口，发扬理论联系实际学风，弘扬求真务实精神，立足创新、提高质量，高校哲学社会科学事业实现了跨越式发展，呈现空前繁荣的发展局面。广大高校哲学社会科学工作者以饱满的热情积极参与马克思主义理论研究和建设工程，大力推进具有中国特色、中国风格、中国气派的哲学社会科学学科体系和教材体系建设，为推进马克思主义中国化，推动理论创新，服务党和国家的政策决策，为弘扬优秀传统文化，培育民族精神，为培养社会主义合格建设者和可靠接班人，做出了不可磨灭的重要贡献。

自2003年开始，教育部正式启动了哲学社会科学研究重大课题攻关项目计划。这是教育部促进高校哲学社会科学繁荣发展的一项重大举措，也是教育部实施"高校哲学社会科学繁荣计划"的一项重要内容。重大攻关项目采取招投标的组织方式，按照"公平竞争，择优立项，严格管理，铸造精品"的要求进行，每年评审立项约40个项目，每个项目资助30万～80万元。项目研究实行首席专家负责制，鼓励跨学科、跨学校、跨地区的联合研究，鼓励吸收国内外专家共同参加课题组研究工作。几年来，重大攻关项目以解决国家经济建设和社会发展过程中具有前瞻性、战略性、全局性的重大理论和实际问题为主攻方向，以提升为党和政府咨询决策服务能力和推动哲学社会科学发展为战略目标，集合高校优秀研究团队和顶尖人才，团结协作，联合攻关，产出了一批标志性研究成果，壮大了科研人才队伍，有效提升了高校哲学社会科学整体实力。国务委员刘延东同志为此做出重要批示，指出重大攻关项目有效调动各方面的积极性，产生了一批重要成果，影响广泛，成效显著；要总结经验，再接再厉，紧密服务国家需求，更好地优化资源，突出重点，多出精品，多出人才，为经济社会发展做出新的贡献。这个重要批示，既充分肯定了重大攻关项目取得的优异成绩，又对重大攻关项目提出了明确的指导意见和殷切希望。

作为教育部社科研究项目的重中之重，我们始终秉持以管理创新服务学术创新的理念，坚持科学管理、民主管理、依法管理，切实增强服务意识，不断创新管理模式，健全管理制度，加强对重大攻关项目的选题遴选、评审立项、组织开题、中期检查到最终成果鉴定的全过程管理，逐渐探索并形成一套成熟的、符合学术研究规律的管理办法，努力将重大攻关项目打造成学术精品工程。我们将项目最终成果汇编成"教育部哲学社会科学研究重大课题攻关项目成果文库"统一组织出版。经济科学出版社倾全社之力，精心组织编辑力量，努力铸造出版精品。国学大师季羡林先生欣然题词："经时济世　继往开来——贺教育部重大攻关项目成果出版"；欧阳中石先生题写了"教育部哲学社会科学研究重大课题攻关项目"的书名，充分体现了他们对繁荣发展高校哲学社会科学的深切勉励和由衷期望。

　　创新是哲学社会科学研究的灵魂，是推动高校哲学社会科学研究不断深化的不竭动力。我们正处在一个伟大的时代，建设有中国特色的哲学社会科学是历史的呼唤，时代的强音，是推进中国特色社会主义事业的迫切要求。我们要不断增强使命感和责任感，立足新实践，适应新要求，始终坚持以马克思主义为指导，深入贯彻落实科学发展观，以构建具有中国特色社会主义哲学社会科学为己任，振奋精神，开拓进取，以改革创新精神，大力推进高校哲学社会科学繁荣发展，为全面建设小康社会，构建社会主义和谐社会，促进社会主义文化大发展大繁荣贡献更大的力量。

教育部社会科学司

前　言

本书为沈荣华教授主持的教育部哲学社会科学研究重大课题攻关项目"地方政府改革与深化行政管理体制改革研究"（项目批准号：06JZD0033）的最终研究成果。从破题而言，本书的思维逻辑应该是以丰富多彩的地方政府改革的行为方式与具体内容为载体，以地方政府的创新亮点、热点、难点为内容，进而将它们提升与归纳，并作为分析与研究我国行政管理体制改革进路与规律的依据。显然，这是一个艰巨的使命，随着课题的进展，这种感觉越来越强烈，积累愈多，忧虑愈甚。

任何严肃的研究，都需要在充分把握问题发生场域的前提下展开。我国地方政府改革身处复杂的格局关系之中。第一，从纵向角度看，我国历史上民主传统与法治资源严重的制度性缺失，市场经济土壤也缺乏源泉与根基，这使当下地方政府改革面临着双重任务：一方面，政府职能转变必须与市场体系发育水平相适应，因此，经济发展、经济体制转型必然成为各级地方政府的当务之急；另一方面，发展经济的同时，要完成构建法治环境、民主制度与政府体制改革的有效衔接，经济体制转轨，政府运行机制嬗变，两重使命，孰轻孰重，始终是地方政府决策权重中的一大纠结。第二，从文化内涵看，历史上长期的官本位导向与人格中的奴化心态，一直占据着主流地位，这使当下地方政府改革面临着双重困境：一方面，由于社会缺乏内生性的驱动源泉，地方政府必须充当改革的动力，"全能政府"的影魅一时还难以完全摆脱；另一方面，在地方政府改革中，地方政府现有的体制本身就是改革的对象，在社会力量与制约机制尚未形成与成熟之际，目前的文化质量与内涵，还不足以构成推动改革进步的整体心理储备与舆论氛围。第三，从权力结构看，中央集权的政治架构使地方政府主体性角色模糊多变，角色的变数与角色期待成为两难：一方面，地方服从中央是最适合我国整体格局的制度设计，维护中央政府的权威是国体、政体的使命；另一方面，地方政府的自主创新，是推动与垒砌我国整体行政管理体制改革的直接动力与基石。然而，从微观层面考察地方政府自主创新，其角色与地位往往在收权与放权的调控中飘忽左右，时而清晰时而不够确定。第四，从改革策略看，我国改革基本处于经验不足、理论不足、整体思路不足的状态，这使地方政府改革模式既丰富多彩，又五花八门，再加上地方核心行动者（本书主要指地方党政主要领导人）的思路、风格、魄力的差异性明显，从而使地方政府改革呈现出多变的格局：一方面，"摸着石头过河"的理论启动了改革进程，经济总量大幅增加，整体国力大大提升，从而赢得了国际的高度关注。其中，"发展是硬道理"的旗帜具有巨大的号召力，它代表了整个中华民族的共同呼声；另一方面，GDP导向成为地方政府之间政治锦标赛中最响亮的哨号，GDP唯重原则使地方政府的价值选择成为悖论。时至今日，我们开始惊呼"硬发展不是道理"。而改革实际上也并没有厘清表面与深层、现象与内核的差序，往往涉及改革深水区的时候，总会表现得举步维艰。第五，从改革战略看，它关系到改革的三个方面，一是改革的目标，二是稳定压倒一切的战略判断，三是法治战略地位的认知。简单地讲，也就是为什么改革？在什么环境下改革？如何改革？三大战略关系给改革提出了更高的要求。一方面，改革为了人民，改革为实现和保护人民根本利益的目标坚定不移，法治与稳定是改革最理想的环境。因此，改革为人民的出发点以及创造最佳改革环境的追求，是地方政府肩上等量齐观的双重任务；另一方面，稳定压倒一切的首要原则，在部分地方政府实践与理解中显露出令人担忧的负面效应。实际案例反复提醒我们，不少地方要了金山银山，丢了绿水青山，要了经济增长的数据，破坏了人民正常生活、正常生存的环境。不少地方把稳定当成搞定、把水平当成摆平，颠倒民生与稳定的关系，把保民生促稳定误解成保民生为稳定。不少地方政府将法治的战略地位降格为策略，把治国的方略异化为与发展经济平起平坐的具体任务,等等。这就是我国行政体制改革总体场景的特写与烙印,它深深嵌入地方政府改革之中。

除此以外,我国地方政府改革还面临着众多主观上的制约性因素。第一,普遍的求快心态。在"追赶式"、"跨越式"发展的求快氛围中,政府职能的有限性与有效性总是难顾两全,在行政权强力助推改革的过程中,极易失去对权力结构的调整和规范,致使体制改革难以触碰实质;第二,求好的心态。从革命战争年代走过来的执政党,难免打上理性主义的色彩。我们在破坏旧世界之后,总希望建设一个全新的世界。于是,在城市建设中,不少地方政府为了修一条漂亮的马路,竟对文物不珍惜、不保护、不保留。在建筑物的标准与规划设计上,往往追求最高、最大、最气派。不少地方政府为了脸面、为了声势,不计算成本、不考虑财力、不顾及人民的意见,铺张浪费,搞花架子、摆空架子;第三,求利的诱惑与羁绊。在我国分权式的地方集权改革中,各地政府成为一定意义上的利益主体,开始寻求地方或区域的本位利益,而地方官员晋升的考核标准则由原有的政治忠诚逐步转变为经济绩效的权重。在这种求官、求利的驱使下,相当程度上对地方生态产生了深刻的影响。致使现有的、带有普遍意义的改革节点,基本都未能对权力关系以及权力与权利关系做出适应性的调整,致使改革往往表现为轰轰烈烈的场景,缺乏实质性的内容。

经过30多年的改革开放,我国地方政府改革正进入"深水区",逼近"新拐点"。要想使改革走出新天地,就必须围绕服务人民的目标,突破人治色彩浓厚的路径依赖,实现政府公共服务化转型。其基本路径就是政府理念转变、权力权利结构转化、制度建设转身。

转变地方政府理念,主要指提升规律理念,要认识规律、敬重规律,把地方政府改革纳入到遵循社会发展规律中去。为此,地方政府改革必须逐步摒弃习惯性的行政命令方式和政治动员式手段,摒弃革命的浪漫主义色彩,以建设性的思路全面推进政府自身改革,办经济的事遵循经济规律,办政治的事遵循政治规律,并成为地方政府改革的定势思维,克服"唯政治"及政治经济不分、权力逻辑资本逻辑混同的简陋思维,实现经济发展的市场回归和政治发展的权力归位,从政府职能转变中促成社会的治理乃至善治;另外,更重要的是实现从国家本位到社会本位的观念转变，真正实践以人为本，这是一个极为核心的问题。当今世界的发展态势告诉我们，任何改革如果总是流于权力的自我服务，则不可能得到民众的真正支持。我们党和政府提出以人为本与科学发展观，就是要求地方政府改革的出发点和立脚点必须以保障和发展民众的权益为依归。一切从实际出发，寻求服务社会的最佳方式，寻求廉洁高效的服务路径，这是时代赋予地方政府改革不可推卸的使命。

转化权力权利结构，就是在权力至上性转化为职权有限性的过程中，将职能与责任作一个清晰的划分，有效形成权力良性配置构架，这个架构就是法治架构。要转化权力权利结构，关键在于要改变分权下的地方集权状态，梳理中央与地方之间的直线权力关系，追补分权中的制度建设，重构权力有效制衡法律结构。地方政府绝不能偏离党和国家的意志，只有把地方政府的行为置于更为明确、更为规范的程序要求和规则约束之中，才能保证有效实现并服务民众利益。转化权力权利结构的实质就是要认真对待权利和权利主体，通过提升弱者地位、保障弱势群体话语权，来提高人民利益的有效性。"法无禁止即自由"只能适用于人民与社会。更多营造社会与人民的自由空间，保障其在法定的范围内参与公共事务，有助于公民理性的增长，一个具有公共理性精神的社会才是一个更为安全的社会。政府主导并主控心思下对公民社会培育模式应该进行反思，我们主张政府适度放松规制，让社会有一个更加自主与内生性的发育空间，以便更有利于执政安全和政治稳定，以利于从人治向法治的转型。

制度建设转身，就是解决地方政府对制度体系的理解与执行问题，在提升制度的刚性化过程中，强化他律与自律的结合中，实现地方政府改革制度化。为此，权力中心必须进行顶层设计，以制度的赋权精确化与明晰化来防范权力对人民主体性价值的侵蚀。改革开放以来我国的制度总量增长很快，仅法律与法规的增长速度便可见一斑。但是，制度的整体性配套与相互衔接还存在漏洞，具体制度规定中的模糊性、法律法规条文中的空洞性、矛盾性仍然普遍，尤其是地方政府对制度的敬畏还显不足，因此，随处都能表现出执法不力、执法不公、执法不明。这个局面一定要改变，这种格局一定要突破，否则，制度的结构性优化与科学化就会成为一句空话。

实践是检验真假改革的标准,策略是考问改革优次的方法。地方政府改革的成功经验,将为行政管理体制改革提供难能可贵的财富;地方政府改革中出现的失误,将为行政管理体制改革提供寓意深刻的教训;地方政府改革实践中的模糊,将成为行政管理体制改革向前推进的研究课题。一句话,地方政府只有融合在人民之中,将改革中的智慧与创新、成功与失误、经验与教训汇成制度性资源,才能保证行政管理体制改革由表及里、由浅入深地向前有序推进。

沈荣华

摘 要

我国地方政府体制改革正如火如荼地向前推进，改革态势丰富多彩，学术研究硕果累累。30多年来，地方政府由单一的执行者演变为地方经济的组织者、调控者、服务者与推动者，也有少数地方政府表现为一定程度的懒惰者、贪婪者。地方政府如何创新，直接关系到我国行政管理体制改革的发展。本课题从四个层面展开研究。第一，从地方政府体制改革态势入手，思考地方政府取得巨大成就与存在不足的原因，分析上述"二者并存"的根源。第二，从逻辑的角度展示我国地方政府体制改革的进程：和谐社会与以人为本是地方政府体制改革的制度性起点；地方与中央政府权能定位的合理架构，是地方政府体制改革的关键；地方政府责任体系重构与问责制的完善，以及地方政府绩效评估常态化与科学化，是地方政府体制改革向纵深发展的前提；市场经济条件下，地方政府间关系呈现出协作、竞争、困惑、摩擦的现象，如何建构地方政府间协调、合作关系，是地方政府体制改革的重要任务。第三，思考地方政府改革与行政管理体制改革的关系，两者契合的关节点是对路径的分析。本课题认为，我国改革虽然成就斐然，却大多体现在机制层面，涉及体制内核的改革不深。体制改革必须从整体推进，必须打破自上而下、由内而外的单向性、单一性、行政性、"悬浮性"的路径依赖，转而进入双向性、多元性、互动性的轨道，改革方能由表及里、由浅入深。第四，反思改革发展中应着力解决的问题与对策建议，一定程度上将我们的学术研究实践化，也将我们的理论思考进一步深化。

Abstract

Local governments' reform in China has been carrying on continuously and widely, with the tendency of various reforms and numerous academic achievements. Since 1978, local governments have been gradually changed their roles from the sole executors to the organizers, regulators, service providers and promoters of local economy. Simultaneously, a few local governments have been demonstrated their lazy and greedy faces. How to conduct local Governments' innovation is directly related to the development of China's administrative system. Therefore, we have expanded the issue research from the following four aspects.

The first level is to objectively start from the overall situation of local governments reform, investigating the great achievements and shortcomings, and exploring the underlying reasons of the above two sides.

The second dimension is to rationally reveal the feasible path of local governments reform from the perspective of logic. Harmonious society and citizen-centered idea are the fundamental starting point of institutional reform for the local government system reform. The key to it is how to establish the powers and functions between local governments and central government. The prerequisite for the substantial development of local government system is to reconstruct the responsibility system and accountability system, and to progressively promote the normalization and scientifization of local government performance evaluation. Under the context of market economy construction, many complex phenomena have appeared, such as competition, confusion and friction between local governments. How to build the coordinate and cooperative relationships between local governments, is an important task in the local government system reform.

The third level is to deeply and practically analyze the inherent causality between the local government reform and administrative system reform. The essential meeting point of the above two is to explore the feasible reform path. Our study group holds the following point, that is though China's local government reform has acquired the striking achievements, most of them still remaining on the surface, belonging to the technical updates, seriously lack of touching the core issues on the political and administrative structure of powers and functions. Government system reform must be to promote organically and complete, must be to break the path dependence from the central government to the local governments, from the internal of government to the external of government, and must be to break abandon the traditional one-way, man-plunging, administrative and "*suspension*" ways. On the contrary, we must really and truly turn to the new reform ideas, which stress and advocate the two-way, manifold, rich and interactive government reform, so that the local government system reform can gradually achieve its goal from the periphery to the core and from the shallow to the deep.

The fourth level is to emphatically put forward sixteen suggestions, in order to deepen our theoretical thinking and put the academic research into practice.

目 录

第一章 ▶ 地方政府改革现状与我国行政管理体制改革评估　1

第一节　地方政府概述　2
第二节　我国地方政府改革的生态环境　11
第三节　当下我国地方政府研究的基本态势　30

第二章 ▶ 我国地方政府体制创新的制度性起点　52

第一节　和谐社会：地方政府体制创新的追求　52
第二节　以人为本与制度性起点　62
第三节　制度性起点与进程：中西现代化比较　70
第四节　制度性起点的逻辑关系：公民、公民社会与政府　78

第三章 ▶ 地方政府体制改革的目标：服务型政府　84

第一节　服务型政府概述　84
第二节　地方服务型政府的前沿窗口　92
第三节　行政服务中心与机制、体制　101

第四章 ▶ 中央—地方政府确权与地方政府的权能定位　111

第一节　中央统筹与地方自主性：央地确权的渊源　112
第二节　中央—地方博弈与确权的困境：基于土地调控政策的分析　131
第三节　中央—地方政府确权：原则与路径　146
第四节　中央—地方政府确权下的地方政府权能定位　156

第五章 ▶ 地方政府责任体系重构与行政问责制度化　165

第一节　地方政府责任的内涵及其体系　165

第二节　当下我国地方政府责任失范的表现　176
　　第三节　地方政府责任机制完善的方法　184
　　第四节　地方政府问责制是行政管理体制改革的催化剂　197

第六章▶地方政府关系调适与行政管理结构合理化　209
　　第一节　地方政府关系概述　209
　　第二节　我国地方政府关系的现状与困惑　217
　　第三节　地方政府之间的竞争与合作：域外的经验　231
　　第四节　我国地方政府关系调整机制再造　242

第七章▶地方政府绩效评估与行政管理体制改革评判常态化　250
　　第一节　地方政府绩效评估与行政管理体制改革　250
　　第二节　地方政府绩效评估的基本结构与价值诉求　257
　　第三节　我国当前地方政府绩效评估中的缺憾与不足　265
　　第四节　改进地方政府绩效评估的路径思考　269

第八章▶我国地方政府体制创新的影响与路径拷问　287
　　第一节　地方政府体制创新的影响　287
　　第二节　我国地方政府体制改革的路径反思　302
　　第三节　我国地方政府体制创新面临的新问题　312

第九章▶我国地方政府体制改革分析新模型　323
　　第一节　制度变迁与制度空间　323
　　第二节　地方政府体制改革的机制结构　336
　　第三节　地方政府体制改革的优化选择　342

第十章▶地方政府体制改革的具体对策　354

第十一章▶结论　383

附表　389

参考文献　392

后记　404

Contents

Chapter 1 Current Situation and the Evaluation of Reforming Local Governments and the Administrative System in China 1

1. A General Description of Local Governments   2
2. The Environment for Reforming Local Governments in China   11
3. Current Research on Local Governments in China   30

Chapter 2 The Start of Innovating Local Government Administration   52

1. Harmonious Society: Pursuits of Local Government Renovation   52
2. The People-oriented Institutional Start of Administrative System   62
3. Institutional Start and Procedure   70
4. The Logic of the Institutional Start: Citizens, Civil Society and Government   78

Chapter 3 The Goal of Reforming Local Government: Service-oriented Government   84

1. General Description of Service-oriented Government   84
2. The Leading Edge of Service-oriented Local Government   92
3. Mechanism and System of Administration Service Center   101

Chapter 4 The Position of Central and Local Government in Power Management: the History of Power Centralization   111

1. Macro-Control Model for Central Government and Autonomous-Control Model for Local Government   112
2. Contradiction in Power Division between Central-local Governments: Analysis of the Land Control Policy   131
3. Power Division between Central-local Governments: Rules and Methods   146
4. Strategic Arrangement of Local Government's Position in Power Division between Central-local Governments   156

Chapter 5 Reconstruction of Local Governments' Responsibility System and Institutionalization of Administrative Accountability   165

1. Main Concepts of Local Governments' Responsibility   165
2. Problems of Local Governments' Dereliction in Administration   176
3. Methods of Improving Local Governments' Accountability System   184
4. Local Governments' Accountability System as the Catalyst of Administrative Reform   197

Chapter 6 Adjust Mutual Relation of Local Governments and Rationalize the organization of Administrative Management   209

1. An overview of Local Governments' Relation   209
2. Current Condition and Dilemma of Relation among Local Governments   217
3. Competition and Cooperation among Local Governments: Foreign Experience   231
4. Reconstruction of Mechanism among Local Governments in China   242

Chapter 7 Normalization of Performance Evaluation and Administrative Systematic Reform of Local Government   250

1. Performance Evaluation and Administrative Systematic Reform of Local Government   250

2. Basic Construction and Value Proposition of Local Government Performance Evaluation 257

3. Insufficient in Local Government Performance Evaluation at Present in China 265

4. Routine Reflection in Improving Local Government Performance Evaluation 269

Chapter 8   Influences and Routines of Local Government Systematic Reform in China 287

1. Influences of Local Government Systematic Innovation in China 287
2. Routine Reflection of Local Government Systematic Innovation 302
3. New Issues Local Governments Confronted with in Local Government Systematic Reform in China 312

Chapter 9   New Analysis Model of Local Government Systematic Reform in China 323

1. Institutional Reform and Institutional Space 323
2. Structure of Mechanism of Local Government Systematic Reform 336
3. Optimized Selection of Local Government Systematic Reform 342

Chapter 10   Specific Countermeasures of Local Government System Reform 354

Chapter 11   Final Conclusion 383

Appendix 389
Reference 392
Postscript 404

第一章

地方政府改革现状与我国行政管理体制改革评估

从20世纪70年代末以来,历时30多年的中国政府体制改革,波澜壮阔、轰轰烈烈。其中,地方政府一直在变革着,主要体现在角色形态、基本功能、行为模式、作风态度、价值导向等方面,其积极功能被极大地释放出来,成为地方经济与社会发展过程中的最为重要的推动力之一,并得到了世界广泛的承认和赞誉,甚至被认为是30年中国"经济奇迹"或"中国模式"、"中国道路"最为重要的独特的政府体制因素[1]。然而,同时令人愤懑与不安的是,在改革中,部分地方政府腐败、公共权力滥用的现象日益严重并有泛滥成灾之势。这些问题被很多人用改革以来地方政府角色和功能转变的因素来加以解释[2]。何以形成这种令人迷惑不解的重叠并举现象?这与我国在特殊政治经济环境下地方政府体制改革多元态势之间,有没有内生的逻辑关系?过去30多年我国地方政府改革经常采用的形式、方法、策略、手段等方面是不是需要重新审视,以期对进一步深化行政管理体制改革提供一些新的启示?这便是本课题研究的主旨。

---

[1] Jin, Hehui, Yingyi Qian and Berry Weingast. Regional Decentralization and Fiscal Incentives: Federalism, Chinese Style, Journal of Public Economics, 89, 2005, pp. 1719-1742.

[2] 杨善华、苏红:《从代理型政权经营者到谋利型政权经营者》,载于《社会学研究》2002年第1期。

第一节 地方政府概述

我国目前的地方政府是一个复杂而庞大的体系。宪法意义上的地方政府与实践状态中地方政府并不完全对称。各国对地方政府的认识差异很大。我国有一般意义上的地方政府、自治型地方政府、民族性地方政府，还有世界首创的特别行政区的地方政府。根据中央政府的承诺，台湾回归以后，将实行更具特色的地方政府制度。在西方，地方自治程度较高的国家，人们往往将地方政府视同为地方自治；而在一些中央集权的国家，人们又称之为地方行政或地方政权。

一、地方政府研究的论域界定

对地方政府概念的界定，反映在西方学术界差异很大。《国际社会科学百科全书》写道，"地方政府一般可以认为是公众的政府，它有权决策和管理一个较小地区内的公众政治，它是地区政府或中央政府的一个分支机构。地方政府在政府体系中是最低一级，中央政府为最高一级，中间部分就是中间政府（如州、地区、省政府等）。"《美利坚百科全书》认为，"地方政府，在单一制国家，是中央政府的分支机构；在联邦制国家，是成员政府的分支机构。"[①] 美国政治学者多数认为，联邦国家的成员政府不属地方政府的范围。《布莱克维尔政治学百科全书》认为，地方政府是"权力或管辖范围被限定在国家的一部分地区内的一种政治机构，经过长期的历史发展，在一国政治机构中处于隶属地位，具有地方参与权、税收权和诸多责任"[②]。从上述较为权威的辞书中，地方政府并不完全都是与中央政府相对应的一个概念，其间或还有一个中间政府，或是中央政府的分支机构，或是"具有地方参与权、税收权和诸多责任"的自治主体。

（一）我国地方行政区划制度

根据《中华人民共和国宪法》第三十条：中华人民共和国的行政区域划分如下：(1) 全国分为省、自治区、直辖市；(2) 省、自治区分为自治州、县自

---

① 薄贵利：《近现代地方政府比较》，光明日报出版社 1988 年版，第 1 页。
② [英] 戴维·米勒、韦农·波格丹诺：《布莱克维尔政治学百科全书》，邓正来译，中国政法大学出版社 1992 年版，第 421 页。

治县、市；(3) 县、自治县分为乡、民族乡、镇。直辖市和较大的市分为区、县。自治州分为县、自治县、市。自治区、自治州、自治县都是民族自治地方。也就是说，宪法确定了我国省级—县级—乡级三层行政区划。

但是，多次行政体制改革的结果，却大大增加了行政区划的现实层级，行政区划现实层级与宪法的规定显然相背离。目前，我国行政区划层级采用虚实结合的体制（虚为准行政区）。以层次划分为四类，以实虚划分为八种：

第一，三个层次，二实一虚，即直辖市—市辖区—街道；省、自治区—市—街道。

第二，三个层次，三实无虚，即直辖市—市辖区、县—乡镇；省、自治区—自治州、市、县—乡、镇、民族乡。

第三，四个层次，二实二虚，即省、自治区—地区、盟—县级市—街道。

第四，四个层次，三实一虚，即省、自治区—地区、盟—县、自治县、县级市—乡；省—县—县辖区—乡。

第五，四个层次，四实无虚，省—地级市—县（县级市）—乡。

第六，五个层次，三实二虚，即省—地区、盟—县级—县辖区—乡。

第七，五个层次，四实一虚，即省—自治州—县—县辖区—乡。

第八，六个层次，四实二虚或三实三虚，特指新疆伊犁哈萨克族自治州，即自治区—自治州—地区—县、自治县、县级市—县辖区—乡、镇、民族乡、街道。

从1981年到2004年，我国县级以及县级以上行政层次中虚体层级在减少，实体层级在增加（见表2-1）。

表2-1 我国行政区划层级变化情况

年份 层级	1981		2004	
	虚	实	虚	实
省级	0	30	0	34
地级	178	139	20	313
县级	0	2 728	0	2 862
乡级	4 965	57 046	5 826	37 426

地方行政体制纵向层级过多的副作用之一是管理幅度偏小，以2004年为例，全国31个省级行政区（不包括台湾、香港、澳门）管辖333个地级行政区，下辖2 862个县级行政区，下辖43 255个乡级行政区。平均每个省级行政区管辖

10.7个地级行政区，每个地级行政区管辖8.6个县级行政区，每个县级行政区辖15.1个乡级行政区。

2004年至今，我国行政区划没有大的调整，县级以上行政建制数量、类别基本没有变动，行政区划基本稳定，只调整部分城市的行政区划。这一阶段，我国只有新增了一个地级市，即甘肃省撤销了陇南地区和陇南县，设立了地级陇南市。同年我国增加了7个市辖区，其余的行政区域数量基本没有变动。2005年我国行政区划调整更少，成为1978年以来县级以上行政建制数量、类别唯一没有变更、调整的一年。

（二）省、市、县各级地方政府行政机构的基本组成

1. 省级人民政府。省级人民政府的工作部门包括组成部门、直属机构、议事协调机构、特设事业单位、办事机构以及其他。如山东省人民政府设置工作部门423个。其中，省政府办公厅和组成部门26个，直属特设机构1个，直属机构15个。省监察厅与省纪律检查委员会合署办公，列入省政府工作部门序列，不计政府机构个数。省政府办公厅挂省政府参事室的牌子；省机构编制委员会办公室为省机构编制委员会的常设办事机构，与省人事厅合署办公；省国土资源厅挂省测绘局的牌子；省民族事务委员会与省宗教局一个机构、两块牌子；省新闻出版局挂省版权局的牌子。省政府的工作部门基本上保持了与国务院工作部门的对应，以2007年各省人民政府的组成部门为例，我国各个省的组成部门在结构上基本相似，都有发改委、教委、科委、民委、建委、交通委、财政委等基本设置，一些省的组成部门在数量上多于其他省，其原因多为既往机构改革不彻底，未能按照中央部署完成机构的撤并，如天津市同时存在经济委员会与商务委员会，而北京则将这两个委员会的职能并入商务局。

2. 地级市人民政府。地级市是地方政府改革的产物，严格地讲，没有宪法上的地位。在机构设置上，由于国家垂直管理与省垂直管理的关系，地级市在机构设置上存在明显的条块格局，地级市的国税局、工商与物价局、质量技术监督局等单位被纳入"条管"单位，人、财、物等受上级主管部门控制，与地方政府之间是一种非正式的沟通与协作关系。在条管单位以外，地级市政府的工作机构基本与所属省级政府对应一致。

3. 县级政府。县制萌芽于西周，产生于春秋，发展于战国，定制于秦代县，之所以在中国历史上长存不衰，就是因为县的设置是因政治、行政和经济等综合因素集合而成的。新中国成立后，经县人民代表大会而产生县人民政府、法院、检察院，构成完整的县级国家机构。1982年宪法规定地方政府分为省、县、乡三级，由此，国家政权由县下沉到乡，这样，县就不再是政权的基层单位。截至

2006年年底，我国共有1 635个县，639个县级市。

非常有意思的是，尽管1982年宪法已将国家政权下沉到乡一级，但是，具体法律、法规却常常将县政府作为基层的执行主体。如2006年修订的《中华人民共和国义务教育法》规定，义务教育实行国务院领导，省、自治区、直辖市人民政府统筹规划实施，县级人民政府为主管理的体制（第7条）；2007年颁布的《廉租住房保障办法》规定，县级以上地方人民政府建设（住房保障）主管部门负责本行政区域内廉租住房保障管理工作等，显然，县级政府仍然在国家政权中占据重要地位。

（三）省以下垂直机关

20世纪90年代初期，随着中央一系列放权政策，地方政府发展经济的积极性空前高涨。1992年和1993年国民生产总值的增长速度分别为14.2%和13.5%，增长过快导致经济过热，朱镕基任副总理和总理期间，针对地方政府的财政与金融这两大财源，进行了毫不留情的截留，并在1994年开始对国税部门实行垂直管理。

1997年第一次中央金融工作会议上，国务院决定对银行都实行垂直管理，地方政府手中的金融权几乎被悉数上收。1998年11月份，国家决定对省以下工商行政管理机关实行垂直管理。1999年，国家又决定在全国省以下质量技术监督系统实行垂直管理。时任国务院副总理的吴邦国指出，质量技术监督系统的属地化管理体制难以保证独立、统一、严格、公正执法。实行垂直管理体制有利于排除各种干扰，保证执法的权威性和公正性，强化监督职能，加大执法力度。

2004年，中央决定在全国实行省以下土地垂直管理体制，主要是将省以下的土地审批权限、国土部门的人事权限统一集中到省级国土部门，以期对各级地方政府乱批土地、开发区热、土地闲置、批占耕地现象进行有力遏制。但这种垂直管理仍未能使土地资源垄断属性有所消解。2006年，国务院授权国土资源部对各地政府土地利用和管理情况进行监督检查，决定设立土地总督查办公室，并下令向地方派驻9个土地督查局，力抓土地管理、督查、执法工作。国家土地总监察是由国土资源部部长兼任，同时设立兼职副总督察1名，同国土资源部1名副部长兼任、专职副总督察（副部长级）1名。同年3月，国务院批准了《国家统计局直属调查队管理体制改革方案》，除了为提高新调查队的级别外，最重要的在于实行垂直管理，原因是政绩造假相当严重，"官出数字，数字出官"，统计数字严重失真。同年，国务院对国家统计局直属调查队进行管理体制改革，最重要的一点在于实行垂直管理，旨在解决地方统计数据失真导致干扰国家宏观调控的问题。

显然，地方政府是一个大概念，再加上中国特殊的历史原因和现实条件，如果泛泛研究地方政府，将可能脱离中国实际，所谈问题也只能是隔靴搔痒。本书将研究的目光聚焦于中国市、县两级地方政府。其原因有三：第一，从历史上看，中国的市、县一直是最稳定、变量最小的次省级行政单位，构成中国政府的基础[①]，并一直发挥着至关重要的作用；第二，从现实看，市、县政府是最完整的行政机关，其管辖人口和地域规模，都决定了其政府职能的完整和行为模式的齐全，向上承接地方政府的最高级——省级政府的指令与意志，向下面对地方政府的最低级——乡镇政府的管理活动，居承上启下地位，而且，数量众多，分布最广。因而，成为地方政府链条中的关键，改革也必然对市、县级地方政府有足够的要求。第三，从地位看，市、县级政府处于政府和社会的交汇点，与其他高层政府相比，市、县级政府与微观社会组织的联系更直接、更密切、更广泛；与其他低层政府相比，市、县级政府对微观社会组织的功能更齐全、更准确、更权威。从某种程度上讲，市、县级政府在整个政府体系中扮演着主要承载者的角色，它不仅较全面地反映出整个政府体系的运作和变迁，而且，政府和社会的互动，将更多地在这两个层级的地方政府身上得到集中展示。

二、地方政府职能的十大特征

就我国县、市两级地方政府来说，地方政府职能更具有多样性。我国县、市政府与省、自治区、直辖市、特别行政区政府以及乡镇政府有所不同，在政府体制改革的背景下，一方面，必须代表中央政府在所辖行政区域内履行政治统治职能和社会管理职能，"保一方平安"，守土有责；另一方面，一定程度上自主地决策与管理辖区内的社会公共事务。从目前来看，我国地方政府职能具有以下十大特征。

（一）执行性，也即从属性

我国地方政府遵循服从中央政府和上级政府与服从产生本级政府的人民代表大会相统一的原则。一方面，地方政府对国家宪法、法律、法规等国家意志、中央政府和上级政府的命令必须执行和服从；另一方面，地方政府要对上一级政府负责，又对本级人民代表大会负责并报告工作，地方政府在本级人民代表大会闭会期间，对本级人民代表大会常务委员会负责并报告工作。从逻辑上讲，地方政

---

① Marc Blecher, Vivienne Shue. Tethered Deer: Government and Economy in a Chinese County, CA: Stanford University Press 1996, p. 204.

府最终服从国务院,并最终服从全国人民代表大会及其常委会。可见,我国地方政府职能具有明显的执行性和从属性特征。

(二) 相对独立性

对地方政府来说,其优势是能在地方替代中央政府进行直接管理,从而克服中央政府对社会需求的非敏感性,以节省中央政府直接管理的成本。县市级政府是最具活力的地方政府,相对而言,这个层级的地方政府能更好地把握地方信息,能更直接了解市场主体的现状与走向,能更准确地听到基层人民的呼声和要求。如果简单适用上述执行性特征,就必然会遏制地方政府的生机和活力。按照宪法确定的"中央和地方的国家机构职权的划分,遵循在中央的统一领导下,充分发挥地方的主动性、积极性的原则",必须赋予地方政府一定的自主权和相对独立性。随着我国行政体制改革的深入,伴随着我国权力下放与上收的几度轮回,中央与地方政府的权力划分应该进一步法治化,地方政府职能的相对独立性也应该进一步明晰。在改革实践中,中央政府为了在试点地区推行某项政策或决策,往往授予该地区的地方政府以更大的独立性和自主权,默许其突破旧体制框架先行创新。创办经济特区、赋予一些地方政府以地方立法权、单项改革实验权便是最好的例证。可见,在中国,改革意味着适度分权,改革也意味着警惕地方政府相对独立性的过度发挥。分权的适度性就是法定化、明晰化,警惕与防范就必须规范化。其中,核心的问题是保护、引导和发展好地方治理的自主性。

(三) 多样性

地方政府千姿百态,其职能显然不可能整齐划一。同样是县市级政府,由于受制于当地的经济政治文化的发展水平,其职能的相对独立性是不平衡的。地方政府职能发挥得好坏,与当地的发展态势紧密相关。由于其辖区的不同特点,导致了地方政府职能内容和形式的多样性,构成了地方政府文化与形态的多样性,并直接影响地方政府活力与自主创新的多样性,这是构成我国地方经济发展丰富多彩的动力源泉。

(四) 动态性

地方政府职能不是一成不变的,政府改革与政府发展从未停止过。就当代中国来说,地方政府职能的动态性,因为经济体制的转变而显得尤为明显。从国内看,与经济体制改革要求相适应,政府必须从事无巨细的直接管制中解脱出来,显然,处在改革前沿的地方政府,其经济方面的职能无疑将发生巨大的变化;从世界看，置身于和平与发展为主题的当代国际环境，尤其是我国加入世贸组织，已经自觉地置身于世界范围内的政府改革、政府再造、政府治理与完善的浪潮中，我国地方政府的职能必将朝着政府文明的走向重构。我国各地全面建设小康社会的宏伟目标是明确的，时间表却有很大不同，何况具体情况又在不断变化，这就要求地方政府在实践中，妥善处理好政府职能的动态性与政府工作连续性的关系，从政府职能的动态发展中，内生出政府持久的信用与权威。但是，值得强调的一点是，地方政府职能的调整或发展，需要根据经济社会如市场、NGO 的发育程度来做出适度性，这需要政府职能中心的位移、政府权能的社会转移以及政府政策工具选择的准确性。

（五）有限性

地方政府的职能是有限的，不可能是全能的，也不可能是无限的。有限政府理论关注的焦点是：全能政府只能导致保姆型社会，不利于社会自立精神的培育和市民社会的成长；无限政府还会导致政府疲劳与贪婪。计划经济体制下的政府非常疲劳，干了很多费力不讨好的事情，不利于政府发展和政府文明。市场经济还很不成熟的今天，部分地方政府之所以导致贪婪，与其权力无限扩大有直接的关系。古往今来，任何政府都无法实现其"万能"与"无限"，即使有也是短暂或扭曲的，或者只是停留在理想之中难以实现。地方政府职能只能是有限的，其有限性表现在政府层次上、所处地域上以及文化背景上的差异性，因此，从原则上讲，必须明确赋予地方政府权力和职能的边界，具体规定每一个地方政府有限的职权、资源（包括信息、财政）使用权限以及权限的规模、职能的作用范围，同时，明确设置限制地方政府权力的程序、方法与手段，为政府越权、腐败乃至"死机"设置预防机制与补救机制。

（六）法定性

地方政府职能必须由宪法与一系列法律规范来确定，其中，尤以宪法和地方政府组织法等依据为最根本。随着市场经济体制的不断健全和完善，以及行政改革的不断深化，地方政府职能将在实践中逐步增强其明确性、规范性与法定性，由改革带来职能的变化，必须用相应的法律法规将改革的成果确定下来。地方政府职能的法定性主要表现为：依法规范各级地方政府的职能层次和内容，依法明确各级地方政府实现其职能的方法与路径，依法规定地方政府职能履行中的自由裁量度与边界，依法解决政府层次过多、职能交叉过乱、执法主体臃肿、权责关系脱节等实践中严重存在的问题。这便是我们常常提及的强化科层理性为基础的制度建设，以增强政府行为的程序化和规范性，逐渐减少不确定性，最终由法制政府走向法治政府。

（七）服务性

服务是地方政府职能的主要特征与内容。地方政府职能的设置与履行，从本质上说是行政为民，即地方政府为人民服务、为社会服务、为国家服务。服务型政府是对地方政府角色的准确定性。1997年世界银行在其发展报告中分析各国政府角色定位时指出，"一个有效的政府对于提供商品和服务——以及规划和机构——是必不可少的，这些商品和服务可以使市场繁荣，使人民过上更健康、更快乐的生活"。没有一个有效的政府，不论是经济的还是社会的可持续发展都是不可能的。在许多年前许多人士对此说过同样的话，但那时的意思主要是表明，发展必须由国家来提供与推动。自那时起，经验所传递的信息大多是大相径庭的：国家在经济与社会发展中的中心地位，"不是作为增长的直接提供者，而是作为合作者、催化剂和促进者而体现出来的"①。潘恩也说过，"政府不过是按社会的原则办事的全国性社团"②。这就是说，在现代社会，政府在公共服务中的角色及其重要性已经发生了很大的变化，政府服务内容和方式的多变性已经成为大势所趋。而地方政府则更直接面对服务对象，其服务职能将越来越增强。

（八）衔接性

无论哪一层级的地方政府，其职能都具有中介性。或地方政府介于中央政府和基层政府之间，或介于上级政府与民众之间，各级地方政府职能因而都具有承上启下的特点。在单一制的国家里，从行政效率的角度来看，地方政府的层级不宜过多，中介性环节越少，政府总体成本越低，行政效率就越高。因此，政府机构改革应考虑政府层级的精简和明确。我国地方政府的层级，有省（自治区、直辖市）、县、乡（镇）的三级制，还有省（自治区、直辖市）、市、县（县级市）、乡（镇）的四级制。这种设计思路，明显体现出浓重的计划经济色彩。过多地关注到治理局面的稳定性、政府体系的封闭性、政府角色的单一性以及管理幅度的技术性，却没有考虑到政府体系的开放对于社会与经济发展的重要性，以及社会参与转变政府职能的可能性。其实，社会中介组织的发育和成长，在某种程度上可以填补地方政府管理上的某些空白。地方政府层级精简后，社会中介组织就能更好地发挥作用。

---

① 世界银行：《1997年世界发展报告：变革世界中的政府》，中国财政经济出版社1997年版，第1页。

② ［美］潘恩：《潘恩选集》，马清槐等译，商务印书馆1982年版，第233页。

（九）区域性

地方政府职能具有地域性特征。任何一个地方政府，不管其层次多高，管辖幅度多广，总有一定的区域限制。地方政府职能的区域性包括两方面内容：第一，权限所属仅限于特定的区域范围；第二，权限所及仅限于特定的区域性事务。地方政府虽然被赋予许多权力，但是，行使这些权力的范围，仅限于它所管辖区域的对象与事务。世界上许多国家的地方选举中，都把该区域内的居民的居住期限作为地方选民的资格条件之一，这也从地方政府权力产生的角度说明了地方政府职能的区域性。另外，地方政府所管辖的事务必须因地制宜或按区域特征，其成效不影响全局或其他区域。在我国，即使在同一个区域内，有些事务也不属于地方政府的管辖范围，而由中央垂直管理部门的分支机构完成，如现在的工商行政管理、国土资源管理等。同时，地方政府还面临着不断创新的任务，面对世界经济一体化进程，地方政府还需要在更大区域范围寻求合作，在区域间的协调与合作上有所作为，其前提是地方政府以自身的权限为起点，以区域间的公共事务与区域间的共同利益为基点，探讨超区域之上的新结构创新。

（十）非对应性，又称非完整性

用传统的观点看来，地方政府无论大小，都应该"五脏俱全"。中央政府有经济职能、政治职能、文化职能、社会职能、决策职能、执行职能、监督（察）职能、行政立法职能以及公共服务职能，地方政府也应上下对应配套，不管哪一层级的地方政府，其职能结构也基本雷同。这种上下几乎千篇一律的政府结构对应性，在我国过去计划经济年代表现得非常突出，这一套政府职能体系适应并巩固了高度集权的计划经济体制，但是，在当下我国市场经济体制的推进中，却阻碍了我国行政体制改革的进程。在前几轮体制改革中，我们都以政府机构改革为突破口，但是，几轮政府机构改革都没有达到预期的效果，其重要原因之一就是上下对应的政府职能结构没有打破。经过30年改革的经验积累，应该明确地方政府职能的非对应性特点，打破上下、左右的职能同构格局，对不同层级、不同区域政府职能进行针对性的规划设计。实践已经非常清楚地表明，在不同层级、不同区域的地方政府行为中，其职能总量与结构大相径庭。例如，处于港口的地方政府需要配置港口管理职能，山区地方政府的林业管理职能和野生动物保护职能，应该比其他地方更为突出。即使是地方政府共同的公共服务职能，其对象群体、服务质量标准与内容侧重也都不尽相同。如果我们确立了这样的思路，并建立了这样的制度，那么，改革大业有望成功，地方政府的治理也将更加卓有成效。

第二节　我国地方政府改革的生态环境

行政生态环境不仅包括人文社会环境，还包括自然社会环境、国内环境、国际环境以及一市一县的微观环境。我国是一个单一制国家，中央政府的体制改革动向无疑直接影响着地方政府改革的向度。因此，这就需要我们考察新中国成立以来，特别是改革开放以来的体制改革对地方政府改革的影响。另外，随着市场经济体制的建立，公民社会也在我国得到逐步发展，地方政府在进行体制改革中又如何回应？

一、历次体制改革对地方政府改革的影响

新中国成立以来，我国进行了多次大规模的行政体制改革，这些改革既积累了一些宝贵的经验，也有过很多深刻的教训。但总的来说，这些改革，特别是改革开放以来的改革，使地方政府自主性增强和自利性复苏，拓展了地方政府改革的空间。

（一）改革开放前体制对地方政府的影响

新中国成立后，中央参照苏联的社会主义体制，建立了高度集权的政治体制和高度集中的计划经济体制。由于当时独特的政治生态，直到20世纪70年代，中央共发动了四次大规模的行政体制改革：1951~1953年改革、1954~1956年改革、1960~1964年改革、1966~1970年改革。这些改革的主旨基本都是精兵、简政、放权，总体上属于中央政府向地方政府单向度的权能调整，缺乏最高权力中心向地方放权的法治维度，其结果，每次放权总是陷入三个循环：一是精简—膨胀循环，改革实际上成为机构和人员的无谓增减；二是合并—分开循环，改革成为政府机构牌子和名称的无谓变更；最后是统一—放循环，改革成为政府权力在中央和地方上下之间的无谓摇摆或移动。而在高度集权的政治体制与高度集中的计划经济体制之下，中央的权力日益膨胀和不断渗透，地方逐渐沦为中央政府机构的延伸，沦为中央计划的执行者与中央向企业发布指令的中介，独立性与自主权日渐萎缩，丧失了作为一级地方政权必要的权力和地位，改革空间很小。

（二）改革开放后体制改革对地方政府改革的影响

20世纪70年代末，国家开始实行改革开放政策。经过改革开放前的几次改革，决策层认为权力高度集中，特别是中央政府权力过于集中，地方政府缺乏应有的自主权及领导、决定地方事务的积极性和主动性，成为旧行政体制的弊端。故而，下放权力就成为新时期行政体制改革的主线。小平同志还把放权上升到了中国体制改革基本着眼点的战略高度，认为这是解决旧体制弊端的一个重要突破口，提出要改变以往"过分强调反对分散主义、闹独立性，很少强调必要的分权和自主权"①的做法。为了适应变化了的政治、经济形势，从1982年开始，国务院进行了六次机构改革：1982年改革、1988年改革、1993年改革、1998年改革、2003年改革和2008年以来的大部制改革。这些改革虽然多少没有完全摆脱前面提及的三个循环，但是20世纪80年代以来的改革对于地方政府来说无疑增加了自主性，拓展了改革的空间。

改革开放之前，高度集中的统收统支的财政体制，自上而下的干部管理体制及政治忠诚为核心的激励机制，使得地方政府没有过多的自主权，也缺乏驱使其扩展自主空间的利益。而20世纪80年代以来，体制改革无疑对当前地方政府改革具有重大影响：

1. 自主性加强。所谓地方政府自主性是指"拥有相对独立的利益结构的地方政府，超越上级政府和地方各种行政影响力的社会力量，按照自己的意志实现其行政目标的可能性，以及由此表现出来的区别于上级政府和地方公众的意愿的行为逻辑"②。关于地方政府自主性，我们可以通过纵向地方政府与中央政府关系及横向地方政府与企业间关系来考察。

首先，对于中央与地方政府关系来说，在过去很长的时间里，地方政府的态度基本上处于无为的消极状态，具有防备性的制度设计趋向。自从20世纪70年代末实行体制改革以来，我国开始改变这种制度模式，把激发地方政府的积极性作为制度建设的重点，其中，改变地方政府在过去计划经济条件下被动的、僵化的执行者和权力传送者的消极功能，充分激发地方政府的积极性、主动性，成为体制改革的主要内容。

在单一制国家，央地关系的调整与调谐，是做好大国治理以及有效的地方治理的关键。中央与地方关系的改革是地方政府体制改革的首要内容，具有前提性的地位。自从我国启动了以放权让利为主线的中央地方关系改革以后，地方政府

---

① 《邓小平文选》第2卷，人民出版社1994年版，第329页。
② 何显明：《市场化进程中的地方政府角色及其行为逻辑》，载于《浙江社会科学》2007年第4期。

获得了广泛的权力，其中包括：一是地方财政管理和支配权增强。通过推行中央与地方的财政包干制，下放部分大中型国有企业管理权，扩大地方政府的财政管理和支配权限。从1980年开始，中央改变了统收统支的政策，先后实行了"划分收支、分级包干"（1980～1985年）、"划分税种、核定收支、分级包干"（1986～1988年）、"包死基数、逐年递增、多收自留、定额补助"（1989～1993年）等包干政策。与此同时，1984年以后，中央政府陆续发出了13个文件，向国有企业下放生产经营管理权力，这些原本直接下放给企业的权力实际上大部分都保留在了地方政府手中。这些放权改革，使地方政府拥有了相对独立的财权，有效地调动了地方政府改革的积极性。二是人事管理权下移。新中国成立以来，为满足中央高度集权的政治模式，我国在干部人事制度上形成了"下管两级"的干部分级管理体制，中央直接管理到地方的地厅级行政官员的选拔、任命和日常管理。三是管理地方事务的权限扩大。中央政府通过下放固定资产投资项目审批权、对外贸易和外汇管理权、物价管理权、物资分配权、旅游事类的外联权和签证通知权、工资调整权等，扩大了地方政府管理地方事务的权力。与此同时，中央还通过提高地方行政级别，建立开发区等政策，逐步放开大部分经济活动，大幅度缩小国家指令性计划的范围。此外，在国内投资、外贸、税收等领域，地方的权限也大幅提高①。

经过改革，地方政府的行政生态环境发生了重大改变。传统单一的中央高度集权的模式，开始让位于多元化的、中央集权与地方分权并存的新的格局。原有体制下中央权力集中过多、管得过死的状况，以及地方政府权力与职责长期相背离的不合理运行状态有了较大改观，拥有越来越多自主权的地方政府，开始真正成为一级公共事务管理的主体。

1992年邓小平南方讲话之后，中央和地方之间的分权思路更加明确，那就是更好地建立社会主义市场经济条件下的中央与地方政府关系新格局。在此思想指导下，一系列改革措施逐步推开。这些措施包括：一是1994年财税体制实行分税制，从而初步理顺了中央与地方的财政分配关系，逐步建立起规范的财政运行机制，为中央与地方事权的划分创造了前提条件，也为中央与地方关系规范化奠定了财政基础；二是1998年11月，党中央、国务院决定对中国人民银行管理体制实行改革，撤销省级分行，设立跨省区9家分行。这一改革，使我国货币政策的决策和实施进一步统一，从而增加了金融宏观调控的有效性，有助于确立中央在货币金融领域的权威，也有利于摆脱各地方地方保护主义干预；三是1998年实行粮食生产和流通体制改革，逐步分开了中央与地方在粮食生产和流通领域

---

① 王绍光、胡鞍钢：《中国国家能力报告》，辽宁人民出版社1993年版，第50页。

里的责与权，逐步建立了在中央调控下由地方主导粮食生产和流通的新体制。同年，改革了工商行政管理体制和质量技术监督管理体制，省以下的工商行政管理机关和质量技术监督管理机关均实行垂直管理。

显然，中央与地方政府之间的关系得到了直接的改变，更为重要的是，地方政府的角色和功能得到了新的体现。地方政府不再只是整个国家政权结构中的"权力传送带"，而逐步变为相对独立的行为主体。地方政府不仅是中央政府在地方的代理人，也是相对独立的、对当地利益负责的一级政府了。作为一种权力主体，地方政府开始具有相对独立的意志表现、相对独立的利益追求和相对独立的行为能力，因而其行为模式与实践效果较之计划时代，有着显著的不同。

当然，这种改革也带来了一些负面影响，最明显的是，地方政府的一些决策与举措越来越呈现出短期行为趋向，有的地方政府为了眼前政绩、有的地方政府甚至为了自身小团体和官员的短期利益，不惜牺牲地方的长远利益。于是，形象工程随处可见，腐败现象呈现蔓延之势，有的地方环境污染已经严重影响到子孙后代的生存，问题十分触目惊心。

其次是政企关系改革。在我国社会转型、体制转轨的过程中，由于计划经济管理方式已经渗透到社会的各个角落，它强大的惯性作用，使社会主义市场经济体制的构建不可能一步到位，存在着一个过渡阶段，因此，地方政府与企业之间的关系也处于变动状态。

一是央企改革。中央政府将一些原属于中央的经济管理权限下放给地方政府，扩大了地方政府的经济管理权。如 1980 年 6 月，全国先后已有 6 600 个企业成为扩权试点单位，试点企业的产值占国营企业产值的 60% 。1987 年，中央为稳定财政收入，大力推行企业承包制，以收入递增方式承包所得税以至全部税金。同时，中央赋予全民所有制企业以一定的生产计划权、产品定价权、工资和奖金分配权、资金使用权、劳动人事权及横向经济联合权等等[①]。然而，现实是大部分中央下放给企业的经济管理权力均被地方政府截留。这一现象被美国学者麦金农概括为"产权地方化"。麦金农认为，中国的地方产权是一种从前不曾有过的独特组织形式，它既不同于计划经济，也不同于私有经济。产权地方化是中国市场经济发展的一个独特模式。它是中央政府向地方政府和企业两种放权相互结合的产物，使地方政府的经济权力大大增长了[②]。地方政府由此成为微观经济领域最重要的投资主体和直接控制者，获得了辖区内国有资产的剩余索取权和控制权，以及由此产生的经济收益的支配权。

---

① 谢庆奎等：《中国地方政府体制概论》，中国广播电视出版社 1998 年版，第 67~68 页。
② 赵成根：《转型期的中央和地方》，载于《战略与管理》2000 年第 3 期。

二是地方政府与原有地方企业的关系改革。按理来说，地方原有的企业理应在政企分开中获得更多的自由空间，但从客观上讲，地方企业捕捉信息的能力、谈判实力与地方政府相比不可同日而语，靠它们自身的能力，一时还无法突破旧规则壁垒，去获得潜在的制度创新收益。一方面，地方企业似乎感觉到了地方政府在制度改革中，有助于企业对利润最大化的追求，它们深信企业改革战略必须借助本地政府的一臂之力，才能获得最大收益，才能在目前尚不规范的市场竞争中占据有利位置。因此，地方企业完全可能基于减少经济运行成本的考虑，仍然依附于政府门下；另一方面，目前实行的政绩考核制使地方政府的行为带有明显的功利性色彩，从而造成当地经济发展具有明显的行政主导色彩，也使地方政府的制度供给一般都具有明显的地域功利性特点。这就使地方政府与地方企业间之间更加紧密联系。地方政府控制资源能力得到进一步加强。由于地方政府过于看重地方利益，致使地方企业与地方政府的合作往往多于冲突。地方政府在自主创新过程中与地方企业的合作关系，增加了地方政府与中央政府讨价还价的筹码。另一方面，地方政府经济行为导向的区域性、功利性与短期性，导致了地方保护主义盛行，经济割据局面泛滥，国家整体利益的受损，还滋生了权钱交易等腐败现象，从而形成我国"行政区域经济"的种种弊端。

随着我国一系列有利于市场经济发展的政策的出台，各级地方政府都被推到了市场经济的前沿，获得了前所未有的发展良机。然而，由于地方政府独立利益主体地位的强化，有可能反过来影响甚至对抗中央政府的整体决策，影响市场经济的健康发展，这是中央政府始料未及的。我国地方政府在改革开放之后的很长一段时间内，为地方经济的发展起到了很好的"拐杖"功能，然而又恰恰是这根"拐杖"束缚了市场经济的进一步发展，不恰当地挤压了市场机制的作用空间，在一定程度上也抑制了公民社会的发育与发展，从而形成了地方政府角色的错位。不彻底理清地方政府与地方企业的关系，不彻底理顺政府与市场的关系，我国的改革就难以持续健康地向前发展。

2. 地方政府主体完善。伴随着中央政府机构的改革，地方政府在20世纪80年代以来，也展开了一场精简机构与裁员，减少专业部门，改变其职能，强化综合经济部门为重点内容的机构改革。

20世纪80年代初期，随着全国工作重点的转移，各地地方政府增设了许多经济管理机构，使得地方党政机构猛增。到1982年年底，省级政府机构平均达到80个左右，有的省市甚至高达90多个。机构臃肿、层次重叠、人浮于事、效率低下成为各级政府的普遍现象。中央从1982年起，对地方政府机构进行改革。1982年12月到1983年12月，中共中央、国务院先后下发了《关于省、市、自治区党政机关机构改革若干问题的通知》、《关于地、市、州党政机关机构改革若干问题的通知》和《关于县级党政机关机构改革若干问题的通知》等文件。改革的重点集中在：一是调整各级领导班子职数，实现地方领导干部的"四化"。按照有关规定，省、自治区、直辖市的正副省长、主席、市长配备4~7人，省级党政各部门正副职配备2~4人，地级市正副职配备4~6人，地区行署专员为1正2副，正副县长配备3~5人，市、地、县各部门正副配备均为2~3人。经过改革，地方各级领导班子的平均年龄明显年轻化，文化层次得到较大提升；二是撤并或精简各级政府机构。改革后，省级政府的工作部门降至40个左右，市政府机构从平均60个左右减为30~40个左右，行署办公机构从40个左右减为20个左右，县级政府机构也由过去的40多个减为25个左右。与此同时，机构人员的编制也得到较大幅度的精简。由于这次地方政府机构改革，是在经济体制改革尚未完全开始的情况下进行的，具有明显的过渡性质，因此，存在着不少缺陷。从实质上看，只是对过去机构调整的重复。随着经济的迅速发展，随着社会生活及管理事务的日益繁杂，仅仅时隔两年，又开始出现机构臃肿、层次过多、职责不清、相互扯皮、效率不高等现象。

1984年，党中央、国务院决定从深化经济体制改革开始，下发了《中共中央关于经济体制改革的决定》，地方政府机构改革也随之全面展开，并把重点放在以下两个方面：一是实行城市政府机构改革试点。1986年，经国务院批准，丹东、潍坊、常州、马鞍山、江门、洛阳、安阳、无锡、厦门等16个中等城市进行了市级地方政府机构改革的试点。城市政府机构改革的重点是整顿经济管理部门，尤其是工业管理部门。于是，有些市政府撤销了建委，分别成立了工业、交通、商业、外贸、城建等委员会，并对一些职能交叉的部门进行了合并等；二是实行县级政府机构改革试点。经国务院批准，1984年湖南的华容、内蒙古的卓资、甘肃的定西、广东的保安等9县被选为全国县级机构改革试点地区。1989年7月，国家编制委员会和有关地方协商，由各省、市、自治区和计划单列市选择一两个条件比较成熟的县进行县级机构改革试点，试点的县到达了200多个。在试点改革中，各地因地制宜，探索出了不同的改革思路，为地方政府机构改革积累了丰富的经验。由于当时经济体制的改革还没有深入展开，中央与地方的关系未有太大的变化，因此，改革并没有取得实质性的成效。最典型的就是机构仍然上下对口。地方政府的很多机构纯粹是为上级机关而开展工作，有的上级部门为了自身利益，迫使下级政府恢复对口机构，机构与职能同构性问题再一次凸显。到20世纪90年代初，地方政府机构又出现了明显的膨胀趋势。

1992年中共十四大报告明确指出，"机构改革，精兵简政，是政治体制改革的紧迫任务，也是深化经济改革，建立社会主义市场经济体制，加快现代化建设的重要条件。"根据十四大精神和八届全国人大一次会议关于机构改革的决议，把行政管理体制的改革作为政治体制改革的突破口。1993年3月中共中央十四届二中全会通过了《关于党政机构改革的方案》和中央机构编制委员会制定的《关于地方各级党政机构设置的意见》。从这时起到1995年年底，我国进行了改革开放后的第三次地方政府机构改革。这轮地方政府机构改革的具体要求和内容包括：一是对地方各级政府机构和人员的总量进行控制。省、市、县级机构分为必设机构和因地制宜设置的机构两大部分，前者由中央编制委员会确定，后者由各地政府根据实际情况确定。其中省级政府的必设机构为：办公厅、计委、公安厅、国家安全厅（局）、民政厅、司法厅、财政厅、劳动厅、交通厅、农业厅、贸易厅、文化厅、卫生厅、计生委、审计局、统计局、工商管理局、税务局等23个厅局。各省、自治区的党政机构一般为55个左右，只有经济发达、人口众多的省可略多于这个数目。直辖市党委、政府的工作机构一般为75个左右。这次改革之后，地方政府机构有较为明显的减少，人员编制得到较大幅度的压缩；二是大幅度裁并地方政府机构，省级机构改革的重点是精简经济管理部门，把它们转变为经济实体或行业协会，而对计划、财政、税收、银行、物价、工商、统计、审计、计量、专利等综合职能部门作了加强。市级政府机构改革的总体要求是发挥城市服务、综合协调和组织经济的功能。县级政府机构改革的任务则是加强和完善农业服务社会化体系，促进农村经济和社会发展。这一轮地方政府机构改革更趋于合理，与社会主义市场经济体制的要求更趋接近。

由于市场经济体制的初步建立，改变了以政府为主体的资源配置模式，政府的作用范围和管理方式都发生了重大变化，这就必须重新确定各政府机构的工作任务、工作制度、权力结构关系和人员编制，首先是对地方政府职能做出相应的转变，使其尽快适应市场经济新体制的需要。然而，这次改革仍然具有相当大的局限性。它基本上没有突破旧的权力格局，没有太多触动传统的管理模式，对机构改革也只是简单的裁与并，政府与企业、政府与事业单位、政府与社会的关系，尤其是政府的职能结构，还没有达到市场经济体制正常运行所需要的状态。改革的目标和要求，与预期存在很大的距离，改革的过程和结果最终成为政治和财政原因促使下的权宜之计。到了20世纪90年代末期，地方政府机构又开始出现膨胀趋势，地方政府机构改革依然没有脱离"膨胀—精简—再膨胀—再精简"的怪圈，这说明，我国地方政府机构改革，依然没有脱离头痛医头、脚痛医脚的轨迹，依然存在改革设计与整体社会需要相背离的地方，一句话，地方政府职能转变没有到位。

1999年的地方政府改革是中央在世纪之交做出的一次重大战略性抉择。根据1999年1月《中共中央、国务院关于地方政府机构改革的意见》，各省政府首先从省级机关开始，然后逐级逐步铺开，到2000年年末基本结束。这次改革的目标是，建立办事高效、运转协调、行为规范的行政管理体制，完善国家公务员制度，建立高素质专业化行政管理干部队伍，逐步建立社会主义市场经济体制的行政管理体制。应该说，这无疑是具有全面行政改革性质的制度创新。首先，进行省级机关机构改革。一是理顺职能。努力把政府职能转变到经济调节、社会管理、公共服务等方面上来。合理划分省与市、县政府事权，理顺部门之间交叉重复的职能。二是调整机构。省政府一般设工作部门40个，精简省级各部门内设机构，对职能相近、职责单一、分工过细、工作量不大的内设机构进行归并、压缩。三是精简编制。如浙江省政府行政编制由原有4 804名减至2 498名，减少2 306名，精简48%。

其次，推进市、县（市）、乡（镇）机构改革。主要内容是：一是理顺市、县、乡的事权和同级政府部门之间的关系，合理设置政府机构。二是乡镇机构改革与农村税费改革相结合，主要是理顺县乡关系，规范机构设置，减少财政供养人员。乡镇职能机构设置，一般按该乡镇的经济与社会发展情况定编制。对达到一定规模的县（市）政府及市辖区政府驻地镇，经省政府批准，可撤销镇建制，设立若干街道办事处，为政府派出机构，承担社区管理服务职能。同步推进乡镇事业单位改革，将过多、过散的"站""所"归并为综合性的农业服务中心、文化服务中心等，有条件的走企业化的路子。

这次改革是历次机构改革中涉及面最广、力度最大的一次，具体体现在：第一，调整和优化机构设置，不再保留工业经济管理部门和行政性公司，基本解除了政府与所办经济实体的行政隶属关系，另外，把政府的一些辅助性、技术性事务交给事业单位。第二，规范党政之间的工作关系，理顺政府各部门之间的职能分工，合理划分省、市、县的职责权限。第三，改革行政执法体制，综合设置精干、统一的行政执法队伍。第四，调整和优化机构设置，进一步优化干部结构，较大幅度地安置了机关人员的分流。

2008年，国务院启动大部制改革，旨在通过机构重组实现政府职能转变，建设服务型政府。在中央层面，所涉及的主要部门设置和职能划转包括：新设国家能源局，隶属于国家发展和改革委员会；合并国防科工委、信息产业部、国务院信息化办、烟草专卖局，纳入工业和信息化部，并在部内新设国家国防科技工业局；合并交通部（令人遗憾的是铁道部竟没有并入）、民航总局、国家邮政局，整体归口于交通运输部，并在部内增设国家民用航空局；合并人事部、劳动和社会保障部，组建人力资源和社会保障部，部内新设国家公务员局；升级国家环境保护总局成为环境保护部；改建设部为住房和城乡建设部，以强化对住房、城乡一体化规划建设的领导；合并卫生部、药监局成为新的卫生部，食品药品监管局由新部管理。中央集权制下中央、地方同构的原因，地方政府在这次大部门制度的改革调整中,也在转变职能、理顺关系、优化结构、提高效能方面做出了许多探索。调整现有政府机构,既需要减少与合并重叠设置的部门,建立若干规模相对较大的部门,同时还需要力求实现机构职能的有机整合与统一,片面追求"大而全",将不同性质的职能机械地合并以组建"大"部门并不可取①。既要注意有效授权与严格问责的统一,又要突破政府间"上下一般粗"格局,关注横向与纵向政府关系的建构;既要兼顾部门间和部门内治理结构同时优化,又需注意到部门整合不能片面"单兵推进"问题,妥善处理好内部与外部、部分与全局等关系问题,做到分步稳妥、循序推进。显然,地方政府的大部门制改革实践,在取得改革预期目标的道路上,仍任重而道远。

二、我国地方政府管理体制中的问题

改革开放 30 多年来,我国先后经历了 6 次较大的行政管理体制改革,每次改革的背景、目标、任务、效果都不尽相同,都取得了一定的阶段性成果。但是,与经济社会本身变革相比,与人民群众的需求相比,各级地方政府改革中的理念、职能、体制、机制、行为等,都还存在一定的差距。

(一)政府职能界定不清晰,越位、缺位、错位竟是常见病、多发症

地方政府活动中的"越位"、"缺位"、"错位",主要表现为微观经济管理过强、市场监督软弱、社会管理薄弱、公共服务孱弱。应该由市场配置的资源,政府仍然不放手;应该由政府与社会共同管理的事务,政府仍然不合作;应该由政府承担的公共服务,政府仍然关注不够。归根结底是由于政府职能边界不清晰,主要表现为政企、政资、政事、政市关系不明,政府机构分工过细、职能交叉、权责脱节、推诿扯皮、效率低下,政府公共服务和宏观管理能力低下,导致社会管理和公共服务供需矛盾突出,导致公共资源不足、服务效率低下、服务质量不高、服务成本高昂。

(二)政府组织结构不合理,权责不对等

20 世纪 80 年代以来,我国政府机构经过多次改革,政府组织结构得到一定的优化,但仍然存在着机构重叠、职责交叉、政出多门等问题。这就直接导致行

---

① 张铁:《权责对应才能避免"部门专权"》,载于《人民日报》2008 年 2 月 26 日。

政成本增加，政府效能滑坡，损害了政府形象。具体缺陷体现在三个方面：第一，府际关系不合理，部门利益化引发部门壁垒，导致政令不畅。从纵观来看，中央政府与地方政府之间分权和集权的博弈，往往随意性大、稳定性差，缺乏民主参与和科学论证。从而容易造成放权却没有配以相应的控权手段，收权却没有规定相应的保护，造成中央政策执行中的阻滞。从横向来看，地方政府间机构重叠、职责交叉、多头管理、政出多门现象严重，不仅造成了部门之间推诿扯皮，而且加大了行政成本。极大地削弱了政府在履行经济调节、市场监管、社会管理和公共服务方面的效能。由于利益关系缺乏合理的制度安排，地方政府间的关系容易陷入"公用地灾难"之中，部门利益成为影响府部关系与部际关系的核心问题，过分重视部门自身利益的单视角追求，影响中央改革目标的实现。第二，决策与执行不分，导致权力过于集中、部门利益化明显。有些政府部门将决策权、执行权、监督权集于一身，很容易导致权力过于集中、部门利益化等问题。当前，正在推行的大部制改革，本意想克服机构重叠、职责交叉、推诿扯皮、政出多门的问题，没想到造成有的部门职能更宽、权力更大，导致新的部门利益，监督控制更加困难。第三，机构改革缺乏联动，目标模糊。我国目前政府机构分为政府组成部门、直属机构、办事机构、直属事业单位等机构，事业单位改革与行政机构改革缺乏联动，政府机构改革的结果往往是相当一部分人员转入事业单位，造成了事业单位规模越来越庞大。而事业单位改革存在明显的市场化取向，一定程度威胁着公益性。政府机构改革与事业单位体制改革不仅缺乏配套性措施，而且缺乏全局性的指导和制度性的设计，缺乏明确的公益维护目标。

（三）政府决策过程制度化和科学化水平较低

新中国成立以来，我国政府决策体制演变大致经历了三个阶段：1949～1978年高度集权下的经验决策与个人决策，1978～1992年改革催生决策科学化和民主化的立意，1992年至今各地加速决策科学化和民主化进程。目前，社会公示制度、社会听证制度、专家咨询制度、论证评估制度、监督检查制度、纠错改正制度、责任追究制度等已经初步建立。然而，仍然存在诸多问题，主要表现在三个方面。第一，政府决策过程的制度化程度较低。现行政府决策没有准确、全面反映客观规律，没有制定相应的法律法规来保证行政决策的合法性与制度化。第二，政府决策程序不够完善。政府决策往往主观性、随意性现象颇多，机械性、刻板性不少，有序性与无序性并存，导致决策不透明、不科学，有效性不足。第三，公众参与过于形式化，参与效果有限。政策制定过程通常包括识别政策意图、界定政策目标、形成政策方案、比选政策优差、实施政策方案和评估实施结果等环节。不同阶段公众参与的形式与渠道都有所不同。目前，我国政策制定中的公众参与度较低；在决策初期，公众需求缺乏制度化互动；在征求意见阶段，主要集中在专家咨询，而普通公众由于对政策的专业性术语和决策预期都缺乏认知和判断能力，往往参与有限；决策全程中，由于政府机关工作人员依法决策、科学决策、民主决策的观念比较淡薄，使决策程序充满弹性；在决策后期，责任追究机制不健全。由此导致决策失误频频发生，给社会发展和人民权益造成重大损失。

（四）行政成本观念淡薄，行政公务支出过大

改革开放以来，尽管历次行政管理体制改革都把降低行政成本作为改革的重要内容，但是，由于长期的计划经济体制，行政机关与事业单位的"等、靠、要"和吃国家财政"大锅饭"的思想十分严重。往往是重任务的完成，轻经费投入，重"政治账"，轻"经济账"，成本观念淡薄、缺乏预算约束机制。改革开放以来，我国行政管理费用的增长速度明显快于 GDP 增长速度和财政收支的增长速度。

我国政府规模的结构性过剩和功能性失调明显，结构性过剩是指行政执行的一线人员与行政机关人员比例失衡。机关人员太多，第一线执法人员太少。功能性失调是指行政人员的知识结构、能力结构、年龄结构、性别结构等配置不合理，必然导致财政供养人口的比重过大。根据温家宝就任时报告的数据，中国财政供养系数在西汉时为 1∶7945，隋朝为 1∶3927，唐朝为 1∶2613，明洪武年间为 1∶2299，清康熙年间为 1∶911，20 世纪 70 年代为 1∶155。目前，有个别地方如陕西省黄龙县 9 个农民供养 1 个行政人员。从横向上看，1999 年日本财政供养系数是 1∶150 人，法国是 1∶164 人，美国是 1∶187 人。

财政行为不透明与腐败现象直接造成大量的行政浪费。我国的政府财政支出情况透明度低，提交人大审议的财政预算报告也只是一个粗线条方案，难以掌握财政支出的详情，政府用于公共安全、公共秩序、公共教育、公共设施或公共救济的费用基本都处于虚监状态。财政制度不透明滋生了越来越严重的公款吃喝、公车私用、私客公请、公款旅游等消费"黑洞"，相当数量的财政在职务消费名下被私人挥霍，部分职务消费转化为个人的薪金外收入。对行政机关经费收支的预算审计很少考核收入的合法性、支出的合理性，很难从根本上实现政府财政预算与支出监督。

（五）电子政务建设停留形式，发展不平衡

电子政务是指利用信息网络等技术适用于政府的结构和运行，以促进政府信息资源的开发与共享、提高行政效率、提升办事的透明度、改善公共服务质量、

便利人民直接沟通的工具系统。

我国电子政务自20世纪80年代起步，经过90年代的重点推进，到现在进入加速发展阶段，电子政务治国理政和服务于民的架构已初具规模。《国家信息化发展战略2006~2020》中指出，我国"电子政务稳步展开，成为转变政府职能、提高行政效率、推进政务公开的有效手段"。各级政务部门借电子政务东风，一定程度上推动了行政体制改革。

然而，我国电子政务仍然存在一些问题，主要是：第一，普遍存在重新建、轻整合，重电子、轻政务的现象。不少行政部门只重"电子"、忽视"政务"，把电子政务当成一种新技术，硬件投入多，软件投入少，重复建设现象比较突出。往往是盲目追求硬件高档次，而软件投入低于30%，有的部门网络资源利用率不足5%。第二，对电子政务的系统性及其在信息化建设当中的地位认识不够。一般政府都将电子政务仅仅视为部门的计算机化，不重视政府业务流程的整合，只是用计算机系统模仿传统的政务处理模式；另一种比较常见的现象是把电子政务简单等同于政府上网，没有把政府网络与民众服务、民众对话紧密结合起来。第三，信息资源不出部门，信息孤岛现象严重。长期的行政条块分割，形成了权力部门化的现象。在信息资源上也是各自为政、软件技术标准不一、基础数据采集重复，无法建立信息资源共建共享制度。由于缺乏统一规划和管理，信息资源多头采集、分头建设、各自开发，大部分数据库不能共享或只能在很小范围内共享，导致成本高攀、浪费巨大。第四，电子政务管理缺乏统一规划，保护电子政务方面的立法相对滞后，不规范、不完善。我国电子政务的发展缺乏宏观规划，没有明确的发展目标，也没有健全的电子政务法律法规，往往依赖领导的自我意识。

（六）行政法治观念不强，依法行政的体系与架构尚未形成

尽管依法行政已经是依法治国基本方略的核心和关键，并有不断颁布的中央文件与不断制定的法律、法规作依据，但是，依法行政依然面临着许多体制性障碍。第一，在思想意识方面，"人治"残余普遍存在。一般政府工作人员特别是部分领导干部对依法行政重要性的认识不足，治民不治官和法律工具主义观念严重。法治与行政管理体制改革尚未形成全方位的对接。特别是有的地方和部门以言代法、以权代法严重。第二，在行政立法方面，法律冲突、立法滞后、立法粗糙现象仍然突出。不少政府部门本身行为呈现出"不法"，构成"不法立法"，这是我国依法行政存在的最大问题，主要从有法不依、规避法律、以人为法、权比法大等现象中表现出违背法制统一。法律冲突包括法律纵向冲突与法律横向冲突。具体表现为下位法和上位法冲突、法律与法规冲突、行政法规与地方性法规

冲突、规章与法律法规冲突以及相同效力等级的法律冲突，这些乱象严重损害了法治权威。立法滞后主要指急需解决的行政问题，法库中却找不到依据，也没有相应的法律指导性规范。立法粗糙主要指立法过于抽象，缺乏可操作性与应对性，从而给予政府部门留下过大的自由裁量空间。第三，在行政执法方面，主要问题是现在的行政执法体制不顺，表现为行政执法部门纵向集权，条块分割，部门壁垒，相互之间缺乏协调配合，造成执法分力、相互掣肘；执法系统交叉重叠，职责不清，责任模糊；执法队伍整体素质不高、力量不足、利益驱动，导致有法不依、执法不严、执法牟利、执法犯法、徇私枉法现象时有发生。第四，在行政监督方面，监督的有效性偏低、监督乏力、甚至形同虚设。已有的一些制约机制与制度运作不畅，监督多头却无序，监督强调却无效，还有相当一部分领域处于"监督真空"状态。监督乏力直接导致政府、特别是地方政府违法成本低廉。

（七）政府绩效评估体系不健全，科学化程度不高

政府绩效评估是对管理效率、能力、服务质量、公共责任和公众满意度等方面的判断。绩效管理与评估是深化行政管理体制改革的必然要求。早在1980年，邓小平在《党和国家领导制度的改革》等一系列讲话中，反复强调要抓"活力、效率、积极性"的问题。在历次政府机构改革中，都把提高行政效率作为重要的目标。20世纪90年代以来，在借鉴当代西方行政改革理论的基础上，政府绩效概念逐渐引入我国行政学研究领域和政府实践中并逐渐走出一条"理论引导，地方先行，科学决策，逐步完善"的路子。近年来，特别在提高政府效率、推动行风建设方面成效显著，一定意义上起到了导向作用和激励作用。但是，仍然处于初级水平，面临很多不足，主要体现在：第一，缺乏统一的规划和安排。政府绩效评估缺乏统一的指导，往往处于自发状态，或者主要取决于领导人的认识程度，导致绩效管理与评估发展不平衡，持续性不强，影响不大。大多还只是停留在个别省市、个别部门的分散试验阶段，许多地方政府以个人总结代替部门考核，以年度会议代替绩效目标制定，以单项评比检查代替综合评定。第二，政府绩效评估主体和手段单一，信息不完备，缺乏科学的绩效评估指标体系。一个突出的问题是很多地方将经济指标等同于政府绩效的评估指标。评估方式主要以官方运作为主，大多是上级对下级评估，缺乏社会参与，很难做到公正、客观、全面。另外的问题是，目前评估大多采用定性分析方法，"运动式"、"突击式"居多数。再加上部门绩效信息公开程度低，评估程序、内容、组成人员等也很少公布，导致绩效评估封闭性和神秘性，其公开化、客观性、公正性必然得不到社会的监督和制约。第三，相关的法规制度不够健全。当前，各地各部门采用的绩效

管理和评估活动,缺乏较具体、可操作的政策性指导,更没有相应的法律、法规和相关政策作为制度保障。因而评估结果也就无法作为行政问责的依据,使政府绩效评估不能发挥其应有的激励作用。第四,缺乏专门的绩效评估方面的专门人才。我国绩效评估事业起步晚,评估人才培养工作也比较薄弱,缺乏完善的评估人才培养计划和制度,全国性的评估人才培养体系尚未形成。目前的情况是,各部门、各单位一般只是根据行业的特点和需要开展即时的、分散的培养工作,导致评估人员队伍整体素质不高,专业理论和技术知识不足,严重影响了政府绩效评估的质量。

上述问题客观地摆在我们改革事业的面前。这取决于我国特殊的市场经济发展阶段,特殊的市场经济改革模式,以及特殊的社会发育状况,因此,我国地方政府在很多方面依然存在着很多亟待解决的问题,这些问题又构成了我国地方政府进一步改革的动力。

三、公民社会发育与地方政府的职能转变

公民是一个具有公共特性的宪法概念。对公民内涵的界定,能反映出社会的价值预期,它蕴含了公民之间关系的普遍意义,意味着自由、平等、独立的深刻内容。公民身份意味着公民权利,意味着关于公民权利与义务的规范体系的存在,意味着公民个体的独立地位。它也蕴含了公民权利与公共权力关系的普遍意义,构建了公共权力来源于公民权利且归属于公民的理论前提,并构建了公民与政府的对立格局。

公民社会是联结公民与政府两极的中介。对公民个体而言,公民社会是公民权利、独立地位的保护屏障。早在1848年欧洲大革命时期,"结社主义被视为一种文明生活的制度"①,"作为社会团体,协会要求得到的是自身的自治,并且力图建成这样一种政治共同体,在这一共同体中,结社者不应受到行政权力的压制"②。这些结社团体实际上是为公民提供的安全庇护所,一方面,在这些庇护所内,公民可避免公共权力的干预,即使不能完全避免干预,也可使这种干预变得间接。另一方面,公民个人也利用其所属的团体来对抗其他团体,从而避免个体所处的不利地位。对于政府而言,公民社会为维护自身的独立和利益,必然对政府权力进行有效的制约,即托克维尔指出的以社会权力制约公权力,实质上就

---

① [意]萨尔·马斯泰罗内:《欧洲民主史》,黄华光译,社会科学文献出版社1998年版,第123页。
② 同上,第132页。

是以公民社会制约公权力，既为权力找到实践和发展公共利益的载体，又为权利制度化地制衡权力、保障和增进公民和社会的权益提供了基础。这种制约体现公民社会中的各种团体积聚，由私人形成公众领域，犹如麦克风那样将个体的声音扩大。黑格尔也认为公民社会本身是"私人利益跟特殊公共事务冲突的舞台，并且是它们二者共同跟国家的最高观点和制度冲突的舞台"①。

西方社会是公民社会与政府分离的二元结构社会，西方将个人权利视为天赋的、第一性的、原生性的，将国家权力视为从属型的、委托的、派生的，这些原则的确立与贯彻，使现代化发展路径演化为规律，其策略选择则表现为自发性与内源性特征。自发性表现为一种根深蒂固的历史传统，传统使人们形成习惯与理念。自发性表现为一种源远流长的心理传承，心理传承造就文化基础与精神积淀。自发性还表现为一种自然演化的制度，连统治者自身都无法预料与抗拒；内源性是指社会内部生成的资源，内源性表现为一种规则，规则使社会形成一种惯性与精神，内源性还表现为一种理论的氛围，理论总有一定的独立性与影响力，它能给社会造就一种基础与根基，这是结构性的笼罩，是对人们心理的强化和对社会的固化。

西方社会的这种深层的资源主要指法治与民主传统。在这种自发性与内源性中，公民的委托是制度化的，权力是有限的，掌握公权力的政府必须维护公共秩序、保障公民权利；政府只能遵循法律而不能左右法律，政府如果不能保障公民权利就是一个失职的政府，政府如果侵犯公民权利就是一个非法的政府。这种保障人民权利、防范政府特权作为自发性与内源性核心的逻辑，贯穿在社会进步的始终。因此，国家与社会、公权力与私权利的互动，始终与人的权利与人的意志紧密相连。

我国经历了漫长的封建王权统治体制，在这种国家权力高度集中下，"社会"被湮没，人民被压迫，根本谈不上权利和自由。清朝初期时出现了一些帮会组织，但它们并不是真正意义上的民间组织。直到晚清时期出现的一些民间组织，才算是我国公民社会的萌芽。

1949年新中国成立以后，经济上推行计划经济，政治上实行高度中央集权体制，从这之后的20年间，我国民间组织发展缓慢。改革开放后，随着市场经济体制的建立与日趋成熟，中国社会由单一性向多元性转化，人民日益增长的物质文化需要不断提升，各种社会利益团体应运而生。此外，伴随着经济体制改革，我国政治体制也发生重大变革，尤其是法治不断完善、政府体制不断创新，从而给公民社会的发展注入了催生剂，民间组织迅速成长起来，公民在地方治理

---

① [德]黑格尔：《法哲学原理》，范扬、张企泰译，商务印书馆1961年版，第309页。

中积极参与,极大地促进了公民社会的成长。

改革开放后,我国建立了市场经济体制,它推动了中国社会由单一性向多元性的转化,着实为我国公民社会的成长奠定了物质基础,人民的物质文化需要日益增长,各种社会利益团体应运而生。此外,伴随经济体制的改革,我国的政治体制也发生了重大变革,法制社会的不断完善、政府放权于社会改变了以往中央高度集权的政治体制,政治环境的根本变化也给公民社会的发展注入了催生剂,公民社会迅速地成长起来。在西方,政府职能转型与地方治理兴起已经成为一种趋势,其前提社会条件是存在着较为强大的非政府组织,这些非政府组织在地方治理过程中承担着大量的公共事务,公民在整个地方治理中的积极参与,极大地促使地方政府职能的转变。

在我国,目前的非政府组织主要包括社会团体和民办非企业单位。在改革开放以前,我国地方只有少数的民间组织,如工会、共青团、妇联、科协、工商联等群众团体,它们经费由国家财政拨付,受同级党委领导,具有官民双重属性,呈现出一定的政治色彩与行政依附性特色。20世纪80年代以后,地方政府开始从一些社会管理领域退出,公民自由活动的空间空前地增加,地方各种协会、学会、联合会、联谊会、研究会、基金会、促进会、商会以及民办非企业单位,开始得到法律的确认和保障。据统计,1965年,我国地方性社团有6 000多个。在"文化大革命"期间,全国各类社团完全陷入"瘫痪"状态。1976年以后社团开始"复活",截至1996年6月的统计,经过合法登记的地方性社团接近20万个,截至2000年,经过合法程序登记注册的县级以上各级各类社会团体组织超过136万个,从事公益性社会服务活动的民办非企业单位超过70万家①。这些民间的服务性事业单位主要包括各种民办学校、民办医院、社区服务组织、职业培训中心等。当然,各地社团的空间分布呈现高度的不平衡性,城市的发展水平远远高于农村,经济发达地区远远高于经济落后地区,沿海地区远远高于内陆地区。而在经济较为发达的苏南农村地区,地方非政府组织在地方公共事务中扮演着一定的角色。它们"增强城乡社区服务功能,强化企事业单位、人民团体在社会管理和服务中的职责,引导社会组织健康有序发展,充分发挥群众参与社会管理的基础作用"②。

改革开放以前,受集权主义束缚,公民的政治参与基本上处于被动式的政治动员和社会控制模式之中,有人把这种参与称为"卷入式政治参与"。这种参与模式有三个基本特征:第一,人治取向。这种以人治为特征的自上而下的群众运

---

① 康晓光:《转型时期的中国社团》,载于《中国社会科学季刊》1999年第28期。
② 《中国共产党第十八次全国代表大会报告》,人民出版社2012年版,第38页。

动,是广大民众响应国家特别是最高领袖号召的社会行动,而不是基于自身经济利益要求及政治权利主张的自主行动。第二,工具主义。这种政治卷入是以国家意志为主导的缺乏个人选择机会的被动行为。卷入政治运动的民众由于缺乏政治或政策选择的机会,往往成为服从于上层权力斗争的工具,或者成为无自主意识的政治盲从者。第三,阶级斗争色彩。这种政治卷入其实是群众性阶级斗争运动,参与者不是以平等的公民身份和地位,而是以家庭成分来划分斗争者与被斗争者。它给社会所造成的政治后果是,失去了生产资料的地主富农成了事实上自食其力的劳动者,但他们的政治权利却被无限期地剥夺,中国社会被"这个阶级"和"那个阶级"的人为分割中断裂了。

从20世纪70年代末开始,公民参与程度得到了较大的提高。但是,公民的参与度问题仍然充满着争议,有的人认为,一方面中国公民政治参与的水平并不低,尼彻莱斯(Nicholas Rees)等人从地方政府的影响度(impact of government)、政治效能感(feelings of political efficacy)和政治容忍度(political tolerance)三个方面来测试改革开放20年以来经济发展对上海、江苏和浙江三地的公民政治意识的影响。结果发现,大多数人包括一些受教育程度较低的公民,都明显感到自己的日常生活受到政府越来越大的影响;就政治效能感来说,三地的公民都在政治意识、政治自信和政治兴趣方面有较明显的提高;就政治容忍度来说,三地公民超过半数的人能够容忍不同的观点①。但是,从全国范围来讲,公民的政治参与更多的是停留在村一级或者社区层级的基层选举、参加村民大会等方面,而对于地方区域内的日常公共事务却涉足很少,这是我国地方治理过程中必须明确的问题。

到目前为止,我国地方政府在很大程度上已经难以承担现有的职能总量,"职能超量"或"职能超载"问题比较明显,但是,问题是社会和市场却还没有完全做好承接政府释放出来的职能的准备。我国地方政府在很大程度上仍然扮演着计划经济时期的角色,同时又不得不面对市场经济,从而导致地方政府行为一定程度的混乱和角色模糊,这显然不利于我国社会主义市场经济的进一步发展。因此,首先必须解决一个地方政府职能履行的重点问题。其次,对辖区提供公共产品,完善公共服务是地方政府的天职。不管是管理还是治理,地方政府应该有重点有所作为,也应该有重点不作为。应该重点作为的领域主要包括:维护辖区市场经济秩序、保护辖区环境和资源、保障辖区社会治安和公共安全、关注突发性事件的应急管理等。即社会与市场不能管理也管不好的事务,地方政府应该重

---

① 陈炳辉、韩斯疆:《当代参与式民主理论的复兴》,载于《厦门大学学报》(社科版)2008年第6期。

点有所作为;服务职能应成为我国地方政府特别是基层地方政府的主要职能,构建服务型政府应该成为地方政府的重点作为方面;应该重点不作为的领域主要包括:对经济活动的直接干预,凡市场能自己管理也能管好的领域、凡民众自己能够管理也能管好的事务,政府都不要介入。最后,地方政府确定重点作为与重点不作为的运作机制也应该创新,从既掌舵又划桨转变为掌舵不划桨,进而变为既服务又掌舵,并真正解决掌舵失灵和掌舵塞进私货的问题。在这样的前提下,划分地方政府职能边界与公民社会参与公共治理空间就会自然而然地提到议事日程。

四、制度变迁中的改革与地方政府改革中的变数

改革开放 30 多年来,政府作为体制改革的主体,相对于市场主体和社会来说,具有特殊的优势。"国家具有使其内部结构有序化的相应规则,并具有实施规则……的强制力"[1],"政府有能力以低于私人组织的成本……进行某些活动"[2],从而使体制改革的组织成本和实施成本大大降低。对于我国这样一个发展中国家而言,政府必然会在体制改革过程中发挥举足轻重的作用。改革开放以来,中央政府有意调动地方政府推进体制改革的积极性,而地方政府本身又是一个拥有相对独立的利益和意志的行为主体,不可能完全按照中央政府的期待来行事,甚至会有意识地利用中央的期待和放权,去实现自己的目标,因而地方政府在体制改革过程中,表现为林林总总,丰富多彩,风生水起,进步明显,在地方经济与社会的发展中扮演着非常重要的角色。但是,另一方面,改革开放以来,我国地方政府的制度环境一直处于不断变化之中,由于转型期的复杂性、路径依赖的惯性以及传统社会结构的粘性等因素制约,现阶段地方政府改革依然存在着许多不足,总体仍处于表象层面。特别是持续性的行政性放权赋予了地方政府越来越大的自主权,制度变迁所引发的激励结构和约束条件的转变,直接促动了近年来纷纭庞杂的地方政府改革。在新旧制度交替过程中,不可避免存在的大量制度短缺现象则留下了极大的弹性空间,导致地方政府改革存在很大变数。

转型期的我国地方政府,在常态下表现出如下颇具差异的 14 种行为表现:(1)理智型:即地方政府遵从实际,从客观现实条件出发,既充分估量中央政府所提供的政策资源,又务实地设计地方发展规划,通过因地制宜,寻求循序渐

---

[1] [美] 道格拉斯·诺斯:《经济史中的结构与变迁》,陈郁、罗华平译,上海三联书店、上海人民出版社1994年版,第 21、106 页。

[2] [美] R. H. 科斯:《社会成本问题》,载于《财产权利与制度变迁——产权学派与新制度学派译文集》,陈郁、罗华平译,上海三联书店、上海人民出版社1994年版。

进。这种类型的改革,成为现今地方政府改革的主流。(2)理想型:指脱离地方实际,以理想化的思维和方式推进当地改革,既不考虑宏观层面国家制度安排的原则精神,又置辖区所处实际区位与发展阶段于不顾,政策超前,无法落地生根,最终流于形式。(3)理解型:即迁就实际,被实际现象牵着鼻子走,在决策与执行过程中,或因为过于谨慎而失去自主性,或为某些强势力量所主导而失去主动性,最终导致改革不力、进展缓慢。(4)争取型:指精于讨价还价,在涉及地方发展改革的重大利益上,敢于且善于与上级政府进行权益博弈、善于在有限资源的基础上获取资源最大化,从而为地方发展争取更为有利的制度空间和政策支持①。这类地方政府多半与地方主政者灵活执政紧密相关。(5)争议型:即由地方党政强势精英主导,致力于大干快变,通过外因内联、上下求索等方式,以效能追求为中心,在经济建设、环境改变等方面敢想、敢干、敢闯,不怕争论,不怕议论,不计评论,一心摸索改革,试图获得定论。这类改革一般都有个性化领导的主导,导致效率与民主方面的紧张而遭遇不同的评价。(6)争功型:指具有浓厚GDP崇拜情结的地方改革,为增长而增长,为晋升而发展②,甚至不惜一切代价,不计一切成本,目标在于通过经济的快速发展来证明官员的功绩。说到底,这类改革没有完全代表公益,尤其是在资源节约和环境保护以及分配正义等方面,有可能失去为政的基本底线。(7)争夺型:在对待资源,不论是生产性资源(如各种自然资源和生产要素)还是发展性资源(如各类科技与管理人才的招募),都处于一种争夺状态之中,这类地方政府既可能是有为的政府,也可能是低效的政府。(8)争斗型:在对待权力上,主政者渴望权力而明争暗斗,欲揽权力,甚至僭越权力③。在对待资源上,主政者更关心的是在既有蛋糕中得利,而不是为社会创造更大份额的蛋糕④。争斗状态中的所谓改革极易丧失正确的方向,最终利益受损的势必是处于相对弱势的民众。(9)应对型:指地方改革没有章法,既无眼光,也无斗志,更无心于发展,工作没有生气,时时以被动等待的方式来面对改革使命。(10)应急型:即把常态工作当成非常态

---

① 中央的差异性政策赋予便是地方政府主动博弈争取的结果。参见熊万胜:《基层自主性何以可能》,载于《社会学研究》2010年第3期。

② 张军、周黎安:《为增长而竞争:中国转型发展的政治经济学》,格致出版社2008年版,第1~11页。

③ 对此现象,奥尔森称之为分利性集团,当此类集团主导地方政策格局时,政府便更多地呈现出掠夺型。参见[美]M.奥尔森:《国家兴衰探源》,吕应中等译,商务印书馆1993年版,第48页。

④ 周黎安:《晋升博弈中政府官员的激励和合作——兼论我国地方保护主义和重复建设问题长期存在的原因》,载于《经济研究》2004年第6期。

应急，或将常态工作拖至非常态之下，以非常行为进行强驭①。这样的地方政府，不仅不能依照国家的法律法规和政务程序正常决策和管理，而且有可能对改革形势制造不和谐因素。（11）应付型：指见风使舵的为政者主导地方政务大局，表面上勤政廉政，实则敷衍塞责、无所事事，胸无大志、没有远见，主要精力放在满足上级检查和政绩评定的"业绩"展现。（12）被动型：这类地方政府既不积极抓住国家的利好政策，又不主动创造机会、蓄势待发、寻求改革突围，而是"等、靠、要"，往往人疲政荒，改革无法实质性推进。（13）懒惰型：指根本无心改革，即便有有利条件也没有创新热情，坐视良机错失，自甘落后，也不为所动，无视人民群众的权益保障和发展，是典型的惰政与弊政。（14）休闲型：指业已拥有一定发展基础，一般地方已不能望其项背，而要想在自己任内再上一个台阶已有一定难度，于是，不想有所作为，宁愿少干事，甚至不干事，保证不出事。这类地方政府的改革意志趋于薄弱，没有了改革动力，没有了新的实绩，处于安逸守摊状态。

此外，还需关注非常态下政府作为，主要包括体制内解决危机（如重庆出租车罢市问题的解决）以及非制度化解决危机两种（如贵州瓮安事件等）。由于社会转型是一个全方位的变迁与革新过程，各种不确定性骤增、冲突增多，从而造成种种社会阵痛。在向现代化起飞的重要阶段，社会面临着"能力悖论"②，即社会转型在不断破坏和抑制着政府能力的生长，同时又有着大量的能力需求，转型意味着无组织能量的释放，政府能力的提升则意味着对秩序和规范的重新建构。政府能力供给与社会发展的能力需求之间不平衡状况十分明显。

第三节　当下我国地方政府研究的基本态势

20世纪70年代末期改革开放拉开帷幕以后，面对这丰富多彩的改革局面，学术界一改以往熟视无睹的状态，开始关注它、了解它并研究它，产生了一系列成果。

---

① 客观地讲，在维稳成为压倒发展的刚性考核指标的情况下，现今不少地方政府一定程度上都存在着这样的状态。参见清华大学社会学系社会发展研究课题组：《走向社会重建之路》，载于《战略与管理》2010年第9、10合编本。

② 黄建洪：《现代化进程中的政府能力发展：一般规律与中国选择》，载于《社会科学研究》2010年第4期。

一、研究成果简介

伴随着地方政府改革的成就,学术界也跟着形成了相关的成果,主要表现为大量专著、教材、论文的问世。专著大致可以分为以下几类。

(一) 介绍和研究国外地方政府的著作

很多学者从比较的视角来研究,试图通过引介来为我国地方政府改革提供有益的启示。如薄贵利著《近现代地方政府比较》(光明日报出版社1988年版)、许崇德主编《各国地方制度》(中国监察出版社1993年版)、于军译《英国地方政府改革研究》(国家行政学院出版社1999年版)、郑君贤著《地方制度论》(北京师范大学出版社2000年版)、董礼胜著《欧盟成员国中央与地方关系比较研究》(中国政法大学出版社2000年版)、潘小娟著《发达国家地方政府管理制度》(时事出版社2001年版)。这方面最为突出的是北京大学万鹏飞教授,自2004年以来,万鹏飞主持翻译了"地方政府与地方治理译丛",翻译介绍了美国、德国、加拿大、以色列、法国、英国等几乎所有西方国家的地方政府研究著作与改革情况,成为我国学者研究西方地方政府的不可或缺的参考资料。另外,高新军著《美国地方政府治理:案例调查与制度研究》(西北大学出版社2007年版)、吴量福著《白话美国地方政府》(天津人民出版社2009年版)以及王旭、罗思东著《美国新城市化时期的地方政府——区域统筹与地方自治的博弈》(厦门大学出版社2010年版),也是拓展域外地方政府研究有价值的著作。

(二) 研究我国地方政府的著作

这方面的著作数量非常可观,有宏观式研究与分析的,如谢庆奎著《中国地方政府体制概论》(中国广播电视出版社1997年版)及"中国地方政府管理丛书"(包括省政府、县政府和乡政府等)、陈小京等著《中国地方政府体制结构》(中国广播电视出版社2001年版)、周振鹤著《中国地方行政制度史》(上海人民出版社2005年版)等。更多的是专门的研究视角,其中,从府际关系角度研究的代表性著作有:辛向阳著《大国诸侯:中国中央与地方关系之结》(中国社会出版社1995年版)、王绍光著《分权的底线》(中国计划出版社1997年版)、薄贵利著《集权分权与国家兴衰》(经济科学出版社2001年版)、熊文钊著《大国地方——中国中央与地方关系宪政研究》(北京大学出版社2005年版)、刘亚平著《当代中国地方政府间竞争》(社会科学文献出版社2007年版)、马斌著《政府间关系：权力配置与地方治理——基于省、市、县政府间关系的分析》（浙江大学出版社 2009 年版）等；从治理视角研究的代表著作有：俞可平主编《治理与善治》（社会科学文献出版社 2000 年版）、孙柏瑛著《当代地方治理》（中国人民大学出版社 2004 年版）、尹冬华著《从管理到治理——中国地方治理现状》（中央编译出版社 2006 年版）、陈瑞莲著《破解城乡二元结构：基于广东的实证分析》（社会科学文献出版社 2008 年版）、汪伟全著《地方政府竞争秩序的治理：基于消极竞争行为的研究》（上海世纪出版集团 2009 年版）、周黎安著《转型中的地方政府：官员激励与治理》（上海出版社 2008 年版）；从角色转型视角研究的代表著作有：易重华著《中国地方政府转型》（中国社会科学出版社 2008 年版）、涂晓芳著《政府利益论：从转轨时期地方政府的视角》（北京航空航天大学出版社 2008 年版）；从地方政府竞争角度研究的著作有：刘亚平著《当代中国地方政府间竞争》（社会科学文献出版社 2007 年版）、王焕祥著《中国地方政府创新与竞争的行为、制度及其演化研究》（光明日报出版社 2009 年版）、唐丽萍著《中国地方政府竞争中的地方治理研究》（上海人民出版社 2010 年版）以及唐志军著《地方政府竞争与中国经济增长》（中国经济出版社 2011 年版）；从地方政府体制改革视角研究的代表著作有谢庆奎等著《中国政府体制分析》（中国广播电视出版社 2002 年版）以及《中国地方政府体制概论》（中国广播电视出版社 2004 年版）、何显明著《市场化进程中的地方政府行为逻辑》（人民出版社 2008 年版）、江曙霞著《改革开放中的地方政府：厦门变迁 30 年标本考察》（上海人民出版社 2009 年版）；从体制改革路径视角研究的代表著作有：沈荣华、钟伟军著《中国地方政府体制创新路径研究》（中国社会科学出版社 2009 年版）；责任伦理角度的著作，如杨淑萍著《行政分权视野下地方责任政府的构建》（人民出版社 2008 年版）以及李志平著《地方政府责任伦理研究》（湖南大学出版社 2010 年版）等；财政视角的研究有：安秀梅主编的《中央与地方政府间的责任划分与支出分配研究》（中国财政经济出版社 2007 年版）、蔡红英著《中国地方政府间财政关系研究》（中国财政经济出版社 2007 年版）、李凡主编的《温岭试验与中国地方政府公共预算改革》（知识产权出版社 2009 年版）、牛美丽著《中国地方政府的零基预算改革》（中央编译出版社 2010 年版）以及田志刚著《地方政府间财政支出责任划分研究》（中国财政经济出版社 2010 年版）等；地方政府创新管理案例研究的突出著述有：俞可平主编的《地方政府创新与善治：案例研究》（社会科学文献出版社 2003 年版）、《中国地方政府创新案例研究报告》2005～2006 年、2007～2008 年和 2009～2010 年等（北京大学出版社）；地方政府绩效评估和政府能力研究的著作有：黄建洪著《公共理性视野中的当代中国政府能力研究》（中国社会科学出版社 2009 年版）、郑方辉等著《中国地方政府整体绩效评价：理论方法与"广东试验"》以及《广东省地方政府整体绩效评价红皮书》（中国经济出版社 2008～2010 年版），姚先国、金雪军、蓝蔚青《浙江地方政府管理创新蓝皮书》（2009 卷）（知识产权出版社 2010 年版）、方雷等著《地方政府行政能力研究》（山东大学出版社 2010 年版）以及彭国甫等著《地方政府公共事业管理的绩效评估与模式创新研究》（人民出版社 2010 年版），等等。

（三）地方政府的教材

如华中师范大学徐勇等编著的《地方政府学》，苏州大学沈荣华编著的《中国地方政府学》，云南大学周平编著的《当代中国地方政府》，任进著《比较地方政府与制度》，陈瑞莲、张紧跟著《地方政府管理》等。

我国地方政府研究呈现一片繁荣。相当一部分高校成立了专门的地方政府研究机构，如北京大学中国地方政府研究院、浙江大学地方政府与社会治理研究中心、中国人民大学地方治理研究中心、中山大学地方政府研究中心、苏州大学地方政府研究所、汕头大学地方政府发展研究所等。从 2003 年起，地方政府学作为政治学二级学科，首次设立博士、硕士学位授予点，华中师范大学是目前国内首家获得地方政府学专业博士、硕士学位授予权的单位。还值得一提的是，由中央编译局等机构发起、现由北京大学接管的地方政府创新奖评比活动，以理论评判实践、实践推动理论为宗旨，激励地方政府创新与进步，促进地方政府创新经验的总结与推广，开启了学术研究与政府实践良性互动的里程碑。

二、主要观点梳理

"学科的建设与成长，离不开对自身历程进行经常性、有意识的总结和反思"①，"地方政府学"作为新兴学科，也需要对自身历程与现状进行有意识的总结和反思。本书以 1998 年 1 月～2011 年 8 月期间公开发表的地方政府研究文献为对象，获得样本 7 751 篇论文、126 部专著与教材，试图在此基础上，对我国地方政府研究的几个方面做一粗浅评析。

（一）中央—地方政府关系问题

中央—地方政府关系，一直是公共行政和政治学探讨的重要话题之一，原因

---

① 肖唐镖、郑传贵：《主题、类型和规范：国内政治学研究的状况分析——以近十年来报刊复印资料〈政治学〉中的论文为对象》，载于《人大复印资料》2005 年第 7 期。

在于我国地方政府改革就是以中央政府放权为序幕的。但是，由于中央大规模的放权缺乏相应配套性措施，导致种种问题产生，从而引发了学术界的热情关注，讨论集中在以下三个方面：

1. 如何评价分权让利。学者们普遍对分权让利之后的中央地方关系表示担忧，认为利益诱导型改革致使地方政府日益成为利益和行动主体，传统制度框架下"地方服从中央"的模式濒临崩溃，其直接后果就是中央权威在地方一定程度的丧失，王绍光是这一观点的代表者。在他看来，分权可以带来六大好处，但是必须具备三大条件，如果这些条件不能满足，分权很可能带来负面的影响①。在他看来，我国的分权改革并不具备这些条件，结果导致了中央政府宏观调控能力的削弱，导致地方诸侯经济②。辛向阳以翔实的材料，生动描述了分权改革之后中央权威在地方削弱的状况，致使地方主义大行其道③。薄贵利也较为全面地分析了改革开放以来中央分权的正面与负面效应④。以上基本是从经济学和财政学视角的分析。以郑永年为代表的学者，更多从政治学的视角来审视这一问题。郑永年1994年在《当代中国研究》杂志上指出，从理论上讲，中国还是一个权威主义国家，从政治控制、官员任免、立法到经济社会的管理，中央政府的权力几乎仍然无所不在、无所不包。如果从经验层面来看，中央政府只拥有名义上的决策权，而无政策执行能力。改革开放以来中央政府不知出台了多少法律、法规和政策，但在实施过程中，经过了层层过滤，中央权威所剩无几。到了地方和基层，甚至可以说消失得无影无踪⑤。之后郑永年又将中国的中央地方关系概括为"中央集权但缺乏权力，地方分权但缺乏民主"⑥。但分权导致中央控制能力的减弱，从20世纪90年代中期开始，中央政府重新收紧权力，通过税制、金融系统、政治人事等方面的集权来加强对各省的控制。另一方面，中央政府向社会分权，希望通过强化公民社会的力量，来增加自己的合法性，制约地方政府。因此，由于中央政府没有向社会充分放权，改革政策的实施并不顺利。中国进一步

---

① 六大好处是：一有利于促进居民参与当地事务；二有利于促使地方政府对当地居民负责；三有利于发挥地方官员的信息优势；四有利于制度创新；五给人们更多的选择；六有利于缩小政府的总体规模。三大条件是：一是分权的单位必须足够小；二是居民必须拥有用投票影响政府构成的权利；三是居民必须有迁徙自由。参见王绍光：《分权的底线》，计划出版社1997年版，第20~21页。
② 王绍光、胡鞍钢：《中国国家能力报告》，辽宁人民出版社1993年版，第118~122页。
③ 辛向阳：《百年博弈——中央地方关系100年》，山东人民出版社2000年版，第242~270页。
④ 薄贵利：《集权分权与国家兴衰》，经济科学出版社2001年版，第137~172页。
⑤ 郑永年、吴国光：《论中央地方关系——中国制度转型中的一个轴心问题》，载于《当代中国研究》1994年第6期。
⑥ 郑永年、王旭：《论中央与地方关系中的集权与民主问题》，载于《战略与研究》2001年第3期。

的发展,需要国家与社会之间的进一步分权①。郑永年对改革开放之后的中央地方关系的估价,得到了学术界的普遍认同。也有学者从积极的角度来解读中央权威的衰弱现象。美国学者兰普顿(David Lampton)认为,分权之后中央不能压倒地方,地方也没有办法脱离中央。所以,迫使很多问题只有通过双方谈判的方式来解决,这样形成了一种独特的中央地方之间非制度化的权力制约机制,他认为这种机制甚至比世界上最好的分权制衡制度有过之而无不及②。

2. 如何认识中央地方分权现状。针对这一问题的理论解释,主要有三种视角。一是从利益博弈的角度。在很多学者看来,中央与地方之间的关系本质上是利益关系③,是一种利益博弈关系。在这些学者看来,分权改革的一个重要结果,就是在促进地方经济发展的同时,迅速扩展了地方利益,地方政府从单纯的中央政府代理人日益成为一个利益最大化的理性人。地方利益主体的雏形已显,中央无法避免被地方利益俘虏④。地方官员主要行为取向则是以自我利益为主要导向,主要内容就是保住官位以及以后的仕途⑤,从而一定程度上导致中央政府代表的国家利益在地方被扭曲。芝加哥大学政治系主任杨大力(Dali L. Yang)教授认为,可以用一种制度利益模式(institutional interest model)来分析中国改革开放之后到 20 世纪 90 年代中期之前的中央地方关系⑥。当然,这种研究存在着值得商榷的理论预设,那就是中央地方之间的利益博弈只是一种零和游戏,地方利益只是中央利益的对立物。这种认识,在很大程度上依然停留在费正清所言的把地方政府作为一种防范性的制度,只顾防止地方利益兴起的倾向⑦。因此,作为一种值得予以尊重的地方政府的主体性所需要的激励机制并没有真正建立起来。二是财政联邦主义的视角。以毛寿龙为代表的学者,从奥茨等人的财政联邦主义理论出发,解释中央地方的权力关系。在他看来,地方政府必须分权,原因在于地方政府在很多事务的资源配置效率方面,比中央政府优势更为明显;而在中国,中央又必须集权,原因是中央政府在经济稳定和再分配方面具有不可推卸

---

① 郑永年、单伟:《放权与改革:中国的中央、地方及公民社会》,载于《东亚论文》(新加坡)2009 年总第 76 期。

② Lampton, David M. A Plum for a Peach: Bargaining, Interest, and Bureaucratic Politics in China, Lieberthal and Lampton, eds., pp. 33 – 58.

③ 辛向阳:《大国诸侯——中央与地方关系之结》,中国社会出版社 1996 年版,第 5 页。

④ 刘海波:《利益关系视角下的中央与地方关系》,载于《北京行政学院学报》2006 年第 1 期。

⑤ Yangzhong. Local Government and Politics in China: Challenges from Below, M. E, Sharpe, Inc. 2004, P. 57.

⑥ Fubing Su & Dali L. Yang. Political Institution, Provincial Interest, and Resource Allocation in Reformist China, Journal of Contemporary China, 2000, 9 (24), pp. 215 – 230.

⑦ [美]麦克法夸尔、费正清:《剑桥中华人民共和国史》(上),王建郎等译,英国剑桥大学出版社、中国社会科学出版社 1998 年版,第 45 页。

的责任，这是地方政府无法完成的。因此，中央地方分权必须遵循受益范围原则、行动范围原则、事务简繁原则和效益原则等。但是，1978年开始的我国中央分权改革，并没有完全与这些原则相符，特别是中央没有很好地承担起经济稳定和再分配的责任，结果导致中央地方关系的消极效应明显①。三是中央地方权力属性的视角。在一些学者看来，中央地方分权的基本依据，是中央和地方政府二者在权力性质上存在着很大的区别，中央政府的权力更多的是政治层面，而地方政府的权力更多的是行政层面。对这一问题深入研究的代表性学者是郑永年，他采用了托克维尔"政府集权"和"行政集权"的概念。在他看来，一个比较合理的政治制度，应该是这两者的结合，在"政府集权"领域内，所讨论的是关系全体国民利益的问题，比如重要法律的制定和实施、国家的对外关系、军事权力等，应该置于同一权威之下。与此相关联的其他一些问题，由于只与国家中的一部分民众利益有关，则应该交给地方政府，这就是行政分权。在他看来，导致改革开放后中央地方关系的危机的根源，不是"行政分权"的实行，而是"政府集权"的衰败；其根源不是地方权力在"行政分权"过程中的扩张，而是中央权力在"政府集权"上的资源枯竭②。在中央与地方的"利益博弈"中，过度的中央集权或地方政府过度自主等央地权益非制度化均衡，都会引发"公用地"的灾难③。

3. 如何规范中央地方关系。不同的学者提出了不同的主张。从多年的央地关系调处经验出发，有学者提出了规范中央地方关系的基本方向，即根据国内政治形势与社会环境的变化及时进行调适、在尊重中央与地方两个积极性的基础上实现集权与分权的平衡以及逐步实现中央与地方权限划分的规范化与法治化④。在利益博弈论的学者看来，解决我国中央地方关系中问题的关键是强化中央权威，正如亨廷顿所言，"创造政治制度的能力，也就是创造公共利益的能力。……一个拥有完全制度化的管理组织和程序的社会，更能阐明和实现其公共利益。……任何可用于强化政府制度的东西，都可被称为公共利益。公共利益就是公共制度的利益。它是由政府组织的制度化而创造和产生出来的"⑤。因此，应该建立各种有效的中央对地方政府的约束机制、执行体系和人事制度，在此基

---

① 毛寿龙：《有限政府的经济分析》，上海三联书店2000年版，第299~326页。

② 郑永年、吴国光：《论中央地方关系——中国制度转型中的一个轴心问题》，载于《当代中国研究》1994年第6期。

③ 刘然：《中央与地方利益均衡分析》，载于《国家行政学院学报》2011年第2期。

④ 封丽霞：《集权与分权：变动中的历史经验——以新中国成立以来的中央与地方关系处理为例》，载于《学术研究》2011年第4期。

⑤ [美] 塞缪尔·亨廷顿：《变革社会中的政治秩序》，李盛平译，华夏出版社1989年版，第24~25页。

础上建立制度性的博弈机制。在财政联邦主义者看来,必须对中央属性的事务和地方属性的事务进行有效科学的定位,在财权和事权一致的原则下,重新划分中央地方的权力,并以法律的形式确立下来。而从权力属性视角分析的学者看来,解决这一问题的核心应遵循在宪政体制建构的基础上,处理好中央与地方的政治性分权和行政性分权①。中央政府应该根据权力的属性有选择性地集权(selective centralization),中央政府要在地方政府之外,建立一套属于自己的制度体系。这并不是要对地方进行全面的统治,而是要把那些事关国家利益的权力集中起来,把另外一些权力完完全全下放给地方,中央只对这些权力的行使实行事后的法律监督②。同时,必须看到,中央向地方相机授权体制与财税分权体制存在悖论,即中央和地方均存在采取非规范的方式与对方互动的偏好,这种央地关系中典型的潜规则形态导致授权透明度和规范度不高的弊端,侵蚀了财税分权后的地方利益,加之我国当前普遍存在的预算软约束的积弊,实际形成央地关系中潜规则现象泛滥。③ 因此,要矫治这种"病态"的央地关系,根本一条是实行制度化授权体制,保障中央对国家核心权力的"透明化集中"和地方对国家非核心权力的"固定式分享"。与之相类似的是,有学者提出以强化中央权威为首要前提、以地方自治为根基、以规范化的事权与财权划分及其均衡制约为主要内容的制度性重构④,是调节央地关系的中心环节。也有学者认为,要以"混合型行政管理体制重构我国中央与地方的关系"、实现对地方的激励与政府职能转变⑤。

(二) 市场化过程中地方政府的角色问题

伴随着改革开放,有关地方政府在地方经济与社会发展中扮演的角色问题,引起了学界、特别是西方研究中国问题的学者的极大兴趣。按照理查德·鲍姆和舍夫琴科(Richard Baum & Alexei Shevchenko)的分类,地方政府在市场化过程中的角色可以分为四种模式⑥:第一种是发展主义模式(developmental),其特点是政府并不直接参与企业的经营活动,但通过创造一个有利的制度环境,来推动

---

① 任剑涛:《宪政分权视野中的央地关系》,载于《学海》2007 年第 1 期。
② 郑永年、王旭:《论中央与地方关系中的集权与民主问题》,载于《战略与研究》2001 年第 3 期。
③ 郭剑鸣:《相机授权体制下我国央地关系中的潜规则现象及其矫治》,载于《浙江社会科学》2010 年第 6 期。
④ 魏治勋:《中央与地方关系的悖论与制度性重构》,载于《北京行政学院学报》2011 年第 4 期。
⑤ 郁建兴:《条与块的游戏规则该怎么变——中央与地方混合型行政管理体制的构建》,载于《人民论坛》2010 年第 20 期。
⑥ Richard Baum and Alexei Shevhenko. The "state of the state", In Goldman, Merle., Macfarquhar, Roderick., Ed., The Paradox of China's Post – Mao Reforms. Cambridge Mass:Harvard University Press, 1999, pp. 344 – 346.

地区经济发展;第二种是企业家模式(entrepreneurial),其典型特征是地方政治精英为了推动本地经济增长,就像企业家一样直接参与经济活动;第三种是庇护主义模式(clientelist),其特点是地方政府利用手中的权力为自己的关系户服务,并据此从相关的企业家那里获取回报;第四种是掠夺主义模式(predatory),其特点是地方政府仅仅是单纯的"掠夺者",只是利用手中的权力直接进行掠夺。在我国学界,讨论也比较热烈,但似乎对上述后三种类型更关注。

关于企业家型地方政府。这一观点最早由戴慕珍(Jean Oi)在1992年提出。在她看来,地方政府具有许多公司的特征,官员们完全像一个董事会成员那样行动,并主要通过以下四个杠杆介入企业的经营运作:第一,掌握了企业的人事、发展、投资及生产的最终决定权;第二,掌握着中央调拨给地方的计划内价格的物资和本地拥有的稀缺资源,有权进行有选择的分配;第三,通过行政功能手段帮助企业取得营业执照、产品合格证、产品奖和减税机会等,并对某些企业给予重点扶持;第四,控制企业投资和贷款①。受戴慕珍研究成果的启发,魏昂德(Andrew Walder)运用科尔纳有关"财政软约束"(soft budget constrain)的理论,对地方政府角色进行了进一步研究。在他看来,改革开放之后中央启动以"包干"为核心内容的财政体制改革,确实给地方政府带来了不小的压力,但这也同时刺激了地方政府谋求经济发展以获取较大的财政收益的热情。对于那些拥有工业基础比较薄弱的地方政府来说,它们有更加强烈的财政刺激。魏昂德认为,产出和生产力最迅速的增长往往发生在政府所有权最清晰并且最容易实施的地方。地方官员可以把公企当私企(adiversified market-oriented firm)来管理,地方官员成了市场取向的代理人和行动者②。林南(Nan Lin)以大邱庄中的政府与企业关系为例,特别强调以扩大家庭关系为基础的社会网络,对地方政府影响企业和经济的重要性,认为地方政府协调经济的基础主要是家族亲属关系,通过主要存在于亲友、家庭和社会关系之间的关系网络发挥作用。林南把这种现象称为地方市场社会主义(Local Market socialism)③。张静认为,与普通经营者不同,政权经营者可以无偿或象征性地有偿使用房产、土地和资金等公共资源。对公共资源的使用,基层政权不需要运用市场信誉及其偿还能力,而是运用它的"政权"地位来获取。政权地位意味着"公",然而当"公"的产业投资失败时,则往往由"公共大众"承担损失,政权经营者自己不必承担赔偿的责任,

---

① Oi, Jean. Fiscal Reform and the Economic Foundation of Local State Corporatism in China. World Politics, 45(1), 1992, pp. 100 – 122.

② Andrew G. Walder. Local government as Industrial Firm: An Organization Analysis of China's Transitional Economy, American Journal of Sociology, 1995, pp. 263 – 301.

③ Lin, Nan. Local Market Socialism: Local Corporatism in Action in Rural China. Theory and Society, 24(3), 1995, P. 69.

即它没有风险,只有收益①。由于政权经营者占有的独特地位和优势条件,它们日益成为远离国家利益和社会利益、脱离行政监督和社会监督、相对独立但内聚紧密的资源垄断集团。

关于掠夺型地方政府。杨善华、苏红认为,在市场转型过程中,地方政权的角色已经从"代理型政权经营者"转向"谋利型政权经营者"②。20世纪80年代以来的财政体制改革使地方政权获得了谋求自身利益的动机和行动空间。地方政权同时扮演着国家利益的代理人和谋求自身利益的行动者的双重角色。地方政府直接参与经营活动,其目的既不是为了(至少不是完全为了)完成国家的指令,也不是为了社区的福利,而主要是为了满足本地政权这个利益集团的利益。地方政府不是将自己应该担负的公共管理事务看做自己的主业,而是将经济活动看做是自己的主业。它依靠行政权力来经营地方企业,组织庞大的权力关系网络,以获取更多的资源,控制更多的资产③。改革开放以来,权力对于地方政治精英来说显得更加重要,原因在于权力往往可以比以前带来更多的物质利益,特别是大量的权力下放给地方政府,使得其能够建立起一个相对独立的个人地方王国④。因此,地方利益、部门利益和个人利益交织在一起,形成了地方政府特殊的行为基础。萧功秦用"苏丹式政权"(Sultanistic Regime)来描述政府的这种掠夺性,所谓苏丹式政权原指某些发展中国家存在的一种权力极端私人化的政体。在这种政体下,当权者可以把自己的治理范围视为私人领地,任凭个人意愿为所欲为。萧功秦认为,改革开放之后的一些地方政府存在着"类苏丹化"(Quasi-sultanization)倾向。地方政府权力私产化,权力运作无规则性,权力运用非意识形态化以及私人网络统治,已经在某些地区尤其是一些落后地区的当权者中严重蔓延⑤。

关于庇护型地方政府。一些研究市场转型理论的学者认为,在市场化的改革进程中,地方官员的权力不仅没有被削弱,反而通过控制各种资源而得到了加强⑥。大卫·文克(David Wank)提出的"共存庇护主义",认为在市场化的过

---

① 张静:《基层政权:乡村制度诸问题》,上海人民出版社2007年版,第49页。
② 杨善华、苏红:《从代理型政权经营者到谋利型政权经营者》,载于《社会学研究》2002年第1期。
③ 雷志宇:《政权性质、政企关系和政市关系:转型期中国地方政府经济行为经验研究的三维视野》,载于《二十一世纪》网络版,2007年第69期。
④ Yang Zhong. Local Government and Politics in China: Challenges from Below, M. E, Sharpe, Inc. 2004, P. 127.
⑤ 萧功秦:《中国现代化转型中的地方庇荫网政治》,载于《社会科学》2004年第12期。
⑥ 有关这一问题的争论的具体论述可以参见:Ivan Szelenyi and Eric Kostello. The Market Transition Debate: Toward a Synthesis? American Sociological of Review, 2 (4), 1996, pp. 1082 – 1096; Yang Cao and Victor G. Nee, Comment: Controversies and Evidence in the Market.

程中,原先私营企业与政治权力之间"单向依赖",已演变为一种"共存依赖"的庇护与被庇护关系。政府官员依赖私营企业解决当地的就业问题,促进经济生活中的合作关系,以及获取贿赂受益等;而私营企业主则依赖政治权力获取资源,并利用权力的庇护关系避免政治和政策的任意干涉。上海交通大学谢岳认为,在当代中国,地方社会中资本和权力的互惠关系主要通过两种方式进行,一是"穿红衣"、"戴红帽",即地方政府通过授予政治荣誉甚至职位将经济精英纳入政治体系中来;二是裙带主义,即建立政府官员与企业主之间的私人关系网络,形成一种经济精英对政治的依附关系,进而形成一种特殊的地方庇护网政治①。周业安等研究者则认为,庇护型地方政府也进行一定的制度创新和技术创新,但创新程度有限,不足以吸收资源,因此为了保证一定水准的税基,这类地方政府常常采取地方保护主义,凭借着政府保护来创造和维护当地企业的产品市场②。因此,地方保护主义通常发生在地区间的替代产品上,因为替代产品构成地方财政收入的重要组成部分,地方政府就有动力通过行政力量来创造和保护市场。

除此以外,来自香港科技大学的蔡永顺还提出了不负责任(irresponsible)的地方政府的概念,其特点是,地方政府为了个人的政治和经济利益,在地方经济和社会发展过程中进行不负责任的干预,而导致大量地方公共资源的浪费③。针对上述转型中地方政府改革实践中存在的种种不足与乱象,有学者强调指出,地方政府角色转换必须以以人为本理念为依托和出发点,寻求中央适度集权下的地方政府自主空间确定与地方政府角色转换中的自律与他律,是实现体制改革由表及里转换的两大使命④。

(三)地方政府在制度变迁中的功能问题

从 20 世纪 90 年代末期以来,有关地方政府在制度变迁中的功能问题,也成为学术界探讨的一个热点。现有的研究中,哈耶克的自发秩序理论、奥尔森的利益集团理论、诺斯的制度变迁理论和青木昌彦的进化博弈理论分别从不同角度对制度变迁中政府行为的作用机理和角色定位具有解释力,有助于解释制度变迁中

---

① 谢岳:《市场转型、精英政治化与地方政治秩序》,载于《当代中国研究》2004 年第 2 期。
② 周业安、赵晓男:《地方政府竞争模式研究——构建地方政府间良性竞争秩序的理论和政策分析》,载于《管理世界》2002 年第 2 期。
③ Yongshun Cai. Irresponsible State: Local Cadres and Imge-building in China, Journal of Communist Studies and Transition Politics, 12 (4), 2004, pp.20–41. 蔡教授以改革开放以后中国各地官员大兴形象工程(Image-building)为基本的分析对象,对这一概念进行阐释。
④ 沈志荣、沈荣华:《以人为本:地方政府角色转换的使命》,载于《理论探讨》2011 年第 3 期。

的政府行为动因、行为方式、行为效果①。有学者指出,制度变迁中影响地方政府目标函数的变量主要包括经济利益、行政权力、意识形态等方面②。而以杨瑞龙为代表的学者首先对过去自上而下的强制性制度变迁模式进行了重新审视,并以江苏省昆山市自费办开发区到"国批"的例子为分析对象,提出了一种新的"中间扩散型"的制度变迁假说。他认为,中国的制度变迁由改革之初的供给主导型制度逐步向中间扩散型制度,最终过渡到需求诱致型制度;在中间扩散型制度变迁中,他特别强调地方政府的作用,把地方政府作为制度创新的主角。杨瑞龙借鉴制度经济学初级行动集团与次级行动集团理论,把从事创新行动的地方政府看成是初级行动集团。在他看来,中国经济体制改革的一个显著特征是权力中心成为改革的倡导者和组织者,权力中心的制度供给能力和意愿是决定制度变迁方向、形式的主导因素。这样一种供给主导型制度变迁方式在以较低的摩擦成本启动中国市场化改革方面发挥了重要的作用。放权让利改革战略与"分灶吃饭"财政体制的实施,地方政府经济实力的提高所引起的谈判力量的变化,导致了重建新的政治、经济合约的格局,使经济利益独立化的地方政府不仅愈来愈成为沟通权力中心的制度供给意愿与微观主体的制度创新需求的中介环节,而且还直接从事能导致地方利益最大化的制度创新活动,这就有可能突破权力中心设置的制度创新进入壁垒,从而化解"诺思悖论"③。因此,一个中央集权型计划经济的国家有可能成功地向市场经济体制渐进过渡的现实路径是,改革之初的供给主导型制度变迁方式向中间扩散型制度变迁方式转变,最终过渡到与市场经济内在要求相一致。

围绕杨瑞龙的观点,学术界展开了热烈的讨论。黄少安对杨瑞龙的"第一行动集团"观点提出商榷,在他看来,即使有"地方政府"充当制度创新"主角",也不存在一个特定的相对独立的"中间扩散型制度变迁"阶段。黄少安提出了"制度变迁主体角色转换假说",他认为制度变迁必须由不同主体联合行动才能完成,而且不同主体在创新中的角色是不断发生变化的④。周业安则在社会秩序二元观的基础上,提出了一个分析中国制度变迁的初步演进论框架,他认为,中国的改革过程交织着地方政府选择外部规则和社会成员选择内部规则的双

---

① 张显未:《制度变迁中的政府行为理论研究综述》,载于《深圳大学学报(人文社会科学版)》2010年第3期。
② 张显未:《中国制度变迁中的地方政府角色演变》,载于《经济问题探索》2010年第4期。
③ 杨瑞龙:《我国制度变迁方式转换的三阶段论——兼论地方政府的制度创新行为》,载于《经济研究》1998年第1期。
④ 黄少安:《制度变迁主体角色转换假说及其对中国制度变迁的解释——兼评杨瑞龙的"中间扩散型假说"》,载于《经济研究》1999年第1期。

重秩序演化路径①。

之后，杨瑞龙又提出了"阶梯式的渐进变迁模型"，认为中国的市场取向改革是在中央治国者、地方政府官员和微观主体之间的三方博弈中向市场经济制度渐进过渡，三个主体在供给主导型、中间扩散型和需求诱致型的制度变迁阶段分别扮演着不同的角色，从而使制度变迁呈现阶梯式渐进过渡特征。地方政府是连接中央治国者的制度供给意愿和微观主体制度需求的重要中介，也正是由于他们的参与给制度变迁带来了重大影响②。而靳涛提出了一种"双层次互动进化博弈制度变迁模型"，他把中央政府、地方政府和微观主体的博弈细分为宏观层次的中央政府和地方政府的博弈和微观层次地方政府和微观主体的博弈。两个层次的博弈通过地方政府的中间桥梁连接起来，然后通过引入进化博弈分析方法，认为制度变迁的演化过程就是通过微观层次的"突变"和宏观层次的"选择"，来体现这一互动的制度演化过程③。

有研究者认为，制度匹配而非制度依赖，是理解制度变迁的合理进路。"作为规则"与"作为信念"是制度结构的不同面向。这就对应了制度的二重性，即在制度稳定期，制度为自变量，作为一种行动规则型塑政治结果；制度动荡期，制度转变为因变量，在制度化的过程中反身为政治结果所型塑。制度起源与制度演化构成了制度变迁的链条，将整个过程串联起来的则是活跃于其中的行动者，行动者的政治行为型塑了制度的演化轨迹④。

制度变迁是由占据不同利益的个人和群体之间相互作用而推动和约束的，而不同群体和个人的行为受其所处场域的制度逻辑制约。从社会学的角度看，制度变迁的轨迹和方向取决于参与其中的多重制度逻辑及其相互作用。需要在多重制度逻辑的相互关系中认识它们的各自角色，在行动者群体间互动中解读制度逻辑的作用，并关注制度变迁的内生性过程⑤。基于历史制度主义的分析范式可以发现，在制度的结构性变迁当中，各种政治变量和权力空间配置制度构成一定序列结构，制度和行为者的博弈推动或阻滞了制度变迁过程；在制度的历史性变迁当中，权力空间配置制度具有明显的路径依赖性，制度情景环境的变迁促成了制度断裂点的生成⑥。

---

① 周业安：《中国制度变迁的演进论解释》，载于《经济研究》2000年第5期。
② 杨瑞龙、杨其静：《阶梯式的渐进制度变迁模型——再论地方政府在我国制度变迁中的作用》，载于《经济研究》2000年第3期。
③ 靳涛：《双层次互动进化博弈制度变迁模型——对中国经济制度渐进式变迁的解释》，载于《经济评论》2003年第3期。
④ 王星：《制度中的历史——制度变迁再思》，载于《经济社会体制比较》2011年第2期。
⑤ 周雪光：《多重逻辑下的制度变迁：一个分析框架》，载于《中国社会科学》2010年第4期。
⑥ 赵民：《我国省级政府权力空间配置的制度变迁》，载于《中国行政管理》2010年第9期。

然而，值得强调的是，脱胎于西方高度结构化制度环境中的新制度主义与我国低制度化的现实环境存在明显的"错配"，导致与常识性经验认知不符。以地方核心行动者为视角来解析制度变迁中地方行动空间的拓展与行为异化，在一定角度、一定程度上可以解读这一难题。我国制度变迁的波动性、制度非耦合性及实施机制不健全都给地方核心行动者扩大了行动空间。这种空间的拓展也带来了追求短期政绩、职能错位及"类苏丹化"现象，需要不断加强制度供给①。

（四）地方政府间的竞争问题

中国地方政府竞争作为推动中国渐进式改革的重要力量，日益受到人们的普遍重视。中央政府的评优机制和财政压力是政府竞争现象出现的根源。20世纪90年代初，学术界就有人开始探讨地方政府间的竞争关系，其研究的对象更多的是恶性竞争关系，是地方政府为了争资源、夺市场所引发的各种"诸侯"经济大战。最早对这一问题进行研究的是德国学者何梦笔（Herrmann-Pillath）教授。他认为，任何一个政府机构都与上级机构在资源和控制权的分配上处于互相竞争的状况，同时，这个政府机构又与类似机构在横向的层面上展开竞争。何梦笔认为，中国作为一个超大规模的国家，地区间的巨大差异，使得地方政府对统一的经济转型政策有着不同反应。改革开放之后，随着分权的推行以及财政税收体制的改革，使得"地方产权"越来越清晰，使政府间的竞争表现得越来越突出，而这种竞争机制正是中国经济发展的重要推动力②。冯兴元受何梦笔的影响，对辖区政府间竞争的概念以及辖区政府间竞争进行了分析，描述了辖区政府间关系的一般框架和辖区政府间竞争背景下的经济过程和政治过程之间的联系。冯兴元认为，改革开放以来的分权，使不同辖区地方政府之间的竞争大为激烈，这种竞争可以表现为税收竞争、补贴竞争和规制竞争。在他看来，行政分权和经济分权程度越高、市场化程度越高，地方政府对辖区竞争压力的感知就越大，辖区间制度竞争也就越剧烈。辖区政府的财政对上级政府财政支持的依赖度越大，辖区间政府制度竞争的能力就越弱，竞争强度就越弱③。刘亚平则比较了联邦制和单一制下地方政府之间竞争的区别，认为单一制下的地方政府间竞争，有时甚至会比联邦制下的地方政府竞争更激烈，只是在不同的政治结构之下，地方政府对稀缺性资源的需求排序的区别，竞争的主要领域和具体表现形式不同而已。联

---

① 沈荣华、王扩建：《制度变迁中地方核心行动者的行动空间拓展与行为异化》，载于《南京师大学报》（社会科学版）2011年第1期。
② ［德］何梦笔：《政府竞争：大国体制转型理论的分析范式》，天则内部文稿系列2001年，第1卷。
③ 冯兴元：《论辖区政府间的制度竞争》，载于《北京行政学院学报》2001年第6期。

邦制下地方政府间的竞争，更多地表现为为争取选民的支持而创造性地提供公共服务，单一制之下地方政府之间的竞争，则主要体现为创造性地执行中央的政策①。

当前地方政府竞争可以归结为资源、政策、政绩、制度的竞争，其本质为资源和能力的竞争。放权和渐进性制度改革、上级政府和辖区居民的考核、战略集群和资源退出机制等因素共同推动了当前中国地方政府竞争。地方政府竞争的方式可以分为税收竞争、基础设施竞争、制度创新竞争、人文环境竞争，而这四种竞争手段都可归结为公共物品竞争②。而中央政府在土地、财政、选举、监督、户籍管理、绩效考核等方面的制度不健全以及相关法律的缺失，造成了地方政府竞争的失范与无序③。地方政府竞争具有双重效应，这些竞争方式给我国经济发展带来了积极效应和消极效应，这是因为，地方政府在政府竞争的压力之下起着"政治企业家"的作用，进行了诸如产权制度变革、行政审批制度改革以及地方公共物品供给制度改革等制度创新行为。但行政性分权的非制度性和非稳定性、法律约束机制的缺失以及中央政府宏观调控式微等制度安排中的缺陷导致了地方政府制度创新中的悖论，地方政府在政府竞争中以"曲解规则"、"补充文件"等异化的"制度创新"行为和方式来理解和贯彻国家的法律法规和上级要求实施的制度规则，以求满足自身利益的最大化④。

然而，地方政府竞争在不断发展变化之中。依据竞争中的作用发挥，现有的地方政府可以分为独立型、合谋型与互助型，它们的竞争行为已经从纵向竞争和横向竞争扩展到时期竞争。多数经济发达的地区已经不再把税收优惠作为主要的经济竞争手段，而转向改善地方公共物品的供给竞争。但在硬件和软件公共物品之间，地方政府更倾向于硬件基础设施投资，这也引发了政府对软件供给物品的供给不足⑤。因此，以注重对生产要素的争夺和占有、强调对产业竞争力培养的资源模式需要向不断进行制度创新并降低制度成本、减少"制度腐败"、促进地方政府间相互信任的制度模式转变⑥。

经济分权和政治晋升制度致使中国地方政府"为增长而竞争"。学术界对地

---

① 刘亚平：《当代中国地方政府间竞争》，社会科学文献出版社2007年版，第51页。
② 张晖：《地方政府竞争的方式及其双重效应》，载于《经济体制改革》2011年第1期。
③ 萧鸣政：《当前中国地方政府竞争行为分析》，载于《中国行政管理》2011年第2期。
④ 唐丽萍：《地方政府竞争中的制度创新及异化分析》，载于《上海行政学院学报》2011年第1期；胡仙芝：《经济增长动能抑或政治晋升比拼——当代中国地方政府竞争状况问卷调查分析报告》，载于《人民论坛》2010年第15期。
⑤ 朱慧：《地方政府竞争与区域对外开放——基于我国省级面板数据的实证研究》，载于《浙江社会科学》2010年第4期。
⑥ 汪伟全：《地方政府竞争模式选择：制度竞争胜于资源竞争》，载于《现代经济探讨》2010年第4期。

方政府竞争的研究从四个视角展开，即财政联邦主义视角、公共选择理论视角、新制度主义视角、治理理论视角。以此为基础展开的研究范围拓展与研究重点深入方面，都取得了显著进步；但从研究假设、案例实证以及分析方法看，国内研究仍存在一定局限，譬如在官员考核系统、组织体系和跨界治理模式等方面的研究便亟待加强①。

我国地方政府改革研究除了上述四点以外，还有如地方治理，特别是有关环境治理问题、生态文明建设问题以及公共物品供给模式、全球化背景下的地方政府与外界关系问题等，也都是热点。

自2011年至今，有关地方政府研究的成果更是遍地开花、万紫千红。专著有50多部，其中有关于地方政府金融投资与公共财政的研究，如中国地方政府融资平台研究课题组著《中国财税发展研究报告：中国地方政府融资平台研究》（中国财政经济出版社），基本肯定了地方融资平台的工具性价值；敬志红著《地方政府性债务管理研究：兼论地方投融资平台管理》（中国农业出版社），认为我国地方政府除采取银行贷款、发行债券外，还通过融资平台、采用BT或BOT模式等筹措建设资金。地方政府债务是当前地方财政收入的3倍以上，基本特征是"规模巨大，结构不明，风险隐蔽，管理失范"。作者除了表示担忧以外，提出了防范风险的原则与思路；赵晔编著的《现阶段中国地方政府债务风险评价与管理研究》（西南交通大学出版社），分析了我国省、市、县、乡镇地方政府债务风险状况，并提出化解债务的具体建议；刘珊珊主编《地方政府债务融资及其风险管理：国际经验》（经济科学出版社），集结了世界银行对相关问题研究的成果；还有刘立峰等著《地方政府融资研究》（中国计划出版社），周孝华等著《地方政府投融资平台风险管理：基于重庆市投融资平台的实证研究》（经济管理出版社），吴俊培著《中国地方政府预算改革研究》（中国财政经济出版社），都对相关问题有进一步分析与探讨。

专著中有从政策角度切入的，如王国红著《政策规避与政策创新：地方政府政策执行中的问题与对策》（中共中央党校出版社），论述了政策规避和政策创新在地方政府政策执行中的表现及其思考；罗依平著《地方政府决策研究》（湘潭大学出版社）分析了公民参与地方政府决策的内在价值与决策模式创新路径；向玉琼著《中国转型期地方政府政策移植研究》（中国社会科学出版社），从行为主义、理性选择理论与新制度主义三种视角综合展开公共政策研究。

专著中有关于地方政府治理的研究，如谭英俊著《地方政府公共事务合作

---

① 黄纯纯：《地方政府竞争理论的起源、发展及其局限》，载于《中国人民大学学报》2011年第3期；于东山：《中国地方政府竞争理论研究的缘起、现状与展望》，载于《东北大学学报》（社会科学版）2010年第4期；宫经理：《中国地方政府竞争研究二十年》，载于《太平洋学报》2011年第2期。

治理能力建设研究》（广西人民出版社），在借鉴、参考国外地方政府公共事务合作治理的基础上，提出了中国地方政府公共事务合作治理的路径与对策；李瑞昌著《政府间网络治理：垂直管理部门与地方政府间关系研究》（复旦大学出版社），重点分析了垂直管理部门与地方政府之间的政策伙伴关系，提出了政府间网络的解释模型；申振东、龙海波著《生态文明城市建设与地方政府治理：西部地区的现实考量》（中国社会科学出版社），结合贵州城镇化建设实际，分析了生态文明城市建设的现实困境与发展趋势；还有王潜著《县域生态市治理与建设中的政府行为研究》（东北大学出版社），李明强、贺艳芳著《地方政府治理新论》（武汉大学出版社），张建英著《在区域生态治理中地方政府经济职能转型研究》（广东人民出版社）等。

专著中有关于地方政府间关系的研究，如刘泰洪编著《中国地方政府竞争的制度分析》（中国工人出版社），认为地方政府竞争就是地方政府在政治域内为寻求获利机会而展开一种动态的博弈选择；程臻宇著《中国地方政府竞争研究》（山东大学出版社），分析中国同级地方政府竞争的双重性质，揭示同级地方政府竞争对区域经济尤其是对区域产业结构的影响机理；还有王华著《中国地方政府绩效差距研究：基于府际关系视角的解释性框架》（上海社会科学院出版社），于东山著《转型期中国地方政府竞争研究》（东北大学出版社），唐志军著《地方政府竞争与中国经济增长：对中国之"谜"中的若干解释》（中国经济出版社），任维德、丛志杰、张力均等著《地方政府竞争视野下的区域发展研究》（内蒙古大学出版社）等。

专著中有关于地方政府职能与行为的研究，如齐杏发著《转型期地方政府行为模式研究：理论假设与案例实证》（中国经济出版社），以劳动关系领域的地方政府行为为例，解读了地方政府行为的内在机制；赵建强主编《中国地方政府科技投入行为研究》（中国社会科学出版社），利用成本收益方法对地方政府科技投入的收益路径与影响因素进行了研究，聂方红主编《涉政公共事件 地方政府行为新挑战》（人民出版社），专题研究官员政务活动及其个人言行举止引发公共事件，还有周飞舟主编《以利为利：财政关系与地方政府行为》（上海三联书店），侯保疆、杜钢建著《社会和谐视角下地方政府社会管理职能研究》（暨南大学出版社），王洛忠著《和谐社会构建与地方政府行为规范化》（知识产权出版社），常永华著《公共危机管理视阈下的西部地方政府执政能力与评估研究》（中国社会科学出版社），等等。

专著中有关于地方政府绩效的研究，如郑方辉、尚虎平著《中国地方政府绩效评价红皮书》（新华出版社），王茹著《低碳经济视角下的地方政府政绩指标体系研究》（国家行政学院出版社）等。

专著中有关于地方政府管理创新的研究，如陈瑞莲编著《地方政府管理》（中国人民大学出版社），向读者展示了当代中国地方政府管理的多维图景；还有李平主编《地方政府发展研究（2010第6辑）》（汕头大学出版社），李敏主编《中国地方政府外事管理研究：以地方外办为例》（济南出版社），陈红太等著《中国地方政府创新的理论和实证研究报告集》（吉林人民出版社），等等。

专著中有关于地方政府组织的研究，如郭庆旺、贾俊雪著《中国地方政府规模和结构优化研究》（中国人民大学出版社），从政府间财政关系和地方政府治理视角，揭示我国地方政府规模和结构的内生决定因素、发展演进规律及其对我国经济社会发展的重要影响；李和中著《中国地方政府规模与结构评价蓝皮书2010》（中国社会科学出版社）与《中国地方政府规模与结构研究》（科学出版社）；武磊著《县区级地方服务型政府建设研究：以河南省焦作市解放区为个案》（中国社会出版社），林强著《发展沈阳近海经济区与创新政府治理体制研究》（东北大学出版社），等等。

俞可平继续关注地方政府创新奖，主编《中国地方政府创新案例研究报告2009~2010》（北京大学出版社）与《政府创新的中国经验：基于"中国地方政府创新奖"的研究》（中央编译局），从政府创新角度展现了中国改革发展的经验，并揭示了一个管理结构上的重大变化：中国地方政府创新奖的主管者已经不再是非行政主体的其他官方机构，而由北京大学专事地方政府研究的非官方性质的校级科研机构所取代。

2011年至今，有关地方政府研究的论文，更是层出不穷、琳琅满目。单就学位论文而言，博士论文有333篇、优秀硕士论文1 919篇，可见地方政府研究后继有人。另外，通过有关权威网络搜索，以"地方政府"为主题词的24 459篇，以"地方政府"为关键词的总共23 673篇。

其中，关于地方政府间关系的有65篇，如张紧跟著《伦敦大都市区治理改革及启示》（《岭南学刊》2011年第4期）等；关于地方政府机构、编制及规模的有77篇，如秦强著《中国式财政分权与地方政府规模膨胀的关系及实证检验》（《贵州财经学院学报》第3期）等；关于地方政府行为方面的有225篇，如李猛著《"省直管县"能否促进中国经济平稳较快增长？——理论模型和绩效评价》（《金融研究》2012年第1期）等；关于地方政府财政、债务方面的有734篇，如贾俊雪著《政府间财政收支责任安排与地方公共服务均等化：实证研究》（《中国软科学》2011年第6期），伏玉林著《地方政府债务困境的实质》（《探索与争鸣》2012年第2期）等；有关于地方政府电子政务方面的2 582篇，如闫培宁著《基于AHP与过程结果模型的电子政务公共服务绩效实证研究》（《中国行政管理》2012年第4期）；关于央地政府关系方面的有25篇，如王建学《论地方团体法人的基本权利能力》(《政法论坛》2011 年第 5 期) 等；关于地方政府职能、角色、责任方面的有 206 篇，如张晨、周娜娜《地方服务型政府生态职能构建：转型诉求与体制逻辑》(《学习与探索》2012 年第 4 期)，王力平著《论地方政府角色在社区治理中的失位与归位》(《前沿》2011 年第 11 期) 等；关于地方政府绩效方面的有 118 篇，如王臻荣、任晓春著《我国地方政府绩效模型的构建与分析》(《中国行政管理》2011 年第 11 期) 等；关于地方服务型政府方面的有 125 篇，如古洪能、吴玉宗著《地方服务型政府建设中公众诉求表达问题研究》(《行政论坛》2012 年第 1 期)，孔凡河著《我国地方服务型政府的建构困境与实现机制》(《上海党史与党建》2011 年第 11 期) 等；关于地方政府改革方面的有 236 篇，如杨雪冬著《过去 10 年的中国地方政府改革——基于中国地方政府创新奖的评价》(《公共管理学报》2011 年第 1 期)，贾海薇著《地方政府管理机制创新的实践与学习路径——基于时间维度对广东省的分析》(《国家行政学院学报》2011 年第 5 期)，李水金著《审慎对待地方政府改革过程中的"强镇扩权"》(《云南行政学院学报》2011 年第 1 期) 等；关于地方政府权力、管理、治理方面的有 798 篇，如郁建兴、冯涛著《城市化进程中的地方政府治理转型：一个新的分析框架》(《社会科学》2011 年第 11 期)，王春福著《民营企业的公共行为与地方治理——以浙江民营企业调查为基础的分析》(《学术交流》2012 年第 2 期)，曾维和著《协作性公共管理：西方地方政府治理理论的新模式》(《华中科技大学学报》2011 年第 1 期) 等；关于地方自治方面的有 305 篇，如郭殊著《地方自治视野下村委会选举的法律规制——基层民主的规范与监督》(《江苏社会科学》2011 年第 5 期) 等；关于地方政府创新方面的有 78 篇，如何增科著《中国政府创新的趋势分析——基于五届"中国地方政府创新奖"获奖项目的量化研究》(《北京行政学院学报》2011 年第 1 期)，吴建南、马亮等著《政府创新的类型与特征——基于"中国地方政府创新奖"获奖项目的多案例研究》(《公共管理学报》2011 年第 1 期)，胡宁生著《地方政府创新的配套、认同与扩展》(《江海学刊》2012 年第 3 期)，毛铖、任晓林、田丽娜著《地方政府创新的热点领域与制度化研究——对中国地方政府创新奖入围项目的调查评析》(《云南行政学院学报》2012 年第 2 期) 与《我国地方政府创新研究发展轨迹的寻绎——我国地方政府创新研究综述》(《内蒙古民族大学学报》2011 年第 3 期)，包国宪、孙斐著《演化范式下中国地方政府创新可持续性研究》(《公共管理学报》2011 年第 1 期)，董新宇、朱正威著《服务型政府理念下的地方政府创新——基于淮安市政府 101% 服务的实证研究》(《中国行政管理》2011 年第 4 期) 等；关于地方党政关系方面的研究较少，只有 4 篇，关于地方政府能力方面的研究只有 2 篇；等等。

三、研究不足与反思

对地方政府改革的研究，总体上取得了较大的成绩，但是，同时也存在着一些不足。

（一）基础理论缺失，制约了学术研究水平的进一步提升

"一门成熟的社会科学学科必须从理论形态上把握认识的对象，即用概念、范畴体系全面地、系统地揭示该领域的本质和规律"①，都必须以基础理论研究为前提，必须有自己专门的研究对象，有符合学科特性的研究方法，这正是当前我国地方政府研究中欠缺的。我们发现，一方面，专门探讨地方政府基础理论的文章可谓凤毛麟角；另一方面，将一般政府理论硬套在"地方政府"的现象普遍存在，缺乏针对性与层次性，更缺乏研究的个性。转型期地方政府研究，既需要引介理论，更需要根据经济社会的变迁来创造理论、发展理论，而现实的状况告诉我们，目前为止，这方面的学界努力仍颇有距离。

（二）经验性研究缺乏，阻碍了学科的合理建构

长期以来，在社会科学的研究中，一直存在着规范性研究与经验性研究孰优孰劣之争。客观地讲，这两种研究方法对于任何学科的发展都必不可少，但是，对于地方政府学研究对象的实践性与具体性来讲，经验性研究严重缺乏，是无论如何都不能支撑学科的合理构建的。或许是受传统方法论的影响，规范性研究仍占地方政府研究的绝对比重，"大多数规范研究立足于宏大叙事，而且，因为规范研究本身的不规范，多数研究无法建构理论促使知识增长，无法揭示真实的行政过程，更无法解释真实的行政问题"②，更令人担心的是此类研究还在增长。而"地方政府学是一门系统研究我国地方政府的科学，其研究对象就是中国地方政府管理实践中出现的各种问题、积累的各种经验以及与中国地方政府相关的问题"③，这就决定了经验性研究的重要性。

---

① 陈波等：《社会科学方法论》，载于《政治学研究》2007年第1期。
② 何艳玲：《问题与方法：近十年来中国行政学研究评估（1995－2005）》，载于《政治学研究》2007年第1期。
③ 沈荣华：《中国地方政府学》，中国社会科学文献出版社2006年版，第40～41页。

(三) 动态性研究的不足，使地方政府改革研究缺乏活力

地方政府在管理实践中产生的许多问题，都会受到地方行政管理因素的影响，由于这些因素是不确定的，地方政府实践中产生的问题也是变幻莫测的，因此，地方政府改革研究对象应该是动态的。但从文献综述的结果看，结合地方案例进行理论挖掘、规范性与实证性相结合的研究与理论提炼显得较为薄弱，长期满足于现象描述和质性批判还在大量延续，这便制约了研究的理论解说力，更难以有真正创新性的分析概念诞生和理论模型出台。地方政府改革研究的动态性还表现为地方政府官员与学者的互动。一般来说，最先发现地方政府改革有不足的，往往不是学者，而是处于管理第一线的地方政府官员。但是，由于他们知识结构不对口、学术功底不整齐、研究时间有限等因素，无法对问题的本质做出透彻的揭示；而有可能把握改革规律的学者又往往被排斥在政府管理系统之外，不可能及时感受到问题的产生与蔓延。这就需要建立地方政府与学者交流的互动机制，促使学术研究有的放矢。

(四) 研究深度不够，使地方政府改革研究缺乏规律性的深刻思考

理论界虽对我国中央与地方的关系研究取得了丰富成果，但也还存在着研究方法和视角比较单一、研究的系统性不够、国别研究和对策研究明显偏弱等带有一定普遍性的问题[①]。针对地方政府改革中出现了许许多多新行为、新举措、新方案，不少学者往往没有作深入的调研与分析，就挂上体制改革的桂冠，加以宣传与总结，引来不少外地参观客。这种"热闹有余、而精彩不足"的态势说明，既有的研究虽然从研究视角、范围、重点、内容、方法上论文著作硕果累累，但创见之作仍鲜有所见，理论研究仍不能较好地满足经济社会快速发展的现实需求。

笔者以为，多年来的地方政府改革，需要有一个宏观的视野和理性务实的态度进行分析。总体看来，地方政府改革尤其是在经济体制改革取得了巨大成就，整个社会生产力水平、综合国力和人民生活水平得到显著提高。这是改革发展的主流，必须充分肯定。但与此同时，研究中值得注意的基本事实需要指出：(1) 由于特定的党政结构和社会主义民主法治尚在发展之中，地方改革更多地表现出精英治理的样态，通常一个人就可以改变一种发展思路，即突出的"一把手"现象还是十分突出。我们不怀疑主政者的人民情怀，但是过多的个人色

---

① 杨小云：《关于我国改革开放以来中央与地方关系研究的若干思考》，载于《政治学研究》2010年第6期。

彩容易为地方改革留置太大的道德风险，不利于可持续发展；（2）由于市场机制不尽完善、社会力量还比较孱弱，在改革中，地方政府既是改革动力又是改革的对象，这便使得改革陷入悖论之中，即地方政府要不断组织起力量来推动对自身的改革，故而导致体制改革的动力不足；（3）现有的地方改革，主要在停留在表层、在技术层面，未涉及体制内核，未能对权力关系以及权力与权利关系做出适应性的调整，致使改革没能取得实质性、结构性的突破。轰轰烈烈的改革场景与体制改革内核的低效甚至是无效触碰之间形成了鲜明的反差。这是极其值得关注的。这样的例子很多，需要深入观察、理性分析，选取科学合理的理论工具，循序渐进，致力于寻求理论务实，以此来推进地方政府对改革路径依赖的"解锁"。经过30多年以经济建设为中心的发展实践，中国地方政府的改革正进入"深水区"，业已逼近"新拐点"[①]。这就需要人们正视现今的改革不足，有更为系统、更为深刻、更具有理论穿透力的基础研究和更具有实践操作性的应用研究成果面世，更好地服务于以回应民众和社会需求的公共服务型政府建设和社会建设上来。理论滞后于现实发展的状况亟待改变，这对于理论界而言，既是压力，更是动力，理智的学者当然应该将理论落后于现实现状，变成催生自己奋起的动员令。

---

① 吴敬琏：《中国改革进入深水区》，载于《绿叶》2010年第1~2期。

第二章

我国地方政府体制创新的制度性起点

建设和谐社会是我国地方政府体制创新的价值目标,也是地方政府生存的依托与发展的载体。建设和谐社会需要有制度性的起点,核心是在有效平衡权力与权利关系的基础上,以制度化的方式真切地实现以人为本,这是建成和谐社会的关键之关键。本章在回溯东西方现代化发展路径的基础上,从分析公民权利、市民社会和国家的关系入手,论证了以人为本、尊重公民个人的意志、保护公民个人的权利这一制度性起点,对于实现我们一贯孜孜不倦追求的伟大目标具有重大意义。

第一节 和谐社会:地方政府体制创新的追求

一、和谐社会的基本内涵

什么是和谐社会?党的十六届四中全会《中共中央关于加强党的执政能力建设的决定》(以下简称《决定》)首次完整提出"构建社会主义和谐社会"的概念。这是我们党在新的历史条件下的政治宣言和执政宗旨。《决定》将其正式列为中国共产党全面提高执政能力的五大能力之一。党的十六大报告论述全面建设小康社会时,有两处比较明显地提到和谐社会理念:一是报告指出,到2020年我国将要实现的小康社会比2000年有六个"更加",其中第五个"更加"就是"社会更加和谐";二是报告第二部分论述"三个代表"重要思想时提出,要努力建立起"各尽所能,各得其所,和谐相处"的社会关系。这是中央文件中第一次把和谐社会建设放到同经济建设、政治建设、文化建设并列的突出位置,使中国特色社会主义事业的总体布局,由经济、政治、文化的三位一体,扩展为经济、政治、文化、社会的四位一体。胡锦涛同志在"6.25 重要讲话"中又强调指出,科学发展观的第一要义是发展,核心是以人为本。我们党的根本宗旨是全心全意为人民服务,党的一切奋斗和工作都是为了造福人民,要始终把实现好、维护好、发展好最广大人民的根本利益作为党和国家一切工作的出发点和落脚点,做到发展为了人民、发展依靠人民、发展成果由人民共享。党的十七大报告中再一次强调了建设社会主义和谐社会,必须坚持以人为本、关注民生的重要性。这说明我们党已经将"以人为本"视为建设和谐社会的着力点。党的十八大报告将和谐社会视为"中国特色社会主义的本质属性",将和谐社会的使命定格为"把保障和改善民生放在更加突出的位置,加强和创新社会管理,正确处理改革发展与稳定关系,团结一切可以团结的力量,最大限度增加和谐因素,增加社会创造活力,确保人民安居乐业、社会安定有序、国家长治久安"[1]。

和谐社会不可能自然生成,它需要政府与社会的共同努力,更需要制度的安排。何谓和谐社会,现在理论界众说纷纭,至今没有一个共识。我们不妨从其指标系数的角度进行考察。

(一)和谐社会的经济指数

考察是不是和谐社会,要看其经济的发展状态。经过 30 多年的改革开放,中国的经济高速发展,GDP 增长了 10 倍,平均发展速度为 9.4%,是世界上发展速度最快的国家之一,创造了世界经济史上的奇迹。但是,和谐社会不等于仅仅是经济的快速发展,更不能满足于我们现在这种高消耗、高污染、粗放型的增长模式。人们发展经济,不仅为了人类自身的利益,更要维护自然界的平衡,使社会系统与生态系统协调发展。然而,我们的高速发展代价太大了:一部分经济发展成果被少数人占有,大部分人却要为此承担代价;百姓口袋里钱比以前多了,但空气脏了,水资源污染了,人们不得不花更多的钱去购买清洁空气与清洁水资源;经济总量增长了,但是城乡、区域、行业之间的收入差距却逐步扩大了,两极分化十分严重。目前我国存在一些非法致富现象,一些人靠钻政策和体制漏洞而获得暴利,一些部门和单位靠垄断获取超额利润,而农民和工人人均收入却很低,负担很重。改革开放 30 多年取得的成果,农民并没有足够分享,产

---

[1] 胡锦涛:《中国共产党第十八次全国代表大会报告》,人民出版社 2012 年版,第 15 页。

业工人大批下岗，这对群众的情绪是一种严重的挫伤。

（二）和谐社会的社会指数

考察是不是和谐社会，当然要看社会的稳定状态。我国30多年来的改革开放，发展中始终关注着社会的稳定，这是中央政府高度投入所致，也是我国政府全力以赴、积极面对的结果。但是，当前仍然存在着许多不稳定的因素，一些社会问题甚至仍旧十分严峻：一是在农村，"三农"问题继续尖锐；二是随着城市化进程，失地农民的利益受到严重损害，基层政府与农民之间的关系紧张，群体性事件有所增加；三是乡村流动人口与城市固定户籍人口之间的利益冲突继续存在，农民工在城市仍然受到歧视，农民工群体利益受到侵害；四是劳资对立与冲突日益明显，政府有关政策左摇右摆不到位；五是城市下岗职工就业局面困难重重，国家社会政策缺位，保障制度不健全；六是物质文明与精神文明的发展不对称；七是政治体制与经济体制改革不配套，法制建设依然滞后于时代的要求；八是腐败现象严重，有的地方甚至愈演愈烈；九是社会犯罪现象大量增加；十是效率不高，公平缺失，唯利是图呈现严重化趋势。人们对此深恶痛绝，内心常常蕴藏着不满与冲动。这是转型社会中面临种种挑战的具体表现，同时也揭示出从传统农业社会向现代工业社会快速转变过程中"现代性孕育着稳定，而现代化过程却滋生着动乱"的基本悖论[①]，即发展需要稳定，而恰恰是发展肇端不稳定，如何在赶超的氛围中抑制恶性现代性而彰显良性现代性，是一个需要做出深刻理论回答的迫切课题。

（三）和谐社会的政治指数

考察是不是和谐社会，要看其政治指数，关键是要看政府自身的法治建设与民主政治建设。法治政府的建设主要在于政府出台的政策不能多变、不能朝令夕改、言而无信。政府做出的行为要有法律依据，不能主观随意、无法无天。政府权力不能任性恣意、随心所欲。政府工作人员不能按照自己的情感与需求去使用自由裁量权，徇私舞弊、贪赃枉法。法治政府的建设还必须置党政关系于法治化之中，也就是把党和政府的权利与义务关系、权力与责任关系用法律明确化，把党的领导方式、领导程序用法律具体化。通过政府法治化，全面反映民意，来充分体现党的全心全意为人民服务的宗旨；通过政府的廉洁，来体现党对人民的真诚与真挚；通过政府的自律，来体现党对政府的有效监督。另外，目前政府民主政治建设的首当其冲的任务是建构一套调节利益冲突的机制，让人们有一个正当

---

① ［美］亨廷顿：《变化社会中的政治秩序》，王冠华等译，三联书店1988年版，第38页。

表达利益的渠道，让政府有一个疏导人们意见的平台。不是群众成天上访，政府专门遣送，群众再来上访，政府再次遣送就能解决问题的，这样反而会激化矛盾。而应该在制度上寻找妥善解决社会转型期的群众内部利益矛盾的办法，沉着、冷静、制度化地处理好群体性突发事件。

（四）和谐社会的文化指数

考察是不是和谐社会，还要看其文化指数。文化是人类社会生活与活动的结晶，中国传统文化中高扬和谐伦理，邻里之间讲究和睦，为人讲究和善，有了问题希望和解，基本信念是和为贵、和气生财。合理借用传统文化中有价值的成分，强调与突出"和"的人文精神，这对引导人们关注和谐社会的建设是有价值的。但是，现实社会中还客观存在着落后的文化，腐朽文化还有一定的市场。不少干部群众自觉不自觉地推崇因果报应、命中注定，因此，现在烧香拜佛、占卦算命、看风水等现象十分普遍，甚至有的地方政府建造政府大楼、谈判签约都要占卦算命。这些不健康的东西影响着干部群众，影响着社会。建设和谐社会的一个重要任务就是不仅需要运用法律规范来调节社会关系和调整人的行为，也需要依靠道德伦理来维系人际关系，依托健康的伦理文化与法治文化，这些是构筑和谐社会的基础。

（五）和谐社会的思想指数

考察是不是和谐社会，还要看其思想指数。中国传统社会的和谐建立在三纲五常之上，讲纲常伦理，君要仁，父要慈，子要孝，妻要贤，这是传统社会保持和谐的思想基础。究其内涵，其实是要求每个人强调自己的责任，淡化自己的权利，但这样的和谐时代已经过去了。和谐社会的思想体系应该确立这样三个标准：一是平等，我们生活在同一个共同体内，所有人的人格都是平等的，都应受到尊重。单个主体生存状态不好，对所有人都不利；二是和善，如果群体不和善而相互为敌，那么每个人都将会是利益的受损者而不是得益者；三是进步，任何社会都应该有自己的灵魂与核心，和谐社会应该有积极向上的思想宝库。"八荣八耻"是和谐社会的最低指标系统，除此以外，还应该尽快建构权利与义务对称、权力与责任对应、尊重每一个公民的意志、保护每一个公民利益的思想体系。

总之，和谐社会是各种社会要素和关系相互融洽的社会，内涵相当丰富。它涉及人与人、人与社会、人与自然等多重关系，涵盖了人们的经济生活、政治生活、文化生活、日常生活的各个方面。和谐社会实质上是一个民主与善治的社会、稳定与秩序的社会、公平与正义的社会、宽容与友善的社会、诚实与信任的社会。建设社会主义和谐社会，既要努力发展经济，提高全体人民的生活水平，不断增强社会和谐的物质基础，又要倡导社会公共道德，弘扬优秀文化，更要加强制度建设，发展民主政治，推进社会主义法治。

二、和谐社会的主要结构

从和谐社会的内在构造来看，应该是一个结构性系统，它由一个制度性起点、二个价值性追求、三个层次性结构、四种利益群体之间的和谐、五个基础性平台、六种机制的构造、七大社会性问题的解决、八种博弈性关系的面对所构成。

一个起点是以人为本的出发点，这个问题将在下一节中详细论述。

二个价值性追求是指社会的公平和正义。

三个层次性结构是权力之间的和谐、政府操作层面上的和谐、各种社会关系之间的和谐。权力之间的和谐是指在党的领导下的全国人民代表大会、政府与司法之间的相互制约、相互监督、相互配合、相互协作；政府操作层面上的和谐是指政府决策、政府执行、政府监督之间的分工与合作；各种社会关系之间的和谐是指各阶层、各种群体、公民个人之间的诚信友爱、安定有序、自然协调，目的是建立"各尽所能，各得其所，和谐相处"的社会关系。

四种利益群体之间的和谐是指领导者与被领导者之间、企业主与劳动者之间、富人与弱势群体之间、脑力劳动者与体力劳动者之间的和谐。

五个基础性平台是指社会基础、政治基础、经济基础、思想基础、文化基础。社会基础就是要求社会不能严重分化，如果一个社会两极对立，人气就难以理顺，人心就会受挫，社会和谐就难以保证；政治基础是指要有一套防止社会两极对立的具体制度，要有让人们正当表达利益的渠道，要有把这种诉求整合后给予解决的机制，说到底，就是要在法治与民主的基础上建设和谐社会；思想基础就是指社会要有基本的主流思想与意识形态，使人们有基本的理想与目标，对现实生活有基本的认同与把握，对人与人之间有基本的信任与宽容；文化基础是指社会的气质传承、精神沟通与心理同构。中国的传统文化是"和"文化，因此和谐本身涵盖了和睦、和善、和气、和平、和解、和顺，总之，和为贵。"和"因"不同"而出，不同的人群，彼此之间主要是竞争、斗争、你死我活还是和平共处、和衷共济？中国的传统选择了和，"君子和而不同"，这种文化对构建和谐社会是有价值的。

六种机制性是指利益表达机制、动力激励机制、关系协调机制、快速反应机制、社会救济机制、力量整合机制。第一，利益表达机制主要通过政治民主机与法治机制来实现。在社会转型时期，社会各阶层的地位和利益都在发生变化，各种市场主体和社会主体的愿望和要求需要充分表达，为此，要创造条件，开辟和疏通各种渠道反映他们的利益诉求，并引导各种民意表达的方式，以便理性地表达诉求、实现价值。体现利益表达机制的法律应该充分反映主权在民的品质。第二，动力激励机制主要通过市场机制的作用来实现。社会活力来源于人们对自身经济利益的追求，其主要依据是民法，它保障民事主体的财产权利和人身权利，要求人们按照诚实信用原则、平等互利原则、等价有偿原则从事经济社会活动，使得社会全体成员能在平等、有序的竞争中充分发挥自己的聪明才智和创造性，并按照贡献大小公平地参与社会财富的分配。当然，与之相辅相成的机制则是惩治机制，对于一切危害市场秩序和社会秩序的行为应该予以处罚，从而使激励机制能更持久、更广泛、更正常地运行并发挥作用。体现激励动力机制作用的法律应充分反映公民自治的特点，使社会发展的内在动力和资源无障碍地显现其作用，并使每个人的积极性得到充分发挥。第三，关系协调机制要求不同群体利益有所平衡、不同主体的需求有所顾忌、不同人的主张有所吸纳。第四，快速反应机制要求政府对紧急情况有所预防，对危险对象有所抢救，对应急情况反应及时，对天灾人祸解决果断。第五，社会救济机制要求一方面树立起司法权威，通过司法权威与程序，使被侵害的权利得到弥补；另一方面要求政府在日常生活中承担应有的社会责任，使弱者有所靠、老者有所养、病者有所医、贫者有所济，从而使每一个公民都能够体会到社会的公正。第六，力量整合机制就是要求政府能够将不同阶层、不同群体的力量，在充分考虑各个主体利益的前提下，实现效益与效果最大化。主要目的是合理地调节公民、法人和各种社会组织之间的利益分配和利益矛盾。力量整合机制最主要的法律依据是行政法，行政法的作用除了监督和制约行政权之外，最经常、最直接的作用就是规范政府与社会公共生活的关系，合法、合理地调节公民、法人和各种社会组织之间的利益分配与矛盾，重点保护那些需要帮助与救济的困难群体的基本利益。力量整合机制最显著的特点是以人为本，体现权为民所用的人文情怀和价值，体现公共权力与公民权利之间的最佳互动关系。

　　七大社会性问题是指医疗保险问题、义务教育问题、养老保险问题、环境保护问题、城乡差距问题、"三农"问题、拆迁问题、治安问题等主要问题。

　　八种博弈性关系是指人与社会之间、人与自然之间、人与组织之间、人与人之间、人与自身之间、人与政府之间、中央政府与地方政府之间、地方政府与地方政府之间的关系。而这八种博弈关系归根结底可以归纳为两大关系，即人与自然的关系和人类社会内部的关系。这两大关系是人类与生俱来的最基本关系，它们之间是以和谐为主还是以对抗为主，决定着人类社会的祸福安危。

总之,和谐社会与民主法治具有同质性。胡锦涛在省部级领导干部研讨班上指出,社会主义和谐社会应该是民主法治、公平正义、诚信友爱、充满活力、安定有序、人与自然和谐相处的社会,这是对社会主义和谐社会内在结构的精辟解读。

实现和谐社会的基本路径。要寻找建设和谐社会的路径,就必须弄清产生社会不和谐的原因。我国已经走上了社会主义市场经济的道路,产生不同的利益群体和社会阶层应该是意料之中的事。不同的社会阶层与利益群体自然会有其不同的意识追求与维权模式,所有这些群体的合法利益,都必须一视同仁地予以尊重与保护。这种尊重与保护的对象应该是全体人,这是实现和谐社会的前提。说到底,人是实现和谐社会的根本基础。

因此,要把"为了人"作为实现和谐社会的起点与归宿。一般来说,稳定压倒一切,但稳定不是目的,稳定只是为经济发展和社会和谐创造外部条件,而满足人民需要、实现人的发展才是目的。所以,在构建和谐社会中保持社会稳定,一定要把"为了人"作为最高目的。

人民不是社会不和谐的原因,那么造成社会不和谐的原因是什么?

首先,是贫富差距直接感觉的传播。体制改革所形成的转型时期是我国现代化进程中的一个重要阶段,这个阶段的社会变化速度最快,突变也有可能出现,这种突变是指因各种变化所造成的冲突。社会不和谐上升的一个重要原因是相对受挫感加强的人口迅速增长。贫富差距拉大只是一个客观的事实,只要这个事实没有被足够多的人认为是不可忍受的,没有转化为他们内心中的强烈受挫感即相对剥夺感,就不会有太大的问题。但是,随着城市化进程,大量的农村人口流动起来,绝对福利增加了,同时也增加了与更富有的人进行直接比较的机会,顿时对贫富差距、社会不公有了更多的体验,这就增加了一部分人的受挫感,对社会的不满顿然生起。然后再经过他们的扩散,更多的农村人口也累积了不公平感,有可能使越来越多的人将自己的不良处境归咎于社会。

其次,是政治系统内部腐败的蔓延。近些年来,腐败数量从少到多,腐败层次从低到高,腐败形式从个人到集体,扩展明显、蔓延迅速,成为附着在政治机体上的"毒瘤",是"政治之癌"。尽管党中央不断加大打击力度,但尚未有效抑制。随着经济的发展,新的财富和财源更多地涌现出来,可供腐败的资源和机会也可能迅速增加。由于旧制度衰败留下的空隙和制度创新的相对滞后,直接导致腐败的增长速度快于抑制力量的增长速度[①]。这种现象往往传播很快,对于一

---

① 王沪宁:《中国抑制腐败的体制选择》,载于《政治学研究》1995年第1期;李雪勤:《新中国反腐败通鉴》,天津人民出版社1993年版。1995年以后的反腐力度和腐败升级的情况,以及一系列的集体腐败大案可以佐证。

部分原来就对社会不满的人而言，具有更大的刺激与催化作用。

针对上述原因，笔者认为，实现和谐社会的基本路径，核心是通过适度的中央集权或曰"选择性集权"，处理好中央和地方的关系；通过一定程度的社会自治，改善政府和社会的关系；通过强化法治，增强政府的自律；通过转变政府职能，给社会提供更多的公共产品。

第一，适度的中央集权，处理好中央和地方的关系。

中国一向是中央集权的国家，中华人民共和国成立之后基本没有改变这个格局，原因在于从战乱中产生的政权，需要快速维护政权安全的体制与体系，以防止国内外其他集团凭借武力对刚刚建立起来的政权的觊觎。由于新政权受到国际某些势力的歧视与封锁，客观上需要一种军事化的组织动员体系去维护国家安全。再由于实行计划经济，需要中央政府对全国经济发展作统一规划，对全国资源作统一分配，以便在最短的时间内集中最大优势的人力、物力与财力，去组织生产与建设。改革开放以后，这三方面的原因，均在不同程度上有所淡化，维系高度集权的必要性有所下降。

改革开放初期，中央的改革方案也曾试图采取中央推动地方改革的策略，从当时中央将深圳等地作为试点，继而推广到全国的决定中可以得到佐证。但是，中央很快就下放权力。20世纪90年代中央权力曾一度试图回收，但是，客观上已经没有这个可能，中央权力逐步受到限制是30多年改革的主流。具体表现为中央放松了对经济生活的控制，允许比较广泛的私人经济活动；中央放松了对地方政府的控制，从而使地方政府有了更多的自主决策权，去规划和指导本地区的发展。即使后来加强中央宏观调控，也只是强调增强地方政府的执行力，而没有出现再度回收权力的现象；中央放松了对社会生活的控制，只要法律不禁止，人们就可以做自己想做的事情。但是，中央的放权，使得地方主义出现了一定程度上的泛滥。现在的问题是必须反思中央放权的分寸，并将这个"度"以制度化的方式巩固下来，即如何从不宜继续由中央政府控制的领域退出，交给地方政府与社会管理；如何将既可由政府管理、也可由社会管理的事情，优先交给社会管理；如何将必须由中央政府管理的领域用法律固定下来，而可以由地方政府管理的事情明确交给地方政府管理。一句话，如何通过适度的中央集权，处理好中央政府和地方政府的关系，这样，可以杜绝因中央地方权限不明而造成的政府管理空白，也可以将中央与地方政府的职责权限划分清楚，使宏观调控与搞活地方有机地结合起来，以保证全社会在整体结构上控制社会不和谐因素的继续扩大与蔓延。

第二，通过一定程度的社会自治，处理好政府和社会的关系。

改革开放以市场经济为前提与导向，市场经济本身的一定发展，为市民社会的发育累积了一定的条件。首先,市场经济使大量的个人和组织摆脱了计划经济的束缚,逐步成为非政治的社会主体,构成市民社会发育的最基本因素;其次,改革开放拓展了市民社会的活动空间,人们不再为政治口号所羁绊,而是为了自己的愿望而自主地交易和交往,从而构筑起市民社会越来越丰富的载体与平台;再其次,市场经济的发展塑造了市民社会的观念形态,以个人利益和个体意志为主导的意识越来越强烈,填充了政治神话消解之后的精神空间;最后,市场经济的运行机理影响着市民社会的交往习惯与交往规则,促成了市民社会的自治机制,其价值导向、交往方式、游戏规则以及人们的心态与意识,都对人们之间合作双赢、合作多赢提供了范式,从而在一定程度上对避免冲突提供启示作用。

改革开放中的中国是需要精心培育市民社会,还是让市民社会自身有一个发育的过程,这反映了一定的理念差别与思路历程。有人说应该培育市民社会,这实际上就把自己(实际上就是把政府)当成了主宰,扮演成一种恩赐的姿态。而让市民社会自身有一个发育的过程,则实际上回答了市民社会与市场经济的内在关系,正确回答了市民社会发展的客观规律。中国必须将市民社会的发育视为政治发展的战略,视为市场经济发展中的必然现象,视为改革开放的一个战略性成果。政府与社会总是一对互为指靠对象、互为依存条件、互为发展依赖的组合。政府的发展离开了社会就变得没有任何意义,社会的成熟离开了政府的理智就会危机四伏。现在我国改革开放的一个重要课题是转变政府的职能(转化、强化、弱化与优化),实现政府体制的创新与改革。其实,政府职能转变如果没有社会在一定范围、一定程度的承接,就会变成虚幻的循环政治梦魇,最终无法实现。政府体制创新与改革的实质就是重新梳理政府与社会的关系。由于市场经济的发展,利益结构快速分化,不同的利益群体快速涌现,不同群体利益的表达就应该成为正常的事情,他们必然会以某种自愿的方式组织起来。如果不能引导这种表达,如果不能规范这种组织,利益的冲突就会表现为集团性的,甚至会发展成极端化的冲突。相反,如果引导了、规范了,就会使利益冲突的解决走上理性化轨道[①]。不仅如此,其正效应还表现为另外四个方面:一是随着利益多元化和政府权力一定程度的引退,民间组织将在社会管理中发挥越来越大的作用,以填补原来政府管理的不足[②];二是可以使得市民社会以组织化的力量与政府保持相应的均衡。面对强大的国家机器,一个个孤立的个体不足以维护自己的权利,

---

① 西方许多思想家都强调民间组织对于和平解决政治冲突的重要性。美国政治学者加布里埃尔·阿尔蒙德在《比较政治学》中肯定各种集团在利益表达和利益综合中的积极作用。罗伯特·达尔也在《民主理论的前言》中强调利益集团对于民主的重要性。

② 参见《中国民间组织发展前景广阔》,载于《中国经济时报》1999年7月30日。

通过组织化的公民犹如麦克风那样，把人民单个的声音放大①，使公民权利得以保护与勃兴；三是政府的权力也由此得到有效的制约，以权利制约权力，是人类社会制约公权力的最有效路径之一；四是通过民间组织的壮大与成熟，人民的话语权也有所提高，人民内心的想法与不满也可以通过正规渠道得到表达与宣泄，并从对话中体验国家主人翁的地位与感觉，这不仅可以防止民众与政府的抗衡，还可以消解一部分人将自己的不平归罪于社会的逆向心理。因此，当前较迫切的问题是，政府对民间组织的态度要从消极宽容转为积极支持，当然，这种支持不是把它们变成半官方的组织，更不是要干预它们的内部事务，而是要从政策上体现、法律上规范、组织上合作，在政治系统上与市民社会保持良性的互动关系，从而实现政府与民间的双赢。

第三，政府要严格将自己建设成为法治政府。

法治政府的具体要求主要表现在四个方面：一是要改变过去那种居高临下、以我为中心的传统政府体制。二是要始终不渝地按照市场法则与运行规律，来调整好政府的职能体系。三是要始终不渝地坚持依法行政，将自己的行为严格规范在法律的边界之内，将自己的管理严格按照法定的程序运作，将自己的角色真正定位在人民的公仆位置上。四是要注意切实提高政府工作人员的综合素养，强化服务意识。

第四，扩大政府公共服务的范围，提高公共服务的质量。

随着政府体制改革与职能转变，政府的管理职能逐渐减少，服务职能将日益增加。从某种意义上说，社会主义市场经济的发展与政治民主化过程，其正效应就是从管制政府不断走向服务政府的过程。政府日益强化社会服务职能，主要体现在三个方面：第一，政府要积极提供更多的社会公共产品和更多的社会服务，增进更多的公共利益。第二，政府要加快放松对经济事务和私人事务管制的步伐，提供更多的机会与机制，让公民和民间组织进行自我管理。第三，政府应该一改传统的居高临下的家长式管理模式成为一个为公民提供优质公共产品的服务者。政府成为优质服务的质量标准，主要体现在四个方面：一是政府制定的公共政策应当科学合理；二是政府的决策应该具有可持续性，而不是短期行为；三是政府必须诚信可靠、公平公正、合理合法；四是政府提供优质服务的关键是必须有一支高素质的工作人员队伍，无论在道德素质、文化素质和专业能力等方面，政府官员都应当成为社会中一个较高素质的群体。

---

① 笔者是教书先生，曾多次在课堂上提起过"麦克风原理"。歌唱家之所以技压满座，麦克风效果起了很大的作用，平民百姓只有在麦克风的效果下才会找到歌唱家的感觉，可见声音扩大的重要性。

第二节 以人为本与制度性起点

建设和谐社会，进行政府体制改革，都必须寻找它固有的逻辑起点。以什么为起点，是进行客观规律性的探求，还是人为意志性的追求，是区别辩证唯物主义还是主观唯心主义的分水岭。一定程度上，它是决定其努力追求的社会蓝图能不能实现的基础与前提。一般来说，有正确的起点，往往能决定成功的一半；没有正确的起点，就会使实现蓝图的路线歪歪扭扭，左右摇摆，成本巨大，事倍功半。以人为本是人类得以发展的主流，以人为本是新时期我们党的政治宗旨在理念和体制上的回归，也是我们党对社会发展规律的深刻解读。地方政府角色转换必须以此为依托和出发点。中央适度集权下的地方政府自主空间确定与地方政府角色转换中的自律与他律，是实现体制改革由表及里转换的两大使命。

一、以人为本：制度性起点的基本内涵

"以人为本"的思想基础和核心本质就是人民民主，或者转换成中国政治的一般话语即人民当家作主。这就是说，"人民，只有人民，才是创造世界历史的动力"[1]，人民是历史的真正创造者。经典作家的话语所内蕴的深刻时代意义在于发现了人民之于历史、之于政治、之于社会生活的主体性价值。在全球化和信息化发展的时代，这样的真言描述在于驱动国家、政府和执政党时时反躬自省，不仅是政策制定与执行的操作层面，更应该是制度设计层面的"人民性"精神灌注与督促。党的十八大报告要求党和政府"增加宗旨意识，相信群众，依靠群众，始终把人民放在心中最高位置"[2]。因此，在新的发展氛围中，探讨转型中国的民主建设，人民主权的至上性，需要在更系统、整体性的层次上转化成为政府治权的有效性，通过权力结构的理性化实现职能结构的合理化，进而为权利的保障和发展创造环境、提供资源。

中国历史上早有"水能载舟，亦能覆舟"的古训，"当官不为民作主，不如回家卖红薯"的说法，也多为诸多官员所坚守，但这不是以人为本，充其量只是民本思想。在这里，视人民为载舟的水，归根到底是为了载舟，为了巩固皇

---

[1]《毛泽东选集》（第3卷），人民出版社1991年版，第1301页。
[2]《中国共产党第十八次全国代表大会报告》，人民出版社2012年版，第15页。

权；视人民为覆舟的水，仅仅出于认同新舟取代旧舟的理智，只是表达对暴君苛政的否定与对圣王明君的期盼，而人民始终只是维持皇权的基础。因此，民本与君主专制是相互依存、互为补充的关系。在现代社会，制度认同高于道德认同的情况下，把制度创新和机制革新的改革发展奠基于真正的民主思想而非民本意识的厚实基础之上，尤为重要。我们党提出"以人为本"，其"人"是一个整体的"人"，不是以某些标准划分的人；是有自己独立意志表达的、能当家作主的人，而不是任人主宰、只知服从的人；是国家的主人、政府服务的对象，而不是政府统治的对象，其主体地位应该得到充分尊重；其"本"是指政府权力的本源、制度建设的起源与起点。基于人民主权理论，任何权力的获得与授予，必须得到人民的同意，否则就是僭越和不公正。政府以人为本就是要求政府将尊重人民意志、保障人民权利不仅包含在保障人民全面发展的理念中，更体现在社会制度的设计中、体现在人民广泛参与的体制构建中、体现在为人民服务的各种具体机制中。任何政府都不能离开人，如果这个政府忽视人、不重视人的地位与作用，这个政府就会被颠覆或遭人舍弃。从古到近，由中而外，概莫能外。

英国思想家洛克认为："人类天生都是自由、平等和独立的，如不得本人的同意，不能把任何人置于这种状态之外，使受制于另一个人的政治权力。任何人放弃其自然自由并受制于人民社会的种种限制的唯一方法，是同其他人协议联合组成一个共同体，以谋他们彼此间的舒适、安全和和平的生活"，政府一方面为人民与社会主体提供"裁判他们之间一切纠纷的共同尺度"，另一方面充当"公正的裁判者"，"支持正确的判决，使它得到应有的执行"①。政府的权力由人民的基本权利中派生而出，政府只有以尊重人的个性、确认人的价值、保护人的权利、维护人的尊严为使命，才有合法性可言，才是理性的政府。

托克维尔指出："在统治人类社会的法则中，有一条最明确、清晰的法则：如果人们想保持其文明或希望变得文明的话，那么，他们必须提高并改善处理相互关系的艺术，而这种提高和改善的速度必须和提高地位平等的速度相同。"②他又说，"人民之统治政府，犹如上帝之统治宇宙。人民是一切权利和义务的主体，凡事皆出于民，又用之于民。"当今社会，政府是"社会治理主体中的一个管理主体，……只是一个平等的、协商性的主体，应与其他公共管理主体一道构成社会网络"③，人民也是公共管理的主体。

如何实现人民的主体地位？这与政府体制上的建构直接相关。这个体制是政府自身行为公开下的社会主体参与，是人民与政府双方地位平等的参与，是通过

---

① ［英］洛克：《政府论两篇》，赵伯英译，陕西人民出版社2006年版，第184页。
② ［法］托克维尔：《论美国的民主》，高牧译，南海出版公司2007年版，第288页。
③ ［法］托克维尔：《论美国的民主》，高牧译，南海出版公司2007年版，第56页。

制约政府权力来确保尊重社会主体意志的参与。其中，政府与社会的良性互动是前提，政府为人民服务方式的创新是关键，其核心是以人民的意志为根本向度，以服从民意、努力了解人民的实际需求、设身处地为人民着想、努力提高服务质量为己任，以人民的满意程度为最终评价标准。这是政府制度设计的出发点，也是政府与人民的关系准确定位的密码解读。只有这样的制度设计与体制构建，以人为本才能制度化并不断得以延续与创新。

马克思、恩格斯认为，以人的发展为主线，社会可以划分为三个阶段："人对自然依赖性"阶段——"以物的依赖为基础的人的独立性"阶段——"人的自由而全面的发展"阶段，"人的自由而全面的发展""是一切人自由发展的条件"[1]。马克思、恩格斯揭示了社会发展的规律，体现了以人为本的核心价值。马克思主义认为，一个社会不外乎存在两种基本的关系，即人与自然的关系和人与人的关系。在这两种基本关系中，人与人的关系具有决定性意义。人是社会的人，如果从社会层面上来理解人与人的关系，那么人与人的关系的核心就是政治，其他所有的关系，包括经济、婚姻、家庭等社会关系，无一不都是受到政治关系所支配和制约的。迄今为止的人类发展史表明，如果说人类存在着种种不和谐的话，那么这种不和谐主要表现在人类的政治生活领域。众所周知，无论是各种各样的种族冲突、民族冲突、阶级冲突，还是围绕着国家权力之争的暴动、战乱等，都是人类社会不和谐的主要表现形式，而其内容的本质是政治生活。反之，和平、平静的和谐在人类社会实现，那么也一定是人类确立了共同的政治价值观、原则和行为规则，有效地通过其政治机制协调彼此的冲突，从而实现了社会和谐。

胡锦涛同志指出："我们所要建设的社会主义和谐社会，应该是民主法治、公平正义、诚信友爱、充满活力、安定有序、人与自然和谐相处的社会。这些基本特征是相互联系、相互作用的，需要在全面建设小康社会的进程中全面把握和体现"。在胡锦涛同志所阐明和谐社会的六个基本特征中，"民主法治、公平正义"所体现出来的政治要素是其最为核心的要素。可以肯定，民主、法治、和谐的政治生活是体现社会是否和谐的重要内容。从一般意义上来理解，所谓和谐社会，其本质上是指实现了人际和谐和人与自然的和谐的社会。所以，根据这样的逻辑关系，可以认为建设和谐社会的本质是实现政治生活的和谐。

我们认为，以人为本是一个完整的结构，它以丰富的内涵作支撑[2]。以人为本的经济内涵就是要改善最广大人民的生活条件与质量，并以满足人民的物质需

---

[1] 马克思、恩格斯：《共产党宣言》，人民出版社1959年版。
[2] 沈志荣、沈荣华：《以人为本：地方政府角色转换的使命》，载于《理论探讨》2011年第3期。

求为目标。目前，我国不仅经济结构不合理，部分经济政策也不公正，一些人靠钻政策和体制漏洞获得暴利，一些部门和单位靠垄断取得超额利润，广大人民还没有富裕起来；以人为本的社会内涵就是改善最广大人民的生存环境，培育良好的社会心态，并以提升人民的幸福指数为方向。我国30多年的改革，以关注社会的稳定为重任，成就不菲，但是，发展中的问题仍然很多，如医患冲突、劳资冲突、官民冲突乃至地区冲突等许多不稳定的因素，权力腐败问题比较突出，社会恶性事件频发等；以人为本的政治内涵的核心是改善并提高人的社会地位与尊严，最根本的是要用具体制度来体现政府对人民的真诚，建构有公信力的政府；以人为本的文化内涵，既包括依托健康的伦理文化与法治文化，更包括政府行为端正与健康的伦理规范，旨在提升最广大人民的精神生活质量，改善文化环境，并以提高人民的生活品位为任务；以人为本的思想内涵应该是旨在建构一个尊重公民意志、保护公民利益、引领公民行为、提升公民素质的思想体系，并以满足人民的精神需求、净化人民的心灵为责任。总之，以人为本实质上引导构建的是一个民主与善治的社会、稳定与秩序的社会、公平与正义的社会、宽容与友善的社会、诚实与信任的社会。

二、尊重民意、保护人权：制度性起点的内容

和谐社会不可能自然生成，它需要人们的努力，更需要制度的安排，特别是政治制度的安排。正确的制度性起点是决定我们能否顺利实现目标的前提与基础。只有从正确的起点出发，才可能做出科学的判断，通过锲而不舍的努力，实现我们的目标。以人为本，包括承认和保护公民个人权利，尊重个人意志，维护个人意志表达的自由，在这个基础上，还必须制约公共权力，构建有效制约公共权力侵犯个人权利的政治结构，从而更好地维护和发展人的基本权益、主体性价值和至上尊严，这是我国推进和谐社会建设的制度性起点。

胡锦涛同志在"6.25"重要讲话中，准确回答了有中国特色社会主义道路起点的内容——尊重人的意志，保护人的权利。作为一个大写的"人"，其本质内涵主要由意志与权利两个方面构成。作为一个完善的法律制度，其内容的核心部分就是权利与义务。法律不应该只规定公民的义务而不规定公民的权利，同样逻辑，法律不应该只规定政府的权力而不规定政府的责任。从一般意义上说，政治是人们围绕特定利益、借助公共权力、对社会公共资源进行分配中形成的社会关系和社会活动的总和。孙中山先生认为："政就是众人之事，治就是管理，管

理众人之事便是政治"①,列宁指出:"政治是经济的集中表现"②,政治问题说到底关注的是如何对社会的、经济的、政治的、文化的所有权利总量实现正义地分配。政治科学家伊斯顿也认为,政治就是"对全社会的价值做权威性的分配"③。德国作家托马斯·曼(Thomas Mann, 1875 – 1955)说过:"在我们的时代,人类命运的涵义是通过政治语汇来昭示的"④。我们所处的时代,无论是自由主义还是保守主义,无论他们有不同的文化、传统和价值观念,都无不渴望自己的权利是安全和有保证的,无不渴望能够尊严、自由地生活。安全和有保证的权利生活方式的实现就是政治生活的目标。政治运转的始终都表现为正义地实现公民权利,政治制度的终极判断都追求公民权利实现中的正义。

徐显明认为:"立党为公,'公'作何解?当曰公众,公民。执政为民,为民之何?当谓民之利益,民之权利。立党为公、执政为民,二者结合,答案简约:为公民之权利"⑤,我们党强调立党为公、执政为民,其"公"即公民,其"民"即民意。两者的结合,意味着党的立党之本就是为了实现公民的意志与权利。归根结底是实现公民的基本权利问题。有关公民基本权利,各国宪法有不同的表达。在英美国家,一般使用"自然权利"或"人的权利"等概念。著名权利专家雅诺斯基指出,社会进步的历程,就是公民基本权利和主体性价值得到实现的历程,即经由法律权利、政治权利、社会权利和参与权利发展序列的公民资格的实现⑥。第二次世界大战以来,开始广泛地使用"人权"这一用语。德国宪法学者习惯用"基本权利"或者"基本权"。日本宪法将其定名为"基本人权"(日本国宪法第 111 条)。依据马克思主义的基本判断,人权的至上性是一个不容置疑的人类尊严问题,任何文明、民主的政治体系都必须以人的需要满足和价值实现为依归。马克思说:"法典就是人民自由的圣经。"⑦列宁也指出,"宪法就是一张写着人民权利的纸"⑧。新中国的建立,为民众生存权与发展权的保障提供了坚实的国家制度基础;而以 1982 年文本为基础的现行宪法,则充分地体现了人民主权理论,并在如何保障和发展人权方面做出了详尽的制度规定,具体体现在现行宪法中以"公民基本权利和义务"主题的专章论述之中。

我国的体制改革正践行着宪法规定的公民权利的实现。其主要策略是扭转权

---

① 《孙中山选集》下册,人民出版社 1980 年版,第 661 页。
② 《列宁选集》(第 4 卷),人民出版社 1960 年版,第 441 页。
③ [美] 戴维·伊斯顿:《政治生活的系统分析》,王浦劬等译,华夏出版社 1989 年版,第 20 页。
④ 范进学:《权利政治论》,山东人民出版社 2003 年版,前言。
⑤ 徐显明:《人权研究》,山东人民出版社 2003 年版,代序。
⑥ [美] 托马斯·雅诺斯基:《公民与文明社会》,柯雄译,辽宁教育出版社 2000 年版,第 11 页。
⑦ 《马克思恩格斯选集》(第 3 卷),人民出版社 1995 年版,第 142 页。
⑧ 《列宁全集》(第 9 卷),人民出版社 1987 年版,第 448 页。

力为上，摒弃以官为本。为了切实保障公民权利，我们的改革毋庸置疑地必须坚持以人为本，无论在空间和时间上，还是在法律和道德上，国家权力均应受到限制，公民权利不可随意侵犯与剥夺，并且在公权与私权之间建立一道法律的分水岭。

权利由法律规范，并不意味权利是法律赋予的。法律规范仅赋予权利的客观性，却并不赋予权利的本体性意义。亨金在《美国人的宪法和人权》中说，政府对人民的负责以及政府对个人的尊重，是人民服从政府的条件，也是政府合法性的基础。也就是说，美国人的个人权利是天然的固有的权利，它们不是社会或任何政府赠与的。它不是来自宪法，而是先于宪法而存在。因此，公民基本权利应该是宪法规定的权利，而不是宪法赋予的权利。这就告诉我们，一个民主的社会，必须以承认公民的基本权利为起点，从而必须以保护公民的基本权利为己任。这就要求在实践中必须彻底抛弃官本位、权力本位的观念与潜规则，这也要求必须完善对公权力的制约机制。因此，尊重人的意志，保护人的权利也应当是党全心全意为人民服务的根本宗旨在制度层面的凸显。而要实现人民权益的保障和发展，最根本的途径在于坚持人民民主基础上的依法治国和依法行政。

法治意味着有正义的秩序。亚里士多德就曾指出，法治应包含两重含义："已成立的法律获得普遍的服从，而大家所服从的法律又应该本身是制定良好的法律"①。所谓依法治国，就是确立起法律之治，即在社会主义法律体系内，在党的领导下，团结带领全国各族人民，依法管理国家政治经济事务、依法管理社会文化事务，建立常规之治，这种管理方式不因领导人的改变而改变，不因领导人注意力的改变而改变②。具体而言，依法治国需要在两个方向上确立社会生活的基本规范和行动原则：

一方面，规范约束权力。对于国家政治而言，依法治国的核心要义在于依法治权。其一，由于在中国宪政结构中执政党的特殊地位和突出权威，依法治党是依法治国的题中之意和关键。党对社会的领导，主要是思想领导、政治领导和组织领导，党的治国理政意愿需要通过合法程序上升为国家意志和政府政策，以确保政治正确。因此，以党内民主的建设促使执政党回归到现代国家建构的轨道中去，就成为政党政治的中心环节。其二，转型社会的经济建设中心任务设定，既需要政府行政强而有力，更需要政府行为规范有效。一个有限而有效的服务型政府是转型期尤为需要的政府，其中，就需要依据市场成熟程度和社会发育程度，对政府职能进行相应的转化、强化、优化与弱化，需要有序地向社会放权和转移

---

① ［古希腊］亚里士多德：《政治学》，吴寿彭译，商务印书馆1981年版，第199页。
② 江泽民：《全面建设小康社会，开创中国特色社会主义事业新局面》，载于《人民日报》2002年11月15日。

部分管理职能，形成民主政府与能动社会的有机互动。其三，处理循序规范执政党与国家、政府与社会的基本关系，还需要在政府体制内部进行权力规训。一个方向是纵向的权力制度化，即中央与地方关系的规范化，分层级治理的有序性；另一个方向是横向的权力制衡性，即需要在大政府概念内对执政党、人大、政府与司法进行规范，更需要在狭义政府概念内的决策、执行与监督方面有所分工和制约，依法行政，确保权力在阳光下运行。

另一方面，保障发展权利。权利是权力的基础和价值依归。从根本上讲，一切公共权力的设置和运行，其最终目标只能是权利的保障和发展。社会主义国家的权利，得到宪法的权威规定，但是，其实现程度却需要随着政党民主、行政民主的发展而得以具体落实和扩展。公民权益的发展是具有阶段性的，它通过以经济社会所提供的物质基础和法律进步，以公民权利与义务相对均衡的发展配置来界定公民身份或公民资格。人民民主权力要有效转换成为公民民主权利，就需要有经济的进步和社会治理结构的改善。依法治国之于公民权利的保障发展而言，本质的内容就在于以公民知情权、参与权、选择权与监督权等为内容的民主权利与公共政策议程建立起直接的联系，依法参政。同时，在诸如市场交易等纯粹私人领域事务中，其权益得到国家法律的公平保护和有效救济。

和谐社会作为人们认真选择的一种权利生活方式，其必然的逻辑起点就是尊重和保护公民权利。社会主义中国的国体是人民民主专政，人民是国家的主人。保障公民在经济、政治和社会文化等方面的权利是符合社会主义本质的。公民在经济、政治和社会文化方面的权利构成了公民的权利体系。而着眼于深化政府改革来发展人民的权利，则有赖于政府治权（即治理权）的合理实现，因此必须建立起政府权力与社会权利之间的基本信任和良好互动关系，必须在政策执行过程中牢固树立法律至上观念和权利本位观念。

三、实现最广大人民的根本利益：制度性起点的本质

胡锦涛同志在"6.25 重要讲话"中具体揭示了有中国特色社会主义道路起点的本质——为了造福人民，为了实现好、维护好、发展好最广大人民的根本利益。党的一切制度设计和工作步骤都是为了人民的幸福和人民的根本利益，为了人民的幸福是我国制度建设的目的。因此，为了人民的幸福，为了人民的根本利益是党的根本宗旨在决策层面的规范。

从中国特色社会主义道路的起点和归宿——发展为了人民、发展依靠人民、发展成果由人民共享——来看，中国共产党的诞生就是为了呼唤普天下劳苦大众的心声，中国共产党的浴血奋战就是为了救劳苦大众于水深火热之中，中国共产

党领导全国人民建设有中国特色社会主义就是为了使劳苦大众摆脱贫苦、走向幸福。从历史的角度看，中国共产党是中国人民的代表。但是，代表性不可能具有永恒的天然性，也不是一劳永逸的。要将天然性转变为必然性，就必须对社会发展规律有深刻的解读。发展为了人民、发展依靠人民、发展成果由人民共享，是党的根本宗旨在规律层面的昭示。

任何社会的经济、政治、文化、社会制度，根本上都是以一定的方式来保持社会的动力和活力，同时，又保持社会的平衡和稳定。所谓制度，西方著名新经济史学家和新制度经济学家道格拉斯·C·诺思认为："制度是一系列被制定出来的规则、守法程序和行为的道德伦理规范，它旨在约束追求主体福利或效用最大化利益的个人行为"①，而 T. W. 舒尔茨认为，"我将一种制度定义为一种行为规则，这些规则涉及社会、政治及经济行为"②。从结构和功能的角度看，"制度就是在各种政治经济单元之中构造着人际关系的正式规则、惯例，受到遵从的程序和标准的操作规程"③，它的基本功能在于特定场域参与者身份的确立以及偏好塑造和策略选择④。总的看来，西方新制度主义所说的制度由三个部分构成，即非正式约束、正式约束和实施机制。非正式约束，是人们在长期交往中无意识形成的，构成代代相传的文化的一部分。主要包括价值信念、伦理规范、道德观念、风俗习性、意识形态等因素。正式约束是指人们有意识创造的一系列政策法则。它包括政治规则、经济规则和契约，以及由这一系列的规则构成的一种等级结构，从宪法到成文法和不成文法，到特殊的细则，最后到个别契约，它们共同约束着人们的行为。实施机制是最重要的。离开了实施机制，那么任何制度就形同虚设⑤。

1998 年 10 月 5 日上午，中国常驻联合国代表秦华孙大使在联合国总部代表中国政府签署了《公民权利和政治权利国际公约》。这表达了中国促进和保护人权的坚强决心，也是中国纪念《世界人权宣言》50 周年和《维也纳宣言和行动纲领》5 周年的实际行动。尊重和保护公民权利需要建立公正的制度。制度既是一种规则体系，又是一种价值体系。它不仅关注外化的秩序形式结构，而且更注

---

① ［美］道格拉斯·C·诺思：《经济史中的结构与变迁》，陈郁、罗华平译，上海人民出版社 1994 年版，第 225 ~ 226 页。

② ［美］T. W. 舒尔茨：《制度与人的经济价值的不断提高》，载于《财产权利与制度变迁——产权学派与新制度学派译文集》，陈郁、罗华平译，上海人民出版社 1994 年版，第 253 页。

③ Bo Rothstein. A New Handbook of Political Science. Oxford University Press 1998, pp. 133 – 135.

④ Sven Steinmo. "The New Institutionalism", in Barry Clark and Joe Foweraker, eds. The Encyclopedia of Democratic Thought, London: Routldge, 2001. 转引自周光辉：《当代中国决策体制的形成与变革》，载于《中国社会科学》2011 年第 3 期。

⑤ 卢现祥：《西方新制度经济学》，中国发展出版社 1996 年版，第 20 ~ 28、61 页。

重制度本身的合理性和公正性，以及对增进社会福利的价值。和谐社会的逻辑起点是尊重和保护公民权利。古希腊哲学家毕达哥拉斯曾将社会和谐与社会公正联系在一起，指出：人类社会"一定要公正。不公正，就破坏了秩序，破坏了和谐，这是最大的恶"①。因此，为了走向和谐社会，必须以此——尊重和保护公民权利为起点进行制度创新，建立公正的制度。

胡锦涛同志把"发展为了人民、发展依靠人民、发展成果由人民共享"作为党和国家一切工作的出发点和落脚点与科学发展观的最核心内涵，这就明确地回答了中国共产党建设有中国特色社会主义道路所必须遵循的规律，就是以社会发展为基础、以实现人的价值为核心的逻辑与走向。这条规律要求把理顺国家与社会的关系作为基本脉络，把摆正政府与人民的关系作为中轴主线。党的十八大报告指出，"坚持以人为本、执政为民，始终保持党同人民群众的血肉联系。为人民服务是党的根本宗旨，以人为本、执政为民是检验党的一切执政活动的最高标准。任何时候都要把人民利益放在第一位，始终与人民心连心、同呼吸、共命运，始终依靠人民推动历史前进"②。如何更加有效地从尊重和保护人权、维护和增进人们的根本利益角度出发，来改革政治体制、革新制度机制、创新公共政策，是执政党和政府在新时期所面临的重大时代课题。而以人为本、科学发展理念的组合提出，明晰了依据经济社会发展规律来进行地方政府体制改革的基本路径，循此而上，逐步推进，社会主义和谐社会就必定能够实现。

第三节 制度性起点与进程：中西现代化比较

一般来说，西方成熟的市场经济国家是内源型或内生型的现代化国家，而我国则是外源型或外生型现代化国家，属于典型的赶超型现代化。两种现代化有着内在动因、外在环境、社会文化、历史进程方面的差异。以往比较，一般就是针对这些方面的思考。其实，我们认为，除了这些差异之外，更为重要的是，两种现代化的逻辑起点，一定程度上有着决定性的意义。

一、西方现代化的回溯

"现代化"概括了人类近期发展过程中社会急剧变迁的总的动态的历史过

---

① http://klsddn.net/klyh/xmjh/Article_Print.asp?ArticleID=89.
② 《中国共产党第十八次全国代表大会报告》，人民出版社2012年版，第51页。

程。这一概念内涵比较复杂。列宁曾说："我们不仅在世界范围内比资本主义弱，在国内也比资本主义弱。这是大家都知道的。我们已经认识到这一点，并且一定要把经济基础从小农的变为大工业的。只有当国家实现了电气化，为工业、农业和运输业打下现代化大工业的技术基础的时候，我们才能得到最后的胜利。"[①] 这也是中国共产党人长时期以来对现代化的认识，认为现代化就是近代资本主义兴起后的特定国际关系格局下，经济上落后的国家通过大搞技术革命，在经济和技术上赶上世界先进水平的历史过程。西方结构功能学派认为，现代化是自科学革命以来，由于人类知识史无前例地增长而使人类得以控制其环境，各种传统制度适应于知识增长而发生的各种功能性变化。美国学者布莱克认为现代化是"一个描述自科学革命以来，人类事务发生迅速变革的过程的一般概念"，"反映着人类控制环境的知识亘古未有的增长，伴随着科学革命的发生，从历史上发展而来的各种体制适应变化的过程。"[②] 而从经济层面来对现代化进行分析的经济研究领域一般认为，现代化实质就是工业化，即由传统农业社会向现代工业社会转变的过程。最后一种观点认为现代化主要是一种心理态度、价值观和生活方式的改变过程。德国社会学家马克斯·韦伯认为，现代化就是"合理化"，是一种全面理性的发展过程[③]。美国社会学家阿历克斯·英格尔斯认为，现代化就是人的现代化。其中的关键是人的思维方式与价值观念的现代化，即摆脱蒙昧与独断，在一个规则化与互动关联的交往空间中，保护和发展自己的权益和实现全社会的公共利益。

以上这些关于现代化的理解是相互渗透、相辅相成的。罗荣渠认为，现代化作为一个世界性的历史过程，是指人类社会自工业革命以来所经历的一切急剧变革，这一变革是以工业化为推动力，导致传统的农业社会向现代化工业社会全球性的转变，以及由此引起的经济、政治、文化、思想各个领域深刻变化的过程[④]。亨廷顿也认为，"现代化是一个多层面的进程，它涉及人类思想和行为所有领域里的变革"，"城市化、工业化、世俗化、民主化、普及教育和新闻参与等，作为现代化进程的主要层面，它们的出现绝非是任意而互不相关的"，"它们所以携手并进且如此有规律，就是因为它们不能单独实现"[⑤]。因此，在一般意义上讲，现代化首先是指经济落后国家赶上世界先进水平的历程；其次，现代

---

① 《列宁选集》，人民出版社1960年版，第399页。
② [美] C. E. 布莱克：《现代化的动力》，段小光译，四川人民出版社1998年版，第8~10页。
③ [德] 马克斯·韦伯：《新教伦理与资本主义精神》，于晓译，四川人民出版社1986年版，第46页。
④ 罗荣渠：《现代化新论》，北京大学出版社1993年版，第16~17页。
⑤ [美] 塞缪尔·P·亨廷顿：《变化社会中的政治秩序》，李盛平译，三联书店1989年版，第30页。

化的实质就是工业化，工业化是现代化社会变迁的动力；最后，现代化不仅限于经济领域，还包括知识增长、政治发展、社会心理、文化价值观等各个方面，是科学革命以来人类急剧变动过程的统称。

划分现代化的标准大致有两种，一是按照现代化的时间先后，划分为先发型现代化国家，如英、法、美等国家；后发型现代化国家，如日、俄、中等国家。二是根据现代化的诱因是内在的还是外在的，把现代化划分为"内源的现代化（modernization from within）"，是由社会自身力量产生的内部创新，经历漫长过程的社会变革的道路，又称内源性变迁（endogenous change），其外来的影响居于次要地位；"外源或外诱的现代化（modernization from without）"①，是指在国际环境影响下，社会受外部冲击而引起内部的思想和政治变革并进而推动经济变革的道路，又称外诱变迁（exogenous change），其内部创新居于次要地位。

二、西方理论线脉透视

现代化的发展总有内在的动力，总有其自身发展的逻辑，现代化的出发点是什么？这是思考现代化全部问题的焦点。正确的起点决定了正确的现代化发展路径、发展策略与发展原则。西方发达国家的现代化是内源的、自发的，按照哈耶克的话，就是自生自发的或演进性的。马克斯·韦伯认为，现代化是西方文明的特殊产物，由其自身的制度、结构和文化传播促成。资本主义是在一个特殊的地理区域和文化环境出现的一个宏伟运动，是一种有共同精神的人创造的东西。这种精神就是加尔文教和清教所体现的"新教伦理"。在《新教伦理与资本主义精神》中韦伯从科学、史学、艺术、教育、官吏制度等方面的发展来证明西方文明的优越性，归根结底，西方发达国家现代化的起点是对个人权利的关注②。

追溯西方政治思想史，我们不难发现西方社会从蒙昧走向文明，直至进入现代，对个人权利的关注始终是思想家思考的一个重要命题，也是制度构建中无法回避的一个主题。无论从理论上还是制度上都突出了对个人权利的关注，并确定为理论思考的逻辑起点与制度设计的逻辑起点，而且思路清晰，由远至今。

从理论线脉来看，早期就有梭伦立法，旨在通过废除债务奴役制度，目的是使人获得解放，并从此确立了公民权的观念；庇昔特拉图和克利斯梯尼的改革，则使平等精神成为权利观念的核心。伯利克里改革则确立了古希腊最早的一些人权思想。到希腊晚期，从亚里士多德到伊壁鸠鲁，对国家与个人关系的认识发生

---

① 罗荣渠：《现代化新论》，北京大学出版社 1993 年版，第 123 页。
② ［德］马克斯·韦伯：《新教伦理与资本主义精神》，于晓译，四川人民出版社 1986 年版，导论。

了根本性改变。亚里士多德强调国家大于、先于、重于个人，而伊壁鸠鲁则认为，国家的一切必须落实到个人的幸福上才有意义和价值①。他认为人的幸福就是追求快乐和避免痛苦："我们说快乐是幸福生活的开始和目的。因为我们认为幸福生活是我们天生的最高的善，我们的一切取舍都从快乐出发；我们的最终目的乃是得到快乐，而以感触为标准来判断一切的善。"②

对个人利益进行比较全面阐述的是霍布斯。第一，关于自由问题，霍布斯将自由看成是自然赋予的，他把人们经济生活的自由看做一项基本的权利，他倡导贸易自由，反对英国统治者封建垄断性的专卖制度；第二，关于财产权问题，霍布斯认为财产权是神圣的，每一个人都具有不受他人随意侵害的所有权。如果统治者为了个人的私利而侵害了人民的财产，那人民就可以到法院提出诉讼；第三，关于平等权问题，霍布斯认为"每一个人都应当平等地享受自己的自由"③，他认为最高统治者对所有的人要平等的施以法律，"要使受到侵害的人无分富贵贫贱都能得到纠正，从而使贵者在对贱者施用暴力、破坏名誉或进行任何侵害时，其免于刑律的希望不大于贱者对贵者的同类行为"④；第四，关于安全权问题，霍布斯说："这儿所谓的安全还不单纯是指保全性命，而且也包括每个人通过合法的劳动、在不危害国家的条件下可以获得的生活上的一切其他的满足"⑤。在西方政治思想史上，霍布斯是最早全面论述个人权利的人，他承认个人为了自己的利益反抗主权者，不仅是应当允许的，而且是正义的行为。他把个人从社会等级中分离出来，赋予了中心的地位，使个人成为现代权利的主体。在霍布斯看来，个人自然权利是整个制度大厦的基础，既是制度构建的目的，又是制度运行的结果。霍布斯的观点对资产阶级天赋人权理论的提出有着积极的影响。

洛克是继霍布斯之后，全面阐发自然权利人权观的重要思想家，他从个人权利出发，得出政府权力的有限性的结论，他又以个人权利为核心，界定了个人与政府的关系，从此确定个人权利至高无上的原则。洛克还特别强调财产私有权的神圣性，认为平等、自由、生命、保护、惩罚和财产权是人的"既不能变更，更无从否认"的自然权利。对于一切政治权力，洛克认为，都是"为了保障个人的权利和财产，以保护其不受他人的暴力或侵犯的方法而设"⑥，"政府的主要目的是保护财产权"⑦。他还认为"在一切情况和条件下，对于滥用职权的真正

---

① 顾肃：《西方政治法律思想史》，中国人民大学出版社2005年版，第75页。
② 北京大学哲学系：《古希腊罗马哲学》，商务印书馆1962年版，第367页。
③ 北京大学哲学系：《古希腊罗马哲学》，商务印书馆1962年版，第224页。
④ 北京大学哲学系：《古希腊罗马哲学》，商务印书馆1962年版，第268页。
⑤ 北京大学哲学系：《古希腊罗马哲学》，商务印书馆1962年版，第260页。
⑥ ［英］洛克：《政府论》（下），瞿菊农译，商务印书馆1996年版，第79页。
⑦ ［英］洛克：《政府论》（下），瞿菊农译，商务印书馆1996年版，第52页。

纠正办法,就是用强力对付强力"①,因此他建议分权制衡。显然,这一思想的根本出发点,就是保障个人权利不受政府的侵犯。

三、英美制度与实践回访

从制度层面来看,我们不能不提到1215年英国的《自由大宪章》。《自由大宪章》共63条,是人类最早限制国王权力、保障国民权利的典范性法律文本。其中关于国民权利比较重要的有:被协商权、享有人身自由的权利、监督国王和反抗政府暴政的权利等。《自由大宪章》声明:若不经"合法裁决和本国法律的审判,不得将任何人逮捕监禁,不得剥夺其财产,不得宣布其不受法律保护,不得处死,不得施加任何折磨,也不得命我等群起而攻之和肆行讨伐"。为保证《自由大宪章》实行,应成立一个由25名男爵组成的常设委员会监督国王和大臣的行为。若委员会发现政府有违章行为,应当要求国王在40天内尽快改正,否则委员会可号召全国人民使用一切手段,包括发动战争、夺取国王城堡财产、逼迫国王改过。《自由大宪章》首次提出建立专门委员会这样的常设机构,行使对政府的监督权,一般采用和平方式,暴力方式仅是一种迫不得已的最后手段。

当然,由于时代所限,《自由大宪章》多数条款是重申国王的权限范围和贵族的封臣权利,归根结底是一个典型的封建法和习惯法文献。但尽管如此,《自由大宪章》体现了法律至上和王权有限的宪法精神。随着岁月流逝,人们渐渐忘却了原文中的封建烙印,却强化并延伸了法律至上、王在法下的法则。更为重要的是,《自由大宪章》所规定"自由民"的概念,由原来只占人口14%的群体扩大到广大民众,甚至包括社会下层,将贵族反对王权的合法性演变为人民大众反抗暴政的合法性,从而将个人权利获得法律保障制度普及化了。

从实践层面来看,美国是一个从未经历过封建主义的、一开始就在资本主义的基础上发展起来的年轻国家。在这个国家中,有几件大事值得一提。第一,美国弗吉尼亚议会于1619年正式诞生,标志着议会制作为一种社会的基本制度已在北美初次登场。第二,签署《五月花号公约》。17世纪初,一批英国清教徒乘五月花号轮前往北美寻梦,他们大多受到过良好的教育,他们在普罗温斯顿港登陆的第一件事就是立即签署了一个法案,决定按多数人的意愿进行管理,这个法案后来被称为"五月花号公约",公约内容主要有:"我们在上帝面前共同立誓签约,自愿结为一个民众自治团体。为了使上述目的能得到更好地实施、维护和发展,将来不时依此而制定颁布的被认为是对这个殖民地全体人民都最适合、最方

---

① [英]洛克:《政府论》(下),翟菊农译,商务印书馆1996年版,第95页。

便的法律、法规、宪章和公职,我们都保证遵守和服从"①。这个公约规定:第一,把在经济领域中追求个人发展的原则引入政治领域中。他们尊重个人发展的利益。"他们不信任专横的权威,所以他们就把上帝的无限权力主观地理解为尊重法律","当他们设想天堂的时候,他们认为天堂也受美国宪法的管辖"。第二,这个法案改造了孟德斯鸠的分权理论,逐步形成了纵向——联邦与州——分权,横向——政府与公民、公权与私权——分权。第三,他们把法律秩序与宗教信条联系起来。从《圣经》中借用条款,在这里,法律的任务是维持一种守法精神和按上帝意志生活的良好品行,因此,法律一直深入到人的内心,构成维护秩序的德行。第四,他们把对贪财的愿望与贪婪视为勤勉,他们把经济上的习惯引入法律生活之中。第五,他们把独立自主的爱好,视为促进新社会成长的要素。因此,一开始就不存在身份等级的特权关系,也不存在凌驾于众人之上的人格化权威;相反,都是一些相互独立、平等的原子,实现了政治生活民主化、个人生活契约化、社会生活法律化。当然,当时的这种精神与习惯只是针对白人而言,黑人被排除在外,印第安人是遭屠杀的。上述两件大事,构成美国社会制度的两大基石。

我们由此可以理解所谓西方现代化的内生性、内源性的一斑。在那里,个人之权利被认为是天赋的,是第一性的,是原生的;国家的权力是委托的,第二性的,是派生的、从属性的。没有公民的委托(授权),就没有国家权力,国家存在的目的只是为了维护公共秩序,保障公民权利,因此,它的权力是有限的。如果它不能有效地维护公共秩序,保障公民权利,那么就是一个失职的政府;如果它侵犯公民的权利,那么就是一个非法的政府,人民就有权罢黜、免去其所委托的权力,另行组织新的政府。法律与公民权利的关系也是如此。不是法律赋予公民各项权利,而是公民的天赋权利才产生了宪法和法律;不是统治者造就了法律,而是法律造就了统治者;统治者只能遵循法律而不能左右法律;公民需要守法,政府官员更加要守法。因此,社会制度的确立以个人权利为逻辑起点,它承认个人权利和利益的正当性,尊重个人的意志和意志的自由。总之,法律的基本宗旨在于保障公民权和防范政府的特权。由此逻辑起点,西方内源的、先发的现代化国家必然设计出权力相互制约的政治结构,旨在对公共权力进行有效的制约,保护个人权利。西方现代化的过程是不断完善对公共权力有效制约的过程,是对个人权利保护的过程。社会变革的设计从一开始就密切关注社会与国家、个人与政府的关系处理。

---

① [法]托克维尔:《论美国的民主》(上卷),董良果译,商务印书馆1985年版,第40页。

四、我国历史资源的缺憾

我国的现代化属于典型的外源、后发型现代化，现代化在西方所依赖的内生性条件在中国非常缺乏。中国现代化建设，一方面，与国家的富强目标联系起来，把现代化看做达到目标的重要工具，作为一种拉动力，试图牵引国家的强盛，而不是看做一种历史性的整体跨越。这种理论内涵的实质，已经消解了现代化本身的价值。由于富强目标优先，因此，人的权利也就变成可有可无了。另一方面，在后发型国家的现代化过程中，"政治权力即中央国家，作为一种超经济的组织力量，在现代化进程中一度或长期发挥巨大的控制与管理作用"①。在中国近现代史上，国家普遍被认为是第一性的，公民是第二性的。人们也深信不疑，有了强大的国家，才有人民的幸福。这样公民主体性地位与政府的派生性、工具性地位便出现了位移。公民的权利与义务虽载入宪法，但在实践中必然让位于国家利益的需要。于是，如果有一点公民权利，也就被蜕变成为国家所赐，而非公民所固有。于是，形成了这样的逻辑：国家志在独立强大，富国强兵就成为现代化的逻辑起点，而承认和保护个人权利，尊重个人的意志和自由便成为从属性的。这就在现代化的逻辑起点上，决定了我们现代化发展路径与策略的选择。

众所周知，中国共产党始终将以人为本作为自己的立党之本。在革命战争年代，中国共产党人浴血奋战、克服千难万险建立新中国，就是对以人为本的追求，也是新的执政模式的开始。新中国建立以后，中国共产党从执政的第一天起，就将全心全意为人民服务视为自己的政治宗旨。但是，两千多年的皇权专制统治，长期缺乏法治资源与政治民主化进程，高度集权的计划经济体制，致使在认识上形成一个误区链条：将政府职能的全能化等同于全心全意为人民服务，将政府垄断资源的生产和分配视同为替人民着想、为人民作主，将政府包办社会生活与需求视同为共产党人的高度责任感。结果，政府与社会一体化了，我们却视之为社会主义制度的特点；政府成为整个社会的中心，我们却视之为社会主义制度的优越；人民处于依附的地位，我们还视之为人民群众与政府心连心。一句话，我国政府以人为本的主观意志，在客观上却致使人民政治自主性严重缺失，人格独立性严重衰退，主人翁地位被忽视，人民实际异化为行政管理的客体与对象。

中国人民真诚地将中国共产党视为自己的救星与代表，在长期的同甘共苦、血溶于水的历史中，形成了人民政府天然代表人民的俗成理念。革命战争年代，我们党的近期目标与人民群众的眼前追求高度同构，人民从来没有怀疑过人民政

---

① ［法］托克维尔：《论美国的民主》（上卷），董良果译，商务印书馆1985年版，第40页。

府不会代表人民。人民群众对政府的高度政治认同，使得以人为本成为毋庸置疑的事实，也使得我国政府的以人为本宗旨成为毋庸置疑的价值定位。于是，在中华人民共和国诞生前夕，党的七届二中全会更注重自身的作风建设，提出要继续保持同人民群众的血肉联系，继续保持实事求是、谦虚谨慎和艰苦奋斗的优良传统。中华人民共和国诞生后的七届三中全会，顺理成章地制定恢复经济的行动纲领。但1954年七届四中全会就提出了过渡时期的总路线，坚信少则10年，多则15年或20年就可以进入社会主义。在改革之初的较长实践内，我们注重了作风建设，没有将制度建设提到应有的高度，注重了经济上的快速增长，忽视了家底薄弱、发展不均的现实。在战争年代，党的目标与人民群众的追求高度同构，在当前的和平建设年代，党的目标更趋全局与长远，而人民群众追求大多相对局部与近视，于是，昔日目标与追求的高度同构开始日渐分离。我们党及时发现了自己执政合法性基础的变化，努力将人民群众对政府的政治认同上升到制度合法性的高度。服务型政府的提出与践行，以人为本的强调与重视，关注民生的推进与落实，都体现了将党的为人民服务的宗旨制度化。从以人为本的志向到深化为服务的规范与机制，从为人民服务的口号到构建为人民服务的体制，从宏观的政治宗旨到具体的服务路径设计、服务质量标准修订、服务不到位的责任承担。如此种种，都证实了我们政府的无限权力正逐步变为政府对人民无限责任的制度化前景。

在经济建设中，形成了急于求成的思维习惯，忽视了社会基础的薄弱与落后，注重了速度，忽视了人的生活状况与水平，并在思想认识上陷入了某些误区：第一，资产阶级强调权利的自然属性，马克思主义并没有否认其自然性，只是在特定的历史背景下，强调其阶级性。然而，后人一度只强调阶级性，忽视了权利的自然性，淡化了权利本身的价值。第二，资产阶级一贯高举人权大旗，马克思主义强调人权与经济、政治、文化条件和历史传统的内在联系，并把人权与消灭私有制、实现人类解放联系起来，从而深刻揭示了人权的本质内涵。显然，马克思、恩格斯批判的不是应然的人权，但是，后人在接受马克思关于人权的阶级性观点的同时，有意无意地淡化了人权的固有属性——自然属性，甚至有人认为马克思、恩格斯拒斥人权。第三，资产阶级思想家认为权利包含集体权利与个人权利。然而，后人却只注重集体权利，忽视个人权利，淡化了对个人权利的保护，还一度把个人权利视为资产阶级的专利。第四，资产阶级认为权力相互的制约必不可少，我们拒绝了三权分立的架构，却始终没有将权力对权力制约、权利对权力的制约铸造成铁的监督制度。

第四节 制度性起点的逻辑关系：公民、公民社会与政府

一、公民社会蕴含的自发性与内源性

公民是一个具有公共特性的宪法概念，对公民内涵的界定，能反映出社会的价值预期，它蕴含了公民之间关系的普遍意义，意味着自由、平等、独立的深刻内容。公民身份意味着公民权利，意味着关于公民权利与义务的规范体系的存在，意味着公民个体的独立地位。它也蕴含了公民权利与公共权力关系的普遍意义，构建了公共权力来源于公民权利且归属于公民的理论前提，并构建了公民与政府的对立格局。不论从政治科学还是法律科学的角度讲，公民资格的核心价值在于追求一种与义务设定相匹配的公民权利配置，并且通过以权利规定权力、制约权力的权利——权力关系结构来完成社会与国家、公民与政府之间支配—服从格局，以及实践中主体与主导的治理秩序，并以此制度化、程序化地来达成文明、良序的公共生活和私人生活。

公民社会是联结公民与政府两极的中介。它是国家或政府系统，以及市场或企业系统之外的所有民间组织或民间关系的总和，它是政治领域和市场领域之外的民间公共领域①。对公民个体而言，公民社会是公民权利、独立地位的保护屏障。早在1848年欧洲大革命时期，"结社主义被视为一种文明生活的制度"②，"作为社会团体，协会要求得到的是自身的自治，并且力图建成这样一种政治共同体，在这一共同体中，结社者不应受到行政权力的压制"③。这些结社团体实际上是为公民提供安全庇护所，一方面，在这些庇护所内，公民可避免公共权力的干预，即使不能完全避免干预，也可使这种干预变得间接；另一方面，公民个人也利用其所属的团体来对抗其他团体，从而避免个体所处的不利地位；对于政府而言，公民社会为维护自身的独立和利益，必然对政府权力进行有效的制约，即托克维尔指出的以社会权力制约公权力，实质上就是以公民社会制约公权力。这种制约体现为公民社会中的各种团体积聚，由私人形成公众领域，犹如麦克风那样将个体的声音扩大。黑格尔也认为公民社会本身是"私人利益跟特殊公共

---

① 俞可平：《建设一个充满活力的公民社会》，载于《北京日报》2006年8月21日。
② [意]萨尔·马斯泰罗内：《欧洲民主史》，黄华光译，社会科学文献出版社1998年版，第123页。
③ [意]萨尔·马斯泰罗内：《欧洲民主史》，黄华光译，社会科学文献出版社1998年版，第132页。

事务冲突的舞台,并且是它们二者共同跟国家的最高观点和制度冲突的舞台"①。

西方社会是公民社会与政府分离的二元结构社会,研究两者之间逻辑关系的历史进程,对于理解和谐社会制度性起点与蓝图的关系是有价值的。如前所述,有一点可以明白,西方将个人权利视为天赋的、第一性的、原生性的,将国家权力视为从属性的、委托的、派生的,这些原则的确立与贯彻,使现代化发展路径演化为规律,其策略选择则表现为自发性与内源性特征。

自发性表现为一种根深蒂固的历史传统,传统使人们形成习惯与理念;自发性表现为一种源远流长的心理传承,心理传承造就文化基础与精神积淀;自发性还表现为一种自然演化的制度,连统治者自身都无法预料与抗拒。内源性是指社会内部生成的资源,内源性表现为一种规则,规则使社会形成一种惯性与精神,内源性还表现为一种理论的氛围,理论总有一定的独立性与影响力,它能给社会造就一种基础与根基,这是结构性的笼罩,是对人们心理的强化和对社会的固化。西方社会的这种深层的资源主要指法治与民主传统。在这种自发性与内源性中,没有公民的委托就没有公权力,掌握公权力的政府只是为了维护公共秩序、保障公民权利而存在,它的权力是有限的;不是法律赋予公民权利,而是公民的天赋权利产生法律;不是统治者造就法律,而是法律造就统治者;统治者只能遵循法律而不能左右法律。可见,在西方国家,保障人民权利、防范政府特权是自发性与内源性特征的核心。由于西方国家将自发性与内源性的核心贯穿在整个社会进步的始终与各个发展环节之中,因此,国家与社会、公权力与私权利的关系互动,始终围绕着保障人的权利、尊重人的意志的中轴而展开。在中国,公民社会的兴起是中国社会整体进步的重要表现,它不仅有助于推进中国特色的民主政治和政治文明进程,而且也有助于市场经济的健康发展,有助于提高中国共产党的执政能力,有助于构建社会主义和谐社会,有助于转变政府职能和改善政府服务的质量。经过多年改革的历程,中国公民社会的发展已到了一个新的阶段。当前,如何营造一个有利于公民社会健康成长的制度环境,防止民间组织成为政府的对立面,使公民社会更好地与政府合作,齐心协力建设一个民主、公平、善治、宽容的和谐社会,是我们面临的又一个重大课题。

二、西方公共行政理论的演进与价值

20世纪70年代末以来的行政改革,是一系列新理论对行政管理进行根本性或方向性调整的尝试,体现为行政范式的转换。这一过程,我们不妨从20世纪

---

① [德]黑格尔:《法哲学原理》,范扬、张企泰译,商务印书馆1961年版,第309页。

初说起。

韦伯的官僚制以合法化与合理化的内涵取代了传统的公共行政，以非人格化的组织原则取代了人格化的组织管理，以忠于制度的规范化取代了忠于政党或领导人的传统制度，其优点是组织关系的精密性、规范性、合理性与稳定性，其价值追求是效率。经过了将近半个世纪的实践，韦伯官僚制的缺陷越来越明显。由于韦伯官僚制过于强调统一规制，抑制了政府机构和文官的创造力，并导致人际关系的冷漠；政府管理过于注重效率，忽视了公共保障和服务的多样性；政府组织过于注重内部的严密性，而对市场信号和消费者需求反应不灵敏；科层制官僚机构合理性导致行政权力最大化与高额行政成本，再加上20世纪70年代末、80年代初的经济停滞，必然引起许多国家的政府更迭，引出小政府模式的登台亮相，倡导新治理的理论和实践运动此起彼伏。

一种理论力量的式微，必然引发新的理论取而代之。英国保守党上台、加拿大自由党重新执政、美国共和党复出，都是在"新公共管理"的影响下，加入"小政府"队伍的。这场行政改革从政府职能运行的市场化到部分执行机构的自主化，从削减国家预算到变革文官制度，从结构调整到以顾客为取向，无不对传统的科层制形成冲击。"新公共管理"的主要内涵是：政府服务应以社会和公众的需求为导向，而不是只顾自身组织的完善；政府应更加重视产出、结果与质量，而不是过分追求效率；主张放松规制，实行绩效目标管理，强调对绩效目标完成情况的测量和评估；取消公共服务供给的垄断，对某些公营部门实行民营化，让更多的私营部门参与公共服务的供给；重视人力资源管理，提高人的积极性与灵活性。其缺陷是：过分强调政府回应市场需求，容易导致片面追求成本效益，使公共管理质量下降，加剧社会矛盾。其经验尤其不适应发展中国家。

企业家政府理论一度成为20世纪90年代美国政府改革的主导理论。这个理论主张用企业家追求效率与质量、善待消费者和力求完美服务的精神，以及企业中广泛运用的科学管理方法，来进行政府管理方式的改革和创新。美国戴维·奥斯本、特德·盖布勒的《改革政府》被美国政府视为改革的经典。这一理论试图借鉴企业管理原则来处理政府与社会关系，目的和方法是正确的，但是，其缺陷是要求政府对待社会像企业对待顾客一样，实际上淡化了政府与企业的区别，漠视了政府的公共属性，回避了行政体制改革的实质，将政府与社会的关系简单化了。风靡一时的公共选择理论以"经济人假设"为前提，从经济学的角度分析政府管理，强调打破政府垄断，创造市场机制，建立公私机构之间的竞争机制与格局，使社会与个人获得自由选择的机会，并认为这是解决政府困境的根本出路。其理论虽然揭示了政府失灵的原因，却混淆了政府与经济组织的本质区别，这是解读政府与社会关系的一张模糊图表，最终不能成为主流的分析方法。

治理理论主张通过合作、协商、伙伴关系，确定共同目标，来实现对公共事务的管理。根据俞可平的研究，"治理一词的基本含义是指在一个既定的范围内运用权威维持秩序，满足公众的需要。治理的目的是在各种不同的制度关系中运用权力去引导、控制和规范公民的各种活动，以最大限度地增进公共利益。从政治学的角度看，治理是指政治管理的过程，它包括政治权威的规范基础、处理政治事务的方式和对公共资源的管理。"而公共治理达到良好状况，就是善治，它应该具有合法性、透明性、责任性、法治、回应、有效等基本要素[1]。治理理论的紧要之处在于，一是承认在公共事务中的参与者地位平等，都具有治理之主体性，如政府与公民之间、政府与社会组织之间、政府内部各府际之间等，都享有对相关利益之公共事务的治理权限；二是治理理念内在地蕴涵着对解决公共事务的程序、规则的遵守，倡导法治的活动方式和基本价值；三是治理在本质意义上就是对公共事务的自主、积极参与；四是治理活动中应该充分地体现对权利的尊重，对利益的协调，因而治理所要求的政策取向是折中的，以妥协、沟通、理解和宽容产生公共政策，以平衡公私利益、公权私权以及平衡各种政治价值，特别是自由和平等等价值基本诉求。这无疑是一种美妙绝伦的理论。但是，在现实中，不管是发达国家还是发展中国家，行政权力在继续扩张，政府仍然是权力的中心，尤其在发展中国家，社会中介组织发育滞后，客观环境与这一理论描述距离更大。因此，这一理论充其量只是一种理想追求，是脱离了任何国家的政府与社会关系实际的空想描绘，在现实中无法实施。

时髦的新公共服务理论认为，新公共管理所倡导的价值观是错误的，可能会腐蚀和破坏公平、公正、民主和宪政价值观。公共服务理论强调政府应以追求社会经济的协调发展和公共利益为基本目标，公共服务成为现代政府的核心职能，要增加政府的公共服务投入，要改变政府的责任导向、责任范围与责任机制。新公共服务理论强调以人为本，注重民主对话，展现了政府与社会关系的崭新蓝图，具有无与伦比的理论前瞻性。有人说这种理论只有宣传价值，也有人认为这种理论充满了虚伪与欺骗性。笔者认为，这种理论之所以能在全球赢得一片呼应声，我们国家也提出了构建"服务型政府"的任务，就是因为它力图揭示政府与社会的关系，注重政府与社会相互间的依赖性，并展示了政府的最新面貌，因此，价值虽然仅仅局限在管理层面上，却是难能可贵的。当然，理论又具有与实践不能完全吻合、不能全覆盖的特性，西方新公共服务理论究竟在实践中能不能、多大程度能付诸应用与推进，人们还拭目以待。

---

[1] 俞可平：《治理和善治》，载于《权利政治与公益政治》，社会科学文献出版社2000年版，第113~114页。

三、公民社会与政府之间的逻辑关系

综观近代历史，西方行政模式经历了统治行政、管制行政，并有意进入服务行政。统治行政是一种霸权行政，它以统治者的意志为出发点，将人民视为自身统治的危险，政府与人民处于对抗状态。管制行政是一种强权行政，它将人民视为自身统治的对象，政府与人民处于对立状态。服务行政是一种协商行政，它将人民视为自身统治的伙伴，政府必须考虑主体双方的利益，政府与人民处于对话状态。不管统治者出于主观意识还是客观必须，服务行政是人类治理模式的理性回归，即回归常识，回归公民主导性、社会主导性，回归政府的工具属性。

不仅如此。西方行政改革理论的变迁，几乎都是在特定社会背景下，围绕着政府与社会关系的互动而展开的。有的理论因社会提出大政府要求而注重政府本身的完善，有的理论因政府管理体制问题严重而要求注重社会效果，有的理论因政府负担过重而注重社会的参与，有的理论从理想主义出发，注重政府与社会的平等。在这些理论中，政府总是面对社会的需求而应变，总是伴随着市场的发展而思考从"小政府"到"大政府"再到"小政府"的逻辑变迁；社会面对政府的变迁，也呈现出公民社会发育与成熟的轨迹。从"个体照顾"到"团体照顾"中，表现出公民从分散到集聚、从个体到群团的进步。从"政治照顾"与"生存照顾"中，表现出政府从单向介入到与社会互动的理性；而政府与社会的关系则呈现出由"统治行政"到"管制行政"再到"服务行政"的范式转换。其中，政府与社会关系互动中的轴心是人，是对人的利益和地位的判断，是对人的生存环境与发展走向的思考。

上述这些理论不管是说教还是探讨，毕竟映衬出对社会估价的客观。从视社会为危险到视之为对立，从对立到寻思如何与社会对话，都是因为看到了社会的存在，看到了人的价值，并以此来思考政府的角色与结构，因此，必然具有一定的有效性。他们的变革很难介入主观意志，而是推进管理层面上的成熟，并不需要伤筋动骨。例如，新公共管理运动对于韦伯的官僚制而言，并不像我们想象中的那样彻底颠覆，不论是摒弃官僚制、突破官僚制还是政府再造，都只是局部的完善与修正，都是基于治理流程改造和治理效能提升。

在理论上讲，一个国家的改革如果能够将保障人民权利、防范政府特权作为逻辑起点，如果在设计制度起点就规定这两块保证社会发展方向的基石，那么，即使没有对前景做出多少刻意的描绘，美好蓝图也会呈现在世人面前。

我国的体制改革需要同时完成法治与民主的补课，因此，我们借鉴西方的经验，需要学习的是人家改革理论的本质而不是模仿。依此而论，我们在构建和谐社会中，不仅要遵循政府与社会良性互动的规律，还必须从法治与民主的逻辑中，时时把握以人为本的本质内涵与精神实质，并与和谐社会建设的制度性起点对接，才能保证我们的改革大业不偏离方向。

党的十八大报告强调以人为本、关注民生，这是我国制度性起点的重新昭示。首先，明确奠定了我国制度性起点的源头——以人为本，这是党的根本宗旨在理念层面的回归；其次，准确回答了制度性起点的内容——尊重人的意志，保护人的权利。这是党的根本宗旨制度层面的突围，它要求在实践中必须彻底摒弃官本位、权力本位的观念与潜规则，完善对公权力的制约机制；再其次，深刻揭示了制度性起点的本质——为了造福人民，为了实现好、维护好、发展好最广大人民的根本利益。不让人民吃亏是我国今后决策的底线，在实现公共利益的时候不能以牺牲个体利益为代价，考虑长远利益的时候不能以放弃眼前利益为条件。这是党的根本宗旨在决策层面的规范；最后，科学规定了制度性起点的归宿——发展为了人民、发展依靠人民、发展成果由人民共享。这是对社会发展规律的深刻解读，规律具有客观性，要遵循规律就必须克服主观随意性；规律具有科学性，要遵循规律就必须摒弃官本位；规律具有深刻性，要遵循规律就必须纠正心态上的浮躁性。为此，经济社会的进一步发展，就必须更多地考虑社会维度，更为系统地规训权力和节制资本，更为平衡地配置权利义务以形成不断更新和发展人权保障体系，更为详尽地规划和实践权利"落地"运行机制，更为有效地供给公民权益的实现资源，逐渐从一个权力国家迈向公民国家，达致更高层次的政治文明。规律向人们展示这样一个逻辑：一个社会如果没有正确的制度性起点，只有美好的蓝图，蓝图却很难真正实现；有了正确的制度性起点，不管社会现在处于什么状态，美好蓝图最终必然能够实现。

第三章

地方政府体制改革的目标：服务型政府

党的十七大报告对于中国行政管理体制改革的最大贡献，就是明确提出了我国行政管理体制改革的价值目标：建设服务型政府，这也是行政管理体制改革的总体要求。党的十八大报告将服务型政府的标准确定为"职能科学、结构优化、廉洁高效、人民满意"[①]。地方政府的改革只有为了人民利益，以地方民众利益为导向，同时服务于国家宏观利益，改革才有真正的意义。

第一节 服务型政府概述

服务型政府建设是地方政府角色转变的目标与使命，核心是实现三大转变：从传统集权型的"官本位"向民主参与型的"民本位"转变，从重管理、轻服务的"政府中心型"向合理兼顾公众管理与公共服务的"民众中心型"转变，从治理者与被治理者关系转变成为服务者与消费者关系转变。因此，服务型政府是从理念到结构、从宗旨到过程、从任务到责任的全方位变革，是政府内涵的丰富与发展。在此，首先有必要了解服务型政府的基本内涵。

---

① 《中国共产党第十八次全国代表大会报告》，人民出版社2012年版。

一、服务型政府的基本含义

服务型政府的基本价值和主张来源于西方新公共管理和新公共服务运动。20世纪70年代以来，西方各国掀起了一股行政改革的浪潮，其重要价值导向之一就是由过去"以公共权力为核心"的消极模式向"以公共服务为核心"的积极模式转变，推崇公共服务精神，提升公共服务的尊严与价值，重视公民社会与公民身份，特别是重视公民的地位与尊严。我国学者差不多与此同时也提出了"服务型政府"这一概念，只是从不同的角度与学科视角来解读它，没有形成统一的、明确的定义。

我国高层对地方政府改革的目标大多是具体的技术目标：如1983年《中共中央、国务院关于地市州机构改革的意见》提出了具体的机构调整目标；1992年中共中央、国务院将地方政府机构改革的目标确定为：建立办事高效、运转协调、行为规范的行政管理体系，完善国家保管员制度，建立高素质的专业化行政管理干部队伍，逐步建立适应社会主义市场经济体制的有中国特色的地方行政管理体制。1992年地方政府机构改革的目标有所突破，将效率、协调、规范作为地方机构改革的制度目标。但是，总的来说，从1983年改革到1993年改革，中央均未为地方政府改革确立明确的价值目标，解决"为谁改"的本质问题。这一问题是由十七大报告解决的。党的十七大报告对于中国行政管理体制改革的最大贡献是明确提出我国行政管理体制改革的价值目标是建设服务型政府。地方政府的改革只有为了人民利益，以地方民众利益为导向，同时服务于国家宏观利益，改革才有真正的意义。

探讨服务型政府的含义，一般可以从以下几个方面入手：一是从政府与公民关系的角度。服务型政府强调的是政府对公民需求的回应性和灵敏性，意味着公民取向的行为模式，强调公民本位而非政府本位。这一种观点认为，只有在"公民本位"前提下的政府模式，才是真正意义上的服务型政府。二是从政府行为模式的角度。服务型政府意味着政府管理范式的转变，这是一个历史趋势，是具有明显规律性的发展进程，是由"统治行政"向"管理行政"再向"服务行政"转变的行政模式。政府由原来的控制者，改变为管理者和服务者。政府以控制管理为要务转变为以传输服务为要务，管理目标更侧重于公共服务领域。三是从政府职能重塑的角度。我国原有的政府体制和职能结构已经不能很好地适应时代发展的要求，政府应重塑自身的职能结构，由经济建设型转向公共服务型。四是从政府工作方式改变的角度。服务型政府不能再一味地采用管制的方法，而应该更多地采用柔性的、给付的方式。各地方政府在服务型政府建设实践中，大多从便民服务、"一站式服务"等方式入手,强调改善服务态度与质量等。

到底什么是服务型政府?笔者以为,服务政府是将以人为本作为价值取向、以遵从民意要求实现民众期盼为全部行为宗旨、以规范约束政府的工作内容与工作程序、以公开透明坦诚为服务态度、以展示政府公共性本质的为民提供方便、为民供给帮助、为民谋取福祉、为社会稳定与发展尽力的政府。服务型政府的主体是政府、尤其是各级地方政府,服务对象是全体公民与社会组织。

二、服务型政府的本质特征

现在学界对服务型政府的本质把握,普遍存在着将外延扩大的趋势。我们认为,服务型政府的最本质性的特征应该体现在以下几个方面:

(一)服务政府应该是有限政府

有限是指政府的活动范围受到一定的限制。政府的有限性体现在政府能力和政府权力两个方面。从政府能力方面看,随着万能政府的失灵,人们已经认识到,政府的能力是有限的,正如市场的能力也是有限的一样。西方发达国家和地区正在进行的"政府再造"运动,莫不以反省政府应该扮演什么样的角色为重点,重新思考政府职能为首要。通过对福利主义政府模式的重新审视,建立一种有所为、有所不为的政府。就是"重新界定政府职能的合理适当范围,要政府投注所有心力、资源于核心职能的发挥上,解除不必要的政务负担"[①]。有限政府除了强调政府权力的有限性以外,还强调个人的自由和权利应得到政府的保护,强调政府权力的法律限制。人民让渡权力的多少就是政府能力的边界,也是政府提供什么样服务的严格规定。在现代民主社会里,人民让渡权力的多少是通过法律形式来体现的,也就是说,人民的权力是让渡还是不让渡,以及让渡多少,都是用法律明文规定的。在这里,第一,政府权力的内容是由人民通过特定的程序和特定的方式来决定的,政府不能随便决定哪些该作为,哪些不该作为;第二,政府的这些权力是由人民自愿(通过人民的民意代表机关)让给政府的,如果没有人民通过法律的授权,政府是不能强迫人民让渡的;第三,政府不能随便扩大或者缩小自己作为的范围,政府也不能随便增大或者减小自身权力的强度。

---

① [美]戴维·奥斯本:《摒弃官僚制:政府再造的五项战略》,中国人民大学出版社2001年版,第127页。

（二）服务型政府应该是责任政府

服务型政府不仅应该关注政府外在的行为模式，更应该关注其背后隐含的尤为重要的责任内涵。服务型政府的责任模式是在对过去公共行政责任模式的批判基础上提出来的。传统的公共行政建立在政治——行政二分法和官僚制这两块基石上，在传统公共行政理论看来，民主政治意味着民众与政府之间不是被统治者与统治者的关系，而是委托人与代理人的关系，即民众是公共权力的主人，民众为了安全和维护自身权利的目的，将公共权力以契约的形式托付给政府，使其代行公共管理的职责，政府的权力及相应责任都来自于这种委托——代理契约关系。政府从效率和合理以及防止腐败的角度出发，又把其中的执行性权力授予行政机构和行政人员，并且建立了严格的等级秩序和规范体系。因此，在传统行政模式中，存在着两种不同的责任体系：政治责任与官僚或管理责任[①]。第一种是经民主选举产生的政府对选民的责任；第二种则是官僚制组织对选举产生的政府的责任。在这两种责任体系的合力下，行政组织和行政人员不直接向公民负责，只需机械地执行来自政治官员的决策，其责任主要表现为公务员通过各个部门的等级结构，在技术上对政治领袖负责，并最终在道义上对人民负责。可以看出，在传统公共行政模式中，存在着基本的责任错位：公共行政组织直接面对公民却不对公民负责，而真正的决策组织由于不直接面对公众而无法实现契约意义上的责任。这就不可避免地导致政治官员和行政人员逃避责任与规避风险。

20世纪90年代以后，随着新公共管理理论的式微，服务行政作为一个核心概念，引起了各国普遍的关注，传统行政模式的责任机制受到了强烈的质疑。服务行政在责任方面的基本理念主要表现为三方面：一是公务员由传统机械执行决策转变为积极、灵活、创新和有效率地执行决策，从而强调公务员对自身行为的结果负责，公共管理者应为自己的行为及所属机构的行为负责。二是组织行政和人员由过去间接向公众负责转变为对公众直接负责。使行政部门像企业关注顾客一样关心公众需求，有针对性地为不同公众群体提供又好又快的服务，以满足今天多元的社会需求。三是责任范围的变化。长期以来，政府为消极的"守夜人"，职责主要限于维持公共秩序，处理国防、外交等事务。自20世纪以后，行政已不再是"公共权力"的代名词，政府不仅仅需要维护社会的普遍公平和正义，而且还意味着满足公众不断变化的各种现实的需求。服务行政在对传统全能主义批判的基础上，重新界定政府的责任范围，那就是为公众提供优质的服务，主要为公众提供有效的公共物品。人们还要求政府履行各种其他职能，"必

---

① ［澳］欧文·E·休斯：《公共管理导论》（第二版），中国人民大学出版社2001年版，第22页。

须从事那些对于促进个人在体能、智能和精神方面的福利,以及国家的物质繁荣所必需的事物","……包括公共教育、济贫、公共工程、照明、邮政电报电话,以及铁路运输"①。

然而,自从服务行政作为一个新的概念在西方兴起,就面临着来自各方的争论,其焦点就在于政府所承担的各种责任的地位和关系问题。服务行政意味着政府管理责任对政治责任的某种程度的替代,这是传统自由主义者不能容忍的,认为这是对公民基本权利的一种危害。最早提出服务行政概念的德国学者厄斯特·福斯多夫在20世纪30年代就发表《作为服务主体的行政》一文。认为,自由人权思想、个人主义、私法自治以及契约自由这些观念都已经过时,是令人无法忍受的过去时代(以扩张个人自由、限制国家权力为特征的自由主义法治时代)的产物;随着时代的发展,人们不再依赖于传统的基本人权(自由权和财产权),而是依赖于新的人权:经济上的分享权。时代已由个人照顾自己的"自力负责",转变为由社会力量来解决的"团体负责",进而发展由党和国家政治力量提供个人生存保障的"政治负责"。福斯多夫提出了一个独特的"生存照顾"概念②。构成生存照顾的要件有两个:其一是服务关系的双方性;其二是个人对此等服务关系具有依赖性。政府负有向民众提供广泛的生存照顾的义务,唯有如此,才可免于倾覆。人们的生存已经强烈地依赖于行政权力的生存照顾,个人已经无法自行解决生活所需之事物。因而,行政权力必须介入私人生活,认为国家干预越少就越好的时代已经一去不复返。个人生存已经和国家行政行为密切相关,而且还应该结合得更为紧密。人们依赖国家生存照顾不仅没有羞耻感,反而成为其政治自觉。

从以上西方对过去公共行政责任模式的批判说明,由于人们忽略或漠视隐藏在其背后的实质性的责任内涵,从而造成行政权力责任的错位和缺失,最终导致公共权力的严重扭曲。

(三) 服务型政府应该是民主的政府

服务型政府另外一个重要含义是有关民主方面的,公共服务论者认为,传统公共行政的民主模式存在着诸多弊端,必须对此进行重新变革。这些弊端主要体现在以下三个方面:一是在传统行政模式中,通常认为官僚层次以及政治层次的责任机制仅仅是通过党派的政治过程得以实现的,因此民主常常主要通过选举来

---

① [法]莱昂·狄骥:《公法的变迁》,春风文艺出版社1999年版,第38页。
② 转引自陈新民:《服务政府及生存照顾概念的原始面貌》,载于其著《公法学札记》,中国政法大学出版社2001年版,第47~48页。

体现。实际上显然不是这样。一方面，执政党与行政机关的相互作用关系并不像威尔逊定义那样是一个范围狭窄的公式化关系。官僚机关所做的一切，要比单纯遵循政治领导的指示复杂得多。另一方面，传统模式要等到选举时才能明确官僚制组织应对公众承担的责任，但事实上官僚组织通过其自身的行为，每天都必须直接面对公众。过去的官僚制组织生硬僵化、包罗万象并超越任何公民和团体之上，这种责任方式往往只按照自身适应的方式进行，很少顾及服务质量和公众的反应。如今的现实情况发生了很大的变化，官僚机关必须具有弹性并必须能够适应环境的不断变化，对公众的需求做出反应，强调说服而不是发号施令①。二是传统公共行政的民主模式是建立在政治官员的事务和属行政官员的事务之间有一条明显界限的假定之上，在这种假设下，行政官员自身保持中立，仅仅在政策方面给政治官员提供某些建议，与政策制定无关。公共服务论者认为，这种假定过于天真。因为政治类事务和行政类事务是人为划分出来的，实践中根本难以区分。在实践中，由于行政人员直接面对公众，在决策方面具有很大的信息优势，因此，把行政官员排除在决策职能之外显然是不合适的。三是传统公共行政民主模式中的责任机制，主要是针对错误的后果，而不是针对成绩。行政人员所有的一切行为，都只须机械地执行政治官员的决策，其关心的是如何有效贯彻决策的实施后果，但求实施过程中不要出现差错。至于决策本身的效果如何，则与行政人员无关，其结果不可避免地导致行政官员逃避责任和规避风险的可能。服务型政府本质上要求行政人员更加积极地参与到政府的决策过程中来，同时，服务型政府本质上也强调必须是公民参与型的，因为政府服务的对象是公民，只有在公民参政的过程中，政府才能了解公民，才能知道怎样服务社会。

（四）服务型政府应该是法治政府

马克斯·韦伯认为，现代化是西方文明的特殊产物，由其自身的制度、结构和文化传播促成的，其间关键是社会经历了法治与政治民主化进程。资本主义是在一个特殊的地理区域和文化环境出现的一个宏伟运动，是一种有共同精神的人创造的东西。这种精神就是加尔文教和清教所体现的"新教伦理"，其中，充分注入了对个人权利的关注。其间经过古希腊到近代学者的不断阐释，这些理念已植入西方社会的骨髓②。总的来说，在这样的历史发展中，个人权利是第一性的，是原生性的；国家权力是第二性的，是从属性的。这种结构来源于丰厚的历史资源，表现为内生性与内源性。

---

① [澳]欧文·E·休斯：《公共管理导论》（第二版），中国人民大学出版社2001年版，第264页。
② [德]马克斯·韦伯：《新教伦理与资本主义精神》，陕西人民出版社2006年版。

内在性从历史传统中表现出来，传统使人们形成习惯与原则；内在性从理论的传承中表现出来，理论的独立性与影响力给社会造就精神基础与心理储备；内在性从制度中表现出来，这种制度通过自然演化，连统治者自身都无法抗拒，并构成结构性的内连，构成对人们心理的笼罩与行为的支配。内源性外化为一种逻辑：国家权力来自人民的委托，国家的价值主要是为了维护公共秩序，保障人民权利，因此，如果它不能有效地维护公共秩序，那就是一个失职的政府；如果它侵犯人民的权利，那就是一个非法的政府，人民有权罢黜、另组新的政府。

内源性在内容上表现为法律与人民权利的关系。不是法律赋予人民各项权利，而是人民的天赋权利产生宪法和法律；不是统治者造就法律，而是法律造就统治者；统治者只能遵循法律而不能左右法律；只有人民守法，政府官员更加守法，这才是法治政府。

我们说服务型政府是法治政府，主要是因为：首先，服务型政府需要法治理念的保障。从传统上讲，我国的公共行政是直接维护政治统治的工具，一度表现出日益凌驾于人民和社会之上的特殊性。推进我国行政改革，实现管制型政府向服务型政府的转变，关键是完善相应的法治建设。只有把政府规制在法律的轨道上运动，政府才是责任的、为民的，才不会越出既定的轨道。其次，服务型政府更需要法治规范。服务型政府有着严格的主体限定，对行政行为的要求也极高，法治规范可以满足服务型政府的基本要求。因为：一是行政组织是法定的，即通常称为行政主体法治。行政法治首先表现为行政组织及行政人员（国家公务员）管理的法治，即行政组织的性质、任务、职权、组成、活动方式，以及成立、变更和撤销等均由法律来规范；行政人员管理法治指行政人员（国家公务员）的录用、任命、晋升、奖惩、待遇等由国家公务员法规定。二是政府的行为法定，即国家行政机关的行政行为均依据法律，并遵循法定程序。行政行为法定是建设服务型政府的核心和关键。三是行政法治监督，即指国家和社会对政府机关监督的各种法律制度健全完善并真正得到实施。也就是说，政府的一切行为应当处于严密和强有力的监督网络中，政府及其公务员的服务才能得到规范与保证，才能使政府的服务程序化、公开化、公正化；政府及其公务员的违法行为才能被及时发现和纠正，政府才能时刻清醒地认识到，政府是由法律产生的，政府必然受法律控制、必须按法律办事，并对法律负责，这是服务型政府的内在要求。

三、服务型政府的价值取向

服务型政府本身有一套内在的价值体系，这些价值体系是建立在长期以来对管制型政府的批判基础之上的。与过去管制型政府相比较，服务型政府至少包含着这些新的理念：

第一，公共性。政府的公共性，即政府的公共所有属性，意指政府包括其内在要件——公共权力和外显成分——公共职位，都是属于国家主体——社会公众的，即政府产生、存在的目的是公共利益、公共目标、公共服务以及创造具有公益精神的意识形态等[①]。公共性理念是服务型政府建立的价值基础，是人类对公共服务制度设计的一次理性升华。服务型政府的公共性是指政府服务的范围是公共领域；政府服务的内容是提供公共产品；提供公共服务的范围及内容受法律限制。公共领域与私人领域相对，它是"公众发表意见或进行交往的场所"，政府公共权力可以有效行使的范围是政府应该提供制度、秩序及相关服务的公共空间。明确政府服务的范围有利于转变政府职能，将私人领域的事务还给社会和个人，节约公共资源和成本，提高政府工作的专业程度及效率，解决政府错位的问题。公共产品是指由以政府为主的公共管理部门生产的，没有竞争性和排他性，供全社会所有公民共同消费、平等享受的社会产品及服务。政府公共服务的内容是社会公共事务，把握政府服务内容的公共性有利于正确划定政府服务工作界限，防止出现行政权力越位。

第二，公平性。公平性是政府公共服务的出发点和基本价值原则。首先，每位公民都有享受政府公共产品和公共服务的平等权利。政府服务的对象是全体公民，无论市民农民、男女老少、贫富贵贱、能力高低，都拥有平等的政治权利和平等的发展机会，并以公正的司法体制保证上述平等的实现，这是人民民主国家的本质要求，是公民宪法权利的主要体现。其次，每位公民享受政府公共产品和公共服务的权利都能得到尊重和体现，保护弱势群体利益，应当构成政府服务公平的起码要求。最后，每位公民都应该能够通过公开正当途径和程序获得政府的公共产品和服务。公共服务是面向全民的，它不是某个强势社会群体的专利，也不是部分官员牟取个人利益的手段。公平正义是服务型政府的核心价值取向，也是和谐社会建设的关键所在。

第三，公益性。服务型政府的性质是为公民谋取公共利益。公益性是指政府只能为公民谋取公共利益，而不能假借公利之名为其谋取私利。对政府的公益性要求，反映了服务型政府的行为本质，体现了政府在满足人民利益诉求方面的公平价值观。服务型政府要为人民谋取公益，为人民提供公平与公正的公共服务。公益的政府扮演的是表现性角色，即政府行为不能以营利为目的，而应该以表现社会道德、社会公平与社会正义等为其社会角色。表现性角色的政府只能为社会

[①] 祝灵君、聂进：《公共性与自利性：一种政府分析视角的再思考》，载于《社会科学研究》2002年第2期。

谋取公共利益，而不能为政府及公务员谋取部门利益和个人私利。公共服务中的"以权谋私"、"假公济私"等不良行为都是违背公益性要求的不良行政行为，应该得到有效的制度矫正。政府必须以保护人民利益，实现社会公共利益和保障社会公平为己任，这是服务型政府的必备品质。

第四，公开性。政府的公开性就是落实公民的知情权①，这是公共服务公正的重要保证。公开性理念要求政府将公共服务的依据、内容、过程和结果向社会公开，让公民知悉。服务的公开性要求政府在观念层面破除恩赐观念和秘密行政观念，树立人民是国家主人，政府是人民仆人的理念，仆人只有为主人服务好才能取得其统治的合法性。仆人为主人服务应该让主人知情而不应该背着主人行事，这才是社会主义民主的真谛。政府服务的公开性要逐渐脱离政策层面而向制度设计层面转变，远离政府服务的随意性，促进政府服务的规范性，只有政府服务走向制度层面才能使政府服务公开具有长期性、持续性和稳定性。

总之，服务型政府必须建立在合理的价值基础上，合理的价值理念决定了服务型政府建设的品位和品质，如果政府及公务员没有形成价值层面的合理管理行为习惯及方式，那么，服务型政府的建设将会成为新的政治秀，必是昙花一现而已②。

第二节 地方服务型政府的前沿窗口③

行政服务中心作为地方服务型政府建设的前沿窗口，是我国20世纪末、21世纪初的改革产物，已经从个别发展到普遍、从自主创新到获得高层认可。各地行政服务中心丰富多彩、形态各异。十多年来，在服务社会、服务民众的舞台上，展示了便捷的身段、体现了服务的热情、收获了社会的满意，以至于很多人认为这便是体制改革的标志与旗帜，成为各地方政府自主创新的抓手与象征。然而，这些载体所展示的改革基本处于机制层面，随着我国市场经济体制改革的深入，问题与缺失也越来越明显。最突出的是机构只增不减；窗口与职能部门之间的关系含含糊糊；窗口之间的权力运转基本遵循旧体制逻辑；各地服务大厅设置

---

① 万鹏飞、饶诗韵：《美国联邦政府政务公开制度的实践及启示》，载于《经济社会体制比较》2006年第2期。

② 沈荣华、钟伟军：《中国地方政府体制创新路径研究》，中国社会科学出版社2009年版，第84页。

③ 沈荣华、吕承文：《从服务结构转身看体制改革逻辑》，载于《理论探讨》2012年第3期。

的窗口总量不一,政府审批职能的边界没有定数。行政服务中心的走势已经呈现出瓶颈困惑,行政服务中心普遍面临着挑战。如何从机制变革上升到体制改革,由表及里、由浅入深的发展,将关系到整个行政管理体制改革大局,也值得理论界高度关注。在此,我们试图从行政服务中心角色转换中展示的机制嬗变与体制改革萌动出发,思考地方服务型政府建设的逻辑。

一、普遍成就与客观问题

行政服务中心又称"一站式"服务(one-stop service),最早发端于西方商务活动中的资源外包服务,指企业一次性为客户提供完整的"一条龙"服务。这种服务形式为企业价值带来很好的预期。英国撒切尔夫人执政时期,率先将这一概念引入她倡导的政府改革实践中,并明显提升了英国政府的工作效率。自此以后,澳大利亚悉尼、美国洛杉矶等地,都有类似行政服务中心的运行模式,韩国也出现了"亲切服务运动"[①]。

西方行政改革的浪潮也冲击着我国。随着我国改革开放的进一步深入,地方政府基于适应经济发展、促进本地社会进步的需要,不断致力于地方服务型政府建设,服务理念在不断提升、服务形式在不断丰富,其中,"一站式"服务首先被一些地方政府引入招商引资之中。1995年深圳率先将外商投资审批有关的18个政府部门集中起来,成立了"外商投资服务中心",虽然结构比较松散,却是国内最早的专业性联合审批行为。之后,浙江金华市设立了第一个"一站式"服务机构,结构相对完整,可惜没有得到很好的发展。浙江上虞县在吸取金华经验教训的基础上,参照了结构、规范了流程,成为我国行政服务中心的最初模式[②]。2001年国务院开展行政审批制度改革后,全国县市级地方政府纷纷成立"一站式"服务机构。据不完全统计,全国县以上"一站式"行政服务机构有4 000多家。其中,成都武侯区行政服务中心的改革力度与幅度处于全国首列,其他地方行政服务中心的改革也有声有色。尽管名称各异、流程有别,但都是"在一个集中的办公地点为公民提供全程式、快捷、公开、透明服务的一种公共服务形式"[③],并以明显的合理性优势冲击着原有的行政体制,展示出独特的角色与显赫的地位。它有主要领导呵护、专门机构牵头、专设条线协调、专门文件保护。因而,从政策倾斜到全力打造、从部门进驻到审批集中、从大厅增容到

---

① 赵永伟、唐璨:《行政服务中心理论与实践》,企业管理出版社2006年版,第36~38页。
② 赵永伟、唐璨:《行政服务中心理论与实践》,企业管理出版社2006年版,第42~43页。
③ 吴爱明、孙垂江:《我国公共行政服务中心的困境与发展》,载于《中国行政管理》,2004年第9期。

"一站式"连接,行政服务中心以集中、便利、快捷的优势,为地方经济发展做出了显著的贡献。

各地行政服务中心表现出来的共同特点是:第一,组织结构不一,有的是政府派出机构、有的是临时机构、有的是事业单位、有的是由具体领导人专门负责的综合平台,属性不明确就必然导致地位不确定;第二,运行结构不一,有的是串联式、有的是并联式、有的是混合式,还有是部分合并式,结构不一致就必然导致权力关系不清晰;第三,平台规模不一,有的将主要部门的审批职能集中、有的将大部分部门的审批职能集中,就是没有将全部审批职能集中在服务大厅。规模不一就说明对审批权集中的认识不一,也说明对地方政府职能的边界设定认识不一。总之,各地行政服务中心运行形式丰富多彩,审批流程各有特色。它与旧行政体系既有千丝万缕的联系,又有独领风骚的进步与创新,既有泾渭分明的区别,又有孤军奋战的无奈与困惑。有的还在各种体制性与非体制性的作用下,因职能局"闹分家"而陷入解体,有的"甚至成了地方乱收费的合法窗口,大量办着扰民的事情"①。

我国行政服务中心凸显的不足与问题大致有以下特征:第一,起点较低。群众对行政服务中心之所以普遍认同,根本原因在于新旧体制对比度的巨大落差。原来旧体制下的官僚主义过甚,群众对"门难进,脸难看,话难说、事难办"的衙门作风深恶痛绝。行政服务中心使办事方便了,速度加快了,负担减轻了,人们当然满意。但是,满意不能取代适应市场经济的行政体制建构。第二,"行政机关"只增不减。行政服务中心是在原行政体系基本没有触动、原行政部门完全没有减少的前提下平添了这么多服务平台,不管行政服务中心是政府派出机构、临时机构、还是事业单位,都说明了这种管理主体只增不减的代价,是不符合改革导向与本意的。而且,大多窗口还只是负责收件、咨询、答疑的联络站,审批事项仍然要通过原单位解决,这就使大多行政服务中心成了"摆设"与"花架子"。第三,行政服务中心窗口与原行政部门的审批权力关系衔接不到位。行政服务中心在大厅设置了许多窗口,这些窗口与原行政部门之间,不管是派遣关系、委托代理关系、或"前店后厂"关系,都是一律的职能对应关系,大多没有准确回答窗口与原行政部门审批权力之间衔接,没有明晰两者之间的关系是完全转移、分割运行还是"我指挥你照办"。第四,行政服务中心相关窗口之间的权力运转依然照旧。客观地讲,行政服务中心的窗口设置,完全源自于我国旧行政体系的职能分工,因而,窗口与窗口之间,同样存在职能交叉与"机构重

---

① 刘熙瑞、钱冰:《当前我国行政服务中心建设的问题与对策》,载于《国家行政学院学报》2006年第3期。

叠"。导致办事环节同样重复、审批程序基本照旧,其权力逻辑与旧体制下的审批权流转没有多少差别。而且在温情脉脉的服务氛围中得到了强化,与涉及行政权力结构关系的行政体制改革相去甚远。第五,操作运行中浪费严重。现在,大多行政服务中心实行的不仅网上审批,目的是便利群众、提高效率。但是,实际结果是不仅网上审批,纸制材料上再重复配套、同程流转。另外,一张审批证需要辅以本人承诺书、受理材料汇总、受件通知书、审批决定书、送达回证等多份纸质材料,于是,台账加公文,审批流程中浪费严重。第六,职能与流程之间的悖论。行政服务中心中的每一个窗口,对应着相应职能部门的审批项目,各地服务大厅上的窗口设置,多少不一、数量不等。其实,到底应该设置多少窗口,不仅反映了地方政府审批职能的集中程度,也关系到地方政府对职能总量与职能边界的认知程度。实践中的行政服务中心只不过是用集中的平台表现为便捷、有效的流程,但是,本质上仍然在同样经营着旧体制管理的事,没有涉及职能转变,没有体现体制改革的初衷。

显然,行政服务中心的运行,只是将审批权力和服务输出相集合,使审批增添了人脉气息、提升了流程速度,只能算是在旧体制内的机制修缮。"行政服务中心仅仅改变了行政审批权行使的形式,只是一种技术层面上的创新"①,没有根本触及行政体制内核与职能边界。

二、闪亮实践中的经验探索

在众多的行政服务中心系列中,吴江行政服务局的改革实践具有启迪意义。其中,最值得肯定的是他们将相关职能部门的审批权移位,从"一站式"到"一章式";他们将服务大厅相关职能的窗口进行合并,构建了"服务大厅式大部制"的崭新格局;他们将审批流程当作服务责任,一窗到底、全程负责。

所谓审批权移位,"一站式"到"一章式"的转变,是指行政审批的窗口代理到相对部门的审批职能全部落实到窗口办理的转身。现有的行政服务中心大多实行"一站式"模式。"一站式"就是将地方政府的审批职能部门集中在服务大厅,民众的审批申请不再需要进很多部门、看很多脸、磨很多嘴,只要到服务大厅就可以通过相关窗口,办成审批事项,从而大大减轻了负担,节省了时间。但是,其背后如何运作,是并联还是串联,如何应对相应的部门审批权力、如何分割权限之间的关系,其流程与环节不仅没有置于公开之下,而且,相关审批权限

---

① 沈荣华、杨国栋:《论"一站式"服务方式与行政体制改革》,载于《我国行政管理》2006年第10期。

关系一概没有明晰到位。"一章式"就是将相应的审批职能集中成一个权力输出，其关键是解决相关职能部门的审批权限的整体移位，实现从审批权限全权委托到交给窗口全权办理的转身。"一章式"的优越性在于准确规定审批权的归属，解决服务大厅与原审批部门之间权力分工关系，使窗口成为行使审批事项的决定权与执行权的行政部门，原行政职能部门将转身成为主要负责专业服务与监督权的其他组织，其后续问题还将涉及原部门的职能存留、机构人员职数的增减，甚至关系到整个机构的存留问题，从而真正展现了体制改革与职能转变的局部尝试，明显具有前瞻性与推广性价值。这样，不仅避免了窗口与原行政部门之间的扯皮，减少了原行政部门对窗口服务的制约与障碍，还避免了分割有关权限之间的结构与环节的合理性与合法性问题。从2002年10月20日"吴江市行政审批服务中心"成立，相当一部分审批职能部门将"行政审批专用章"交到进驻的窗口负责人手中开始，到2005年8月更名为"吴江市行政服务中心"，再到2010年6月成立"行政服务局"，其中，机构名称的更替体现了主体属性的转变，从原来的政府派出机构变成政府的具体工作部门，从审批权的委托到审批权的专有，这是一个针对机构改革带动职能转变的大胆探索。

所谓"服务大厅式大部制"改革，是吴江行政服务局探讨行政权力之间结构关系的创新。党的十七大报告提出，探索实行职能有机统一的大部门体制，健全部门间协调配合机制。《行政许可法》第二十五条也规定："经国务院批准，省、自治区、直辖市人民政府根据精简、统一、效能的原则，可以决定一个行政机关行使有关机关的行政审批权。"根据这个价值判断，吴江行政服务局具体着手"两集中、三到位"的改革。打破以往按行政职能部门设置窗口的旧格局，对相关审批部门的审批职能归并，集中授权到行政服务局的一个综合窗口，实现"一门受理、提前介入、同步审查、集中回复、信息共享、公开透明、限时办结"的机制创新。吴江行政服务局的具体做法是：各相关部门向综合窗口派驻1名或2名工作人员，综合窗口由一个主要部门牵头负责，相关部门协同理顺审批业务衔接，设定办事岗位、精简办事流程，按照"首问负责、同步并行"的原则执行。吴江"服务大厅式大部制"的改革原则是：（1）梳理事项，进行审批事项的职能分类。（2）归并职能，通过"撤一建一、合署、增挂"的形式，归并审批职能，实行"一个窗口对外"。（3）充分转权，审批事项进驻行政服务中心，综合窗口"既受又理"。（4）人员到位，实现"配优、配强"，并选拔素质高、业务精、服务优的中层干部担任综合窗口负责人。"服务大厅式大部制"的具体工作流程为：（1）首受负责，各相关部门配合牵头部门初审申请材料，做出受理、要求补办、明确退办通知书。（2）同步审批，审批信息全程共享，及时、自行传递证照、批文。如需召开联审会议的，牵头部门则在1个工作日内告知各相关人员，及时通报服务对象。（3）限时办结，牵头单位督促、检查各相关工作进度，跟踪办理情况，保证在承诺时限内办结审批。（4）一窗发证时，牵头部门向申请人递交各类缴费通知书，并负责交付结果。（5）发证后实时监督，即通过网络监控系统及办结监督、公众评价和投诉监督等，对综合窗口的各类审批进行监控与测评。目前，吴江市行政服务局先行试点组建的综合一科、综合二科两个综合窗口，吸纳了20个进驻窗口、合并了113项审批事项，减少了部门之间的扯皮，提升了审批服务的效率。

所谓一窗到底、全程负责，是指吴江行政服务局的"无疆服务"。他们将既有政府职能范围作为边界，以"服务无边界、流程无障碍、精神无止境"为观念指导，以"服务优质、管理优化、业绩优良、队伍优秀、品牌优胜"为行动目标，采取了许多值得称道的举措。举措之一是建设绿色通道。针对符合国家产业政策及本地发展规划、技术先进对社会贡献度高以及重大项目等三类内容，按照"一次告知、服务从快、限时办结、超时问责、全程跟踪"的原则，采取专人对接联系、专窗受理协办、联审会办、提供重点服务、缩短办理时限、预约申办服务等形式，变"被动服务"为"主动服务"、变"坐等服务"为"上门服务"、变"独立服务"为"联合服务"，以"一表制"（"绿色通道"项目情况表）方式，使这些重大项目进入无障碍、一路畅通的实施制度；举措之二是分门别类服务民众。对符合要求的项目"马上办"、"联合办"，对有困难的项目"上门办"、"变通办"，对手续简单的项目"立即办"、"网上办"，对一时有难度的项目指导"怎么办"、"协助办"；举措之三是按需服务、对症下药。具体做法是时间上的延时服务、空间上的延伸服务、特定对象的上门服务、节约时间的预约服务、不违背法律法规前提下的特许服务、代理服务、自助服务；举措之四是追踪服务、服务到位。最主要表现为"五个预问"和"五个追问"的设定。"五个预问"包括工作前一问是否充分研究、认真准备、优中选优，二问工作是否顺应民生民意，三问是否注重规范，四问是否认真负责、全心全意，五问是否有特色、有创意。"五个追问"包括一追工作效果满意度，二追工作流程健全度，三追价值导向明确度，四追经验教训可鉴度，五追精力投入饱满度；举措之五是导入 ISO 9001 质量管理体系。借用工程质量的检测系统，建构工作质量检查程序、预防措施控制程序、内部审核程序、文件控制程序、信息管理程序、记录控制程序、不合格控制程序、纠正措施控制程序，使八大控制程序明晰、有序，使服务标准化、程序化、规范化。吴江行政服务局的"无疆服务"品牌效应，不仅暗含了内在的制度变革要义，而且尤为重要的是，吴江行政服务局在服务中寻求与公众的双向互动，缩短自己与公众的距离，一定程度上摆脱了官僚制积弊，强化了政民之间的联系，回归为人民服务的本质。"一种办法是设法进一步加强政府这个中心,不断增加越来越多的政治家、官僚、专家和计算机以竭力争取跑在迅速增加的复杂性的前面;还有一种办法是通过群策群力,让'下面'或是允许'外围'做出更多的决定"①。吴江行政服务局主要通过培养服务人员的政治责任感和社会责任感,引导和启发民众的权利意识,从而使整个服务大厅生机勃勃。吴江行政服务局直接面对公众的服务需求,准确界定窗口的审批权限,明确各审批权限之间的关系,为建设地方服务型政府提供了许多难能可贵的经验与具体方法。

从吴江市行政服务局的这些创新中,我们感受到了机制创新对体制改革的价值。显然,从结构调整中看到了对职能转变的呼唤,从"服务大厅式大部制"的尝试中看到了对旧体制堤岸的冲击,从吴江市行政服务局的机制创新中,看到了我国下一轮行政体制改革的前景与入口。

三、改革推进中的逻辑思考

当下,如何通过行政服务中心的机制创新,推动由表及里、由浅入深、由量变到质变的改革,是进一步推进体制改革转机的主题。吴江市行政服务局的探索,虽然尚处于初级阶段,还打上明显的地域性印记,但是,却产生了不容忽视的启示效应与推动效应。吴江行政服务局以行政组织变革为契机,展示了行政服务与行政责任为导向的我国地方政府体制改革逻辑。这个改革逻辑是政府组织结构调整、政府职能结构调整带动体制结构调整的综合,是一种自觉的、有意识的理性行为。

任何一种改革的推进,需要改革的动力和客观需求,也需要改革者审时度势,准确捕捉时机。我国是"后发展型"国家,国际市场的风云突变直接或间接地关系到国内经济的稳定,经济发展的进程直接影响着行政改革的进程。我国的市场发育程度、社会发育程度、社会承受力、公民素质等方面,各地差异很大。在改革过程中,总会使一部分人权力丧失或获得,也意味着某种利益的获取或某种利益的丧失。这种看似零和博弈的利益分配形式,使具有较强"经济人"特性的地方政府,具有超乎想象的市场敏感度与适应力。尤其是市场经济体制前沿地区的地方政府,往往因对市场感觉的敏锐,而更具有改革动力。我国的行政体制改革过程,伴随着民众自我意识的日益觉醒、权利意识的不断增强、人我界限的逐步分明、独立人格的逐渐形成、人民与政府对话主动性的持续提高。这种

---

① 戴维·奥斯本、特德·盖布勒:《改革政府:企业精神如何改革着公营部门》,上海译文出版1996年版,第234页。

结果会直接呼吁"以人为本"理念的制度内化。尊重人民意志、保障人民权利的价值导向,将越来越促进政府服务模式的全面转型。因此,行政服务中心与服务型政府建设之间具有形式上的内连性。问题是,服务型政府的建设,是对民众需求的简单满足还是促进政府与民众之间的平等、良性互动?是只需平添一类专门机构作增量改革,还是需要对原有行政机构进行合理完善与结构调整?这关系到体制改革的进程与成败。吴江行政服务局的创新,尽管目前主要表现为工具理性,但是,已经展示了价值理性的前景,具有方向性、典范性价值。

平心而论,行政服务中心之所以持续至今仍然获得民众认可,一方面,源于我们原来的体制运行过于呆板、过于官僚、过于低效,而行政服务中心展示的机制创新,为原来僵化的体制拓展了一个松动的平台。"在统治人类社会的法则中,有一条最明确、清晰的法则:如果人们想保持其文明或希望变得文明的话,那么,他们必须提高并改善处理相互关系的艺术,而这种提高和改善的速度必须和提高地位平等的速度相同"[①]。吴江将行政服务中心推进到行政服务局,这是在旧体制存量基本不变情况下,进行了技术增量的改革,并且在推进政府职能转变的改革能量上进行探索。可以说,吴江行政服务局创新,迈出了体制改革的关键一步;另一方面,在技术增量改革中,行政技术本身变成一种魅力,它既能使民众广泛满意,还使体制改革在工具理性中变得淡漠,这就是所谓"工具合理性"的结果,改革不应该看到这样的结果。技术的发展本身无可指责,政府服务的便捷、高效更是大家的追求。问题是这种结果使供给便捷与高效之后,排斥了政府该管哪些、不该管哪些的职能思考,致使转变政府职能被束之高阁。一个处于转型期的社会,如果脱离了政府职能问题与政府体制问题,沉浸于"工具合理性"的满意中,会构成改革的新盲点,结果十分可怕。令人耳目一新的是,吴江行政服务局的改革包含了系统结构优化、行政行为简化、行政人员净化、行政职能转化四方面内容。吴江行政服务局的创新从单纯的机制已经开始深入到体制,展示了我国行政改革的价值理性前景。其一,吴江服务局致力于系统结构优化,就是机构优化和人事管理优化。系统机构优化是指通过撤销、增设、合并的方式,使行政服务大厅的机构设置更适应市场经济发展的需要,从而充满了活力。其二,吴江行政服务局致力于行政行为简化,包括流程简化与质量优化。流程简化要求操作规程必须根据市场的变化与社会的进步需要,不断完善操作流程。质量优化是指改造旧观念、重新塑造服务形象。其三,吴江行政服务局的行政人员净化,主要包括服务主体身份与责任的再明确。"十项服务"与"无疆服务",使人民公仆身份进一步到位。规范政府行为、追究政府违法责任的长效机

---

① [法]托克维尔:《旧制度与大革命》,商务印书馆1997年版,第60页。

制，使大厅工作人员更有使命感、责任感，不至于服务缺位。其四，吴江行政服务局的创新还内含着行政职能的转化前景。我国政府职能转变的历程，将导致下一步从强制性权力到服务性权力的嬗变，即所谓的"非权力行政的增大"[①]。行政权的这种发展趋势，是我们转变政府职能的基本立足点。吴江行政服务局目前尚处于技术替代与机制创新的工具理性阶段，但是从"服务大厅大部制"的设计与运行中，透视了体制改革的导向。

当然，吴江行政服务局创新的成就，与地方政府体制改革目标之间，还存在很大的变数，这需要地方核心行动者对改革逻辑的准确把握与自身行为规范性。吴江行政服务局的创新，对我国体制改革产生了积极的影响。但是，也不能忽视其向前推进中间的逻辑隐忧。

第一，与其他机制创新一样，由于改革的动力机制比较单一，启动与目标之间存在很多变数。一方面，改革一般都是依靠通过官僚体系的组织力量自上而下传递，总体处于居高临下状态，公民只是改革成果的被动接受者。政府推行改革与公民接受改革，成为我国改革进程中的基本旋律；另一方面，由于缺少有效的参与渠道，改革缺少制度性的互动，致使政府改革常常"飘忽不定"，或滞后于社会需求，或超前于社会发展，或者可能因为领导人的更换与关注点的差异，使改革缺乏持续性、长效性，导致有起点没有终点。

第二，转变政府职能是体制改革的前提与基础，也是其内在的要求。要使政府职能转变到位、体制改革有效，就必须具有健全的市场经济与完善的法治土壤。改革与市场经济、法治相结合，三位一体，缺一不可。其中，地方政府的自律，自觉解读市场经济规则，自身行为规范是关键。改革必须突破困境，开创符合逻辑的路程。改革宗旨的实现，既需要来自上层的权威，还需要来自地方的自律与责任。除了要剔除重政府轻市场、重国富轻民富、重发展轻服务的病态心理以外，还要克服危机中创新、常态下异化的路径依赖。实践反复提醒我们，每当情况紧急、天灾人祸、重任当头，我们都能全力以赴、功德圆满，其中关键是政府的全力。然而，当危机过去进入常态，政府还需要支付应急时的那种全力吗？政府在危机中的超常规、非常态的全力以赴，如果变成常态而固化下来，这是改革的最大误区。

第三，地方政府既是改革动力，又是改革对象的双重角色重叠，凸显了政府希求改革的自觉性与政府部门谋求私利的客观性。从外观而言，改革大业，成也政府、败也政府。吴江行政服务局的创新成就，得益于吴江市委市政府领导的政治智慧与审时度势，也得益于吴江广大群众的奋发上进、严格要求。然而，从

---

① 亨廷顿：《变化社会中的政治秩序》，上海译文出版社1989年版，第168页。

2012年地方"两会"上的一些地方领导表述来看,"政府的自利性"越来越毋庸置疑。新任广东省省长朱小丹表示,目前阻碍体制改革的最大障碍、最大因素是这些年形成的既得利益格局。这个既得利益首先就是指"政府部门权力和利益格局"。也就是说,政府有谋求私利的冲动①。由于多年体制核心内涵变革的模糊、搁置与虚化,使"部门官僚阶层"形成了"利益集团"或"神圣同盟"。用什么方法来遏制这种冲动,答案还是在政府身上。因此,需要地方核心行动者对改革逻辑的准确把握与自身行为的规范,尤其需要民众的积极参与的觉悟和决心,才能使政府体制改革的启动与目标之间增加定数。

吴江市行政服务局的机制创新,有可能引发体制改革的优化前景。地方核心行动者们锐意改革,持续推进、避免误区,在涉及深水区的体制改革中,大胆探索并保持谨慎,积极创新并保持理性,在符合改革的逻辑中始终坚守责任,在实现为人民服务的宗旨中不断推陈出新。

第三节 行政服务中心与机制、体制②

一般来说,行政体制是指行政权力结构之间的关系状态,是由国家制度衍生出来的、关系到行政权力诸因素运行的架构关系,主要涉及行政系统运行的合理性问题。其中,行政职能是关键,行政职能转变是否到位,直接关系到行政体制改革是否成功。行政服务中心创新中涉及的体制问题,准确地讲,就是指服务大厅设置的审批窗口的多少与相互之间关系,以及审批窗口与原行政部门之间的审批权力结构与互动关系。行政机制是指行政体制运行中的形式、流程、程序与技术等要素,主要涉及行政体制运行的有效性问题。其中,效率是主要变量,效率的高低虽然不足以证明体制改革的涵量,却也能影响体制合理性的质量。行政服务中心的机制完善,准确地讲,就是指服务大厅设置的窗口传递审批流程之间的公开与衔接的协调,以及窗口与原行政部门权力运作的互动效率,它不涉及整个行政体系的主体格局,也不涉及原行政部门的主体角色。显然,机制是体制的表象,是体制完善的技术性变量;体制是机制的实质,是机制有效性的前提保障。地方政府创新的逻辑,就是将行政机制的修缮向行政体制的完善推进。

---

① 赵义:《政府如何不谋私》,载于《南方窗》2012 年第 3 期。
② 沈荣华、王荣庆:《从机制到体制:地方政府创新逻辑》,载于《行政论坛》2012 年第 4 期。

一、行政服务中心的机制修缮与嬗变

人们往往认为,行政服务中心是地方政府体制改革的产物,甚至是体制改革的标志。行政服务中心究竟是体制改革还是属于机制改革?理论应该予以准确的回答。

1995年深圳率先开始"一站式"运作,成为行政服务中心的雏形。浙江金华市、上虞县设立的"一站式"服务机构,成为我国行政服务中心的最初模式[①]。2001年国务院开展行政审批制度改革后,全国县级以上"一站式"服务机构如雨后春笋般发展起来,以集中、便利、快捷的优势,为地方经济发展与社会进步服务,并获得了社会与民众的普遍满意。

各地建立的行政服务中心的表现形式丰富多彩:第一,组织结构多元,有政府派出机构、临时机构、事业单位,还有由具体领导人专门负责的综合平台,从而体现其属性的多元性;第二,运行结构多样,有串联式、并联式,有混合式,还有部分混合式,从而体现其运行机制的多样性;第三,体量规模不一,有的将当地政府的主要审批部门的职能集中,有的将大部分审批部门的职能集中,就是没有将全部审批部门的职能集中的,这就体现了对地方政府审批职能的边界认识不一。总体上说,本质都是"在一个集中的办公地点为公民提供全程式、快捷、公开、透明服务的一种公共服务形式"[②]。

丰富多彩的行政服务中心,其流程不管是串联式、并联式还是混合式,其体量不管是大还是小,其服务承诺时限不管是长还是短,均在取得民众满意的基础上,很快就普遍显露出极具相似度的困境,主要表现为行政服务中心的窗口审批功能与原行政部门审批权的衔接问题,大部分窗口在"我指挥你照办"的结构中,成为实际的"收发站"。行政服务中心的审批功能在漂亮的大厅上结合了服务的热情,却无法解决窗口与对应的行政部门之间的权力关系。于是,不少地方纷纷呈现行政服务中心的闪亮转身,试图从属性与建制角度解决这一难题。

早在2005年,山东省海阳市在原行政服务中心的基础上成立了行政服务局,开创了全国行政服务中心转身的先河。其内容主要集中在国内外投资者的审批项目、涉及基础设施使用权、企业行政审批事项的办理和企业收费、罚款的管理。遗憾的是,海阳行政服务局只受理涉企审批,审批覆盖面过于狭窄,审批权力集

[①] 赵永伟、唐瑓:《行政服务中心理论与实践》,企业管理出版社2006年版,第42~43页。
[②] 吴爱明、孙垂江:《我国公共行政服务中心的困境与发展》,载于《中国行政管理》2004年第9期。

中不够，另外，窗口与原行政部门之间的权限关系没有理清仍然成为一大问题。可见，该行政服务局的建立，只是新增设了一个行政单位，与其他政府职能部门之间的权限关系仍然没有理清，整个行政系统仍然遵循着既有的轨道运行。

2008年，山东省昌乐县行政服务中心正式改名昌乐县行政服务局。与众不同的是，昌乐县行政服务局一改原各窗口的"收发室"功能，变成全县相关审批职能部门集中现场办公的场所，大大提高了审批效率与审批质量。同时增添了"限时办结中心"、"集中收费中心"、"现场服务中心"、"公共服务延伸中心"四个窗口，形成了审批职能集中与监督功能集中的格局。如原来窗口各自收费，"集中收费中心"成立后承担起统一收费的职能，从而一定程度上杜绝了乱收费现象。但是，该行政服务局的转身只是为相关职能部门集中审批提供了一个办公场所，或者说只是政府部门相关审批职能的相对聚合，远非政府审批职能的重新定位与分工。尤其值得指出的是，昌乐县行政服务局虽然具有政府正式的行政部门资格，但是，其主体资格与实际的审批权限并没有完全匹配，因此，仍然没有破解行政服务中心的体制性困境。

2010年6月，苏州吴江市行政服务局也在原行政服务中心的基础上挂牌成立。吴江市行政服务局的主要做法是：第一，尝试将主体资格与实际的审批权限完全匹配，窗口全权负责行使相关的行政审批权，并对审批行为的后果承担法律责任，也就是将"一窗式"精简为"一章式"；第二，集中非行政许可事项。就是将全市非行政许可事项的审批和服务，全部集中到行政服务局，进行扎口管理并规范操作；第三，试行"大厅式大部制"并采用两种运作机制，一是按职能管理归口，将多个窗口集中成一个综合窗口，如交通窗口，从而精简了办事流程，还在具体实践上解决了原行政审批权限横向分工过细、部门职责交叉严重、互相扯皮的问题。二是按项目审批衔接，将所涉及事项集中成一个综合窗口，如外资窗口，从而在结构上明确了行政审批的纵向分权，还在具体流程上解决了服务不周、效率不高的问题。

从行政服务中心到行政服务局，角色转换中迎来了审批职能的集中与办事效率的提高。这种角色转换的优点是将审批权力和服务输出相集合，使审批增添了服务气息、提升了流程速度。各地行政服务中心在身份转变中，有的主要实现了部分审批权的集中，如山东海阳市行政服务局；有的将"收发室"功能提升为审批的集中现场办公场所，如山东昌乐市行政服局；有的不仅将审批权作了实质性的转移，还尝试探讨审批部门之间的协同与合作，进行"大厅式大部制"试点，如吴江市行政服务局。这就从一定程度上突破了技术替代性变革，从机制创新渗透到部分体制改革。但是，窗口运转流程与一般行政部门之间的关系基本没变，因而，窗口与窗口之间，仍然遵循着旧体制的轨道，照样存在着职能交叉与

"机构"重叠。即使像吴江服务局"大厅式大部制"的综合窗口,其中内含的职能并没有发生量变,更不要说质变,因而,综合窗口照样要经过原有职能部门之间的协调与协作,照样运行着原有的权力逻辑。笔者以为,现有的这种改革仍然基本停留在机制层面,没有冲破体制藩篱,反而可能在温情脉脉的服务氛围中固化了旧体制的合法性,与行政体制改革的本质要求相去甚远。

从行政服务中心到行政服务局的角色转换,是在行政体制改革进入深水区的情况下,率先在操作技术、流程形式与运行机制领域展示的改革萌动,具有前沿性价值,并取得了积极的效果。然而,这毕竟是在体制存量基本不变前提下的增量变革,困境必然存在,疑问总会不断。只不过是在便利、快捷、效率、公开、透明的机制下,掩盖了它自身从旧体制中带出来的痕迹,因为它没有解决行政审批权的有限性、规范性与衔接性。行政体制改革的核心要义是在符合社会客观需要、适应社会发展规律的主旨下,明晰政府的职能边界,重构政府权力结构关系,更好地为社会与民众服务。发展和完善行政服务中心,同样需要面对如此核心命题。笔者以为,破解行政服务中心与生俱来的不足与日益明显的困境,将成为我国突破旧行政体制的一个切入点。

二、行政服务中心中的机制渊薮与体制萌动

行政体制改革的主要价值是政府权力合理性的提升,行政机制创新的主要效应则是政府管理有效性的提高。各地行政服务中心建设的初衷出于体制改革,然而,行政服务中心窗口传递流程之间的公开与协调,窗口与原行政部门之间权力运作与衔接,主要关系到行政效率的提高与服务态度的改善,却不涉及整个行政体系的主体格局,也不涉及原行政部门的主体角色,更没有在合理性与效率性之间构成初衷与结果的统一,因此,基本属于机制完善。体制改革的主旨必须考虑体制合理性与制度合法性之间的匹配,其价值就是在制度与权力运行结构中,考虑权力结构的体量大小与组织结构的适应程度,其意义无疑高于并优于单纯的机制与技术创新。单纯的机制创新,只需有条不紊、按部就班地将体制运行中的低效与抵触因素向有效性、精练性转化。目前,行政服务中心的窗口设置及其运作的效益有限性,其意义似乎不会导致由机制创新向体制改革转变的质的飞跃。然而,阻力较小的机制创新却催生了行政生态的深刻变化,它甚至以整体的形态表现出对体制改革的影响与诉求。在此,我们试图从经济、社会、政治、法治、管理等方面,分析行政服务中心机制修缮与体制改革之间的关系。

1. 经济因素

我国行政服务中心建设存在着三种经济性通病:第一,相当一部分地方出于

局部利益的需要，以便利的行政优势吸引外来投资。往往为了提升经济总量，在便捷中自愿降低了审批门槛，从而导致行政服务中心成为地方保护主义的工具；第二，增加了政府的运行成本。行政服务中心作为一个新设平台，不管其本身如何有效、有序，客观存在的两个审批主体、两套审批体系，它无法排除政府旧审批体系的照常运转，这就客观导致行政成本的大大增加；第三，行政服务中心营造了公开与透明，但是，两套体系运转中客观存在着制度空间与衔接缝隙，局部的有序无法完全杜绝新旧系统之间滋生腐败的可能。

2. 社会因素

行政服务中心的有效性之所以获得民众与社会的普遍认同，根本原因在于对比度的起点过低。旧体制造成的"门难进，脸难看，话难说、事难办"的衙门作风，使人们对官僚主义深恶痛绝。相比而言，行政服务中心从形式上解决了多头审批、循环审批、诸侯审批、黑箱审批等问题，人们满意了办事的便利与便捷。但是，这种满意主要表现为对效率的层面，并没有关注权力结构之间是否合理，也没有关注与市场经济发展是否配套，更没有考虑如何将以部门为中心的服务模式，向以公众为中心的服务模式转变①。显然，社会结构的演变趋势倒逼着行政服务中心尚未解决的体制元素。

3. 政治因素

行政服务中心的政治因素主要表现在三个方面。第一，行政服务中心的服务制度化回答了政府权力的来源与本质属性。在这个平台上，服务的主动性取代了被动性、服务的开放性取代封闭性，并在向申请者追问效果满意度、流程健全度、精神饱满度、规范到位度中理顺了政民联系，回归为人民服务的宗旨。第二，行政服务中心的窗口设置数量质疑了政府权力的体量与边界。在这个平台上，各地审批窗口或多或少，数量不一。这既是对地方政府审批制度的被动接受与承认，也是构成对地方政府职能转变的疑惑与挑战。第三，行政服务中心的窗口功能专属化挑动了原行政部门的审批权限的重新界定与变化。从发展的趋势看，各原职能部门的审批权流向窗口会越来越完整、越来越充分，问题在于如果职能部门的审批权全部流入窗口，那么，原行政审批部门将成为什么角色、还有没有必要继续存在、以什么方式与内涵存在等一系列具体问题将提上议事日程。

4. 法治因素

行政服务中心的法治因素直接源自《行政许可法》。该法第二十六条规定："行政许可需要行政机关内设多个机构办理的，该行政机关应当确定一个机构统

---

① 邓雪琳：《整体政府与我国行政服务中心建设研究——以广东省中山市为例》，载于《财经问题研究》2010年第8期，第129页。

一受理行政许可申请,统一送达行政许可决定。"这是一个行政部门可以设立一个窗口的法律依据。该法二十六条还规定:"行政许可依法由地方人民政府两个以上部门分别实施的,本级人民政府可以确定一个部门受理行政许可申请,并转告有关部门分别提出意见后统一办理,或者组织有关部门联合办理、集中办理。"这是多个行政部门可以设立一个综合窗口的法律依据。显然,行政服务中心具有主体合法性地位。但是,法律不等于法治。《行政许可法》明显没有回答各级地方政府审批职能的总量,也没有回答同级地方政府审批职能是否应该统一还是允许差异;《行政许可法》更没有回答窗口与职能部门的权力关系。显然,《行政许可法》赋予了行政服务中心设置窗口的依据,但是,缺乏配套的规范,法律没有直面改革现实中的具体问题,法律没有提供实践的详细规范,实践却挑战了法律的滞后。各地行政服务中心公开、透明的流程,以及普遍应用全程记录、监察监视、审批结果及时公开的形式,不仅表达了为民众服务的初衷与立场,还构建了法治的基本环境,更在一定程度上形成法大于权、法高于权的态势,实践已一定程度上将法治因素植入了行政服务中心的创新之中。

5. 管理因素

有效的管理主要取决于三个变量,即耦合的有效性、运行的同向性以及信息传递的畅通性。耦合的有效性就是相互配套的有机性,取决于统一系统中各个环节链接的合理度;运行的同向性就是高效、灵活,取决于价值理性与工具理性之间的重叠度;信息传递的通畅性就是不允许信息阻隔或拖延,取决于政府与社会互动的通畅度。行政服务中心不仅集中了上述三个管理元素,还在自身内部的组织结构扁平化与对公众服务的组织文化塑造上独具匠心。各地行政服务中心不仅基本具备审批环节的有效衔接、运行机制的高效便捷、信息传递的畅通无阻的优势,同时涵盖了结构扁平化、行为公开化、服务制度化三大创新因素,因此,行政服务中心机制修缮中已经展示了体制改革的端倪。而行政服务中心管理流程的改变,更凸显了机制创新拷问体制改革的逻辑。传统的行政审批通常要经历 $P=(C-G)1+(C-G)2+(C-G)3+\cdots+(C-G)n$ 环节[①],而在行政服务中心,只需要经历 $P=C-G'(G1+G2+G3+\cdots+Gn)$,(其中,$P$ 为审批程序与环节,C 为申请审批业务的公众,G 为政府职能部门,G' 为行政服务中心)。也就是说,行政服务中心流程的简洁取代了原来的复杂与繁琐,可见,行政服务中心审批权力运行中的机制渊薮,已经展示出体制改革的萌动。

当下,在行政权由强制性蜕变成服务性的创新中,行政生态五大要素的内在

---

① 段龙飞:《机制创新与我国行政服务中心建设》,载于《中国行政管理》2008 年第 8 期,第 52 页。

关联性，既是对行政服务中心自身发展的考验，也是从机制修缮向体制完善推进中必须面对的创新课题。它不仅在审批中要贯穿服务、寓服务于审批之中的运行流程，还在于走出单一性调适与局部性修缮的探索局限，开始从全局性角度迈出结构型的改革步伐。

三、行政服务中心机制修缮推向体制完善设想

行政服务中心机制嬗变中到底蕴含了多少体制改革元素？笔者认为，当地政府的审批职能能不能全部集中在行政服务大厅、如何明确窗口与原行政部门之间的权力结构关系、如何设置服务大厅窗口之间的协作关系、如何将整个行政审批流程置于全局性的监督之下，就是行政服务中心面对的体制问题。其中，行政职能转变是关键，价值核心就是杜绝行政职能"越位"、"错位"、"缺位"。

第一，将当地政府的审批职能全部集中到行政服务大厅，就是为了解决政府审批权的体量与职能边界问题。行政服务中心的窗口到底设多少，不应该标准多元化，与行政机构改革同步就是设置多少窗口的唯一标准。政府的审批权限到底应该多大，不仅直接关系到政府职能的定位，更关系到政府与社会的关系。应该归政府审批的事，就必须由政府集中管好。当然，行政审批职能范围的准确定位，从完善进程来看应该是一个变数，这就需要一张时间表，根据客观实际来确定。原则上可以按照这样的逻辑：一是根据市场经济的发展态势。市场自己能够把关的，政府就不要插手；市场自己不能把关的，就由政府审批；二是根据社会发展的客观规律。社会自己无法审理的事项就由政府审批，当社会自己可以审理，就从政府审批职能中退出来交回社会管理；三是根据文化与政治领域的改革状况，这是从更为宏观的角度去审视政府的审批职能。政府不该管、管不好的事完全移交给市场与社会，不仅可以节约行政成本，还可以促使市场成熟、社会进步、提升社会的自主能力与公共管理能力。因此，行政服务中心审批窗口数越明确，就越能说明政府审批职能的准确，就越能倒逼行政机构的改革，进而从行政组织架构角度倒逼行政体制改革。当然，这张时间表是否准确、这班改革的列车是否准点，关键取决于公民的自觉度、市场的自发度与社会的自治度，还取决于地方政府能否审时度势，正确面对自己的眼前利益与历史使命。

第二，如何明确划分窗口与原行政部门之间的审批权限，就是解决行政权力结构关系中的交叉与纠缠。行政服务中心的转身，使现实中的三大运行模式归并为一。窗口没有审批功能的"收发室"现象已经成为过去或者必将成为过去；窗口拥有一定审批功能的"分工制"在行政服务局中已经面临危机，迟早要被窗口拥有完全的审批功能所代替。问题就在于，窗口功能的这种转变，将会使原

行政审批部门的职能空壳化,而机关本身却依然存在。如何面对原行政审批部门,是体制改革面临的"瓶颈"。笔者以为,解决原行政审批部门空壳化,不仅为了减少扯皮、节约行政成本,还在于重组与完善行政系统,以适应不断发展的社会与不断成熟的市场。问题是,从撤销原审批部门中的审批机构到将原审批部门整体建制撤销的行政重组,它首先涉及原审批部门的权力与利益。目前体制改革的最大障碍就是"政府部门权力和利益格局",因为,政府有谋求私利的冲动[①]。用什么方法来遏制这种冲动,除了需要政府对改革逻辑的准确把握以外,尤其需要民众的参与觉悟与改革决心,这需要一个艰苦的缓冲过程。我们不妨也设定一张推进日程表,具体把握三方面变数:一是原行政审批部门的属性。是继续保留行政机关性质、还是转变成事业单位或者成为社会中间组织。二是原审批部门的职能转换。是充当保障审批公正、有效的技术检验者、还是担任协助审批透明、公开的监督者。三是及时出台相关法律,以规范的形式保护原审批部门人员的待遇与福利,以法律的权威巩固机构改革的成果。除此以外,还需要有三方面力量的契合。一是地方党组织积极支持并鼓励地方政府改革的定力、魄力与推力;二是指导原审批部门工作人员正确面对改革走向,依靠并激励他们的明智、理智与睿智;三是社会力量的支持,形成全社会的改革锐气、正气与志气。如果原审批部门的角色重构到位,机构改革的成果必将以大踏步的气势推进行政体制改革。

第三,如何设置服务大厅窗口之间的协作与配合,这个问题看似机制性完善,实是行政体制内核,其中涉及三个方面的关系。一是行政服务中心成为政府审批权的集中地,不仅仅是将分散审批变成集中审批,更重要的是如何评判审批权力结构;二是行政服务中心的核心起点就是公共服务,这是必须始终坚持、丝毫不能背弃的价值导向,因而需要解决审批与服务的关系;三是在法律不足的情况下,如何从机制嬗变到体制改革进路中积累合法性能量,并赋予改革的法治设想,使这个新的行政平台与社会发展相匹配,从而探索改革与法治的关系。从服务大厅窗口之间的协作关系引发出的三点思考,使我们意识到,行政服务中心已经成为新一轮行政改革的前兆与缩影,几乎涉及行政体制改革的核心内涵。现成的局部实践是将职能相近的窗口合并成一个综合窗口,实现"服务大厅大部制",由"多手"审批转变为"一手"审批。那么,职能不相近、不相关的窗口是不是也要合并?大部制改革的真实内涵是什么?笔者以为,"服务大厅大部制"一方面为了简约审批主体结构,摒除机构之间的互相扯皮,另一方面旨在精练审批主体体量,消除"人浮于事、机构膨胀、人员臃肿"的官僚主义通病,

---

① 赵义:《政府如何不谋私》,载于《南方窗》2012年第3期。

再者就是精确审批主体体能，将原来各行政部门转移出来的审批权力合理重组，使之有效、高效，从而提升审批主体的合法性地位。可见，展示体制改革深刻底蕴的"服务大厅大部制"，不仅体现审批权力的准确性与相应权力的集合性，还从透明、公开、有序中进一步展示了政府职能的正位。"服务大厅大部制"的价值在于制度设计者的艺术性与社会发展的紧迫性无缝对接；在于制度执行者的责任性与为人民服务主旨性的本质相连，还在于通过制度申请者的参与热情与高度认同，保障新一轮体制改革的合理延续。

第四，如何制约行政权，这将是行政体制改革的终极目标之一。要实现监督的有效性，必须整合监督主体之间的力量。笔者以为，整合四方面的力量，可以构筑起有效的监督法网。一是地方党组织监督的全面性与权威性，二是服务对象监督的直接性与敏锐性，三是原审批机关中相关机构与人员监督的专业性与熟练性，四是行政系统中原监督机关的专职性与法制性。行政服务中心作为行政审批的集中平台，社会主体应该有自由、充分的评判权利。但是，现实中，公民或企业来到服务大厅，目的仅想尽快获得审批，至于窗口接受申请以后如何运作、如何流转、如何把握审批条件与标准，当事人无从知道，往往处于被动、等待的状态。由于公众参与不够，使行政服务中心的实际运行与设计初衷往往脱节，甚至直接导致公共服务导向的偏离与变异。当然，单靠审批对象的监督是不够的，还必须将原行政审批部门中机构撤销、人员分流中产生的专业性监督力量整合进来。由于他们与行政审批有职能与业务的关联，因而具有专业性的监督功能。上述四方面力量构成体制内与体制外的监督合力，并全部纳入法治轨道，从而建构一种明确、完善的行政责任制度，防范改革形式主义、改革片面主义与改革人治主义倾向，通过法治权威来巩固改革成果。

温家宝同志在2011年政府工作报告中提出了"相对集中行政许可权与行政处罚权"的要求。按照这一思路，从行政服务中心改革的进路中，可以推演出我国行政管理体制改革的新格局：第一，行政服务中心统一改组为行政许可局，集中地方政府的所有审批职能，成为一个专门负责市场准入的、有责有权的专职审批机关。第二，地方党组织的专门机构以及原行政审批部门中的其他机构与分流人员，加上原行政监督机关，合并成一个与行政审批相配套的综合监督机关。社会主体、尤其是由行政审批申请者构成外围的监督者。第三，另行组建"综合执法服务局"。这是一个专门负责维护市场秩序、实施违法处罚、提供公共服务的执行机关，其中，将所有执行与服务职能归并成若干个单方向、宽口径的专职执行机关。执行机关不再包含决策职能，主要为了割断执行中的本位考量与利益诱惑，保障政府的公共性，保证执法行为更符合人民的利益与需求。第四，另行组建"综合决策局"。将决策职能内设成若干个单方向、宽口径的专职决策机关，决策机构不包含执行职能，以保证决策更科学，更专业，更加符合公益。这样，将形成综合决策、集中审批、综合执法（运行、处罚）、全面监督的地方行政管理新格局，如图3-1所示：

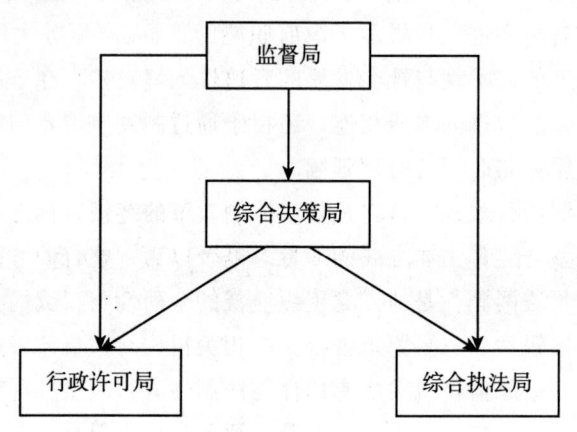

```
        ┌─────────┐
        │  监督局  │
        └────┬────┘
             │
             ▼
        ┌─────────┐
        │综合决策局│
        └────┬────┘
         ┌───┴───┐
         ▼       ▼
    ┌────────┐ ┌────────┐
    │行政许可局│ │综合执法局│
    └────────┘ └────────┘
```

图3-1 行政服务中心新格局

我国的改革开放一直遵循着"摸着石头过河"的思路，从而得以步步稳妥、循序渐进。这种整体理论不足却稳中求进的策略，使全局性意义的体制改革虽然无法形成自发的逻辑，却孕育了无数局部性变革的不断积累，改革存量自下而上不断扩大，其中，行政服务中心就蕴含着量变到质变的重要机理与基本元素。个案解剖使我们预感到，行政服务中心的机制修缮与体制创新萌动，将引发体制改革的大格局转变。当然，这需要高层政府的认定与宏观把握，更需要广大人民群众的理解与深度参与，以促使地方政府大胆探索并保持谨慎，积极创新并保持理性，在符合改革的逻辑中坚守责任，在不断推陈出新中实现为人民服务的宗旨。

第四章

中央—地方政府确权与地方政府的权能定位

社会主义市场经济体制的起步，使中国社会各领域各层面发生了深刻的变革，中国改革也逐渐进入了以大规模社会结构分化与结构转型为特征的中期阶段。当前一个越来越突出的问题是：地方政府面临着权威与合法性危机，地方政府对中央政府的权威认同在不断下降，中央的宏观调控政策不能很好地在地方得以执行。这便提出了中央与地方政府确权这一大国治理的轴心问题以及与之相关的地方政府权能定位问题。在20世纪五六十年代，一次重大的放权或集权政策可能只需要领导人的一个想法、数次会议就可以完成①，到了90年代，这个以集权为特征的国家，为了提升中央政府财政收入的比重，其主要领导人竟然要逐省奔走，进行艰难的"巡回谈判"②。中央政府和地方政府围绕着资源和权力进行着一轮又一轮的博弈，一方面，中央政府能否充分有效地运用自己的合法性权威，促进政治一体化和民主化以及社会的整体协调与发展，直接关系到我国和谐社会建设的成败；另一方面，中央政府能否合理赋予地方适度的权力，实行分级管理，让地方能享有选择本地区社会经济发展模式的可能，以充分调动地方的积极性、主动性和有效性，这些是一个国家体制领域中意义重大、影响深远、值得

---

① 如1958年的放权（"虚君共和"），1961年的收权（"上下一盘棋、全国一本账"）等决策中，决策过程基本在中央层级。其中1958年的"放权"决策过程中，从2月18日毛泽东提出"虚君共和"，到6月2日中央做出"放权"决策，又仅过半个月"虚君共和"便完成了。见薄一波：《若干重大决策与事件的回顾（下卷）》，中共中央党校出版社1991年版。

② 如朱镕基回忆分税制的决策过程时就感叹道"我是一个省一个省地去谈，结果自己掉了2.5公斤的肉"，详见辛向阳：《百年博弈：中国中央与地方关系》，山东人民出版社2000年版，第312页。

深入研究的重大理论和现实问题。

第一节　中央统筹与地方自主性：央地确权的渊源

中央—地方政府确权问题，是基于中央集权体制下如何发挥地方政府自主性这一命题提出的，中央统筹主要是讲中央掌握经济社会发展的各种资源和权力，表现为中央集权；地方自主性则是地方政府在中央政府的制度框架内发挥自身的创造作用，以有效地解决本行政区域内的公共管理难题。在中国现阶段的中央地方政府关系层面，中央统筹是原则，地方自主性的发挥则是制度层面的创新。中央统筹并不代表中央绝对控制着各种权力和资源，在市场经济条件下，中央统筹表现为中央适度集权而非中央绝对集权。本节主要论述中央适度集权的价值、实现途径，以及地方自主性的合理性及局限性作为中央—地方政府确权的背景资料和问题来源。

一、中央适度集权的价值及现实意义

所谓中央适度集权是指中央集权占主导，但又有地方分权，即中央集权与地方分权相互促进、相互制约、在动态中保持平衡的双轨运作机制。中央适度集权包括以下实质要件：其一，适当限制中央高度集权，把过去中央管得过多、过死而又管不好，且属于地方责任范围内而地方又有能力做好的事务放权给地方处理。其二，中央集权占主导，并非全盘否定。中央权力一方面主要体现在协调各方，另一方面是统揽全局，主要是统筹决策、宏观调控权。中央适度集权的提出，绝不是空穴来风，而是有其存在的深层背景。

（一）中央适度集权在中国语境下的特殊价值

改革开放前，中央集权有其必要。其一，从战乱中产生的政权需要快速的命令体系去维护政权的安全，防止国内其他以武力为凭借的集团对政治权力的仇视觊觎；其二，由于新政权的意识形态性质，受到国际上的歧视乃至封锁，需要一种军事化的动员体系和组织体系去维护国家的安全；其三，计划经济要求中央政府必须具有统筹规划、统一调配、令行禁止的无上权力，以利于经济计划的统一实施。

改革开放后，这三个因素均在不同程度得以消解，维持中央集权的必要性也

就降低了。事实上，在以实现小康社会为目标的初期改革中，中央权力下放是最显著的特征。尽管在 20 世纪 90 年代，中央权力又有所回收，但整个 20 年的主流是中央权力略有收缩；其表现之一是中央放松了对经济生活的控制，下放了对企业经营的控制权，广泛的私人经济活动由此不断出现；表现之二是中央放松了对社会生活的控制，民众的社会生活不再总是需要政府的组织和安排，只要不违背法律和有关公共政策，民众就可以随意安排自己的生活；表现之三是中央放松了对地方政府的控制，地方政府有了更多的自主决策权，可以在一定程度上发挥自己的创造力和想象力，去规划和指导本地区的经济和社会发展。即使后来加强了中央的宏观调控，但仍然保留了前期放权的积极成果。

由于改革开放前政府的全权性质，整个社会被高度地政治化和集权化，所以尽管 20 年的改革缩小了中央权力的范围，但仍没有改变中央集权的基本态势。但在当下，日益成长起来的企业、民间组织和地方政府可以承担改革开放前中央政府的职能。从这个意义上说，中央集权应该受到进一步的限制。因此，中央权力一方面要将过去下放的权力以制度化的方式巩固下来，另一方面要退出不宜继续由中央政府控制和管理的领域，进一步调动地方和社会的积极性。在既可由政府来做，也可由社会来做的事情上，应该遵循社会优先的原则；在既可由中央政府来做，也可由地方政府来做的事情上，应该遵循地方政府优先的原则。前一个原则已经为中国政府明确接受，我们所推行的"小政府，大社会"模式就是遵循这个原则。后一个原则尽管被很多人认识到，但并未付诸实践。

对中央集权进行限制的另一个普遍性原因是它本身的效率问题。在中央集权体系中一般都避免不了这样的情况：中央的政策到地方总会变形，而且中央集权的时间越久，这种变形的可能性越大，变形程度越高。中央集权的效率依靠地方各级官员对中央政府的忠诚，这种忠诚靠两种东西获得：一为道德激励，二为惩罚威胁。然而，在和平时期，这两种东西的供给效率是递减的。首先，道德激励通常是通过战争或应付某种危机局面来获得，一旦战争或危机消失，各级官员便会花更多的时间去考虑私人的欲求，这种道德激励的效率便会递减，即使中央不断强化传统教育，也改变不了递减的趋势。其次，随着时间的推移，地方官员在本地方建立了支持自己的人员、资源和信息的网络，可以有效地逃避和应付中央的惩罚威胁，从而导致这种威胁的效率也逐渐递减，即使中央不断加大惩罚力度也无济于事。这两条规律是被中国历代王朝的历史不断印证了的，无一例外。所以，中央集权绝不能长久，只能作为应对某种特殊情况的权宜之策，就像凯恩斯的经济政策一样。

出于上述考虑，在今后相当长的时期内，应进一步限制中央集权。不过，受限制的中央集权仍然是中央集权，而且，一定的集权在全面建设小康社会阶段仍有必要。这有三个方面的原因：

第一，单一制国家结构形式为中央集权提供了制度性依据。国家结构形式是国家的中央权力机关与地方权力机关、整体与局部之间的关系的构成方式，它是中央权力与地方权力的关系在国家组织形式和原则上的体现。国家结构形式可分为单一制和联邦制。我国是一个单一制的多民族国家，中央权力机关掌握着主要的和统一的政治权力，并统辖着地方权力，中国采用有限集权模式，是历史的选择，也是现实的要求。但这种集权模式又不是传统意义的高度集权，而是充分考虑到地方的利益，有选择性的集权。在中央与地方的关系上，宪法确定了两个原则：一是确保中央的统一领导，坚持地方服从中央，下级服从上级；二是在中央统一领导下，充分发挥地方的积极性和创造性。这是由中国特殊的国情和现实发展的阶段性特征所决定的。只有按这个模式来构建社会主义市场经济条件下的中央政府与地方政府的关系，才能保持必要的中央集权，维护中央的权威及保障中央政策的有效执行。

第二，中央集权占主导是受我国的特殊国情所制约的。其一，地区发展的不平衡。我国地域辽阔，人口众多，各地区自然条件、人文条件不同，地区发展的巨大差异由来已久。随着由计划经济向市场经济转轨，地区发展的不平衡倾向更趋严重，若要实现"共同富裕"，必然要保障中央的权威性，西部的顺利开发即为很好的例证。这种不平衡还会随着地方自主性增强而加重，会反过来进一步刺激地方的自主意识，从而促使地方主义的滋生，助长地方的离心倾向。同时这种不平衡性所导致的社会心理失衡，还会增加社会的不稳定因素。地区发展的不平衡是影响一个国家政治生活的重要问题，确定中央与地方关系的格局考虑这一要素是必不可少的。其二，传统文化因素影响。在中国的国家观念中，占支配地位的是一种中央集权主义的历史观，在这种政治文化中，地方权力从来没有获得过基于"正统"的合法性①。在大一统文化的作用下，地方的权力或权利，往往是从属于一个更高的政治主体，地方利益与权力总是处于一种边缘地位。这种基于控制的中央与地方关系的政治文化，深入到人们的潜意识之中，至今仍然在发挥着影响。在现实政治生活中，如果民众的利益受到了地方政府的损害，人们往往不会考虑如何设立一种法律制度来约束地方政府，而是诉诸更高的权威，甚至希望通过中央权力来控制地方权力。如一家权威媒体所做的调查显示：面对政令不通和地方权力的频繁滥用，公众越来越期待中央政府施以重拳。虽然，社会主义市场经济的建立与发展鼓励人们张扬个性、强化个体，对传统文化深刻反思、剔

---

① ［美］杜赞奇：《从民族国家拯救历史》，高继美、李海燕译，社会科学文献出版社 2003 年版，第 168~170 页。

除糟粕。但一个不争的事实是：任何社会的发展都不会割裂其历史、文化的联系。而且，整体的文化观也并非与社会主义市场经济完全格格不入，在市场经济已经十分发达的今天，我们实行地方分权，并不意味着摆脱中国传统文化所强调的统一的中央权威控制，而是集权之下的分权，是对中国传统文化传统的扬弃，并没有也不可能完全脱离文化与传统。

第三，中央政府对地方政府的行政性分权带来了很多严重问题。改革开放之后，中国采取行政分权的办法，在经济权力迁移过程中，中央政府将经济的剩余分享权和控制权分配给地方，不同层次的地方政府成为辖区内共有经济的真正剩余索取者和控制者，地方经济利益的独特性逐渐显露出来，已不再是被动贯彻中央政府行政命令的附属组织。地方政府成为微观经济领域最重要的投资主体和直接控制者，获得了辖区内国有资产的剩余索取和控制权，并且，地方政府也获得地方收入的支配权和社会资源的控制权。虽然由于地方自主性的增强直接或间接地为地区经济发展注入了活力，但同时也带来了许多新问题：一是形成了"诸侯经济"，地方和行业保护主义严重，地区经济封锁，人为割裂市场，阻碍了空间一体化的市场体系的形成；二是各地方政府盲目攀比，重复建设，行为短期化，导致了各地产业低水平重复建设，降低了国民经济的整体效益，使经济发展后劲儿不足；三是财权下放超出了"底线"，国家宏观调控能力不足；四是权力下放东重西轻，形成梯度分权格局，造成东西部地区差距更大；五是权力下放不到位，中央政府下放给企业的许多权力被地方政府截留，形成了"产权地方化"的现象；六是中央在下放权力的同时并没有建立起完善的对地方权力的约束和监督机制，导致了腐败的滋长。

（二）中央适度集权在中国的适用性问题

与社会主义市场经济高度发展相伴随，中国当前面对很多突出的社会经济问题，例如收入分配不公和地区差距迅速拉大，政府腐败和干部队伍中日益严重的道德危机，农村基层政府涣散和黑社会势力增多，日益突出的民生问题，等等。毋庸置疑，当下的中国亟须积极的政治体制改革来支撑和配套经济体制改革，但是，这种改革不应该走地方分裂的道路，因为分裂的结果最终还是要建立中央集权，历史上中央集权和地方分裂的反复交替循环，每一次推翻中央集权的政治革命，都只为下一个政权建立同样的中央集权创造条件，重复农业社会改朝换代的传统，不可能带来中央集权对传统模式的扬弃和顺应人类社会发展方向的诸多进步。今天的政治改革，既要顺应人民民主和市场经济的发展方向，又要为新世纪的经济发展提供社会稳定的政治保证，唯有彻底改进和加强中央适度集权才有可能，任何放弃或者任凭中央集权在放权的过程中不断衰弱的做法，都只能重复历史的灾难。概而言之，中央适度集权在中国的必要性是客观的、现实的，其适用性主要体现在以下几个方面：

第一，加强中央适度集权是改革顺利的保证。中国的改革是一个全面性的改革，它既涉及计划体制向市场体制的转变，又涉及粗放型增长方式向集约型增长方式以及产业结构优化方式转变；既包括从人治社会向法治社会的转变，又包括从身份到契约的转变；既包括从传统农业社会向现代工业社会的转变，又包括从现代工业社会向未来信息社会的转型。这样一个复杂、全面的改革，必须有领导有秩序地进行。有领导，就是有中央统一的权威和统一的领导；有秩序，就是以中央的统一部署为基础，依据一定的行政与法律程序，逐步推行。没有中央的权威，改革就做不到有领导有秩序，就难以成功。

第二，中央适度集权是社会主义市场经济良性发展的要求。建立和完善社会主义市场经济体制，既是一场解放和发展生产力的深刻革命，又是一项艰巨复杂的体制转换的社会系统工程。计划经济体制在中国存在40多年，现在要转向市场经济，必然会遇到传统习惯、既得利益、意识形态上的阻力；在建立社会主义市场经济体制过程中也会出现一些失误，如果处理不好极易引发社会秩序的混乱，影响改革开放的顺利进行；并且，在社会主义市场经济发展时期，经过放权后的中央与地方的关系，带有明显的双重体制痕迹，中央对地方某些方面统包过多与调控乏力的现象同时并存，处理好这一关系就更为迫切，这就需要强化中央适度集权，加强法制建设，增强执法力度，依靠法律来规范地方政府权力的行使。

第三，中央适度集权是保持社会稳定的客观要求。1994年2月，陈云在《要维护和加强党中央的权威》的谈话中指出："要解决这些困难和问题，首先要维护和加强以江泽民同志为核心的党中央的权威。如果没有中央的权威，就办不成大事，社会也无法稳定。"① 我们的改革是整个社会主义社会的经济、政治、文化的巨大变革，是"第二次革命"。这场"革命"使旧体制下的既得利益者因为其利益遭损害而不满，新的利益获得者则有一种要求无限制扩大自己利益的倾向。利益在不断重新分配，人们的价值观念在不断变化之中，社会各阶层之间在利益与观念上的冲突不断发生。如果任其发展，这些冲突就会累积到一个临界点，诱发社会的无序与大规模混乱。这就对保持社会稳定提出了新的要求。而要保证社会的稳定，就必须有一个强有力的中央权威，引导和调控社会的良性运行。

第四，中央适度集权是解决中央与地方、地方与地方之间矛盾的需要。我国是一个地域辽阔、各地区经济发展不平衡的社会主义大国，改革开放的推行使得

---

① 《陈云文选》（第3卷），人民出版社1995年版，第380页。

东南沿海地区由于其地域和经济优势而优先于内地发展起来。这种经济发展上的不平衡一方面可以带动其他地区共同发展，另一方面也导致了各地区间利益分配上的差别，产生了沿海与内地的矛盾。解决这一矛盾必须有中央的权威。邓小平早在1988年9月的《中央要有权威》的谈话中就已经讲道："沿海地区要加快对外开放，使这个拥有两亿人口的广大地带较快地先发展起来，从而带动内地更好地发展，这是一个事关大局的问题。内地要顾全这个大局。反过来，发展到一定的时候，又要求沿海拿出更多力量来帮助内地发展，这也是大局。那时沿海也要服从这个大局。这一切，如果没有中央的权威，就办不到。各顾各，相互打架，相互拆台，统一不起来①。

二、地方自主性的实践意义及其局限

在持续的放权改革过程中，地方政府获得了越来越大的行政权力，同时，地方政府权限和行为边界原来就比较模糊，这使得地方政府有可能在利益驱动下有意识地去扩展政府行动的范围和规模，去超越任何可以想象的公共界限，从而使中央政府所代表的国家自主性受到侵蚀，如在公共政策制定过程中，部门、地方和单位利益对作为公共利益的国家利益的消解、侵蚀和忽略；行政执行过程中的有令不行、有禁不止，以及行政执法过程中的有法不依、执法不严、违法不究、知法犯法、徇私枉法和贪赃枉法；行政自由裁量权的滥用；在行政过程中对非正式规则的默认和遵守代替了对正式规则的信赖和坚持；等等②。这些现象，相对于中央政府，是一个权威碎裂化的问题，相对于地方政府则是行为自主性过度膨胀的问题。

（一）权益博弈：地方政府自主性的价值空间

博弈是人类社会普遍存在的一种现象。权益博弈，是指由改革所带来的中央与地方以及地方政府与各种社会力量之间的权力、利益的增减、调整过程。其形成的原因在于多种力量对比的不均衡，首先是客观自然历史地理条件方面造成的先天性不均衡，是国家疆域内因地理环境、自然环境、资源禀赋、政治、经济等差异造成的发展程度的非均衡；其次是国家政策的不均衡，中央政府为实行体制改革突破、加速经济发展而采取的以经济特区为点轴的东、西有别的政策非均衡；再其次是政府权力与社会权利的非均衡；最后是在改革全面展开、经济普遍

---

① 《邓小平文选》（第3卷），人民出版社1994年版，第277~278页。
② 戴长征：《国家权威碎裂化：成因、影响及对策分析》，载于《中国行政管理》2004年第6期。

发展、中央政府加强宏观调控、经济发展战略从非均衡发展转向非均衡协调发展，从而引起的地方政策措施回应的非均衡。

从法理上讲，权益博弈是不同主体在同一场合，以相互承认为前提的一定权利义务的分配、转移、保护的活动。正是由这些活动所记载、确定下来的权利规范体系，外化为相应的组织、程序、产权使用、劳动与劳动收益，从而使人们重新找到与现实社会的联系，找到与政府的联系，独立承担起相应的义务和责任。其具体形式为：第一，它是一种经济利益的博弈，包括中央政府与地方政府，地方政府与企业、地方政府之间以及区域之间的博弈，等等。这一切利益关系既是历史的存在又是在现实发展中的变化，改革就是不断进行利益调整。第二，它是一种对策博弈，中央政府把优惠政策首先赋予东部沿海地区，同时给予制度创新的权力。受到政策优惠照顾的地区一般都会想方设法争取和保留更多的优惠，未能获得优惠政策的地区则是进行政策优惠攀比，争夺投资者，一是动用财政资金在东部地区参与不承担责任的投机活动，二是封锁或变相封锁市场，地方保护主义，搞"诸侯经济"。经过调整转型之后，又不得不转入对自身整体投资环境的改造。第三，它是一种发展速度的博弈，地方政府一般会长期保持经济扩张的冲动，希望经济发展始终高速增长，以此占据相邻地区的优势。而中央政府一旦发现经济过热，导致产业畸形，或区域差距过大危及社会安定时，必然进行宏观调控，对过度投机、通货膨胀、重复建设等进行检讨和限制，这时地方往往会热衷于"打擦边球"。这种博弈是以双方或多方的相互承认、以对方为自己的合作与竞争对手，共同争取双赢和多赢的结果。

在中央政府与地方政府的权益博弈中，中央政府始终占据主导地位。地方政府自主性则成为地方政府与中央政府博弈的基础。中央政府与地方政府的博弈焦点，一方面是对资源配置权限、方式的博弈，另一方面是全局利益与局部利益的博弈。当多元利益主体出现，制度缺失和制度设计存在缺陷的时候，"政府失灵"或"市场失灵"的现象就会出现。而在经济体制转型的早期，必然依靠政府"造市场"，市场发育的缺陷和政府管理经验的不足往往导致"市场失灵"和"政府失灵"同时出现。所以，着重检讨政府的行为是理所当然的。地方政府一方面代理中央政府，对本地区的经济社会进行宏观管理，另一方面代表本地区贯彻执行中央的政策，这种双向代理身份，决定了地方政府与中央政府的目标既存在一致性，又存在差异性。这种差异就是它的本位利益至上，从而导致消极对待乃至抵制中央政府的某些措施，与相邻地区争夺资源，恶性竞争，等等。除了利益原因，应该承认无论地方政府还是中央政府都会受到不同程度的主观有限理性限制。这种主观有限理性主要源于政府自身的局限性，主要反映为在政府决策时，一是基于知识和权力而自以为是；二是更倾向于关注短期经济效益；三是习惯于寻找机会进行行政自我授权，导致权力的自我膨胀。由此观之，面对改革过程中出现的地方经济社会畸形发展等问题，证明以地方政府为代表的制度创新尚不足以完全防治地方政府、企业与市场的非理性行为。因此，中央与地方政府，地方政府与社会在改革中的同步互动就显得十分重要。权益博弈提供的地方自主性价值空间的经验告诉我们：

第一，权益博弈在中国有着深厚的文化渊源和心理基础，权益博弈本身表示着各市场主体对市场的竞争性把握，它以深厚的农业文明、乡土观念进入到现代工业社会所带来的权利义务观念为精神外壳，以地方财政预算、物质分配、投资、资金信贷的行政性分权为权利（权力）基础，在保障中央与地方的上下等级关系的同时，又促进并形成了新的契约关系。

第二，博弈可以使地方政府获得更多的政策资源和资金支持，从而促进本地区的发展。地方政府在权益博弈过程中，通过发展利益共享而拓展买方市场，其最重要的措施就是运用制度创新，保护和再造了资金链条，实现了制度优势与资源优势的有机结合。灵活应对了不确定的区域内、外环境的变化，譬如中央政府有关部门行政体制与经济特区行政体制改革不同步、中央经济特区政策淡化、自身存在的一定程度非理性行为等。

第三，地方政府通过与中央政府的博弈可以获得更多的自由裁量权。在权益博弈过程中，地方自主运用地方立法和授权立法衔接了国家有关基本法律和政策，并由此不断解决着区域内的实际发展需要，细化中央政府与地方政府的关系尺度，使中央授予的行政合法性与分权收益具有可操作性，为市、县政权包括实行少数民族区域自治地方增添了追求经济增长的动力。

第四，权益博弈促使地方政府共同维护本身的既得利益。权益博弈过程中的各个主体的行为既是被动的，又是能动的；各个主体的利益既是相互冲突的又是相互依存的；各个主体的选择既是不可控制的，又是可以择优的。由此，权益博弈过程中各个主体的自觉合作，共同维护一般的竞争规则显得尤为重要。由此可知，假若某些曾经快速发展的地区，在取得既得成就之后走向自我封闭，面对资金、技术高度流动、而人口流动相对静止的现实，其再度被边缘化不是不可能的。

第五，权益博弈有利于新的规则的形成，为体制改革创造有利条件。权益博弈根源于体制转型。传统的人治是导致人身依附和个人专制的重要因素，它与民主政治中的平等竞争是天然对立物。但是，今天要使习惯于人治思维转向法治观念绝非易事，它要经过一个利用现存的正在改造着的社会组织机构，并以人们习惯动作作为手段而加以推动的过程。与以往不同的是，现阶段是在发挥传统人治机制作用的同时，通过建立新体制逐步破除和取代它。所以，现阶段的人治是在新旧体制的衔接点上，暂时地凭借行政手段和领袖人物的影响力，弥补法律与法律效力之不足。在博弈的过程中，新的规则不断形成，并逐步替代旧规则。

第六，权益博弈是经济社会发展状况的体现。处于不同区域的地方政府，倾向于通过博弈获得本地发展的政策资源或者资金支持。发达地区和欠发达地区博弈的侧重点是不同的，落后区域处于经济起飞阶段，相比其他地区，在实际生活中更难贯彻各种规范性的法律制度，很难落实"自由权利平等"。由于其经济社会发展是在自然条件和政策环境都较为落后的情况下进行的，因此，迫切希望在资金、人才等方面得到中央的直接支持；发达地区更倾向于获得持续发展所需要的经济社会政策。通常来讲，中央政府对于这两类区域地方政府的要求一个都不会忽视。

行政管理体制改革的深入展开，面对的是各种现实的、不断变化着的关系。博弈的实质就是地方政府自主性的边际作用方式问题，即地方政府在多大程度上发挥自主性和以何种方式来发挥自主性的问题。优惠政策和良好的区域地理环境只是一种改革的资本，只有与地方的制度创新相配合，并在实践中加以实施，它才能转换成现实的改革动力。而地方制度创新又以法制建设为最重要的内容和措施，它在本质上需要地方政府运用法律经济学，来引导其辖区内经济社会发展的有计划变迁。

（二）门阀化与再地方化：地方政府自主性的局限

门阀化和再地方化都是地方自主性发挥缺乏有效监管所带来的博弈负面效应，它们严重制约着地方自主性的良性发挥，同时，也制约着中央地方政府合理分权的进展。

所谓地方政府的门阀化和再地方化，其主要表现为：

第一，在中央的多重目标中，选择一个最重要的、最容易衡量的目标去完成。霍姆斯特罗姆（Bengt Holmstrom）认为，面对多重任务委托，或者面对多维度工作，代理人往往会强烈关注那个最容易被观察、最容易显示绩效的工作，而忽视其他工作或者工作的维度。如"教师可能会为了提高学生的考试分数以彰显自己的能力，而在教学中牺牲掉诸如提高好奇心、创造性思维及学生的口头和书面沟通技能等方面的内容。"[①] 对于代理人来说，其工作的收益和成本也是显而易见的。工作的成本包括自己耗费的时间、精力，甚至身体健康（有的官员累死在岗位上），收益则包括合法收入和晋升机会。表面上看，代理人应该勤勤恳恳、忠于本职，通过实际的业绩来获得收益和奖励（晋升机会）。但是，由于

---

① Bengt Holmstrom, Paul Milgrom. Multitask Principal – Agent Analyses: Insentive Contracts, Asset Ownership and Job Design, Journal of Law, Economics, and Organization 7 (1991): pp. 24 – 52.

晋升机会来源于委托人的考核，而考核又由于上面所述的各种成本而大大简化，甚至表面化，这样一来，下级官员就可能进行投机行为。

第二，在经济发展方式上选择最便捷、最简单、最见效的一种，虽然这样做可能带来很大的外部性，并对长期经济发展造成恶劣后果。由于地方政府官员有任期限制，且其政绩往往需要在任期内完成才能得以显示，所以，官员在追求经济发展和财政收入增加上会选择最为便捷和短期能见成效的方式。其实，政府的这种心理具有普遍性，世界其他地区的政府也有类似特点。根据有些学者的研究表明，转型社会中的政府往往扮演着"援助之手"和"攫取之手"的不同角色。如果当权者地位越稳定、自身利益与社会繁荣的关系越紧密，其眼光就越长远，就会通过鼓励市场发育和促进经济发展来实现财政收益最大化[1]。卓拉伐斯卡娅（Zhuravskaya）也认为，东欧国家的转型之所以遇到很大挫折，与政府的"攫取行为"有相当密切的关系，俄罗斯的改革中，地方官员不能通过提供"援助之手"来获益，因为扩大税基带来的税收增加必须全部上缴到中央政府，这使得地方官员进行勒索和乱收费的现象非常严重，虽然政府的收入增加了，但却阻碍了市场的完善和发展[2]。

第三，注重短期利益，忽略长远收益。从理论上说，地区发展的长远利益应该是市场机制不断完善、公共物品数量和质量不断提升、资源可持续性利用，公共利益不断得到促进等。但是，这些工作往往难以在短期内取得明显效果。以基础设施建设为例，其投入可以在短期内完成，但是效果往往在相对较长的时期后才能完全发挥出来。对于一个任期较短的理性的地方官员来说，其最优决策就是投资于那些短期内能够出绩效的项目，而不是在离任后才能发挥效应的项目。因此，机会主义行为其实是一种卸责行为，推卸掉了有益于地区内可持续发展的工作和责任，仅仅重视或特别重视短期内能拉动经济、增进税基的工作和项目。

第四，对外部性问题漠不关心，转嫁成本。由于官员的任期具有时限，不论是升迁、平调还是退休、调换岗位，官员都必须在任期结束后离开现有的要职。这在激励制度上意味着官员可以对任期内的机会主义行为的后果不承担责任，因此，即使政府行为向其他地区和公众转嫁了成本，其造成的严重后果往往不会被追究。这种机制反过来进一步激励了地方官员的机会主义行为，对于外部经济行为漠不关心，对于外部不经济行为熟视无睹。

第五，集体腐败行为的泛滥。门阀化的形成是小团体主义的集中体现，表现

---

[1] 陈抗、顾清扬：《财政集权化与地方政府行为变化——从援助之手到攫取之手》，载于《经济学》2002 年第 1 期。

[2] Zhuravskaya, Ekaterina V. Insentives to Provide Local Public Goods: Fiscal Federalism, Russian Style, Journal of Public Economics, 2000 (76): pp. 337 – 368.

为任人唯亲、党同伐异，这就为集体腐败提供了便利条件。地方官员的腐败不仅损害了公共利益，也危害了执政党本身的合法性。腐败行为不仅与监督制度有密切关系，与官员们对现有制度和收益期望值也有相当的关联度。如果他们对未来的收入预期正常，那么其腐败行为可能较为收敛，如果对未来的预期值越来越小，那么就力图在短期内攫取最多的利益，提前将未来的收益"折现"。对此问题，必须引起高度重视，否则易于形成地方塌陷或局域性糜烂，对地方政府体制改革制度化和行政效能优化构成持续挑战。

从功能主义的角度来看，虽然门阀化和再地方化不能导致地方分裂，最后危及国家的整合与统一，却也不能表示中央对地方的控制就完全达到目标。其在表面上维持了地方对中央的服从，并可能有效地完成了中央下达的主要任务，但是，从长远来看，它是违背中央政府的意图的，因为它的短期性导致大量社会问题被积累，巨大成本被转移，不是一种能够长期持续的发展模式。相对于势均力敌的"议价"和"斗争"，这种机会主义行为更为隐蔽，更不容易被发现，因此并不被视为一种与中央政府的"博弈"。但是，有机会主义行为的存在，"执行差距"问题就得不到有效解决，而且各地的负"外溢性"越积越多，势必最后导致矛盾急剧性爆发，最后的承担者只能是中央政府。

三、中央适度集权的实现策略与地方自主性的规范

中央适度集权的实现和地方政府自主性的规范是中央地方政府关系合理化的两个重要方面。中央政府的适度集权是央地确权的前提，地方政府的自主性规范是央地确权的动力，二者的统一，关键在于中央政府适度集权体制。

（一）当前中央适度集权的基本策略

从现代化建设的历史经验和当代的社会历史环境以及政治、经济的发展趋势来看，中央与地方的关系应该是一种必要的中央集权和在中央政府有效控制下的地方适度分权相结合的关系，在体制模式选择上就是实行中央集权—地方分权的混合体制。中央集权与地方分权之间，可以而且应该找到妥协点与平衡点：给地方自主性以发展的空间，给中央调控力以明确的适度性空间。实现中央适度集权的基本策略主要包括以下几个方面：

第一，公共财政适度向中央集中。在世界现代化过程中，中央与地方权限变化呈现出一定的规律性，即：在现代化起步阶段，中央与地方权限变化的主流趋势是中央高度集权化；在现代化稳定发展时期，分权化先后走上许多国家的政治舞台；在现代化危机时期，中央高度集权化来势迅猛，有些国

家甚至走上了极端;在现代化成熟时期,中央高度集权化又被中央和地方的合理分权化所取代①。这是目前学术界多数人的共识。根据近年来美国钟摆理论的启示②以及中国现代化的经验,笔者认为,在经济转轨、社会转型时期,我们要把握的一个基本原则是:财权适度集中。

财权适度集中,是指在中央与地方政府财权划分上,中央政府的财政收入或财政支出应占财政总收入或总支出的50%以上,或占国内生产总值的10%以上。这是有关学者通过对57个国家有关数据研究之后得出的结论③。达不到这个水平,中央政权就会失控,尾大不掉、国家分裂的事情就可能发生④。

公共财权适度向中央集中主要从以下几方面入手:(1)强化中央税系。在中国,中央政府代表着整个国家的全局利益,事权范围广,职责任务重,同时负有对国民经济重大比例关系及其运行秩序调控的责任。在财政收入总规模一定的情况下,财政支出常常不能满足各方面的需要,中央财政负担较沉重,预算平衡有困难。为理顺中央与地方之间的财政分配关系,较为彻底地改变中央与地方在财权财力上的博弈,有必要强化中央税系。中央政府在财权划分上的职责范围,主要是管理中央直属企业并参与分配;通过资源配置,使资源利用经济有效;对地区间、部门间现在存在的收益差别实施调节,实现收益分配的社会公平目标;贯彻包括产业政策在内的各种特定项目的宏观调控。据此,中央税系可以概括为:中央税系=中央企业收入上缴税收+资源配置税类+公平收益税类+宏观调控税类。应按照这一框架,调整、充实和完善现有中央税体系,建立起稳定增长的中央税收体系,以保证中央事权有强大的财力支撑,实现既定的国家目标。(2)完善财政转移支付制度。中央对地方的转移支付,一是要解决地区间发展不平衡的问题;二是要保持中央政府的权威性和国家的统一性;三是建立民众对国家的信任和依赖;四是要讲效率和公开透明⑤。中央对地方的转移支付主要是通过提供大体均等的社会公共服务,有效配置资源,提供公平竞争的环境,弥补市场机制的缺陷。建立和完善财政转移支付制度,可以解决好政府间纵向和横向不平衡的问题,使各级政府拥有相应的财力,提供大致相同的公共服务。以在西方国

---

① 薄贵利:《集权分权与国家兴衰》,经济科学出版社2001年版,第97页。
② 美国自建国以来,行政权力一直处于持续动态的调整之中,如同"钟摆"运动,不停地在集权和分权两极之间摆动,在摆动中达到一种动态的平衡。分权时期(从1787年联邦政府建立到"罗斯福新政"前夕);联邦政府集权化时期(从"罗斯福新政"到20世纪70年代末);分权时期(从"里根革命"至今)。参见潘秀珍:《美国集权与分权的"钟摆"运动及其对我国的启示》,载于《学术论坛》2006年第4期。
③ 王绍光:《分权的底线》,载于《战略与管理》1995年第2期。
④ 郝铁川:《论中央和地方职能与权限的划分》,载于《浙江社会科学》2003年第11期。
⑤ 周天勇等:《攻坚:十七大后中国政治体制改革研究报告》,新疆生产建设兵团出版社2007年版,第254页。

家中"分权化"程度最高、宣扬"分权化"改革的调门也最高的实行"联邦制"的美国为例,实际上20世纪80年代以来并没有出现大的"分权化"的改革。从整个美国的历史来看,它恰恰是经历过一个由"分权"向"集权"的转变过程,这一点从美国各级政府税收收入比重的变动情况表中可以看得很清楚。

综观美国自第二次世界大战以来的变化,联邦政府对州、地方政府的转移支付,无论是转移支付总额还是相对数,均呈现增长态势。转移支付支出占联邦政府总支出的比例,1950年为5.5%,1980年为15.6%,2005年为17.2%;到了1993年,联邦补助金占州政府收入达到了20%,占地方政府收入的36%;2005年,联邦政府提供的补助金占州与地方政府收入的比重基本上维持在1/3左右。① 可以说,目前转移支付已经成为州与地方财政的财力支柱.(见表4-1)。

表4-1　　　　　美国各级政府税收收入变动情况　　　　　单位:%

年份	联邦政府	州政府	地方政府
1902	37	11	51
1913	29	13	58
1934	33	22	44
1942	58	22	20
1960	70	16	14
1980	67	20	12
1991	63	24	13
1996	66	22	12
1998	67	22	11

注:根据相关年份的 Tax Foundation;U.S. Bureau of the Census, Governmental Finances 的有关数据计算。

在法国,中央政府掌握了大宗税收,地方政府只是拥有一些零散税收,这就形成了中央政府在财力上集中的局面。从财源上看,地方财政收入1/3来自国家的财政拨款。1981年、1985年、1989年、1991年四年地方财政收入中中央财政拨款比重分别为44.2%、34.6%、35.5%、35.8%。对于农村市镇来说,尤其依赖中央财政的拨款②。

法国中央政府对地方的转移支付分为四种方式:(1)一般性补助,即按各市镇的人口、税收因素来确定。(2)专项补助金,即对地方兴修的专项工程给予补助(如市镇修建学校)。(3)中央用退税的方式来支持一些地区和产业的发

---

① 涂永珍、刘虹:《美、法财政联邦制的立法经验及其启示》,载于《中国改革报》2007年11月21日。

② 谷茵、王振海:《法国地方财政析论》,载于《理论月刊》2003年第11期。

展。(4) 由中央财政代替某些无纳税能力的企业或自然人向地方缴税来实现的。

由于法国地区和省级政府数量较多，虽然经历了20世纪80年代的分散化政策过程，地方政府的自主权仍然十分有限。如表4-2所示，20世纪90年代以来，法国中央政府和地方政府的总体支出比例为82：18，中央政府的转移支付对于地方政府完成支出责任作用较大，占地方总支出比重的34.71%[1]。

表4-2 20世纪90年代以来法国地方政府财政支出结构

	政府支出项目	中	地	中：地
	一般公共服务	5.8	11.2	71：29
	国防	6.1	N/A	C
	公共秩序 & 安全	1.3	2.2	74：26
	教育	6.9	19.5	63：37
	健康	16.7	2.3	97：3
	社会保障 & 福利	43.5	17.4	92：8
	住宅社区福利设施	1.21	22.1	20：80
	娱乐、文化、宗教	0.6	7.7	27：73
	经济事务 & 服务	5.6	9.41	73：27
包括	燃料 & 能源	0.14	4.5	12：88
	农业、林业、渔业和牧业	0.56	N/A	C
	矿业、制造业 & 建筑业	0.33	N/A	C
	交通业 & 通信	1.71	4.9	62：38
	其他经济事务	2.85	N/A	C
	其他支出	12.3	8.2	87：13
	其中：利息支付	5.1	N/A	C
	中央政府转移支付占地方支出		34.71	
	中央地方支出比重（含转移支付）		82：18	

注：表中与"中"和"地"对应的数值分别代表中央和地方政府财政支出项目占本级政府支出的比重，"N/A"代表不存在此项支出，"C"代表对应的财政支出项目完全由中央政府承租。

资料来源：根据历年 IMF（government finance statistics yearbook）数据计算得到。

---

[1] 寇铁军、周波：《政府间支出责任划分的国际经验与启示——基于发达和发展中国家政府支出结构的比较分析》[J]，载于《财政研究》2007年第4期，第33-34页。

借鉴域外经验，我国也完全有必要完善财政转移支付制度。对于完善转移支付制度，本书提纲挈领地提出三条建议。

首先，准确界定转移支付制度的政策目标。转移支付制度作为财政体制构架的关键内容，其最终目标应与财政体制安排一致，即定位于实现公共服务的均等化。具体而言，就是理顺政府间财政关系、均衡地区间财力差距，使全国各地的居民平等地享有政府提供的各项公共服务。从短期来看，我国的转移支付制度主要应体现三个方面的功能：一是补助功能。弥补地方政府经常性财政支出的缺口，确保政府机构正常运转并为辖区提供基本的公共服务。二是再分配功能。体现中央财政的再分配职能，逐步缩小地域间财力差距。三是调控功能。作为财政政策的重要部分，发挥宏观调控作用，促进经济平稳较快发展。

其次，归并完善转移支付方式。从我国转移支付制度改革发展的方向来看，由一般性转移支付和专项转移支付共同组成的转移支付体系雏形初见。按此框架，我们建议，一般性转移支付的调整方向：一是将与财力均等化政策目标不相适应的税收返还并入一般性转移支付，逐年降低并最终取消税收返还。二是将种类繁多的体制补助、民族地区转移支付、其他补助、原体制补助、税费改革转移支付、结算补助等项目逐步并入一般性转移支付。专项转移支付的调整方向：一是结合中央和地方事权的重新界定，除保留对地方的救灾、扶贫、农业开发等特殊专项补助外，其余属于地方事权的项目一律取消。二是明确专项设置的宏观经济调控职能和阶段性，将需要永久保留的专项并入一般性转移支付。三是合理选择要求地方配套的专项，配套要求应充分体现政策引导意图，并考虑地方财政的承受能力。

最后，规范健全转移支付制度体系。一是普遍采用公式化分配。规范分配依据，逐步用"因素法"替代"基数法"，提高分配透明度。引入人口数量、辖区范围、人口密度、自然环境状况等不容易被人为控制的客观因素，设置权重和比例，用科学的公式取代人为分配。二是完善转移支付法律体系。通过《中华人民共和国预算法》的修订，将转移支付制度的内容、形式、依据、用途、管理和监督等内容以立法形式予以明确和规范。三是设置专门的转移支付管理机构。考虑成立一个专门的决策和执行机构来行使转移支付管理职能，一方面负责转移支付方案的设计、修订、相关因素数据的收集和计算；另一方面，统筹管理中央各部委对下的各项转移支付，避免资金安排的随意、分散、交叉和浪费。

第二，实现中央在立法方面的先决权。中国是单一制国家，从总的方面看，划分中央和地方的立法权限，基本思路是发挥"两个积极性"，中央和地方都应拥有必要的立法职权，但中央政府具有先决权。

首先，确定专属立法权的优先性。所谓专属立法权，是指特定立法主体对某些事项所专门享有的排他的立法职权。在专属立法权中，有些是不得转移和授权的，如公民权利与义务、立法权保留事项，对专属立法事项的范围，宪法可采用详细列举的方式直接规定，避免地方立法侵权，有效遏制地方的泛立法主义泛滥。对于非国家专属立法权的事项，实行中央优位的原则。即对国家专属立法权范围以外的事项，如果中央尚未立法，地方可以立法。中央已有立法，地方不得重复立法。地方先立法，中央后立法的，取消地方的立法。对于一些"灰色地带"的事务，即无法清楚界定应该是由中央立法还是地方立法决定。对这些剩余立法权的归属，笔者的观点是由中央行使。理由是我国的一切权力属于人民，人民先把权力全盘授予中央，然后中央根据各地实际情况"转授予"地方一部分立法权。

其次，加强地方立法权目的性引导，避免立法权膨胀和地方立法权被异化。为避免地方立法权过度膨胀和立法权被异化的现象发生，有必要从目的上对地方立法进行引导。在中央逐渐向地方放权的条件下，地方立法应该坚持什么样的立法目的，是中央与地方立法权合理配置的一个重要组成部分。地方立法的目的大致可以分为两种：一是管理，二是服务。对于以管理为目的的地方立法而言，法律文件的制定主要基于实现行政管理目标的考虑。而以服务为目的的地方立法，则要更多考虑如何采取合理措施向公民提供优质、高效的服务。地方立法应由"管理型"向"服务型"立法转变。国家管理型的立法主要规定国家机关的管理职权、强制手段、公民的守法义务以及对公民违反法律规范的处罚和强制措施，这种管理型立法的片面性在于忽视对国家权力的制约，忽视对公民、法人和其他组织合法权益的保障，像这样的立法，应该越少越好，只以正常管理需要为限，而且在这些管理型立法中，应该更多地规定侵权的救济措施。另外，为避免因地方立法权的过度扩张所导致的泛地方立法主义，过度干预本属于社会自治的事务，肆意侵犯公民、法人和其他社会组织的合法权益，应在地方中提高公民的参与度。服务型立法应予以重视与加强，并尽快列入我国地方立法的议事日程。服务型立法的内容主要涉及规范服务对象、规范服务内容与形式、规范服务效果的检验方法与手段、规范服务不到位的责任追究形式与力度。参与能够使共识结果法律文件在参与者身上得到内化，使所立之法具有被遵守的道德基础和心理条件。制定地方性法规应当或可以听取意见，听取意见可以采取书面征求意见、座谈会、论证会、听证会、实地考察等多种形式，从而使公众对立法的参与成为一项权利。

随着地方立法权的扩大，随之而来的是可能出现盲目立法和随意立法，不考虑其可行性和是否社会所必须，立法资源浪费现象严重，立法质量低下，损害国家法制的统一。为避免这些情况发生，应重视立法预测和规划。立法预测和立法规划是前后相连的两个阶段,立法预测是运用科学的方法与手段对立法活动的发展趋势和未来状况进行考察和推测,而立法规划则是在科学的立法预测基础上做出的关于立法目标、措施和步骤等的设想和安排,减少立法的无序、盲目和随意。对于地方立法而言,较好的立法预测和规划还能促进立法体系的和谐发展,减少地方性法规、地方政府规章与中央立法的抵触、冲突和交叉重复。因此,加强地方立法的必要性和可行性论证,是解决这一问题的关键。

最后,在法制统一原则下,地方立法权适度扩大。中央和地方立法权力关系的实践表明,地方分权、权力下放并未导致"地方割据"的危险,关键是地方立法起到了很好的示范作用,为中央立法提供了丰富的立法经验。关于地方分权的问题主要也不是放与收的问题,而是如何放好的问题。地方立法权扩大并不意味着权力越多越好,权力越大越好,而是充分发挥地方立法权的积极性与自主性,以权力行使适应经济发展和增进社会福利为标准。为此,在地方立法上适当分权,发挥地方立法权的主动性方面:部分中央立法的"框架式立法"模式,继续发挥地方立法的试验田作用①。中央立法本身的原则性和概括性,在立法上更强调政策目标的总体构建,理应留给地方立法权更大创新的行使空间。

(二)制度创新:地方政府自主性的规范形态

地方政府针对当地实际,自主筹划经济社会发展,自主组织经济活动的展开、市场的参与,自主管理辖区内的公共事务,在当地经济社会发展中起着重要作用。地方自主性的发挥,是地方政府将中央的政策灵活地运用于当地发展的实践之中,从而形成了不同的经济社会发展模式。地方自主性在不同的历史阶段有不同的内涵和表现形式。在社会主义市场经济中,地方自主性在转换宏观控制手段、调整产业政策、实行专业分工、培育非政府组织、开拓商品流通市场、资本市场、劳动力市场等方面发挥了重要的引导和调控作用,它改变了传统的国家与社会,政府与企业的关系模式,建立了与之相适应的权利义务关系。进而,地方

---

① 今天中国经济的发展,不能不说是改革中权力下放的结果。地方立法上的创新使其保持旺盛的生命力,体现其相对于中央立法的价值,地方立法创新上的成功,是国民经济持续、稳定和高速增长的保证。在立法实践中,地方立法不仅盛况空前,并且在专属中央立法权限的范围内"先行立法",例如,深圳市于1988年1月在全国率先颁布实施《深圳经济特区土地管理条例》,明确规定土地使用权可以有偿出让、转让和用于抵押,促成了1988年宪法第10条修正案的完成,国有土地有偿转让制度开始走向全国。珠海市1988年颁布《珠海市股份有限公司试行办法》,首次对股份有限公司的设立进行规范。深圳市先行制定并实施股份公司和有限责任公司两个条例,为1993年《中华人民共和国公司法》的出台起了试验和先导的作用。深圳市1994年颁布《住宅区物业管理条例》,在我国城市物业管理规范化、现代化的进程中开了先河,也为2003年《物业管理条例》的颁布实施奠定了基础。在中央1996年1月1日施行《中华人民共和国票据法》之前,《上海市票据暂行规定》已存在7年之久,地方立法在发展中为中央立法的制定和完善开辟了众多的"试验田",其改革与创新中的成果为中央立法提供了立法蓝本和框架。

自主性是相对于中央政府主导而言的，中央政府主导决定着地方自主性的活力程度和发展方向。在行政管理体制改革中，中央政府在发挥地方政府自主性中进行了两个方面的改革：首先，向地方政府下放了大量的财权和事权，向国有企业下放生产经营管理权力，推动了非国有经济的增长，倡导和促成了经济特区的建立和沿海的开放开发，推行了党政分开、政企分开、依法治国的政治体制改革。其次，在解决促进区域发展问题时，在政策方面采取了非均衡发展战略，先后颁布许多优惠政策和措施，以促进地方经济社会的发展，以一种放权加优惠的办法承认了市场经济条件下地方利益。相对于全国的局部利益，相对于集体的个人利益，给予部分地区利用优惠政策，使之获得了在经济发展和体制创新方面"先行一步"或迅速发展的机会，也使部分地方政府最早真正获得了市场经济中的主导地位。可见，区域经济社会发展的重要原因就在于实行了政府主导和市场机制，制度创新则是其存在的规范形态。

因此，地方自主性的实质是自主创新，地方政府能力归根结底是自主创新能力，而自主创新水平和实施效率是检验地方政府能力的客观标准。地方自主性的制度创新，分为制度复制和制度创新，不仅由于中央政府除了给予一个基本制度的平台，即阶段性的差别待遇外，还由于区域之间发展的非均衡、区域发展过程的非均衡和区域内经济、社会发展的非均衡，所以地方政府还需要从行政区划内的具体实际出发制定新的规则，实现与国家制度输入的衔接和完善。在这里，地方自主性成为区域发展的内源性动力，自主创新则是其发展的内生变量。自主创新是一种政治行为，它的思想主要渊源和权力依据为：一是马克思主义关于领袖、政党、阶级、群众之间的关系的学说，关于历史"合力论"的学说，关于社会主义国家的学说，等等；二是我国宪法中关于"充分发挥地方的主动性、积极性的原则"和关于"国家实行社会主义市场经济"的规定；三是中央政府所推行的改革路线和政策，中央政府给予地方阶段性的优惠政策及专项授权。

市场化条件下的社会分工，使地方自主性的制度创新具有了广泛的社会性和形式的丰富性。地方政府的自主创新有了更为多元的来源，例如，（1）直接的生产者、经营者和组织者，为生产、经营和组织提供管理规则和操作模型，或提出一定的设想框架；（2）政府部门、事业单位、社会团体、中介机构和个人自主提出的改革主张或方案；（3）自主进行等价交换、市场竞争、资源利用、利益分配和法律救济等国际惯例的移植；（4）政府和其他社会主体根据各自的权限和需要，依据一定的程序筛选信息、制作规范性文件，作为文本制度指导一般或个案处理，达到以资源禀赋优势通过市场和市场规则加以推行。社会基层劳动者和知识精英的实践知识、自主创新的历史自觉与丰富多彩，是地方政府不可或缺的资源①。

　　自主创新之所以是地方自主性的规范形态，第一是因为它是在宪法框架内，在中央政府的主导下，以地方政府为代表的基层社会对中央路线、方针和政策的具体化，它是在市场化背景下民主法制的表现，在整个过程中带有上下协调，保持目的性、计划性和有效性的优点。第二，这种自主创新是法制社会的伴生物，它对传统的妨碍经济、文化、科技发展的办法不是一种单纯技术上的完善，更重要的是一种性质上的纠错，进而促进了从政策覆盖社会到依法治国的转变。并且在实施上，又有别于传统体制条件下，地方政府和基层社会只能够机械地贯彻执行上级领导和部门的指令，要么盲从，要么以消极怠工和形式主义进行变相抵制，甚至出现由于难以预测的随机性而引起剧烈社会动荡的现象。第三，这种自主创新围绕着生产力的解放和发展的目标进行，它促进了政府职能的转变，提高了政府的决策与管理能力，加速了产业结构调整，打开了与国内外市场的广泛联系，沟通了区域内外人流、物流和资金流，使资源获得优化配置，区域跨越式发展成为可能。第四，这种自主创新以明确的权利义务为特征，既提倡效率优先、优胜劣汰，同时提倡公平竞争、相互合作，以可操作的规则调整和维护区域利益、行业利益、部门利益和个人利益，最大限度地调动和利用了社会的智力资源。第五，自主创新之所以是地方自主性的规范形态，还在于不仅指导这种自主创新的国家战略确立和体现了改革开放为经济和社会发展服务的宗旨，而且还在于这一自主创新过程借鉴和运用了适应追赶型现代化的科学决策体制与决策手段。前者解决的是基本原则和方向，后者解决的是工具和方法。譬如，裁并机构，精减人员，调整职能，减少审批项目；贴近市场和社会，通过政府与各种中介机构了解民情、民意，以制度化、程序化的途径进行信息收集、反馈、筛选，提供备选方案，促进政府决策的科学化和民主化；进行政策评估、定性定量分析和可行性研究。由此，地方政府开始了由单一的权力等级决策与经验决策向程序化决策、科学化决策的转变。

　　在中国，由于客观原因的限制，中央政府对经济社会的管理只能体现在宏观层面，即制定法律法规和政策，而具体事务的执行则主要由地方政府来完成。在公共管理活动中，地方政府根据本地区的特殊情况采取相应的措施来贯彻中央政府的政策。在操作层面上将其制度化，是地方政府自主性制度化的重要体现。地方政府自主性的规范形态不是铁板一块，只要其符合中央的要求和中央政府政策的价值取向，可以充分发挥自由裁量权，这也有利于地方政府的自主创新。

---

① 沈德理：《简论地方自主性》，载于《海南师范学院学报》（社会科学版）2003年第4期。

第二节 中央—地方博弈与确权的困境：基于土地调控政策的分析

改革开放以来，地方政府在中国经济社会发展过程中扮演了重要角色，为改革创新提供了强大动力。目前的制度安排虽然激励了地方政府的积极性，但也诱导地方政府的"机会主义"倾向，表现为不顾及长远利益而"在短期内显示经济政绩"。在取得经济发展和财政增加的同时，也向社会部分成员和子孙后代转嫁了大量成本。经营土地、"土地财政"正是典型的例子。这种行为在一定程度上偏离了地方经济社会发展整体利益，也与中央政府"科学发展"的要求相龃龉，因此受到中央政府的调控。但地方政府凭借产权、信息、条块体制等优势，可以在表面服从下进行规避，中央政府的控制往往力有未逮。这种隐蔽的博弈策略阻碍了中央政府政策的有效执行，也改变了"一收就死"的央地关系格局，事实上，仅仅依靠收权放权已经不能改变地方政府面对的激励诱惑。围绕土地调控的中央与地方博弈说明，中央政府必须解决地方政府激励机制存在的问题，逐渐变革单纯的行政控制，这关系到中国社会的转型和整体发展。

一、改革开放以来中国土地调控政策探析

本书将选取大起大落的 1978~2006 年这一时间段中的中国土地调控政策的演变和执行作为研究对象，具体探讨地方与中央在此领域内的行为互动及相关的博弈，这些互动与博弈的表征就是土地调控政策的变迁轨迹。

（一）改革开放以来中央与地方围绕土地政策的博弈概况

检视 1986 年以来的中国土地政策，会发现其中的两条明显的主线：一是土地利用的市场化改革，着眼于改变从前的"无期限、无流动、无价格"的供地模式，通过市场化手段优化配置土地资源，同时也为城市发展筹措必需的资金；另一个是保护农用地，特别是耕地，控制城市化进程中农用地转为建设用地的速度，保证中国的粮食生产和粮食自主供应能力。城市化过程要消耗土地，特别是农业用地；保护政策要节约用地，特别是农业用地。在一定程度上，这两个主线之间存在内在冲突，它们的目标值是相反的。1978 年以来，中国走上了现代化再次起飞的道路，这同时也是一个快速城市化的过程。在这个过程中，城市的发

展必然促使城市建设用地的价值远远高于农业用地的价值。若按照市场的规律，就必然会有大量的农用地被转为工业用地或者城市的建筑用地，这也是城市化的题中应有之义。因此，从宏观上讲，农地非农化现象是必然的，它在一定程度上必然会冲击土地保护的基本国策。

但是，从微观上看，这个过程的快慢与否、合理与否还是有区别的。换句话说，城市化过程是不是就一定会导致耕地保护政策的失效，是不是必然导致耕地保有量超常规地减少，笔者认为并不存在唯一的结论。这就涉及三个重要问题：

第一，农用地非农化的收益主要归谁所有，是农民还是国家？而这个国家是中央政府还是地方政府？这个问题之所以重要，原因在于利益的分配对供地行为将产生决定性的激励作用。如果土地非农化的收益归农民所有，则农民会在农业耕种和转让土地两者之间进行理性计算，两益相权取其重。国家如果要保护耕地，就必须制定农业政策提高农业生产的收益，激励保护耕地的行为，这是借助市场机制对农业的保护，也是解决城乡二元结构性难题的一个重要途径。如果土地归地方政府所有，那么不仅农民利益受到损害，还会直接刺激地方政府的"圈地运动"，走上盲目扩张、粗放型供地的超常规城市化道路。因为地方政府在这个过程中既聚敛了财政收入，又解决了城市发展资金的难题，还可用以招商引资，经营城市，一举数得，也许还有官员个人在这个过程中的腐败及其惊人收益。这样一来，就会人为地加速城市化过程，扭曲市场机制对农用地非农化过程的配置作用，给耕地保护政策带来巨大压力，造成市场化改革与土地保护这两个主题之间的日益紧张关系。而且，大规模的"圈地运动"直接为地方项目上马提供了便利条件，结果造成全国性的经济过热，不利于宏观调控的实行。

第二，市场化的程度由谁掌控。完全竞争的市场应该是由多个买方和多个卖方组成的交易过程。任何卖方都没有能力独立影响商品价格，任何买方也无力影响购买能力，这是竞争性市场的基本特征，也是市场化成熟的表现。但是，中国的土地市场是一级市场，也就是所有土地的出售源泉，从理论上讲掌握在国家手中，但操作上却是掌握在地方政府手中，这就赋予了地方政府相当大一部分土地产权，地方政府成了土地的实际供给者。这种制度安排不仅保证了农地非农化过程的利益尽归地方政府所得，也使地方政府成为土地的真正所有者，对土地政策的执行有举足轻重的作用，任何国家层面的政策都绕不开地方政府。这样的市场化是一种垄断的市场化，由此也造成地方政府在土地问题上成为"经营型政府"，在土地交易中谋取利益最大化。因此，地方政府在推动土地交易市场化上动力不足，打破垄断市场格局的热情也不高。

第三，耕地保护的收益为谁所得。从根本上说，保护土地、节约耕地是一种长期收益，其受惠者是我们未来的子孙后代，是国家的长远利益。因此，当下的地方政府和官员对于保护耕地的激励是很有限的，也是不足的，这是从整体上说。从具体来讲，在官僚体制中，权力由上到下垂直递减，其责任性也是由上到下垂直减弱，因此，中央政府相较于地方而言，有更大的激励去制定和实施保护耕地的政策，而地方由于可以卸责，常常对此类政策重视和关注不足。在这个格局中，耕地保护的政策主要是中央政府主导并推动，由地方政府来执行。由于耕地保护政策与城市化发展之间本身存在着客观的矛盾，地方政府出于利益考量，没有积极性去执行土地保护政策，出于个人利益也没有积极性去完善市场化运作。

显然，土地的市场化过程（垄断市场化）中，地方政府的积极性最高；土地保护政策的执行中，中央政府的积极性最高，这种反向的关系造成了两个局面：一方面，由于利益驱动使得地方政府垄断土地市场的局面形成，这虽然在前期推动了土地有偿使用制度改革，但是限制了土地出让的市场化水平，阻碍了市场化的进一步发展；而垄断市场化的结果进一步刺激了地方政府圈占土地和经营土地的行为。另一方面，耕地保护政策的执行问题完全变成了一个中央地方政府的博弈问题。中央政府必须动用一切可以动用的资源和力量控制地方政府的土地行为，迫使其按照中央的要求在城市化和耕地保护间保持一个相对的平衡，这样既有利于保护土地的基本国策的实现，还可以达到宏观经济调控的目的。如果地方政府的行为失控，不受中央政府的节制，则城市化过程必然无度，粗放型供地的趋势有增无减，其结果就是城市地价不断攀升，耕地数量不断下降，农民利益不断受损，宏观经济持续过热。因此，我们完全可以将土地调控政策（包括土地市场化改革和土地保护政策）的具体执行过程看做中央和地方政府之间博弈图景，其执行结果看成两者之间博弈的结果，以此透视两者之间的行为互动。这种观察较之于集权分权分析、简单的利益分析和力量对比分析更具体、更微观，也更接近现实。

（二）典型案例——郑州违法用地案及其启示①

2006年9月27日，时任国务院总理温家宝主持召开国务院常务会议，严肃处理郑州市违法批准征收占用土地建设龙子湖高校园区问题。会议决定：对河南省人民政府予以通报批评，责成其向国务院做出深刻检查，并分别给予河南省委常委、政法委书记李新民（原任河南省副省长）和河南省委常委、郑州市委书记王文超（原任郑州市市长）党内严重警告处分。两天之后，国务院监察部决

---

① 参见 http://www.xqlx.com/nv54019.htm。

定,给予河南省发展和改革委员会主任(原国土资源厅厅长)林景顺降级处分,给予郑州市市委副书记、市长赵建才记大过处分,给予郑州市副市长、郑东新区管委会主任王庆海降级处分,给予郑州市市长助理、龙子湖建设指挥部指挥长牛西岭记大过处分,并建议给予上述人员党纪处分。

这起郑州违法占地案是中国国土资源部自1998年建部以来,中央政府因为地方政府非法批准征占土地问题查处干部级别最高的案件。考虑到涉及官员的级别和人数,国内外新闻都给予极大的关注。冰冻三尺,非一日之寒。中央政府以如此罕见的强硬措施严惩地方政府领导人,不仅说明全国土地违法占用的形势已经失控,而且,更为严重的是,地方政府在违法审批土地方面越涉越深。

随着20世纪80年代以后工业化的加速,中国城市化发展进入了前所未有的高峰期,地方政府开始将大量农用地转为非农用地,土地资源日益成为稀缺资源。中央政府一直在采取措施保护耕地,并防止固定资产投资加快带来的经济过热。但2000年以后,这个速度未减反增。1992~2003年,中国土地出让金收入累计超过1万亿元,2001~2003年就达到9 100多亿,增幅达90%。农用土地转为非农化,不仅造成大量耕地的破坏,也使已经为数不多的土地资源存量日益下降。为此,2003年2月,中央政府开始以开发区清理整顿为重点的全国土地市场治理整顿;2004年10月,国务院又出台了《关于深化改革严格土地管理的决定》,明确中国"实行最严格的土地管理制度",并明文规定:对非法批准占用土地、征收土地和非法低价出让国有土地使用权的国家机关工作人员,依照《监察部国土资源部关于违反土地管理规定行为行政处分暂行办法》给予行政处分;构成犯罪的,依照《中华人民共和国刑法》、《中华人民共和国土地管理法》、《最高人民法院关于审理破坏土地资源刑事案件具体应用法律若干问题的解释》和最高人民检察院关于渎职犯罪案件立案标准的规定,追究刑事责任;对非法批准征收、使用土地,给当事人造成损失的,还必须依法承担赔偿责任。

但是,这些规定和措施在实际执行中都没有达到预期目标。2005年国土资源部开展执法检查发现,2003年10月到2004年9月,全国15个城市70多个区县违法用地总数和面积数分别占新增建设用地总数和面积数的63.8%和52.8%,有些地方高达80%和70%,有的甚至在90%以上。2004年9月到2006年上半年,一些城市的违法用地少则60%左右,多的甚至在90%以上[①]。2006年前5个月,全国国土资源部门共立案土地违法案件25 153起,涉及的面积达12 241.7公顷,与2005年同比上升了近20%。

有证据显示,土地违法占用与地方政府的行为有密切的关系。龙子湖高校园

---

① 详见http://www.mlr.gov.cn/pub/gtzyb/gtzygl/tdzy/gdbh/t20060704_74956.htm。

区是郑州市编制的 1995~2010 年城市总体规划中郑东新区建设规划的组成部分。该规划因与国家土地利用总体规划不相衔接，没能获得国家批准。然而，2002 年 12 月，河南省省长办公会议在未获批准的情况下，原则确定在龙子湖地区建设高校园区。从 2003 年 3 月起，共征收土地 14 877 亩，所征农用地包括一般耕地 3 118 亩、基本农田 6 417 亩。国土资源部 2004 年和 2005 年两次大检查都没有有效阻止地方政府的圈地行为，这一非法的土地征收和建设行为一直延续了近 3 年，直到 2006 年国土资源部和监察部联合对此案进行调查，才出现本书所呈现的惩罚一幕。

从这个案例可以看出，虽然中央政府一直致力于土地资源调控，但部分地方官员仍然会力图规避中央政府的控制行为。这种规避和不服从行为直接导致了 2000 年以后土地违法占有案件的泛滥。另外，中央政府某些土地市场规制也未能落实到位。如 2004 年以后，中央政府就出让土地的招、拍、挂程序进行了严格规定，但是个别地方急功近利，为了形象工程、政绩工程，每年下达巨额土地收益任务，将大量农用地转为建设用地，再挂牌出让，以加大供应总量，这导致土地供应趋近饱和，使挂牌出让缺乏竞争力。据报道，"有不少成交的地块只有一人报名竞买，加价一次即成交，致使竞买只是为了履行挂牌出让程序，其成交价和协议出让没有多大的差别。"①

另外，中央政府控制土地的重要举措——土地利用规划在很多地方也形同虚设。尽管中国建立了世界上最复杂的土地利用规划体系，但由于一些主客观原因，土地粗放配置模式继续行之有效，没有实现根本转变。很多地方往往出现这种情况：企业家可以凭借投资提出改变规划的要求，政府部门为企业跑规划修改，使"规划跟着项目走"；市长可以无视既定的规划提出城市发展的新构想，使"规划跟着市长走"。这样，国家通过规划实施土地用途管制的功能就被大打折扣。

令人称奇的是，在建设用地问题上，很多地方与中央政府的调控意图相反，各级地方政府都在宣称土地规划过于严格，土地指标不够用。从国家发改委课题组的调研来看，地方政府向上反映最多的就是建设项目用地供求缺口极大。在湖南、浙江和广西三省调研中，大批项目不能上马，竟都由于土地年度指标严重不够，土地指标成为最稀缺的资源，地方政府开始由"跑项目审批"转为"跑土地指标"。同时，中央政府的全国性控制由于采用"一刀切"的策略，也导致不同地区的苦乐不均的情况。如广西壮族自治区提出，沿海地区开发区过多，土地

---

① 肖玉琼：《挂牌岂能无竞争——贵阳市挂牌出让国有土地使用权中存在的问题及对策》，载于《中国土地》2006 年第 11 期。

资源存在较大浪费，但是中部地区总体处于工业化的起步阶段，对土地等要素的需求正当扩张时期，应当区别于东部，实行宽松的供地政策，不要"发达地区生病，全国陪着吃药"①。

二、中央政府与地方政府博弈的运行方式

从改革开放以来中央与地方政府围绕土地问题进行的规制与博弈中，中央政府应该在既有的制度框架内控制和调控地方政府的行为，使其能够服从自己的意志、执行自己的政策。而地方政府却在尽可能利用自己的优势规避中央政府的控制。两者在这种规制和反规制中的博弈值得深思。

（一）中央政府的角度

中央政府在与地方博弈中所持有的资源主要包括三个方面：行政命令、制度设计和人事控制，这些是中央政府制约地方官员的最重要手段。分开来说，行政命令主要是指中央政府有权力向地方政府发出行政命令，要求后者作为或者不作为。中央制定政策、地方执行政策就是典型的行政命令。从理论上说，地方政府必须对中央的命令具有高度敏感性，必须不折不扣地按照上级命令办事。制度设计是指中央政府在事实上掌握了制度合法化的权力。虽然在一般学者看来，我们不能将制度和规则视为外生给定的，或者由政治、文化和元博弈（meta game）决定的，博弈规则是由参与人的策略互动内生的，存在于参与人的意识中，并且是可自我实施的。但是，制度也应该包括成文的规则，只要这些规则在实际上起着约束人们行为的作用，这个制度就应该是有效的。中央政府拥有最高的法律制定权和解释权（全国人大及其常委会的权力），也拥有行政法规的制定权（国务院）、部门规章的制定权（国务院各部委），这就使得中央政府能够对土地管理和土地资源市场等领域的制度拥有决定性的设计和制定权力。最后，对于不服从的地方官员，中央政府还有权力将其调职、免职、记过，或者停止其升迁等，从根本上说，这些人事处罚是中央政府控制下级官僚的"杀手锏"。

（二）地方政府的角度

就制度变迁来说，虽然中央政府拥有全国性的立法权，但由于体制改革本身就有变革的动态性与适应性，地方政府能够在某些规制不足的领域"抢先出

---

① 国家发改委土地集约利用调研组：《集约利用已是唯一选择——浙江、湖南、广西土地问题调研报告》，载于《中国土地》2007年第9期。

牌",在某种规制过于笼统的情况下"独自出牌",并往往冠以创新的名义进行所谓体制变革,一旦这种变革被多个地方"借鉴学习",形成星火燎原之势,中央政府不得不在"法不责众"的情况下予以默认,或者在一定程度上不得不接受现实,甚至出现局部的支持。

第一,地方政府的行为偏好及其行为选择。行为分析是目前国内关于政府研究较为薄弱的环节。在讨论政府行为时,人们多数都倾向于谈论政府的职能问题,并且较多的讨论主要集中于应然层面,也就是中国政府应该在市场经济环境下担当什么样的角色等等,至于地方政府在转轨时期究竟如何行动,如何履行其职能,却较少有深度具体的研究。事实上,经济学在这个领域已经走到了其他社会科学研究的前列,"中国改革的政治经济学"业已成为当代中国问题研究的较为前沿的领域。相比较而言,政治学—行政学的相关研究相对滞后。其滞后的主要原因就在于对政府及其官员的行为研究不够。

中央与地方关系研究的一个较为普遍的范式就是"利益"范式。有些人认为,中央与地方关系的核心是中央代表的国家利益与地方代表的地方利益两者之间的利益均衡问题①。实际上,我们发现,地方利益是个非常抽象不太准确的概念,它也许并不能反映现实情况。如果说地方政府盲目圈地、粗放型利用土地损害了国家利益,那么事实上也损害了地方利益,损害了地方居民的利益。这里面有一个新的变量是地方官员的利益,及其行为的选择。他们的利益考量可能和中央政府、地方民众的利益偏好都有差别。

第二,现有政府体制对地方官员的激励,以及这种激励如何产生出背离中央政府初衷的地方行政行为。制度不仅能提供人们以理性的估计,也能对人们的行为造成激励预期。新制度经济学强调产权作用的原因就在于,现代社会的私有产权制度减少了资源使用的外部效应,将成本和收益内部化,从而激励人们最大化经营和使用自己的财产,以创造繁荣的经济发展。如现代专利制度,就是对人们的发明创造行为提供了巨大的激励作用,被视为西方工业革命萌芽并迅速发展的最重要的制度基础之一②。

(三) 政策外溢效应角度

影响中央和地方官员行为选择的另一个重要因素是地域政策的"外溢效应",这个概念与经济学中的"外部性"相类似。外部性是指个体的生产或消费

---

① 冯华艳:《制度变迁及中央与地方的博弈》,郑州大学硕士论文(未出版),2002年。
② H. Demsetz. Toward a Theory of Property Rights, American Economic Journal, 1969 (57): 352;以及[美]道格拉斯·诺斯、罗伯特·托马斯:《西方世界的兴起》,厉以平译,华夏出版社1989年版。

活动给其他个体带来成本或收益，并没有相应补偿或获得报酬。在中国的省与省之间时常会存在这种效应。中国幅员辽阔，有30多个省级行政区，并相互接壤，很多领域的问题都有外部性，不同省份的公共政策上也有明显的"外溢效应"，其中最典型的就是环境保护问题。每个省的环境保护政策不仅会对本省的环境起到作用，还有会波及邻省，这种外溢效应表现在两个方面：

从环境本身来说，一省的污染极有可能影响到邻省，相反，如果一个地区的环境保护很成功，也会为毗邻地区创造一个良好的环境。在经济学研究中，废弃物排放、噪音等常常被用作外部不经济的例子。由此可见，对环境资源的使用更具有外部性，特别是环境污染会造成外部不经济，这是整个经济学界公认的事实。从政策效果来说，如果一省忠实地执行环保政策，那么收益的将不仅是本省，而且还有相邻的省份，但是，本省承担了全部的成本，而邻省则坐享其成，这是典型的外部经济。这种"外溢效应"会导致地方政府在环境保护等有外部经济结果的政策方面缺乏积极性与主动性，不积极、不主动不会承担相应的责任，相反，如果积极主动，却要承担巨额成本。

从中央政府来说，它的权力与责任是整个国家，从治理的角度来说，它没有办法像地方政府一样推卸这些责任。相反，它还必须承担所有省份治理的后果，换句话说，地方政府可以通过"外溢效应"将部分治理成本转移给其他地方，我们称这种现象为地方政府的"卸责"行为。这种卸责行为使得地方政府对于那些有外部经济的政策不敏感，相反，对于那些外部不经济的政策较为感兴趣。

（四）机会主义与共荣性利益角度

由于地方政府有"短期内最大显示经济政绩"的动机，而且政策的"外溢效应"会引导地方政府忽视行为的外部不经济结果，因此，地方政府在很多情况下会做出"杀鸡取卵"、"涸泽而渔"的行为，这种短视行为就是一种机会主义。

"机会主义"是合约经济学的一个概念，是指一些不诚实的利己主义行为，即利用他人"轻信"的机会从事损人利己的行为。在企业的委托代理行为中，委托人与代理人之间由于信息不对称与契约不完全等原因所产生的"道德风险"、"逆向选择"等行为都属于机会主义行为[1]。机会主义是在"非均衡市场

---

[1] [美]奥利弗·E·威廉姆森：《资本主义经济制度》，段毅才等译，商务印书馆2004年版，第94~97页；[美]埃里克·弗鲁伯顿、鲁道夫·芮切特：《新制度经济学：一个交易费用分析范式》，上海人民出版社2006年版，第244~288页；李厚廷：《机会主义的制度诠释》，载于《社会科学研究》2004年第1期。

上，人们追求收益内在、成本外化的逃避经济责任的行为"①，可见，外部性和成本转移的短期行为是机会主义的典型特征。

由此可见，地方政府的短期化、逃避责任的行为都可以被视为机会主义行为。由于政府是规则、制度的唯一提供主体，是公共权力的垄断者，获取信息具有相对优势，政府可以通过供给一些对特殊利益集团有利的政策法令并强制实施，从而实现自己预算最大化或租金最大化而非社会福利最大化的目标。地方政府因为目标异化而采取的蓄意逃避责任等行为都可以被宽泛地称之为机会主义行为②。

地方机会主义主要表现为：第一，在中央的多重目标中，选择一个最重要的、最容易衡量绩效的目标去完成；第二，在经济发展方式上选择最便捷、最简单、最见效的一种，虽然这样做可能带来很大的外部性，并对长期经济发展造成恶劣后果；第三，注重短期利益，忽略长远收益；第四，对外部性问题漠不关心，转嫁成本；第五，腐败行为的泛滥。

地方政府的机会主义行为造成了它们与中央政府之间的分歧。从根本意义上讲，中央政府与地方政府存在着共同利益，地方政府的权力来自中央政府授予，中央权威的稳定有益于地方政府治理成效，从另外一个角度讲，中央政府必须依靠地方来管理这样的大国，不可能事事躬亲。问题是，机会主义的结果使地方政府与地区发展之间的共容性利益越来越小。

三、中央与地方政府博弈的基本启示

无论从中央政府的角度还是从地方政府的角度，抑或从政策外溢角度以及机会主义与共容性利益角度，通过多视角分析，我们可以得出如下结论：

（一）中央与地方之间由"零和博弈"日益转变为"非零和博弈"

改革开放以前，由于真正的国家所有制，或者说中央政府垄断制，中央与地方之间是一种典型的"委托—代理"关系，两者之间权力的动态调整表现为"一收就死，一放就乱"的零和博弈。所谓"零和博弈"，表明定量的权力在中央与地方之间的"此消彼长"式的分配，当中央向上收权时，权力集中于国务院及其部委，地方政府的行为受到极大约束；当中央向下分权时，权力又迅速通

---

① 卢现祥：《西方新制度经济学》，中国发展出版社2003年版。
② 梁燕、樊明方、李军：《地方政府机会主义的博弈分析：以我国一般性转移支付为例》，载于《统计与决策》2007年第1期。

过"条条"分散到地方"块块"之中,地方政府的自主性空间放大①。零和博弈的一个前提条件就是计划经济体制。在计划经济下,所有的资源事实上都控制在政府手中,由政府主导分配,所谓的一条腿走路还是两条腿走路,只是这些资源在不同层级政府间的分配问题。以企业管理权下放为例,企业的所有权都是国家的,因此企业不是市场竞争的独立主体,而权力下放或者上收只是改变了直接控制企业的政府主体而已。在这种体制下,地方政府获得的权力只能是中央政府失去的,而中央政府上收的权力,只能是地方政府丧失的。所以,在中国的分权化改革中,要么是"强中央弱地方"、要么是"弱地方强中央"②。

改革开放以后,由于市场体制率先改革,尤其是产权的地方化和中央部分产权的消散,很多资源已经由中央掌控下放到地方管理,这就使得中央地方的博弈出现了新的景象:"一收就死,一放就乱"的规律消失了。从财政体制来看,中央政府虽然能够有效控制地方的预算内收入,但是对于预算外收入和非预算收入,则无力控制③,甚至中央对地方的预算收入控制越严格,地方政府经营预算外收入的动力越强,预算外收入和非预算收入的增长越大。这首先是因为监督的成本很高,中央政府没有能力控制地方财政的所有项目;其次,中央与地方在事权上的分割相对不合理,造成中央也必须在一定程度上容忍地方的预算外行动,以保证地方政府的正常运转。从土地资源管理来看,由于土地在产权上存在国家所有、国家管理和地方管理三个层次的分割,实际上一方面赋予了地方政府直接管理和经营土地资源的权力,一方面又不需要地方政府承担土地资源利用的全部后果。这种产权制度安排为地方政府提供了巨大的可以经营的资源,也为其机会主义行为提供了制度安排上的漏洞。中央政府虽然可以上收土地资源审批权限,但是仍然需要依靠地方政府进行土地市场化改革和落实土地保护政策,为防止国土资产流失,甚至推行了土地储备制度,将国有资源必须全部交给地方政府管理。

在这种非零和博弈中,每当中央把某一领域的权力上收,或者制定更为严厉的政策来削弱地方的自由裁量权时,地方政府虽然不得不执行,它却可以通过掌控的资源开辟新的攫取领域。就目标而言,中央的政策变迁达到了良好效果,但是从某种角度看,地方政府的攫取行为并没有被扼制,只是转移了领域或改变了方法而已。这就逼迫中央进一步推动政策变迁,不过,这种变迁无疑经常滞后于

---

① 吴敬琏:《当代中国经济改革》,上海远东出版社2003年版,第45~55页。
② 杨红伟:《超越"零和博弈":中央地方财政关系研究的范式转换》,载于《晋阳学刊》2007年第4期。
③ Le - Yin Zhang. Chinese Central-Provincial Fiscal Relationships, Budgetary Decline and the Impact of the 1994 Fiscal Reform: An Evaluation, The China Quarterly, No. 157. (Mar., 1999), pp. 115 - 141.

地方政府的攫取行为，这就好像中央在不断驱赶地方政府寻找新的攫取领域似的，于是就形成这样一个局面：中央一直在推行制度化，旨在打击地方政府的攫取行为和腐败行为，但是每次发出的重拳又好像打不到节骨眼上，常常被地方所规避。在这种情况下，简单地说中央强还是地方强已经没有意义，因为权力不再是在中央和地方之间零和分配的。在市场经济条件下，简单的中央收权，地方会利用代理成本高昂等客观原因寻找新的攫取领域，而不会像计划经济时代那样，立即变得手足无措，丧失权力。地方新选择的行为仍然能保证其收益，当然这也带来巨大的外部性和腐败行为。

（二）地方机会主义行为成为中央与地方关系中的重要变量

从理论上讲，机会主义行为普遍存在于人类行为之中。在新制度经济学看来，现实合约都不可能尽善尽美，只要合约设计存在漏洞，信息不对称不能消除，那么机会主义行为就往往难以避免[①]。就中央地方关系来说，地方官员虽然在意识形态和政治立场上与中央保持一致，但最基本的考虑还是个人收益的最大化。从政治上讲，这种个人收益主要是政治晋升，得到上级的称赞和赏识；从经济上讲，这种个人收益主要包括地方经济的发展和财政收入的增加，以及个人经济收入的提高。地方政府与中央政府之间的这种目标差异表明两者之间存在明显的利益分歧。一方面，地方政府负责地方的治理，代表国家管理和控制各种国家资源，权力极大；另一方面，地方官员由于任期限制，并力图在短期内政绩显著得到升迁，又不需要承担治理绩效的全部责任，这就为地方政府的"机会主义"行为提供了可乘之机。

应该说，机会主义行为的主要原因是现行中央与地方之间制度安排产生的激励。政治升迁是对地方官员最大的激励，而中央政府的考核目标在发展导向以及最能量化、最迫切需要的只能以经济发展为主，这就引导地方政府在短期内显示经济政绩的目标偏好与冲动。同时，地方财政"软约束"状态也使得地方政府能够自由地在预算外经营收益，而不会受到同级人大的制约和中央政府的控制。地方政府很容易将经济发展和预算最大化简单等同于 GDP 增长和预算外财政收入最大化，这就是我国当下为什么相当多的地方政府会选择短期行为，而不会在意这种发展方式可能带来负面效应的深层原因。

既然现有的制度安排有可能会引发机会主义，为什么中央政府还会选择这样的制度安排呢？从根本上说，这是我国这样的后全能国家迈向现代化的一种路径

[①] ［美］埃里克·弗鲁博顿、鲁道夫·芮切特：《新制度经济学：一个交易费用分析范式》，姜建强、罗长远译，上海人民出版社 2006 年版，第 244 页。

选择①。在全能型体制中，国家控制了几乎全部的社会资源，并依靠政治动员的方式来推进现代化进程。如林尚立所言，执政党或政府利用拥有的政治资源，动员社会力量实现经济、政治和社会发展目标的政治运动，就是新中国建立以后的政治动员，这种动员逐渐上升为现代化发展和社会主义建设所不可缺少的重要动力②。改革开放以后，虽然全能体制开始逐渐解构，国家对社会的渗透能力与国家掌控资源的总量与幅度都开始下降，但是，由政府主导推动经济发展和工业化进程的方式并没有从根本上改变。虽然国家不再渗透社会，并以此动员社会资源发展现代化，但却继续通过中央动员地方、地方动员资源的方式推动经济和社会发展。我国产权改革走的是从中央到地方的体制内下放路径，而不是从国家到社会的释放路径。中央政府没有将改革前掌控的资源渐进地、梯度地释放给社会，而是下放给地方政府，并通过政治考核措施和财政分权，激励地方政府发展地区经济，从而形成了"中国特有的以地方行政利益为边界的市场竞争关系和经济增长方式"③。在这种模式下，中央政府必须要依靠地方政府，必须向地方政府下放包括财政剩余索取权、资源管理权在内的各种权力。

机会主义是地方与中央政府博弈的一种方式与附产品。有人认为，博弈必须发生在两个势均力敌的主体之间，如果力量不对等，事实上不可能发生博弈。就中央地方关系来说，中央和地方不论在理论上还是现实中都处于不同地位，中央的权威性保证了它可以反制来自地方的任何博弈行为，这种观点受到持"中央控制论"的学者们的支持。如黄亚生等认为，改革开放以后的分权让利并没有削弱中央对地方政府的控制，20 世纪 90 年代初，中央政府还能有效集中权力。在现实政治中，省级领导的变动相当频繁，差不多每隔三年或四年就有一次，省委书记和省长的实际任期往往比法定任期要短。自 1979 年以来，省委书记的任期平均是 3.44 年，省长的平均任期则是 2.85 年，尽管他们的法定任期都是 5 年。关于中央"操控"省级领导位置更换变迁的现实佐证了"中央控制论"的观点，用黄亚生的话来说，"省级人事变动的范围、方式和频率都表明中央政府

---

① 萧功秦认为，中国的"后全能体制"有这样几个特征：首先，"后全能体制"的社会，存在着有限的多元化。其次，意识形态领域仍然保持社会主义的基本符号体系，作为一党组织整合与党内凝聚的基础。但其意识形态的符号内涵已经不再具有原来平均共产主义的目标意识。最后，后全能体制社会继承了全能体制下执政党的国家动员力的传统资源，作为实现本国现代化的权威杠杆，从而在理论上仍然具有较强的进行体制变革的动员能力，以及抗非常事件与危机的动员能力。参见《后全能体制与 21 世纪中国政治发展》，http://www.chinaelections.org/NewsInfo.asp?NewsID=106313。

② 林尚立：《当代中国政治形态研究》，天津人民出版社 2000 年版，第 271~273 页。

③ 王国生：《过渡时期地方政府与中央政府的纵向博弈及其经济效应》，载于《南京大学学报》2001 年第 1 期。

的强力控制是有效的"①。由于中央在政治上的控制,省级领导人因而自愿调整他们在经济领域的政策选择,目的是与中央的偏好更加接近(这就是中国在改革时期内通货膨胀率比其他国家的更低的原因)。这样一来,中央与省在不同领域的权力的二元性就得到了整合,即中央权最终可以支配省权。因此,地方政府与中央政府博弈格局,甚至导致中国分解的危险很小。

机会主义行为正是地方与中央进行博弈的"潜在"结果。中央政府加强对地方官员控制的一个"杀手锏"就是进行频繁调动,防止地方派系和势力的崛起。上面黄亚生们的研究已经表明,改革以后地方官员的调动相当频繁,而地方官员对中央的控制手段变得心知肚明,非常熟悉,因而对自身任期紧迫有了预期,为了更快得到升迁,就必须在短期内显示出政绩,甚至不惜浪费资源、杀鸡取卵、涸泽而渔,大搞破坏开发。而对于那些周期长、一时难见成效的项目,特别是一些非常重要的基础性工作,事关长远发展、事关树立政府信用形象的事情就会变得毫无兴趣。

地方机会主义不论对中央政府还是对地方社会发展来说都是有害的。有学者将中央与地方的博弈归结为地方政府的利益双重性,认为一方面,地方与中央的根本利益具有一致性,都是为了发展生产、提高人民生活、促进社会进步,地方利益以国家利益为总体,以中央利益为前提;另一方面,地方利益又具有相对的独立性,这是因为,地方政府的合法性也来源于地方人民代表大会,它必须对本地选民负责,发展本区域的经济、文化、福利、教育和公共设施等事业,以改善当地人民的生活,这种双重性将地方政府推入了两难境地。"作为宏观管理的中间层次,地方政府代表宏观利益,要完成中央下达的计划,帮助中央实现国民经济发展战略;而作为地方利益的代表,它必须满足本地区人民群众的需要,千方百计地谋求地方利益。地方政府在进行决策时,总是在中央计划与地区利益之间进行相机决策。由此便产生了中央与地方的博弈行为"②,就是说,中央与地方的博弈,从根本上说来自于地方利益与中央利益的矛盾,或者说地区与整体的矛盾。但是,从土地调控问题可以看出,地方利益是个简单而模糊的概念,地方官员的首要偏好是自己的利益和政府的收益。如果地方官员通过培育市场、引导经济发展来增加税收,那么与地方利益是相一致的,但是,如果地方官员注重的是短期效应,通过经营不可再生性资源来增加收入,则与地方利益实际上是相悖的。笔者认为,地方机会主义不仅损害地方长远利益,也与中央利益相冲突。因

---

① 黄亚生:《中国的通货膨胀和投资控制:改革期间中央与地方关系的政治经济学》,剑桥大学出版社 1996 年版,第 111 页。
② 吕丽娜、高小健:《中央与地方的博弈关系与制度创新》,载于《中共福建省委党校学报》2000 年第 3 期。

为地方官员在一地任职时间过于短暂,很少有时间同地方民众形成持久的互动关系,往往只能将有限的社交时间和精力用于同地方官员或企业规模较大的民营企业家的交往上,一些功利心较强的官员在工作中,往往很少顾及自身行为在当地百姓中的影响,即使施政造成了严重的社会后遗症,过一两年也就一走了之[①],如此现实,人人明白,却很难打破。

(三) 以官僚控制的方式解决机会主义难题的道路已经走到了尽头

由于信息不对称、利益目标函数差异、产权消散等因素,依靠官僚制内部的控制已经无法从根本上解决地方机会主义的难题,也很难从根本上改变政策执行中走样的现状,需要调动基层的监督力量和引入新的控制方式。

在组织体制上,中央对地方的控制主要有两条路径,一是中央政府——国务院对地方各级政府的控制,包括国务院各部委的"条条"对地方相应职能部门的领导与调控;二是中国共产党从中央到地方的各级组织体制。中国共产党组织控制机制已经被国外研究中国问题的学者所重视。有学者从制度经济学的角度认为,中国党政关系似乎可以被看做一种委托代理关系:政党是委托人,政府是代理人。共产党拥有对政府控制的正式权力,但也授权政府管理大量的行政工作。同级其他党委和政府部门、上级党委和下级政府部门之间都是直接的上下级关系。同时,政党对政府的领导权力主要是基于任命和提升干部的权力。政党同样有权制定由政府执行的重大政策,同意政府的预算和计划,以及监督政府的工作。最后,政党还负责所有政府干部和其他党员的意识形态教育,并对之做出鉴定[②]。可见,执政党的这种作用是研究中央与地方关系的一个非常重要的变量,也是中央进行全国性整合的重要力量。撇开这个作用,仅仅关注财政控制等问题,就很容易从中央财政收入下降的现象中得出"国家分裂"的结论,实际上,执政党的这种控制作用是维系国家统一和政权完整的重要因素之一。

但是,从组织形态来说,中国共产党的组织同样是官僚结构化的。中国共产党作为执政党,其肌体覆盖到了所有国家政权机关,如中央、省(直辖市、自治区)、市(县)、区(乡镇),还覆盖了各种派出机构,如街道,甚至人民的自治组织(社区、村民委员会)。由于政党采取一种渗透和覆盖的模式进入政府,因此,它从组织形态上必然与政府形成同构。因此,政府官僚控制遇到的问题,在政党组织内部同样会遇到。政党内部的考核机制在很大程度上与政府是一致

---

① 何显明:《信用政府的逻辑:转型期地方政府信用缺失现象的制度分析》,学林出版社 2007 年版,第 277 页。

② Susan L. Shirk. The Political Logic of Economic Reform in China, University of California Press, 1993: P. 56.

的。改革开放以后，由于党的工作重心转移，经济工作也同样成为各级党委最重要的任务，上级党委对下级党委的考核也会突出经济内容，从前的政治运动、政治意识形态动员所占的比例大大下降。因此，从功能上讲，地方党委和地方政府具有很大的同构性，这种同构性使得两者在一定程度上形成共同体，拥有共同的利益和目标偏好，这就在很大程度上抑制了政党组织对地方政府的控制能力。

（四）加强地方官员与地方之间的"共容性利益"是解决机会主义危害的根本途径

地方机会主义降低了政府与地方社会之间的"共容性利益"，机会主义行为相对于地方社会发展往往不是"援助之手"而可能是"攫取之手"。对此，中央政府主要采取的是政府内部的组织控制措施。但是，这不可能从根本上改变制度对机会主义行为的制约，也就无从抑制机会主义行为的动机。提升地方官员与地方之间"共容性利益"的主要措施，是加强地方官员对地方民意的敏感度。

信息不对称决定了中央政府永远不可能对地方行为明察秋毫，而对上负责的机制又使得地方官员只对上级偏好最为敏感。机会主义的可能性就在于机会主义者通过隐蔽的方式，利用信息优势，欺骗中央政府以博取其认同，事实上既有害于地方长远利益，也有悖于中央政府的初衷。如果提高了官员对民意的敏感度，唯上是从的局面就会发生改变，官员就无法机会主义地在多重任务中只重视那些容易看到结果、容易出政绩的项目，而必须对民意关注的各个方面都给予关注。例如，加强同级人大的地位和监督作用，将人大的权力延伸到对地方政府治理模式和发展方向上的监督和制约上，则地方官员机会主义行为就会受到约束，其目标取向就不会单一和偏颇，而可能逐渐平衡和科学。以城市经营土地来说，如果地方房价居高不下，房地产泡沫巨大，则地方人大作为民意表达机构就可以将此问题列入考核、监督地方政府的重要方面，要求地方政府尽快拿出方案、切实解决。地方政府经营土地的收益减少，其盲目供地，大量圈占土地的行为就会收敛，土地市场中的"暗箱操作"也会得到有效遏制。

同时，民意监督的加强，使得官员没有办法向社会部分成员转嫁发展成本。具体来说，应该加强"火警"机制的作用，这主要指加强民意的表达机制。很多情况下，地方政府为了遮掩自己的机会主义行为，防止中央政府获得有关消息，对外采取信息封锁，研究农民维权和群体性冲突的学者于建嵘就表示：目前各级政府及其官员，为了所谓的政治利益，想尽一切办法不让上级政府特别是中央政府知道下面的真实情况，搞信息隔绝。有些事情甚至是全世界都知道了，而中央政府还不知道①。要解决这种情况，一个很重要的方法就是真正建立民意表达机制，增强民众的"议价"能力，建立一种囊括地方政府、地方民意的利益博弈机制。以农村征地问题来说，如果农民能够组织起来，并能有效地表达自己的意见要求，就能与地方政府在征地上建立一种沟通和博弈的平台，这对于维护农民合法权益、制约地方政府机会主义行为都有很重要的作用。也只有这样，中央政府才能以较低的监督成本，解决体制内部控制无法解决的难题，既保证政令的畅通，又提高全国的治理绩效，在一个路径上理顺中央与地方关系的纠结。

通过土地政策的变迁及中央、地方政府在土地问题上的博弈，可以得出如下结论：现阶段中央政府和地方政府之间的博弈是无序的，没有建立起一套合理的博弈制度和规则，其深层次的原因在于中央和地方政府之间权责划分模糊，基于此，中央政府和地方政府之间确权显示出了必要性和紧迫性。

第三节 中央—地方政府确权：原则与路径

从现代各国中央与地方关系的发展实践来看，无论是单一制国家还是联邦制国家，其共同之处在于通过中央与地方的适度分权进而实现中央与地方政府的确权。所谓中央与地方政府确权是指在中央与地方之间建立与市场经济相适应的、符合民主政治发展和建设法治国家与和谐社会要求的中央与地方适度分权的国家纵向配置模式，以实现中央与地方关系的科学化、民主化、法治化，其内容主要包括通过法律规范的形式、确定中央政府与地方政府的性质与定位、界定中央政府与地方政府的权限划分、建立中央政府与地方政府权限争议的解决机制，中央政府通过法律规范规定的方式监督地方政府，实现地方利益的表达机制与平衡机制的法治化。

一、中央与地方政府确权的影响因素

尽管在处理中央与地方政府间责任划分与权力分配的关系上，各国都根据本国的具体国情选择了不同的责任划分模式和履职方式，但是，透过这些纷繁复杂的表象，要从中发现那些影响和制约中央与地方政府间职责关系处理方式的关键

---

① 于建嵘：《中国的骚乱事件与管治危机——2007年10月30日在美国加州大学伯克利分校的演讲》，载于《社会学家》第24辑，2008年1月。

性因素及其呈现出来的规律性。

（一）政治体制：中央与地方政府间确权的政治基础

在影响央地政府间权责划分的诸多因素中，一国的政体模式是一个基础性制约因素。在共和制国家中，地方政府拥有的权力显然比君主制国家大得多。而在君主专制国家，君主是国家的主宰和权力来源，出于维护君主权利的需要，必须尽可能加强中央集权。在单一制国家中，以中央集权为基础的国家结构，全国只有一部宪法，由中央立法机关根据宪法制定法律，实行中央统一集权，地方政府的权力由中央政府授予，地方行政区域单位和自治单位没有脱离中央而独立的权力。因此，在政府间权责划分问题上，中央与地方不存在权力分立问题，地方的权力由中央视统治和管理的需要分授给地方，是在中央集权制下的地方分权，如法、日等国的政体及其政府间的权力配置，就体现出明显的中央集权的特征。而在联邦制国家中，各邦（州）政府都有自己本级的宪法，而且各自的宪法都明确规定了不同层级政府的权力范围，各级政府在职责划分上是相对独立的，如美、澳等国的政体及其政府间的权力配置，就明确体现出地方分权的特征。

值得注意的是，单一制国家的地方政府虽然在中央政府的监控之下，但它们并不总是被动的。在某些事项上它们享有某种程度的"自由裁量权"。很多国家近年来的地方制度改革，均加大了地方自治的程度，使地方政府在中央的统一领导下享有更大的自由度和主动权，出现以扩大地方自主权为特征的适度分权。从国际上看，自20世纪80年代以来，单一制国家的中央政府审慎地向地方政府下放权力，是一种总体趋势。

（二）经济发展水平：中央与地方政府间确权的经济基础

从政府与市场的关系来看，经济发展水平特别是市场发育程度的高低直接影响了政府干预市场的程度，如果一国市场发育比较成熟、法律体系比较完善，则政府介入市场的程度就比较浅，政府对社会事务的干预就不是一种集权型的大包大揽的模式，在处理政府与市场间关系时，多采用分权的原则，以效率优先为准绳，适当在中央政府和地方政府间划分各自的职责权限。而如果一国市场发育不健全，市场经济运行的相关法律体系、制度环境不完善，还同时要保持国家对经济命脉的控制作用，则政府对市场的介入程度就比较深，政府往往直接参与到经济建设领域，对社会事务的干预往往是一种集权型的全面干预模式，突出调节经济、管理社会事务的全面计划性。在处理中央与地方政府间责任关系时，就强调中央政府的指导性和宏观调控，地方政府只能按照中央政府的计划在本地区范围内承担相应的政治、经济和社会职责，这就造成了中央政府对地方政府责任体系的建构与督察、问责中的模糊性。

(三) 文化共同性和差异性：中央与地方政府间确权的文化基础

文化的共同性和差异性对央地政府间责任划分的影响，在中国古代发展史上展现得比较充分。在数千年的中国发展史上，以锄耕农业、宗法制家庭生活和儒家礼教为特征的中华文明，赋予了整个国家内在的文化共同性。随着多民族国家的发展壮大，这种文化共同性逐渐扩展，并不断向周边少数民族地区辐射、渗透，形成了中国古代中央集权和政治统一赖以长期存在的文化心理基础。与此同时，疆域广袤与民族众多，又不可避免地带来了各民族、各地区之间的语言、习俗、宗教等差异，这种文化上的差异往往又是导致地方分裂割据的一个重要因素。毋庸置疑，文化的共同性和差异性给中国古代中央与地方政府间的责任划分施加了比较重要的影响。这种影响是潜在的、深层次的，它与其他社会因素相配合，共同规约着中央与地方关系的处理。当然，共同性和差异性何者为主，经常是以条件、环境为转移的。当有利于中央集权的因素大体具备时，文化的共同性就容易升居主导地位；当有利于地方分裂割据的因素较多滋长、积累时，文化差异转而会取代共同性，发挥其主要作用。

二、中央与地方政府确权的基本原则

(一) 法治原则

迄今为止，中央与地方政府的关系调整都是两者博弈妥协的结果，缺乏稳定性和连续性，在实践中主要是根据中央和地方政府的"决定"、"通知"、"条例"来传达和执行的[①]。事实上，由于上级政府能够比较随心所欲地调整纵向政府间职权配置，从而可以将事权层层下放而将财权层层上收。地方政府面对的是随时会发生变化的职权配置格局或非制度化的相继分权格局，也就不可避免地滋生不负责任的短期行为。在实践中，中央与地方政府之间始终呈现着以一对多的博弈格局，往往要付出高额成本和巨大代价。中央一旦对某个地方妥协，其他地方势必想方设法提高自己的要价，希望能争取到较理想的政策和资源[②]。中央政府还可以凭借政治权威随意变更与下级政府的财政关系，那么种种"上收财权、下放事权"的财政机会主义行为几乎不可避免，其结果是越到下级政府财政的

[①] 姚洋、杨雷：《制度供给失衡和中国财政分权的后果》，载于《战略与管理》2003年第3期。
[②] 张紧跟：《当代中国政府间关系导论》，社会科学文献出版社2009年版，第116页。

日子越不好过，造成政府间关系的扭曲与混乱。因此，应该考虑将央地政府间权责划分的内容和程序以法律形式固定下来，使央地政府间的领导、指挥、协调、约束和控制关系都有充分的法律保障和约束，而不是建立在人的意志上，或者建立在人际关系、情面或某种交易上。各级政府的职权也需要由相应的本级人大授权并接受法律监督，以促使央地关系走上法治化的道路。

（二）权责对称原则

中央与地方的权力与责任关系必须对称统一。中央政府与地方政府明确各自的权力与责任边界，构筑对称的权力责任关系，任何超越界限只享有权力或只履行责任的行为，都会导致中央与地方关系的失衡和各自功能的紊乱。

学者辛向阳在《大国诸侯》中提出的观点，大致可概括为四个方面。其一，宏观决策中央独统，即有关国家整体利益的决策只能由中央来做，且解释权和实施中问题的裁量权也属于中央。其二，微观决策地方自主，地方可以根据中央宏观决策精神与内容，自主决定本地区的实施办法，只要是宏观决策没有反对或否定的，地方都可以依据其主动性和创造性去实施。其三，中央与地方责权要对称。首先，中央与地方行政、经济权力应该与各自所承担的管理责任相对应。其次，中央与地方责任要对称。既不能使中央承担无限责任而使地方政府逃避责任；也不能使地方承担过多责任而中央不承担应有的责任；或者出了问题，只追究地方政府责任。最后，中央与地方权力也应对称，两者之间有一个恰当的对应比例，改变过去那种权力偏重中央或地方的局面。其四，发挥中央与地方两个积极性。地方经济、社会的发展，离不开中央的大力支持，任何地方的发展都不可能脱离全国的大环境，而全国的发展也需要以地方的发展为基础，只有把中央与地方两方面积极性结合起来，才能收到好的成效。发挥两个积极性就是既要承认"小河有水大河满"，又要承认"大河无水小河干"的规律①。

（三）匹配灵活原则

从中国的情况看，要从根本上理顺政府间财政关系，关键是要减少事权与财权财力组合的不确定性，并针对不同地区的经济发展水平，对体制三要素进行科学合理的搭配。确立财政体制，处理政府间的责任划分和支出分配时，必须充分考虑到中国区域间的巨大差异，以及由此给经济社会发展和体制改革带来深度制约。因为对于经济发达程度不同的地区而言，责任（亦即事权）的划分与其财权财力（亦即支出分配）之间的匹配关系具有完全不同的意义。对于经济发达

---

① 辛向阳：《大国诸侯：中国中央与地方关系之结》，中国社会出版社1996年版，第345~347页。

地区而言，由于其有较为宽裕的经济基础，税源丰厚，政府组织收入的基础和能力较强，只要赋予他们相应的财权，它们就可以比较容易地获得区域所需要的财力，完成事权划分赋予它们的支出责任。因此，对这些地区来讲，可以建立事权与财权财力相匹配、责任划分与支出分配相匹配的财政体制模式。然而对经济欠发达地区而言，由于经济的落后使得它们根本没有组织收入的基础和能力，即便给足了它们相应的财权，也是"画饼充饥"，不能取得相应的财力，也就无法有效地履行事权划分赋予它们的支出责任[1]。所以，对这些地区来讲，强调事权与财权相匹配只有形式意义，而强调事权与财力相匹配更有实质意义。为此，适合我国经济发展实际的政府间责任划分与支出分配的模式不能搞"一刀切"，应该选择两种模式。即经济发达地区：事权与财权、财力相匹配，责任划分与支出分配相适应；欠发达地区：事权与财力相匹配，支出责任应与其可支配财力相适应。由此看来，对区域差距巨大的中国来说，把更多的财权集中在中央和省级政府是必须的，否则，对落后地区的财力下移就没有来源，进而让各级政府都实现财力与事权的匹配，实现各地公共服务水平均等化的目标也就无法实现。在假定事权划分基本不动的前提下，对落后地区而言，只要这种落后状态没有根本性的改观，"财力与事权的匹配"比"财权与事权的匹配"更具有实质性意义。

（四）比较优势原则

比较优势原理为确定公共产品的层次性和不同层级政府的活动范围及公共产品的有效供应，提供了一个适当的理论标准。比较不同层级政府的优势和劣势的基本方法就是进行"成本—效益"分析。相对于地方政府而言，中央政府的比较优势在于具有大范围（全国性）的强制权和大范围的规模经济。大范围的强制权能够使中央政府凭借其政治强权有效规范和约束当事人的行为，并在全国范围内统一、集中地调配资源，实现资源配置的高效率；而大范围规模经济将会使中央政府在提供全国性公共产品时最大限度地降低单位成本，并使该产品达到最佳供应规模。因此，对那些需要在全国范围内强制服从的公共产品、具有全国范围规模经济的公共产品、偏好差异极小的公共产品以及具有全国外溢效果的公共产品，应由中央政府承担供应之责。对那些需要在地方辖区内强制服从的公共产品、具有地方辖区规模经济的公共产品、偏好差异极大的公共产品以及不具有明显外溢效果的公共产品，应由不同层级的地方政府来提供。

---

[1] 刘尚希：《"财力与事权的统一"最重要》，载于《财经》2006年第4期。

三、中央与地方政府确权的路径选择

中国正处于急剧的社会转型期，社会转型一方面为中央与地方政府确权提供了难得的时代契机，同时提出了许多宪政难题。因此，在这一特殊时期，如何明确中央与地方的权力便是我们不得不认真思考的重大问题。

（一）明晰中央与地方政府的事权关系

中央与地方事权的划分是中央与地方政府确权的核心。然而，迄今为止，我国中央与地方政府的事权划分缺乏宪法或地方组织法的明文规定，因此，在我国社会转型期应逐步明确中央与地方政府的权限划分。我国中央政府与地方政府之间事权和财政支出范围，大体可分为四大类：一是完全归中央政府承办的事务，指那些全体国民共同受益而且必须在全国范围统筹安排的事务，主要包括国防、外交事务、国家安全事务、中央行政管理、经济社会发展规划与宏观经济政策的制定与实施、基本法律法规的颁布、对外经济援助及大型中外合作项目的统筹、重大基础科学研究和高新技术开发等。二是完全归地方政府承办的事务，指那些仅限于某一辖区内的社会成员共同受益，而且由地方承办效率更高的事务。主要包括辖区内重要基础设施建设和城镇公用事业发展、辖区内的社会治安与消防及行政管理、辖区内经济社会发展规划的制定与实施，地方性法律法规的颁布、卫生防疫与计划生育等。三是中央承办地方协助的事务，指那些由中央政府出面承办效率更高，但是，受益既不面向全体国民，也不局限于某一行政辖区，而是跨越几个辖区的事务。比如跨省区的基础设施建设（铁路干线、核电站等），大江、大河、大湖的整治，跨流域环境污染的治理等，这些事务必须由中央出面组织、协调，但是根据受益与付费对称的原则，相关地方政府要积极配合，尤其是提供必要的财力保证。四是地方承办中央资助的事务，指那些由地方政府承办效率更高，但是可以归全国国民共享的事务。如重要历史文化遗产与珍贵文物的发掘整理保护，若全部归地方政府承办，支出压力太大，如果由地方承办中央资助，就会调动地方的积极性。再如当某一段国道干线需要维修时，就由当地政府具体承办，但中央要拨专款。还有，外国领导人到某省参观访问，可由地方负责接待，但因外交事务原则上归中央，所需的经费应由中央承担。进一步而言，为了整理划分中央与地方政府之间的事权与支出责任，还要明确各级政府的行政管理、经济管理和事业管理权限，大致包括以下三个方面。

一是明确各级政府的行政管理权限。中央政府的行政管理权限是：统率人民军队，加强公检法建设，对外保护国家的独立与安全，对内维护社会安定；制定和颁布国家宪法、法律和法规；组织和开展全国性行政管理事务，协调各部门各地区的关系。地方政府的行政管理权限是：在中央统一领导下维持本地区社会生活秩序的正常和稳定；制定和颁布地方性法规；组织和开展地方性行政管理事务，直辖市地区内部的关系。据此划分，中央政府主要负责国家权力机关、行政机关、司法检察机关、各党派和人民团体的经费；国防及武装警察部队经费；国家外交事务、对外援助经费等。地方政府主要负责地方权力机关、行政机关、司法检察机关、各党派和人民团体的经费；地方性社会治安经费；地方外事活动经费等。

二是明确各级政府的经济管理权限。中央政府的经济管理权限是：拥有各种经济法规、政策的制定权，掌握宏观调控的决策权、调控权和重点工程的投资权，综合运用经济杠杆，实现国民经济持续、稳定和直辖市的发展。具体包括：①制定和实施国民经济长期发展战略，对于经济发展的规模、速度、结构、布局、效率等重大问题进行决策。②实现整个国民经济的综合平衡。如社会总供给与社会总需求的平衡；经济发展与社会进步、自然生态环境之间的平衡；经济发展与教育、文化、卫生、体育事业的平衡。③负责全国性经济立法，经济方针政策、制度的制定，以及税率、利率、汇率的制定。④确定主要经济控制总量和主要结构，如固定资产投资规模、货币发行总量、农轻重结构、产业结构等。⑤组织全国性、跨省区大系统的基础设施和重大工程建设。⑥制定市场管理规则，培养和完善市场体系，调节市场供求，控制物价总水平。⑦制定合理的收入分配政策，调节地区间收入水平。⑧维护国有资产的所有者权益，提高国有资产的使用效率，防止国有资产流失，保证国有资产保值和增值。⑨组织对外经济技术的合作和援助，扩大对外开放，改善对外经济关系。地方政府的经济管理权限是：在执行中央统一政策的前提下，制定地区性法规，掌握区域性经济调控的决策权、调控权和投资权，促进地区经济的发展。具体包括：①负责制定本地区经济发展战略规划，并对本地区的经济发展规模、速度、布局、结构、效益等问题进行决策；②组织本地区基础设施、公共工程和重要项目的投资和建设；③组织和促进市场化进程，培育、开拓、发展和完善区域市场，加强对市场的指导和监督；④开发公用事业，治理污染，保护环境，维持生态平衡；⑤管理地方国有资产，保证其完整、保值和增值；⑥调节地区内部的收入分配关系，促进本地区内部的协调发展。

三是明确各级政府在科教文卫体等事业发展方面的管理权限。中央政府在此方面的管理权限有：制定国家科教文卫体事业发展的方针政策和制度办法；实施科教文卫体事业发展的战略规划，并对全国性科教文卫体事业发展的规模、结构、效益等进行决策；改革科教文卫体事业管理体制，加强事业单位的管理和监督。地方政府的事业管理权限有：在中央统一政策下制定地方科教文卫体事业发展的制度、办法；实施地方性科教文卫体事业发展战略规划，并对地方性科教文卫体事业发展的规模、结构、效益等进行决策；加强地方性事业单位的管理和监督。据此划分，中央政府主要负责重要文化遗产和珍贵文物的保护以及国家级艺术团体、博物馆、展览馆、陈列馆、图书馆所需经费；重要的基础科学研究和一些高精尖应用技术研究所需支出；具有榜样作用的重点院校和科研所需经费；国家级医药科学研究、病疫预防和中央公务员的医疗保障经费；中央在科教文卫体方面给地方的专项补助等。地方政府主要负责地方级艺术团体、图书馆、博物馆、文化馆、展览馆等建设和发展所需的经费；地方性基础科学研究和一般性应用技术研究所需经费；地方教育经费；地方性医药卫生和体育事业经费等。至于不具有管理职能的各类学会、协会、研究会、事务所、培训中心、服务中心、咨询信息中心和行政事业单位的后勤服务部门，均应从政府管理事务中剔除，取消行政级别，退出财政供给范围，近期内全部交给社会，使其走向市场。

（二）实现中央对地方监督机制的法治化

我国中央对地方的监控方式有立法控制、行政控制、人事控制、财政控制等，在这些控制方式中，人事控制运用得最为频繁和有效，而且还有加强的趋势。在中国，人事问题与我国执政党的领导体制密不可分。只要提及人事控制和人事管理，就不能回避"党管干部"这样一条根本的原则。因而，在人事方面，中央对地方的控制主要是通过党管干部来实现的。

目前，我国的干部人事管理权限由过去的各级下管两级改为下管一级，即中央负责管理省部一级的领导干部，省、自治区、直辖市党委负责管理厅、局一级以及地、市、州、盟的领导干部。中央对地方的人事控制主要有以下几种方式：（1）中央直接管理省、自治区、直辖市的领导干部，这些干部的考察、考核、培养、教育、提拔、任免、审查均由中央直接管理，地方无权干涉这一级干部的管理工作。（2）在紧急情况下，中央可直接决定省、自治区、直辖市主要领导干部的代理人选。（3）地方在建议中央任免省、自治区、直辖市人大常委会正副主任、正副省长、自治区正副主席、直辖市正副市长之前，应征求分管的中共领导人或国务院副总理的意见，并在地方报请中央任免的报告中注明。（4）地方党委在讨论报请中央任免的干部时，如有涉及重大原则问题的不同意见，应将情况在报告中注明，由中央裁决。（5）省、自治区、直辖市厅、局级和地、市级主要领导干部，中央虽不直接管理，但必须由地方定期向中央汇报，由中央组织部备案管理。（6）根据《中华人民共和国宪法》和《中华人民共和国地方组织法》的规定，凡应由省级人大选举产生的干部，在选举之前，地方应将候选人名单报中央审查批准,并由地方党委向中共中央填送《干部任免呈报表》,选举结果应报中央备案①。

由此看来,我国现行的干部人事制度的许多规定和做法与《中华人民共和国宪法》和《中华人民共和国地方自治法》的有关规定不相适应。随着依法治国方略在我国的实施,如何根据宪法和法律的规定进一步改善我国的人事制度,是我国中央与地方确权过程中迫切需要解决的问题。中央对地方的监督要变直接的行政干预为间接的法律监督、财政监督、司法监督和行政监督相结合的方式。要变事前行政审批为主为事后合法性监督为主的监督手段,以保证中央政府既不插手地方事务的管理,又能对地方事务实行切实有效的调控,通过监督使地方政府在法律授权的范围内自由行使权力。要建立和完善监督程序,科学完善的监督程序是保证监督目的实现的重要条件,是监督机制完善的重要标志。没有健全的监督程序会使监督不能高效优质运行,也不可能使中央对地方的监督实现程序化、规范化和制度化。

我国宪法与法律规定地方政府的产生、组织机构,全国人民代表大会常务委员会有权撤销省、自治区、直辖市权力机关制定的同宪法、法律和行政法规相抵触的地方性法规和决议;省、自治区、直辖市的人民代表大会及其常务委员会制定的地方性法规,须报全国人民代表大会常务委员会和国务院备案;自治区人民代表大会制定的自治条例和单行条例,须报全国人民代表大会常务委员批准后才能生效。这种法定的立法监督方式,还必须在现实中大力实施并得到运用。

我国应该加强财政监督的监控方式。财政监督是世界上多数国家运用得最多和最为有效的中央对地方的监控方式。财政监督,主要通过中央对地方的财政转移支付和监督地方财政收支情况来实现。由于我国现行的财政转移支付制度存在一定的缺陷,我国对地方财政的收支情况也监督不力,许多政府部门甚至贫困地区的政府部门都兴建了豪华的办公大楼,这只是地方政府财政收支监督失控的一个例证。

(三) 加强中央与地方关系法律规范的制定

由于地方自主性的扩张,地方政府已经成为相对独立的利益主体。地方政府谋求利益的最大化主要通过两种途径:一是通过向中央政府争取更多的制度创新权;二是与其他地区争夺更多的资源。从历史上看,中国地方制度都是中央制度供给的结果,地方政府谋求本区域利益时,首先考虑的是向制度的供给方——中

---

① 谢庆奎:《中国政府体制分析》,中国广播电视出版社 1995 年版,第 118 页。转引熊文钊《大地方——中国中央与地方关系宪政研究》,北京大学出版社 2005 年版,第 150 页。

央伸手,"跑部进京"成为许多地方改革初始的普遍现象。

据有关调研得知,地方干部认为本地区争取中央财政援助的渠道按重要性排序为:第一位为中央领导人到本地区访问和考察(占48.3%);居第二位为"跑部钱进"(占41.2%);居第三位为全国财政工作会议(占58.6%);居第四位为其他渠道(占82.2%)。这表明,地方获得中央财政援助的最主要渠道不是通过正规制度(指全国财政工作会议),而是通过非正规制度渠道(指领导人访问、考察,"跑部钱进"等)。另据相关调研得知,地方干部认为本地区争取中央优惠政策的渠道按重要性排序为:第一位为领导人访问与考察(占66.7%);第二位为"跑部钱进"(占33.3%);第三位为利用宣传媒介(占56.7%);第四位为举行研讨会(占53.3%);第五位为其他渠道(占93.3%)。这表明,地方政府若想获得中央的优惠政策,主要靠非正规制度渠道获得,也会选用多种形式的非正规"寻租手段",因为他们无法从正式的制度安排中获益①。

上述有关数据表明,地方政府似乎对中央政府予以高度的认同,事事都要征得中央的认可和同意,但是,笔者以为,这实际上是将中央制度供给能力逼向死角,最终导致中央政府合法性的丧失。制度边际创新是中国制度不规范的独有产物,就其本身而言,如果在一定的规则和授权下是值得称道的,但是制度的边际创新在中国却成为对付中央政府的计谋,所谓"上有政策,下有对策"产生了很大的负面影响,直接挑战了中央权威。建构制度化的央地权责关系已迫在眉睫,而制度化的最有效举措就是制定《中央与地方关系法》②,明确界定中央政府与地方政府以及地方各级政府之间的事权与财权关系。

当前,很多国家都充分注意到政府事权是财政支出责任范围的划分这一问题的重要性,并且用法律的形式规范政府事权划分和财政支出责任划分,从而对各级政府有效地行使职责以及政府间财政关系的协调运转产生了良好的作用。例如在德国,各级政府间事权和财政支出责任范围,是由《德意志联邦共和国基本法》(即国家宪法)依据分权自治与适当集中统一相结合的原则确立起来的,虽然以后有局部的调整,但基本框架却一直没有发生大的变化。英国地方政府的职

---

① 2005年,国务院批准上海浦东新区进行社会主义市场经济综合改革配套改革试点,2006年,国务院正式批准天津滨海新区成为国家综合配套改革试验区。2007年"两会"上,四大区域争夺第三个国家综合配套改革试验区。来自湖北的38名全国政协委员和42名全国人大代表分别递交提案和议案,吁请国家在武汉设立国家第三个综合配套改革试验区,为中部地区体制机制创新积累经验;湖南省的全国人大代表和政协委员也提出建议,将长沙、株洲、湘潭城市群设立为国家综合配套改革试验区,担当引领中部崛起的重任;来自辽宁省的全国人大代表提交给大会一份名为"关于请求国家支持沈阳沈西工业走廊开发建设的建议",核心内容是请国家批准这一区域为全国综合配套改革试验区;来自海南特区的全国人大代表,则干脆吁请国务院将海南列为全国综合配套改革试验区。新一轮的政策抢夺战又拉开了序幕。来源中新网,2007年27日"四大区域争国家'试验新区'求拥有更大自主权"。

② 辛向阳:《大国诸侯中国中央与地方关系之结》,中国社会出版社1996年版,第641页。

权都由法律予以规定,职权的扩大和缩小都要通过严格的立法程序。法国的《权力下放法案》对中央与地方之间的权限划分作了明确规定,奠定了法国现行的中央与地方权力配置关系的基本框架,此后通过不断补充完善,对中央与地方的职责权限作了进一步的合理划分,使双方都有法可依,有章可循。而日本的《地方分权一揽子法案》明确地划分了各级政府的职责权限,要求中央政府通过立法和司法途径对地方政府进行控制。

反观我国的实际情况,虽然中央政府确实给地方政府下放了不少权力,但在放权过程中却出现一些中央政令执行不畅、中央权威受到挑战的不正常情况,其中一个根本原因就是下放给地方的权力并没有从法律上加以保障,通常通过行政性放权与行政性收权的交替出现,造成地方政府不应有的失范。为此,我们必须加强中央与地方关系的法制化建设,解决好适度分权的法律保障问题。

第四节 中央—地方政府确权下的地方政府权能定位

美国经济学家阿瑟·刘易斯曾断言:"政府可以对经济增长具有显著的影响。如果政府做了正确的事情,增长就会得到促进。如果政府做得很少,或者做错了事,或者做得太少,增长就会受到限制。"[①] 所谓做正确的事,既内含"做什么事"也包括"怎么做"的问题,"做什么"的问题指政府的职能与角色,"怎么做"的问题指政府的行为方式。我国市场化过程中的地方政府与中央政府之间错综复杂的互动关系,为我们思考"有效地方政府"的角色提供了全景式的研究"场域"。在这样的制度环境下,如何确立与市场体系发育水平以及社会发展水平相适应的地方政府职能定位,并形成有效的角色和运转机制,是转型国家地方政府体制改革面临的根本性问题。

一、权能合理定位是地方政府改革的前提和关键

作为一个历史范畴,政府权能的一个重要特点就是其动态性,政府必须根据社会关系的变化和时代要求对其权能定位,地方政府权能定位是指地方政府的管理职能和基本任务的转变和重新定位。它至少应包含以下三层含义:第一,地方

[①] [美]阿瑟·刘易斯:《经济增长理论》,周师铭等译,上海三联书店、上海人民出版社1994年版,第515页。

政府职能内容发生的转变。主要是指政府的政治、经济、文化、社会等职能具体管理内容的转变,与社会发展相适应,其中一些职能的内容范围在逐渐缩小,而一些职能内容范围在不断扩充和深化。转变的核心是满足本地经济社会发展的需要。第二,地方政府履行职能方式发生的转变。这指行使职能的方式将由政治性、行政性、命令性、直接性转向以经济性、法律性、服务性和间接性为主。这是由我国社会转型决定的。第三,地方政府职能重心发生的转变。它指政府职能结构的重心由一个职能转变为另一个职能的过程,其他职能并不是消亡,而只是相对弱化。很长一段时期,地方政府职能的重心在于"管理",而且完全是中央高度集中的政治经济体制下的管理模式。21世纪初的2003年和2004年,随着"非典"的暴发、弱势群体的显性凸显等一系列问题的出现,促使中国以突出公平因素和反思市场因素的作用为契机,开始集中地思考建设服务型政府的课题,政府的公共服务职责得到了前所未有的重视。到了2007年和2008年,建设服务型政府被分别写入中共十七大报告和国务院政府工作报告,则标志着这一转变已经得到了决策层的肯定。

(一) 职能转变是地方政府改革的前提、基础和关键

地方政府机构是政府职能的载体,地方政府职能是地方政府机构的灵魂。地方政府机构的工作任务、制度、结构、功能和人员、发展目标和方向等均由地方政府机构的职能来决定。地方政府机构没有科学、合理的职能配置,就没有科学、合理的工作任务、制度、结构、功能、人员队伍发展目标和方向,就没有强盛的生命力。职能决定机构的规律,这种内在的规定性决定了地方政府机构改革必须以转变职能为前提与基础,政府体制改革必须牢牢抓住转变职能这个关键。其次,地方机构改革是地方政府职能转变的载体和保证。离开载体谈职能转变,职能转变只能流于形式和空谈,落不到实处,得不到保证。职能转变的广度、深度和力度,直接取决于机构改革的广度、深度和力度,因此,要通过机构改革来突破、推动和保证职能转变。最后,地方政府机构改革与职能转变是一个不断发展的过程。在机构与职能这一矛盾体中,职能是最活跃、最革命、最富有生命力的因素,地方政府职能总是要随着政治、经济、文化、社会环境的变化而变化,作为载体的政府机构也要随之做出相应的调整和变化。地方政府机构总是要围绕政府职能这根主轴上下波动,职能变化到一定程度,必然要引起机构的变革,二者的统一呈螺旋式上升、波浪式前进。因此,政府机构改革与职能转变过程,实质上就是一种矛盾运动的过程,这种矛盾运动的基本规律就是政府职能与社会政治、经济、文化及政府机构与政府职能的平衡与不平衡的对立统一规律。

（二）死死扭住职能转变这根主轴

要严格按照社会主义市场经济体制的客观要求，着眼于政治体制改革的宏观战略，科学确定政府的职能体系，严格处理好党和政府、政府与全国人民代表大会、政协、企业、事业单位、社会团体、公民、市场的关系及政府内部的职能关系。确定政府职能体系时，要防止和克服两种片面性：一是"一刀切"。我国各地的经济、文化、社会发展水平不同，如沿海地区与内陆地区就有明显的差距，与之相适应的政府职能也就不能千篇一律，而应体现区域差别、区域特征。二是"唯中心"。我们要以经济建设为中心，经济职能是政府的中心职能。而政府职能除经济职能以外，还有政治、文化和社会等职能。确立政府职能体系时，不能唯中心职能，而要把中心职能与政治职能、文化职能和社会职能统一考虑，科学处理四者之间的辩证关系。

（三）根据新的职能体系改革地方政府机构

根据新的职能体系，确定政府机构的工作任务、制度、结构、岗位、编制和人员素质及其内部关系，建立相应的政府机构，并完全按照新的职能体系运行。为此，必须防止和克服三种片面倾向：一是为机构改革而机构改革。机构改革游离于职能转变之外，就机构改革抓机构改革，强调、热衷抑或局限于精简了多少机构、减少了多少人员，没有着力调整内部权力体系，没有重点落实职能转变，没有突出职能体系优化与职能转变配套进行。二是机构改革与职能转变背道而驰。一方面，大谈职能转变，另一方面，又按老思想、老办法、老职能大谈所谓政府机构改革，所产生的新机构不仅不能成为新的职能的载体，反而成为新的职能的一种异己力量，限制、阻碍职能的转变。三是机构改革与职能转变只是零散、局部结合。一方面，大谈科学确定政府职能体系，另一方面，不根据政府职能体系科学设计政府机构体系，不能系统地改革政府机构；不从整体上推进政府机构改革与职能转变的统一，要么上动下不动、下动上不动、左动右不动、右动左不动，要么头痛医头、脚痛医脚，缺乏整体推进，导致改革的各种力量相互抵触，不能形成一股强大的合力，机构改革收效不大，容易反弹。

二、地方政府权能的层次性与多元性

地方政府有一个基本特征，即它具有角色的双重性[①]。首先，地方政府是作

---

① 沈荣华：《中国地方政府学》，中国社会科学出版社2006年版，第7页。

为中央政府的执行机构而设置的,地方政府是隶属于中央的,这在单一制国家中尤为明显;其次,地方政府是本行政区域内政治与经济事务的领导机构,地方政府具有一定的独立性。在我国,地方政府具有明显的双重隶属关系。一方面从属于中央政府,必须在它所设定的权限内活动。中央政府可以创设或解散地方政府机构,也可以增减他们的职能权限,还可以直接影响地方政府官员的去留;另一方面,地方政府往往还隶属于同级权力机关,代表该行政区域内的人民行使权力。所以,不同层次的地方政府所处的上下左右关系有所区别,代表的利益主体不同,地方政府权能也就具有一定的层次性。

(一) 地方政府职能的层次性

随着政府行政管理体制改革的深化,学界和实务界逐步认识到,上下职能同构肯定不是履行好政府职能的最佳体制,恰恰是不同层级政府的职能有所区别、各有侧重,才能更好地发挥各层级政府的作用,形成整体效应。当前,在地方政府机构改革中,这个问题仍然没有得到足够的重视,总是遵循一种路径依赖,仍然强调条线的对口,地方政府职能同质化继续普遍存在。当前,中央将政府权能定位为经济调节、市场监管、社会管理、公共服务,应该说,各级政府都有这些权能,但各级政府的侧重点是不同的。地方政府应注重国家政策法规的执行,注重对本地区经济社会事务的统筹协调,更注重强化执行和执法监管职能。地方不同层级之间的政府职能也不尽相同,省一级政府在上述四项职能中,主要是贯彻落实中央政府的政策法规,制定本地区的具体执行政策,经济调节方面的作用应占次要地位。市县乡政府职能体现在市场监管、社会管理和公共服务,越是基层政府,社会管理和公共服务职能更应凸显。地方政府权能的层次性表现为不同层级的地方政府权能有所差别,其中,省级政府的职能更侧重于宏观政策的制定和对于政策执行的监督;随着省直管县改革的推进,地(市)级政府的职能应主要侧重于城市经济的发展和社会事业的管理,着力改善城市的生活环境;县级政府的职能则更为复杂,承担着本地区经济社会发展的各项职能,同时,县级政府职能的执行性也最强,政策的执行一般都会由县级政府来完成。随着农业税的取消,乡镇政府的主要职能应该逐步转变为基层服务,促进农村各项事业的发展。

(二) 地方政府职能的多元性

不同区域地方政府之间的职能侧重点也应有所不同。我国幅员辽阔,区域之间经济社会发展程度不同,东中西部经济社会发展差异性较大,所以,不同地区不同的发展程度对地方政府职能的要求也不同。当前,地方政府的职能不应全定位在发展经济层面上,中央政府对不同的区域有着不同的规划,地方政府应该以本区域实际情况和中央政府的规划合理确定自身职能,同时,不同区域间的经济社会事务会有所不同,应该允许不同区域的地方政府在权能配置上突出本地特色。地方政府权能配置的多元化对于地方政府管理本地经济社会事务,提供公共服务具有积极意义。

鉴于地方政府权能的层次性与多元性,改革要反映这种"上下左右"之间的职能定位的差异,促进地方政府在职能定位上体现地方特点,不强调简单划一用国务院机构改革的模式推进地方政府机构改革,鼓励地方设置适合本地区特点和要求的政府机构,着力体现出这种差别化。地方政府可以发挥综合协调部门的作用,以应对政府职能层级性和多元化改革后的政府部门上下对应和衔接问题,保证政令的畅通。

三、地方政府权能合理化的对策思考

从总体上说,中央政府与地方政府在社会治理的价值目标是一致的,最大区别就在于发展战略与政策措施的全局性还是局部性、维护利益的整体性还是地域性,进而决定中央政府的职能定位是为经济社会发展构建基础性、全局性的制度与条件。地方政府既要贯彻中央关于经济社会发展的宏观意图,也要体现与代表地方利益,因而它的职能定位是在执行中央政府宏观发展目标的基础上,为地方经济发展与社会进步提供公共服务,其职能既是对中央政府职能的承接,也是对中央政府职能的延伸。回顾改革开放以来地方政府职能的履行情况,一个不可否认的事实是,地方政府过多地扮演了市场主体的角色,而诸如提供公共服务的职能则被有意或无意地忽视了。诚然,地方政府职能的这一价值取向与我国的分权改革、政府官员的任命考核、政绩评价机制有着相当大的关系,但是随着经济体制改革的深入,地方政府应逐步从市场中退出,否则,地方政府的职能将不可避免地出现"越位"、"缺位"、"错位"等现象,造成经济资源的错误配置和效率损失,同时地方的发展也不能与国家的宏观调控目标正常衔接。

(一)地方政府的职能设计和组织再造

准确定位职能是地方政府构建的基本前提。地方政府的职能设计主要有两个标准:其一,按照市场化程度确定公共事务范围,作为界定地方政府职能边界的基本依据。社会事务主要划分为私人事务和公共事务,这种划分,并不是人为划分的主观结果,而是市场化过程中自发游离出来的客观结果。一般而言,市场化程度较高的事务应属于私人事务的范畴,如个人或家庭收入的支配、排他性和竞争性消费品的选择(如衣食等日用品)、企业规模和经营方向等。这类事务的管理应该由个人、家庭或企业等微观经济组织来承担，地方政府一般不应介入。而在市场缺陷或市场失灵的领域，如提供纯公共物品和服务，消除外部经济效应，稳定宏观经济，调节收入分配，维护市场竞争等，则决定了公共管理部门介入的必要性。这种私人事务和公共事务的划分，有助于市场经济中的各类社会组织明确定位，各种社会组织之间具有相对的独立性，彼此为分工合作的关系，因而为地方政府介入社会事务提供了基本依据。但是，公共事务与私人事务之间并非截然对立，其界线往往是交叠和模糊的，特别是随着市场化程度的变化，社会事务的"公"与"私"之间的界线正在不断发生改变。第一，随着市场中交易规则和量化技术的不断完善，原来意义上的一些公共事务可能会进入市场领域，转化为私人事务。例如，通过 BOT 项目融资等方式，民间企业介入到公共基础设施的建设和经营领域；行业的发展壮大，使得业内自发组织的中介机构承担起行业管理的职能；信息市场的建立与完善；使知识类产品得以进入市场；等等。第二，随着市场经济向广度和深度的发展，由市场衍生出的社会事务也有可能超出市场本身的控制范围，使原来意义上的私人事务转化为公共事务，如经济全球化问题、公民的社会保障问题、环境问题、人口问题、消费者权益问题等。第三，越来越多的社会事务趋近于非"公"非"私"的中间状态，这些中间事务能否得到有效处理，很大程度上取决于政府与市场的互动与合作。例如，产业政策的调整，统一市场的建设等。因此，随着市场化程度的发展，一方面要求地方政府职能不断适时、适地、适宜地调整和定位，另一方面，也促成了地方政府组织与非政府组织之间合作程度的加深。实际上，即使在市场经济发达的国家，社会事务的这种"公"与"私"之间的界线也在不断发生变化，这也在某种意义上解释了为什么这些国家非政府组织不断涌现，地方政府职能不断调整的原因。其二，公共事务"公益性"的本质，决定了应该把道德与效能作为地方政府职能边界的主要标准。从理论上讲，政府并非私利的谋取者，而是公益的信托者。因而，其作用的客体公共事务也具有"公益性"的特点，这是公共事务与私人事务的根本区别。公共事务主要涉及国家主权、普遍福祉以及人们共同利益的事务，它是服务于不确定的多样性的个体需求并为公众谋取公共利益的组织。私人事务往往以追求更多的个人利益为出发点，因而带有明显的"私利性"。经济利润不仅被看做其活动的底线，而且经常被视为积极的经济和社会本能。既然公共事务主要体现为公共的利益，这就决定了衡量政府活动是否有效的根本标准就在于是否能在最大程度上服务公众的任务，即提供所有公民的共同利益（体现统治者意志为前提）。如果政府的活动能维护或增加所有人的根本利益和整体利益，能保障所有人的基本权利不受侵犯，那么这一活动便是道德的。尽管人们很难界定什么是道德的、什么是不道德的，但在公共利益的论述中，对道德或善的评价总是与效率内在契合。当通过某种契约或安排等,每个人都能获得一种需求满足增量时,这种安排就是善的,也是高效率的。"① 同样地,当政府活动是在道德约束范围内,从一般意义上说,也应该是有效率的。衡量一项政府职能的存在是否合理的效率标准是,它能否更大程度地增加个人福利。总的来说,包括规制服务(如环境规制、广播电视许可、反不正当竞争规制)、维护和提供社会正义、协调团体冲突、保护和配置资源、调节和再分配社会收入等社会公共事务,由于其公益性很强,其公共权力的行动已经从属于民主的公共性的要求,因而主要由地方政府来行使。而在公共产品的供给上,则要依据效率标准来界划政府活动的范围。纯公共物品,如轨道交通、环境整治等,由于具有严格意义上的非排他性、非竞争性和不可分割性,其产品供给边际成本为零,因而不能由私人提供,必须由政府承担。准公共产品,如高等教育、邮政、医疗、筑路建桥等,既可以由地方政府来提供,也可以由私人提供,则谁有效率谁提供;如果是私域产品,政府供给是高成本、低收益或无收益的,则地方政府不应该涉及,这种产品应该由私人来提供。

当前,我国地方政府纵向间"职责同构"和"单边主义"现象极大地阻碍了地方政府职能服务化的实现,特别是压力体制、政治锦标赛、官员任期制、激励与约束低效等因素,制约了作为组织的政府提供公共服务的行动意愿,导致政府行为变异。从这个角度讲,地方政府的非服务型样态,实则是当下中国政治行政生态下的逻辑使然。为此,变更政府治理变异的逻辑起点、斩断变异的逻辑链条,方可利于地方政府组织和职能的服务性转变,因此,非常有必要进行权力下移与扁平化的组织结构再造。通过调整行政区划,理顺条块关系,减少管理层次,扩大管理幅度,使地方政府拥有适度的自决权,并对产生的结果负责,从而实现真正意义上的权力与责任的统一。同时,地方政府自身的机构改革也是重要的内容,地方政府机构改革不一定是千篇一律的机构精简与人员分流,应体现出政府职能的要求和公共管理的需要。同时,要大力培育非政府组织,发挥其在社会事务管理中的作用,做到与政府职能的互补。

(二)地方政府权力运行机制重塑

在地方政府改革的过程中,只有当政府职能适应了特定社会生态环境的变化,政府权力又能与自身职能保持平衡与协调的时候,地方政府的能力才能最大限度地发挥出来。可以说,适度的权力边界及在边界内的规范运行是地方政府改革的主题。这就需要地方政府权力运行范围要适度,操作力量要适度,地方政府

---

① 曹沛霖:《政府与市场》,浙江人民出版社1998年版,第63页。

权力运行方式要规范，地方政府权力的运行程序要公开，地方政府权力的运行效能要提高，地方政府权力的运行成本要低廉。从地方政府权力运行的实际过程来看，至少有五种机制需要探索，即价值机制、整合机制、协调机制、激励机制、控制机制。这些机制依照特定的逻辑关系相互区别又相互联结，在地方政府权力运行过程中起着不可或缺的作用。其中价值机制重塑应遵循的方向是实现并增进公共利益；整合机制重塑的原则是引导政府权力运行的显性规范和隐性规范走向统一，实现权力运行的整体优化；协调机制重塑的方向是适应外部环境变化的变革要求，提高政府效能；激励机制重塑的方向是实现公务员的"社会服务人"的角色转变；控制机制重塑的方向是督察公务员廉洁奉公，严格依法行政。

地方政府权力运行机制的重塑，需要在政府决策、执行、评估的各个环节进行科学化、民主化的设计。在政府决策过程中，应充分发挥民主，积极扩大公民参与的范围，搜集全面准确的信息，积极发挥专家学者的咨询作用，对决策事项进行科学论证。同时，地方政府的决策应该程序化，形成完整科学的决策机制。在政策执行过程中，需要严格控制自由裁量权，同时建立执行纠错机制，发现执行的偏差可以及时纠正。建立科学的评估体系，对地方政府的政策执行力和有效性进性评估，同时能起到监督作用。

地方政府权力运行机制中最重要的一点就是政府与社会的互动，政府的权力来源于社会，政府的职能是为社会提供公共物品。因此，政府的行为就必须符合社会利益，具体表现为符合公民需求，同时，社会在政府权力运行过程中可以起到辅助作用，加强政府与社会的合作，是完善政府权力运行机制的主要路径。

（三）地方政府的管制与服务关系重理

要深入研究地方政府权能合理定位的问题，必须对"服务"与"管制"这一关系进行分析。政府管制是一个制度平台，它以维护公共利益的功能优势而被人们期待。然而，政府管制的实践却令人遗憾地呈现出普遍的失败。政府管制的失败主要表现在管制目的的失落、管制成本的重压、管制权力的异化以及政府对市场理性和市场发育机制的阻抑。政府管制失败的原因是多方面的，政府知识理性的有限性、政府行为选择的自利性、管制体制的非合理性以及社会心理的阻抗性是导致政府管制失败的主要原因。鉴于政府管制失败的逻辑性与必然性，笔者主张在地方服务型政府构建过程中，逐渐减少管制成分而逐渐增加服务成分。当然，这并不是取消管制，实际上，地方政府既要代表民众实行管制，又要履行社会职能提供服务。当前我国地方政府经济性管制还大量存在，管了许多不该管、实际也管不好的事，结果产生了大量的寻租成本，扭曲了市场对资源的配置机制。

服务型政府并不完全排斥管制，在社会治安、市场监管、安全生产等方面的管制正是政府发挥服务职能的集中体现。地方政府改革、建设服务型政府同样需要管制与服务两种职能的统一。服务是地方政府改革的整体理念，管制是服务型政府建设中的一个工具。笔者认为，服务与管制并不是简单的此消彼长关系，而是职能的优化配置，寓服务于管制之中或者寓管制于服务之中是政府管理方式的优化与进步。

　　在政治、法律层面，政府的管制具有不可替代性，这是维护国家安全和政权稳定的基础；而在社会生活和一定范围内的经济活动层面，政府需要适当放松管制。同时，政府放松管制后出现的真空需要有一种替代力量来进行补充，政府在此要创造条件充分发挥市场、社会、公民的作用，形成政府、市场、社会三位一体的公共管理模式。同时，政府在此过程中的服务职能显得更为重要，政府需要为公民的发展、社会的进步与经济的繁荣提供良好的外部环境和政策支持。

第五章

地方政府责任体系重构与行政问责制度化

美国思想家麦迪逊有一句名言:"如果人人都是天使,就不需要任何政府了。如果是天使统治人,就不需要对政府有任何外来的或内在的控制了"①。事实上,人不是天使,政府也不是天使,所以需要对政府权力设置行为边界以控制政府行为,因为"一切有权力的人都容易滥用权力,这是万古不易的一条经验。有权力的人们使用权力一直到遇有界限的地方才休止"②。十八大强调对地方政府责任体系重构与行政问责制度化,就在于更好地为地方政府权力设置边界,确保地方政府的权力受到约束和节制,只有这样,地方政府才能合法、高效、廉洁。

第一节 地方政府责任的内涵及其体系

"责"在汉语中是一个多义词③。基于现代社会发展,人们归纳提炼出"责任"的三重意义:一是使人担当起某种职务和职责;二是分内应做之事;三是做不好分内应做的事而应承担的过失④。本书所谓的"责任"含义一般是指后

---

① [美]汉密尔顿等:《联邦党人文集》,程逢如等译,商务印书馆1982年版,第264页。
② [法]孟德斯鸠:《论法的精神》(上册),商务印书馆1961年版,第154页。
③ 王成栋:《政府责任论》,中国政法大学出版社1999年版,第2~3页。
④ 《汉语大词典》,汉语大词典出版社1992年版,第91页。

两种。

对于地方政府责任来说，核心的问题有两个方面：一是明晰地方政府的分内之事，又如何由法制规定。分内之事既可以理解为法定的义务，也即政府应该承担的职责。市场和社会无法承担的事务，或如果由市场和社会承担将导致低效率或无效率的领域，就是地方政府应该承担的职责之所在，这是地方政府积极意义上的责任。二是明晰地方政府不履行法定义务应该承担的后果，以及通过建立有效机制确保对上述后果的承担，这是地方政府消极意义上的责任。在这里，地方政府责任实际涵盖上述两种责任，它既包括地方政府积极意义上的责任，也包括明确和追究地方政府消极意义上的责任。

一、地方政府责任体系的主要内涵

地方政府责任体系的内涵主要包括制度性责任、体制性责任和机制性责任。其中，前两种责任重在明晰并定位地方政府积极意义上的责任，后一责任重在明确并追究地方政府消极意义上的责任。

（一）地方政府的制度性责任

制度性责任是指明晰地方政府应当承担政治逻辑和制度框架上的积极意义的责任，包括政治性责任与行政性责任。前者是地方政府承担的外部责任，后者是地方政府承担的内部责任。

1. 地方政府承担的政治性责任

政治性责任是与政治合法性来源紧密相连的概念，"政治责任与公共权力相关，是公共权力的被委托者对委托者的责任"[①]，政府及公务员作为权力的被委托人在获取公共权力的同时，也意味着承担相应的责任。这种责任总体的原则就是公共权力行使必须是出于更好地实现和维护公共利益，必须严格恪守授权范围。政治责任意味着政府及掌握和行使公共权力的人员对其自身合法性源泉即公众及公共利益的尊重，体现了公共权力的委托者与行使者之间的责任关系和约束方式。政府的责任首先表现为政府对国家权力主体的公民或代议机构负责。这种责任实质是"公仆的责任"，体现出来的政治逻辑是人民主权思想。

在中国，地方政府的主要官员是由地方人民代表大会选举产生的。因此，地方政府必须符合地方人民的意志，必须对人民负责。我国地方权力机关为各级地方人大，是地方民意的代议机关，地方政府都由本级人大产生，因此，向本级人

---

① 张贤明：《政治责任的逻辑与实现》，载于《政治学研究》2003 年第 4 期。

大负责是地方政府最基本的政治责任,或者说是地方政府的宪政责任。它的含义就是地方人大及其常务委员会是地方政府的雇主或者委托人,地方政府则是地方人大及其常委会的雇员或者代理人,出于代理人与委托人的彼此利益考虑在边际受损率上存在着一定的差距,这时,为保证代理人为委托人工作,就有必要建立一种静态的责任结构以及相应的动态监督结构,从而使代理人的边际受损率最大限度地逼近委托人的边际受损率,从而制约代理人不负责任行为的发生。这一责任结构是由宪政体制决定的,也是由人民主权原理决定的。

2. 地方政府承担的行政性责任

行政性责任在西方又称为官僚责任或管理责任。政治性责任是指由选举产生的政府对选民的责任;行政性责任则主要表明官僚制组织的管理责任。政府非选举的(任命的、事务性的)官员不直接向公民负责,只是机械地执行来自政治领导人的决策,其责任形式主要表现为公务员通过各个部门的等级结构,在技术上对政治领导人负责并最终体现对人民负责,这是西方政府中行政性责任的典型。

行政性责任来源于法律、组织机构、社会对政府与公务员的角色期待。这里包含两方面的含义:一是从职权关系上来说,是一种直接的职责关系。地方政府对中央政府负责,下级政府对上级政府负责,是最基本的纵向行政责任关系,行政首长和行政下级之间实际上存在一种双向责任关系。二是从行使过程来说,公务员对民众负责,表现为洞察、理解和权衡他们的喜好、要求和利益现状,满足民众不断变化的需求,提供民众期望的公共产品。客观责任不仅包括这些客观的付出,还包括及时把握公众的偏好,以最有效的方式提供所需的服务的责任,为社会成员提供公共服务时,必须符合体现公共资源利用的有效性与合理性。

中国是单一制的大国,各地情况千差万别,设立各级地方政府的目的,实际上就是为了使管理国家和服务民众更加有效。从这种意义上说,地方政府是为了节约中央政府直接管理的成本而设立,地方政府向中央政府负责,下级政府对上级政府负责,是中国的基本责任体系。实践已经证明,只有这样才能保证国家政令统一,上传下达。另外,地方官员是地方公众的公仆、地方利益的代表者,地方政府必须体现为人民服务的宗旨,向地方公众负责,提供公众满意的服务。因此,接受来自中央与上级的监督是地方政府责任体系中非常重要的内容。地方政府承担政治责任与行政责任的统一实际是对政治—行政二分原理的基本体现。

(二) 地方政府的体制性责任

地方政府的体制性责任就是如何确定地方政府责任的合理范围问题。长期的行政管理实践说明，政府的能力是有限的，政府无法有效地提供全部的公共物品，不可能承担全部公共服务的无限责任。按照传统观点来说，公共服务的非排他性和非竞争性特点，决定了依靠市场提供公共服务往往不能产生令人满意的效果。作为市场主体的私营部门不愿意提供该类服务的原因，是因为它们往往从追求利润最大化的角度出发。而人的经济性也会导致"搭便车"现象，引起所谓的"公用地悲剧"①，最终导致公共服务供给严重不足，于是政府是市场不可替代的公共服务的唯一提供主体。

然而，随着 20 世纪 70 年代以来，传统由地方政府垄断提供地方公共物品的责任模式受到了强烈的质疑，西方兴起"多中心"的地方治理模式"理论"。该理论是一种直接对立于一元或单中心权威秩序的思维，它意味着地方政府为了有效地进行公共事务管理和提供公共服务，实现持续发展的绩效目标，规范社会中独立多样化的行为主体要素，包括个人、商业组织、公民组织、政党组织、利益团体、政府组织等，以一定的行动规则，通过相互博弈、相互调适、共同参与、协商合作等互动形式，构成地方公共管理制度或组织模式。随着市场经济的不断发展以及第三部门和公民社会的逐步兴起，地方政府承担地方公共物品提供的无限责任状况必将得到逐步改变，市场和社会在其中将扮演越来越重要的角色。

（三）地方政府的机制性责任

"地方政府的机制性责任"，指地方政府承担责任的可操作性问题，即明确和追究地方政府责任的过程与方式。建立地方政府的机制性责任异常重要，因为任何公共权力如果不给其设置"分内之事"的责任，它就容易失去方向，乃至不知所措；但是，如果不对其设置和追究"没有做好分内之事就须承担的不利后果"，它也同样容易失去控制。

完善地方政府的机制性责任意义重大，原因有二：

第一，官员与公众之间往往在公共服务方面存在着信息不对称，公众难以获得公共服务方面的全部真实信息，而官员却可能以隐蔽的方式异化公共权力，产生寻租腐败。因此，对官员抱有警惕心理并建立究责机制便显得十分重要。

在公共选择理论学派看来，官员与所有普通人一样，都是个人利益最大化的追求者，构成其个人利益的主要因素有权力、金钱、地位和特权，具体而言，不外乎薪金、职务津贴、社会名望、权力、较大的影响力、轻松的工作负担等②。

---

① 毛寿龙：《有限政府的经济分析》，上海三联书店 2000 年版，第 156 页。
② 沈荣华、钟伟军：《中国地方政府体制创新路径研究》，中国社会科学出版社 2009 年版，第 167 页。

斯蒂格勒深刻指出:"一个理性的人必然受到对其行动有影响的刺激机制的支配。无论他自己的个人欲望是什么,如果某种活动将带来惩罚,他必然会取消这种活动;如果能带来较大利益,将会吸引他趋于这种活动。胡萝卜和棍棒对科学家和政治学家的支配作用与对驴子的支配作用是一样的。"① 亚里士多德更是直接指出,"人类的私心不会因为公有制的建立而随之消灭",认为"人们关怀着自己的所有,而忽视公共的事物;对于公共的一切,他至多只留心到其中对于他个人多少有些相关的事物"②。

政府与民争利,甚至暴虐民众的情形,迫使实现权利与权力和谐共处的任务被放到了人们面前。事实上,来自于非法个人的强制固然可怕,而来自于公共权力组织的"暴力"强制则更为可怕。因此,必须为公共权力的使用设置一道合法边界,即将其严格限定在"它被要求制止私人采取强制行为的场合"③。基于此,休斯指出:任何政府都要建立一套责任机制。……对任何主张民主的社会来讲,责任机制都是基本要素,这句话反过来说可能更有说服力。

第二,仅仅为地方政府设定第一性义务并寄希望地方政府出于对分内之事的高度认可而自觉尊重、遵守第一性义务④,是不能持久运行的。事实上,任何一个社会都无法假定任何人在任何时候都自愿自觉的遵守法律规定的"分内之事"。上述内在守法从广度上和深度上都不具有全面的覆盖性。只有制度化的外在守法才具有同等的、全面的、刚性的覆盖面。一言以蔽之,外在守法具有刚性制约性。法律制度一旦被制定,就成为一种外在于所有人的客观存在。人们可以不赞同它,但是不可以反抗它。因为它以强大的物化力量为后盾与支撑,违抗和破坏它的结果将不只是舆论谴责,更是物质利益、自由,甚至生命的被剥夺。通过完善地方政府的机制性责任,对政府公权力予以消极意义上的制约,具有正当性与必然性。

从逻辑上分析,地方政府的机制性责任有两个层面的内涵。

一方面,建立和完善地方政府应当承担的消极意义上的责任体系,以使得地方政府各种错误行为都有相应的不利后果如影相随。具体到当下,地方政府应当承担的不利后果主要包括:其一,人民群众追究地方政府侵权法律责任的罚则包括两个方面的内容:(1)地方政府承担撤销错误决策行为和错误执行行为的不利后果(如果是地方政府不应当作为而滥作为,"撤销"意味着恢复原状;如果

---

① [澳]欧文·休斯:《公共管理导论》,彭和平等译,中国人民大学出版社2001年版,第13页。
② [古希腊]亚里士多德:《政治学》,商务印书馆1985年版,第275页。
③ [美]哈耶克:《自由秩序原理》(上),邓正来译,三联书店1997年版,第17页。
④ "内在守法"指社会成员自觉认同各种制度,并把遵守制度内化为一种道德义务;它与"外在守法"相对应。后者指社会成员迫于外在惩戒的威慑而服从制度。在法治社会中,外在守法是普遍守法得以实现的根本依靠;相较内在守法,它具有不言而喻的优先性。

是地方政府应当作为而没有作为,"撤销"意味着改正错误,是一种积极作为)。(2)地方政府承担侵权损害赔偿责任;如果构成刑事犯罪,就需要承担刑事责任。其二,代议机关追究地方政府错误行为的罚则:(1)撤销地方政府不适当的决定和命令。(2)罢免地方政府相关人员的公职。其三,执政党追究地方政府中党员和党组织违纪责任的罚则:(1)对党员的纪律处分种类:警告;严重警告;撤销党内职务;留党察看;开除党籍。(2)对严重违犯党纪的党组织的纪律处理措施:改组;解散。其四,地方政府内部追究行政责任的罚则:(1)上级行政机关撤销下级行政机关不适当的决定和命令。(2)行政机关对相关公务人员承担行政责任的罚则:警告、记过、记大过、降级、撤职、开除[1]。

值得注意的是,建立和完善地方政府应当承担的消极意义上的责任体系,需要遵循以下两个原则:其一,责罚法定原则。是指地方政府因为不当履行第一性义务后,具体承担何种"第二性义务"不仅应该由法律明确规定,而且要符合法治精神。责罚法定原则反对罚则模糊,更反对将罚诫的类型与程度全部交由问责权行使主体自由裁量。意大利刑法学家贝卡里亚就此指出:"只有法律才能为犯罪规定刑罚……超越法律限度的刑罚就不再是一种正义的刑罚。"[2] 其二,责罚相适应原则。特指违法的社会危害是违法和惩罚的公用"标尺",因此犯罪的社会危害性就顺理成章地成了犯罪与相应刑罚是否均衡或相适应的标准。"公众所关心的不仅是不要发生犯罪,而且还关心犯罪对社会造成的危害尽量少些。因而,犯罪对公共利益的危害越大,促使人们犯罪的力量越强,制止人们犯罪的手段就应该越强有力。这就需要刑罚与犯罪相对称。"[3] 责罚相适应原则对构建地方政府机制性责任有着重要意义。如果罚则过度小于错误行为的危害,地方政府便有可能随意超越"分内之事"的界限,从而造成机制性责任的失效;如果罚则过度大于错误行为的危害,则不利于保护地方政府的正当权利。

另一方面,建立和健全追究地方政府不利后果的问责机制,以使得地方政府应当承担的各种不利后果能够得到及时、全面、准确的"兑现"。在当代中国,这种问责机制主要包括人民群众对地方政府的问责、地方代议机关对地方政府的问责、执政党对地方政府的问责以及地方政府内部自上而下的问责。

二、实现政府制度性责任的三个转变

现代政府责任首先是一种建立在特定政治原则之上的责任政府制度体系。由

---

[1] 参见《中华人民共和国公务员法》第五十六条规定。
[2] [意] 贝卡里亚:《论犯罪与刑罚》,黄风译,中国大百科全书出版社1993年版,第221页。
[3] [意] 贝卡里亚:《论犯罪与刑罚》,黄风译,中国大百科全书出版社1993年版,第223页。

于不同的时期对政府分内的事情的理解不同,以及社会经济发展带来的国家与社会关系的变化,地方政府的制度性责任一直处在不断的更迭变化之中。综观整个变迁轨迹,地方政府制度性责任实现了或正在实现三个转变。

(一) 从全能责任到有限责任

在西方自由资本主义时期,在个人权利至上的理念下,政府的角色被称为"守夜人",政府的责任被限定在几个有限的领域内,如公安、国防、税收等。但是,20 世纪二三十年代以来,在凯恩斯主义思想的影响下,政府的全能责任开始被提出来,认为政府应该更加主动地承担更多的责任,政府由原来的"守夜人"角色转变为"保姆"角色,政府开始承担全能责任。责任内容发生很大的转变,负责任的政府意味着应该为普通公民提供"从摇篮到坟墓"的全能责任,为他们提供教育、就业、培训、住房、医疗、养老等各种保障。为了确保政府承担这种全能责任,西方国家的立法机关纷纷通过了各种相关的法律和法令,其中最为重要的就是社会保险法,在此基础上形成了社会保障制度。这种以福利主义为基本内容的政府全能责任,对于保障公民的基本权力和消除经济自由竞争所带来的种种社会冲突起到了积极的作用。到了 20 世纪中期,西方各国基本上进入了福利国家的阶段,标志着全能责任观念在西方政府中得到了全面确立。

然而,进入 20 世纪 70 年代以来,经济形势越来越复杂,竞争日趋激烈,对于政府来说尽其所能采取一切办法提高行政效率是当务之急。无论是民主主义者还是共和主义者都对日益扩大的财政开支不满,对提供社会和经济服务的庞大管理机构提出了猛烈的批评,强烈要求改变官僚机构反应迟钝、效率低下和对服务对象充满敌意的运行模式。全能责任的观念受到了严峻的挑战,公众对政府的生产力低下正在失去耐心。两条变革途径似乎正在交叉:一是高举民营化大旗,利用民间部门高效率、低成本地提供公共服务;另一条是公共部门提出一系列创新方案,改善对公众的服务并重新获得公众的信任①。很显然,由对社会事务全面干预进而全面承担责任,开始转变为在与公共部门和私人机构分担治理任务的前提下承担有限责任,要求政府干预在有效范围内收缩,成为改革的基调与呼声。

从全能责任到有限责任的转变,一个关键变量就是如何确定政府的责任边界。两条标准为大家所普遍认同:一是来自效率的考虑,认为凡是市场或社会承担更为有效率的事务,不应该成为政府的责任范围,政府的责任范围应该是市场

---

① [美] 萨瓦斯:《民营化与公司部门的伙伴关系》,周志忍等译,中国人民大学出版社 2002 年版,前言部分。

失灵的领域;二是来自公正的考虑,由社会或市场来承担可能带来公正问题的事务,应该成为政府的责任范围。诺齐克说,以不侵犯个人权利作为行为的"边际约束",将政府职责限制在他所谓的"最弱意义上的国家"①。效率和公正就为政府有限责任设定了基本的原则,正如世界银行指出的那样,"市场失灵和社会公正是公共责任的规范理由——它们说明了政府应当介入的理由"②。随着西方新公共管理、治理理论等新思想的兴起,建立有限责任的政府已经成为各国行政改革的重要目标之一。以20世纪英国撒切尔夫人的民营化改革为序幕,西方各国纷纷推动了以市场化、民营化、放松管制和政府再造为核心内容的行政改革,政府的责任范围大为缩小,政府承担责任的方式和承担责任的标准也在新的环境下被赋予新的含义。

(二) 从过程责任到结果责任

传统的政府责任是建立在政治——行政二分法和官僚制基础上的。在这种责任模式中存在着两种不同的责任体系:政治责任和官僚责任。政治责任就是通过选举的方式产生的政治官员对选民的责任,而官僚责任在韦伯官僚制体系中是下级官僚对上级官僚的责任。在这里,等级结构保证了贯穿于各层级的正常的责任机制的实施。官僚通过行政部门的等级结构,在技术上对政治领袖负责,并最终对人民负责。在这种官僚组织中,官僚的责任是严格遵守法规和程序,层层对上级负责。公众能够通过他们选举产生的代表有效地界定公共利益,非选举产生的官员应该严格受到制度、规章、标准的操作程序的铁笼的制约③。行政官僚只要严格遵守程序,即使出了问题,官僚个人也不承担任何责任,而是由制度或政治官员负责。因此,这种官僚责任实质上是一种程序责任或过程责任,并不关注结果,事实上,官僚也不需对结果负责。

在实践层面上,这种过程责任却面临着许多难以避免的困境④:第一,官僚组织中的公务员实际上是逃避责任或不负责任的。实践中,公务员是中立的、非政治的,且与任何特定政策无关,他们只是负责认真地执行政策而不负任何责任,只有政治官员才真正负责。如果出了问题,那就是政治官员的过错,行政官

---

① [美] 罗伯特·诺齐克:《无政府、国家与乌托邦》,何怀宏译,中国社会科学出版社1991年版,第35页。
② 世界银行:《让服务惠及穷人:2004年世界发展报告》,中国财政经济出版社2004年版,第34页。
③ 沈荣华、钟伟军:《中国地方政府体制创新路径研究》,中国社会科学出版社2009年版,第159页。
④ 张强:《政府责任模式的演变及其启示》,载于《华南师范大学学报》(社会科学版),2004年第5期。

僚可以通过政治豁免的方式躲避责任。这就导致了传统行政中的官僚主义、效率低下和人浮于事的怪现象。第二，在责任机制方面，政府的政治部分与行政部分实际是难以截然分开的，必然会有交叉。这种交叉是问题产生的根源，因为它们各自具有不同的理性标准和责任机制。在代议部长和部门主管之间的关系至关重要。由于双方所遵守的游戏规则的性质不同，因此在执行政策的过程中，必然会产生某种不连贯性。政府的官僚部分就与其政治部分必然相遇，常规理性就和部长的政治理性直接接触与碰撞。由于两者的角色很难精确区分，致使两者的关系总是矛盾重重。第三，传统模式的责任机制是一种消极的责任机制。在这种责任机制中，虽然由谁最终负责是十分清楚的，但它却是一种对错误负责而非对成就负责的责任机制。这种责任机制的目标设定，实际效果就是鼓励逃避风险，其结果往往会导致责任行为人规避责任。

这种僵化的责任模式越来越受到人们的普遍质疑。在新公共管理和新公共行政看来，这种只对过程负责的责任模式很显然无法适应外界的要求，官僚，特别是底层官僚，由于直接面对行政服务的对象，更加了解公众的需求，掌握更多的信息以及更容易受到各种社会力量的监督和制约，让其参与相关的决策过程和承担自身的行为责任更为合适。于是，新的责任模式产生了。新的责任模型强调个人的管理责任，公共行政人员自主地根据自身顾客的要求做出行动，并对这些行动负责。这就意味着公务员不仅要关注规则和程序，而且要关注产出和结果。这种官僚责任更具有实质性含义，官僚必须对其行为的结果承担各种责任。在这种责任观的影响下，一些国家开始尝试新的改革，通过放松对下级官僚的管制、下放决策权和引进市场竞争的方式来强化行政官僚对自身行为结果的责任意识。把责任赋予能干的管理者，然后评估他们的绩效，这成为很多国家强化这种结果责任的普遍做法。

（三）从政治责任到市场责任

依照西方对政府权力合法性来源进行系统论述的契约主义观点，政府是一种"必不可少的恶"。面对利益冲突，通过共同授权的公共权力机关以公平裁决的方式来实现公共利益为一种现实的选择。政府是为了防止某些人和某个人将自身的利益强加于别人身上，防止暴力性的掠夺，当出现利益冲突时而作为一个公正的仲裁者做出裁决。政府的政治责任就是维护共同的秩序，保护公民的基本权利和维持基本的公正。洛克指出："人们参加社会的理由在于保护他们的财产；他们选择一个立法机关并授予权力的目的，是希望由此可以制定法律、树立准则，以保卫社会一切成员的财产，限制社会各个部分和各成员的权力并调节他们之间的统辖权。"① 政治责任的根本所在是政治责任的范围和政治责任的制约机制。其实,西方宪政体系的核心问题就是政府政治责任的实现和维护问题。

随着第二次世界大战的结束,政治学的关注中心逐渐从权力的合法性转向了权力的合理性,并使之与责任相联系。把政府的责任更多地理解为权力行使的效果,也就是更好地满足公众的需求,更为及时地反映公众的偏好和对这种偏好做出灵敏的反应。政府的这种责任被称为市场责任,正如斯塔林认为的那样,"政府责任是指政府能够积极地对社会民众的需求做出回应,并采取积极的措施,公正、有效率地实现公众的需求和利益。"② 政府责任意味着政府的社会回应,正如企业对消费者的需求做出反应一样,政府作为一个公共服务部门,也同样需要对民众的需求和意见做出反应。如果用"市场"的观点来看,一个政府只有回应并满足了"民众市场"的要求时,才是服务性的政府,更是有责任的政府③。在这种责任模式中,政府与民众之间的关系被比拟成了企业与顾客之间的关系,政府对民众的责任犹如企业对消费者承担的市场责任一样。

对于中国来说,尽管在政治体制上与西方国家存在着本质的差别,但是由于面临着共同的外界环境的变迁以及共同的问题,在政府的责任形式的更迭上也存在着类似的变化。我国同样存在着政府全能责任向有限责任的转变过程,原有的计划经济体制其实就是政府全能责任的体现,在经历了30多年的改革开放后,我国政府原来承担的大量事务逐渐转由市场和社会来承担,政府更多的责任体现在提供公共物品方面;就过程责任向个人责任的转变而言,我国同样存在这种趋势,原有的计划体制下中央高度集权的体制在很大程度上体现的就是一种过程责任,对地方政府和地方官员来说,只要被动地执行上级政府或中央政府的指令就可以了,不需要为这种指令的具体效果承担责任。但是,随着中央分权让利改革的实施,地方政府和地方官员获得了更多的有关地方经济和社会发展方面的自主权限,并自主承担了自身行为的个人责任;就政治责任向市场责任的转型来说,我国过去强调的"政治挂帅"其实是把政治责任常常视为政府责任的核心的内容,成为衡量地方政府官员的最为重要的标准,强调的是"又红又专"。但是改革开放以后,地方官员自身的治理能力,推动地方经济和社会发展的能力成为更为重要的标准,地方官员在坚持社会主义方向和党的基本路线方针的同时,在基于本地实践和地方民众需求的基础上提出更为有效的政策和措施是社会主义市场经济条件下对地方政府责任的基本要求,这种责任也可以说是一种市场责任。

---

① [英]洛克:《政府论》(下篇),叶启芳、瞿菊农译,商务印书馆2004年版,第133~134页。
② [美]斯塔林:《公共部门管理》,陈宪等译,上海译文出版社2003年版,第145页。
③ 张成福:《责任政府论》,载于《中国人民大学学报》2000年第2期。

三、权责一致的理念与制度建设

权责一致的理念与制度建设怎么高估都不为过,因为任何权力都应该被关进责任的铁笼,否则就可能被滥用。权力之所以容易被滥用,一方面权力的本质是一种可自由支配的强制力量;另一方面执掌权力的人具有诸多人性缺陷。二者结合在一起,不仅人性的缺陷因为权力的强制力量而放大,而且权力也容易就此走向傲慢、偏见、懒惰、任性及自利的歧途。人性的缺陷使得依靠人性力量从根本上制约权力的努力难以成功。制度化权力相互制衡的本质是用不同的制度将掌权人的人性缺陷予以有效规制。一方面,权力制度化使得人性的非理性和任性被制度理性超越。亚里士多德就此指出:"法律恰恰正是免除一切情欲影响的神祇和理智的体现。"[①] 另一方面,不同的制度化权力相互制衡,使得掌权者为了避免受其他权力追究"不利后果"而被迫遵守制度。

权力和责任永远处于一种相辅相成的状态,权力是责任的常态表现,权力中蕴涵着对等的责任内容,责任意味着权力的边界,责任是对权力的内在监督和制约。不承担责任的政府必然会导致公共权力的滥用,不负责任的政府是不具有合法性的政府。但是,关于权力与责任的关系一直存在着两种片面的倾向。即认为权力只是占统治地位的阶级的意志和任意,从本质上否定了权力在人类社会存在的必要性;以及过分强调权力对于人类社会的不可缺少性,疏忽了权力与责任的共生相伴。比如,霍布斯虽然主张自然状态下人人平等,但他却坚持政治社会中政府享有无限权力。从逻辑的视角看,这种权力是非理性的;从法治的视角看,这种权力是非法的;从结果的视角看,这种权力是无效的。显然,进一步确立权责一致的理念并加强相应的制度建设对地方政府走向法治化具有十分重要的价值。从工作重心上说,这一时代任务主要包括三个层次叠进的含义:

1. 从理念上明晰地方政府应当承当责任的基本内容

美国行政管理学者斯塔林认为,尽管很难穷尽或界定政府责任,但其所涵盖的基本价值是明显的,那就是:第一,回应。意味着政府对民众对政策变革要求的接纳和对民众要求做出反应,并采取积极措施解决问题。第二,弹性。在政策形成和执行中,政府不能忽略不同群体、不同地域或对政策目标达成的情景差异。第三,能力。行政责任同样要求政策的制定和执行受到恰当的、认可的目标与标准的指引,政府的行为应是谨慎的,而不是仓促的,应当关注结果,不应玩忽职守。同时,政府的行为应当是有效率和有效能的。第四,正当程序。政府的

---

① [古希腊] 亚里士多德:《政治学》,吴寿彭译,商务印书馆1985年版,第163页。

行为应受到法律的约束,而非受到武断的意志的支配,非经法律程序不得剥夺任何人的生命、自由和财产。第五,责任。一个组织必须对其外部的某些人和某些事负责,在做错事情时,一些人必须承担责任。第六,诚实。政府应该公开行政程序、办事流程和自己应该公开、可以公开的信息,建立透明政府①。就如市场中的诚信交易一样,作为人民意志的执行者,政府更应该把"诚实"作为公共服务的价值评判标准之一。

2. 从立法上明确规定地方政府应当承当责任的基本体系

有了基本的责任内容和责任理念,如果没有通过立法程序将它们上升为法律体系,那么这些责任内容和责任理念的实现只能是海市蜃楼、空中楼阁。具体来说,立法机构应当在一定的价值观指导下,考察并规定政府责任的主体、性质、范围、承担方式和裁判的标准。其主要内容包括追究政府法律责任的主管机关的职责、权限以及与其他执法机关的关系;考察政府承担法律责任的程序是否完善、明确;也考察政府法律责任制度是否协调一致;行政处罚和行政处分的分寸是否统一;追究政府法律责任的主管机关之间的职责、权限是否冲突,以及与国家赔偿制度是否配套等。

3. 从执法上建立地方政府责任的监督体系

由于确立责任政府在防止和减少行政失误与对政府的监督有相同之处,所以责任政府便在制度上与行政监督体系互相交织,形成一个完整而严密的政府责任网络。这样不仅使权力受到了约束,而且在整个责任制度中,追究者、责任承担者都很明了,便于责任的履行,便于对责任履行的监督,便于责任最终的落实。在现代国家出现之前,对政府的监督机制,很不完善,因而,政府可以不承担任何责任;在宪政分权体制建立之后,行政权受到立法权、司法权的广泛制约,这就使政府开始意识到自己应该承担责任。从这个方面讲,监督机制是否存在,也是责任政府的一个重要的评判标准。我国对政府的监督种类主要有:权力机关的监督;司法机关的监督;社会的监督;政府内部的监督。对应的中国各级地方政府也因此而承担各种形式的责任,这与中国行政监督主体的广泛性和内容的多样性有着密切的关系。

第二节 当下我国地方政府责任失范的表现

经过几十年的发展,在中国特色的监督体系的基础上,地方政府责任体系基

---

① [美] 斯塔林:《公共部门管理》,陈宪等译,上海译文出版社2003年版,第145页。

本趋于完整,责任主体、责任客体、问责方式、责任领域范围等要素大致上形成了完整的链条。但是,也应看到,当下地方政府责任失范现象依然严重。

一、地方政府承担责任形式化

根本上讲,政府承担责任是指政府向人民承担责任。一方面,人民通过纳税购买政府提供的公共物品,政府全心全意为人民服务是政府的分内之事,如果政府不能完成分内之事,人民当然可以追究政府的违约责任;也就是说,人民具有问责政府的法定主体资格。另一方面,人民是政府所提供公共物品的直接享受者,只有人民才最了解自己的需要,也只有人民才最有资格评判政府所提供的公共物品是否真正满足自己的需求。总之,人民最拥有向政府追究责任的实质性条件。地方政府所承担的各种责任都是对人民承担责任的具体化、外延化以及程序化。由于诸多原因,地方政府向人民承担的责任有流于形式的危险。

第一,具体人民主权式微与抽象人民主权过于笼统,导致地方政府向人民承担的积极意义上的责任十分随意,向人民承担的消极意义上的责任较为欠缺。

人民主权可以从抽象和具体两个维度来理解①。其一,抽象人民主权是指具有理想色彩的整体性的人民拥有主权,重在回答国家权力的终极来源。它具有形而上的价值诉求,适合意识形态化的宣传与论战。这种人民主权虽然备受推崇,但它仅仅是对政府权力来源的政治合法性解释,而不是实施国家权力配置的一种具体规划。卢梭对抽象人民主权做了划时代的解答。他认为抽象人民主权是完美无缺的"公意",是不可分割的有机整体,是不可挑战的最高权力。其二,具体人民主权是指具有可计算意义上的人民(或民众团体)所拥有的主权,重在回答国家权力的具体规划。这种具体人民主权"形而下"地思考:在可计算的意义上,究竟多少人才足以构成人民。从政治实践而言,人民只能按照多数原则来把握。

一方面,在政治实践中,如果具体人民主权不发达,会造成一些政治精英以抽象的人民主权的名义施行自己的意志,造成事实上的"少数人统治",结果,政府向人民承担的积极意义上的责任成为政府的自说自话,表现出很大的随意性。政治精英一旦"挟"抽象人民主权发号施令②,这种涂抹上"真理"与"人民"色彩的命令是无法抗拒的,从而让少数人专断的精英治理具有了

---

① 张凤阳:《政治哲学关键词》,江苏人民出版社2006年版,第61页。
② 钱钟书曾精彩地描述这种抽象人民主权被政治精英占有的现象:"近来觉得……'还政于民'等佳话,只是语言幻成的空花泡影,名说交付出去,其实只仿佛魔术家玩的飞刀,放手而并没有脱手。"参见钱钟书:《围城·序》,人民文学出版社2005年版,第1页。

"正当性"（有学者将这种情形概括为与"虚君"现象相对立的"虚民"现象，这是极为精辟的①）。在人类社会历史上，精英治理不仅是一个应然判断，也是一个实然状态。前者决定了"真理往往掌握在少数人手里"，从而服从抽象人民主权和公意，就是服从政治精英；后者则决定了"少数人"通过体制力量拥有强大的话语霸权。结果，抽象人民主权和"真理引导人民"的社会治理就会演化成柏拉图所描述的领袖意志。在此情况下，政治精英完全根据自己的判读向人民履行自己的"分内之事"，即根据自己的主观理解为人民提供所谓的公共物品。如果人民认为政治精英所提供的公共物品并非自己真正所需，政治精英会推断人民群众由于认知和立场的局限性，不能把握和认清自己的根本需求。显然，这种政治逻辑使得各级政府向人民承担的积极意义上的责任具有随意性和主观性。

上述政治逻辑与当代中国政治实践是吻合的。在当代中国，一个重要的理论预设就是各级政府具有先进性，进而预设政府完全能够及时、全面地把握所有人的各种各样需求，并能够提供有效的服务。由此，全能性和权威性成为各级政府的实质内涵。为了能够承担这种无限责任，政府的体制就必然是一元化的、集权的，政府集政治、经济、安全、福利等所有职能于一身就成为题中应有之义。伴随着这种全社会的公共化改造与同构，私人领域淹没在公共领域之中，市场与社会被同化于国家之中，从而实现了整个社会结构的单一化与纯粹化，形成了公与私的复合，国家与社会高度合一的特有现象。在这种公共化程度高度弥漫的体制下，政府的职能渗透在社会生活的方方面面，从而形成政府对全部社会生活的垄断与控制。国家与社会高度合一的对应物是"单位制"的泛化，单位作为国家政治组织的"延伸体"、国家与社会高度合一的中介物而茁壮成长。国家通过"单位"实行社会配给，结果，一方面，各级政府根本无法准确把握社会的各种需求，造成需求与"服务"的严重扭曲。然而，"先验的正当性使得政府的决策制度严重缺乏纠错能力，反而具有极其强大的坚持错误的能力。"② 另一方面，具体人民主权式微、抽象人民主权笼统导致当代中国镜像论代议制盛行，委托代理代议制匮乏，人民缺乏有效渠道追究政府的否定性责任。

在委托代理论所指导的代议制下，人民通过选票将自己的政治权力委托给各级人大代表，人大代表则以人民的代理人对各级政府予以规制和问责。在这种情况下，各级政府尽心尽力为人民服务，并承担服务不力的否定性责任就不仅仅是一种政治理念，而是一种切切实实的制度化运作。在镜像论代议制下，

---

① 邵建：《民主与专制的百年迷途》，载于《炎黄春秋》2009 年第 9 期。
② 贺卫方：《一桩难题，一个机遇》，载于《财经》2009 年第 25 期。

"人民代表"不是被视为人民的受托人,而是以普通群众的"替身"模样,构成一种间接民主的象征。代表的业余化和代表人数的众多则构成了这一象征意义的必不可少的部分。总之,"人民代表"主要是被视为是一种见证真理、公意、抽象人民主权政治合法性的荣誉,而非参政议政和予以问责的职责①。显然,地方政府对人民的消极意义上的责任事实上已经被架空,人民无法通过有效渠道去追究地方政府的各种违约责任与侵权责任。再加上上述地方政府承担积极意义上责任的随意性,人民对地方政府责任流于形式只能望洋兴叹。结果,地方政府向人民承担的消极意义上的责任只能成为地方政府的一种道德自觉,抑或是一种迫于"水能载舟亦能覆舟"民本主义压力下的同体问责。尽管我党很早就把全心全意为人民服务视为自己的宗旨,但是,由于具体人民主权的不发达,在很长时间里,为人民服务、对人民负责基本上只能成为流于空洞的口号,成为宣传意义上的价值理念。

第二,地方政府承担责任形式化的另一个原因在于地方政府职能划分不明确,责任主体不清晰。由于我国仍然是一种权力高度集中的体制,党政关系错综复杂,有权无责、有责无权、职能交叉重叠的现象相当普遍,党政之间、不同层级之间、正副职之间权责区分不清。公务员构成结构及分类体系不清,岗位设置及其职责规定不明,各系统各层级官员之任职尚无规范的法律形式的职位说明书,也没有建立起配套的官员绩效评估制度,因此权责区分缺乏透明合理的判断依据。当前我国问责对象不清主要表现为一是中央政府与地方政府的职权范围不清,我国目前的法律没有对中央政府与地方政府职权关系做明确规定。中央在向地方放权的过程中,在范围上也没有做明确的规定,造成了中央与地方责权不一。二是部门权力边界模糊,由于我国政府职能转变尚未全面到位,部门权力大交叉,出现问题时,推诿扯皮、推脱责任时有发生。三是行政首长负责制与集体决策民主集中制交叉导致的职责不清。我国宪法规定政府机关实行行政首长负责制,行政首长拥有所辖公共事务的自由裁量权和最后决策权。同时,党内法规又规定了重大决策必须遵循民主集中制的原则,采用合议的集体决策方式来决定。这两种决策方式的并存导致了重大事故发生时,行政首长可能以集体决策的名义推卸责任造成政府公共危机处理能力低下。

二、地方政府责任导向唯上不唯下

各级地方政府的执行权和执行内容一方面来源于同级人民代表大会授予,另

---

① 王怡:《议会主权与代议士的专职化》,载于《北大法律信息网》2003年7月12日。

一方面来源于上级行政机关的授予。《地方各级人民代表大会和地方各级人民政府组织法》第五十五条在规定地方各级行政机关对本级人民代表大会负责并报告工作的同时，还规定地方各级行政机关对上一级国家行政机关负责并报告工作。

这就出现一个问题：同一个地方行政机关如何协调好既对本级人民代表大会负责，又对上级行政机关负责的关系，这个问题集中体现为如何处理好"条条"与"块块"的问题。行政机关中的"条条"是指"不同层级的地方政府之间上下贯通的职能部门或机构，也包括部门、机构与直属的企事业单位"①。而"块块"是指"每一级地方政府内部按照管理内容划分的不同部门或机构"②。自从 1954 年撤销大行政区委员会起，中央人民政府就在全国范围内确立了加强行政机关各职能部门，以部门管理为中央政府领导地方政府的基本领导体制。③"条条"管理借此得以发展和兴盛。"条条"管理的优势和特征在于，政府"条条"可以就自己管理的专门事务自上而下的推动，克服地方保护主义，从而保证管理事务的通达无阻。一定程度上可以说，"条条"管理体现了地方政府责任的向上导向性，这种责任本质上是一种建立在科层制基础上的纵向权责关系。"块块"管理一方面体现了行政管理综合化的要求，因为"块块"相叠加使得行政机关能够综合协调各种公共事务；另一方面，"块块"管理体现了属地管理原则，地方政府"块块"管理强调的是保护地方利益和地方发展。某种程度上也可以说，"块块"管理体现了地方政府责任的向下导向性，这种责任其本质是"公仆的责任"，是建立在人民代表大会制度上的政府对于公民的责任。

如何协调好上述两种关系，最简单的办法是将二者的权界划分清晰，各司其职。"基层政府乃建立在同级人大同意的基础之上，至少承担着两种不同类别的职责，一是执行上级的命令，一是自主的处理本行政区内的'地方'事务。这二者之间，本身即是一个权力分配的问题。对于上级的命令，当然不能拒绝，这里包含着下级对上级的服从之意，但对于本行政区内的'地方'事务，则可自由的作判断，甚至要排除上级的'指手画脚'。"④ 如果上下级治理机关出现了权界纠纷，它们应该诉诸宪法法院或最高裁决机构，以定纷止争。"在相当多的国家，纵向的职权争议构成了违宪审查的一个重要内容，即不同统治团体之间对权力分配出现争议时，通过寻求宪法的解释来实现权力分配的明确性。"⑤

基于这种政治考量，我国现行的政治制度安排充分体现了上下联动、条块平

---

①② 谢庆奎：《中国地方政府体制概论》，中国广播电视出版社 1998 年版，第 7 页。
③ 张劲松等：《政府关系》，广东人民出版社 2008 年版，第 245 页。
④⑤ 秦前红、叶海波：《基层政权建设的若干思考》，载于《暨南学报》2007 年第 3 期。

衡。一方面，政治体制存在着以各级人民代表大会为基础的行政外部委托—代理关系，它是政治性责任生成的基础和依据，这种体制从理论上决定了地方政府责任导向的向下性。另一方面，政治制度中又有和以中央政府为核心的各级政府委托—代理关系，它是行政性责任生成的基础和依据，这种以中央政府为核心的自上而下的行政授权为主要内容的内部委托—代理关系，决定了地方政府责任导向的向上性。这种理想范式下的双重委托代理关系如图 5-1 所示。

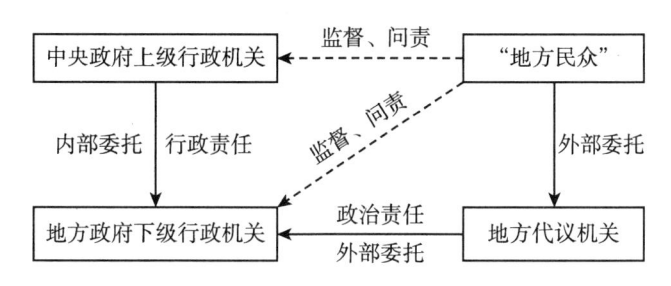

图 5-1 理想范式下的双重委托代理关系

然而，大量的实践证明不是政治实践服从政治逻辑，而是政治逻辑服从政治实践。在纷繁复杂的社会生活中，上述理想的政治逻辑往往折射成两种变异的政治实践：其一，"条条"压迫"块块"，即下级行政机关只能选择对上负责，调动一切资源来完成上级下达的各项指标任务，从而无暇顾及本辖区的公共物品需求。最极端的现象是"对下收钱，对上服务"。这种情形可被称为"条条专政"①。其二，"块块"架空"条条"，即下级行政机关囿于地方保护主义，以肥本地之私而破坏全局性的、整体性的公益事业。

当下，"条条"压迫"块块"现象较为严重，它直接导致地方政府责任导向唯上不唯下。究其原因而言，一方面，前文论析的我国各级代议机关缺乏问责行政机关的职权，使得各级地方政府向地方代议机关和地方民众承担责任的动力机制不足。另一方面，我国形成了党全面管理的一元化领导方式。党全面管理的最大特点在于范围广泛。范围广泛体现在现有的干部管理体制中，组织部管理着党群系统、政府部门、人大、政协等所有担任领导职务的各级干部。在这样的管理模式下，理论上是由人民群众选举的人民代表，在实践中也是由党负责挑选的。党的全面管理实现了集权，所有干部的责任和权力全部由委任者进行安排，从而实现了自上而下的选任和管理方式，领导干部在工作中首先要对上负责。这样，上述理想的双重委托代理关系就转变为单向度的委托代理关系（见图 5-2）。

---

① 沈荣华：《中国地方政府学》，社会科学文献出版社 2006 年版，第 97 页。

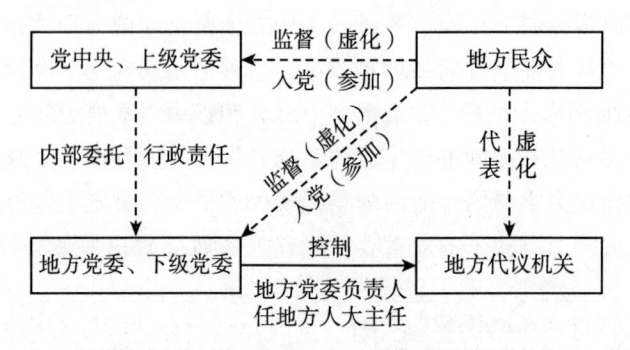

```
     党中央、上级党委 ←—监督（虚化）—— 地方民众
         │          ——入党（参加）——→    │
    内部委托│行政责任  ←—监督（虚化）—      │代 虚
         │          ——入党（参加）—→   │表 化
         ↓              控制            ↓
    地方党委、下级党委 ─────────────→ 地方代议机关
                  地方党委负责人
                  任地方人大主任
```

图 5-2 现实状态下的委托代理关系

一切责任从根本上源于责任主体与责任客体之间的委托契约关系。正是单向度的委托代理关系使得地方政府责任导向唯上不唯下。

三、地方政府责任追究体系的封闭与短路

上述地方政府责任导向唯上不唯下的情况也导致地方政府责任追究体系的封闭与短路。它的直接表现是政府体系内部问责风暴在中国的盛行。自 2003 年春天"SARS"事件后，暴风骤雨式的政府问责风暴开始在政府体系外部即中国社会持续进行[①]。当代中国的"政府问责风暴"具有如下两大特征：

第一，同体问责权一枝独大，异体问责权尚处于休眠中，导致地方政府责任追究体系的封闭。

政府问责包括同体问责和异体问责。所谓同体问责是指党政系统对其党政干部的问责，所问责的内容为五大涉宪主体之间的问责制。异体问责则主要包括人大代表对政府的问责、民主党派对执政党和政府的问责、新闻媒体对执政党和政府的问责、法院对执政党组织和政府的问责。目前，我国盛行的政府问责风暴主要是同体问责，即由党委和政府来实施行政问责，问责的制度依据主要是党的文件和行政机关的行政法规、规章及其他规范性文件。由于异体问责权行使主体对政府及其官员的责任追究缺乏具体规范和操作程序，行政问责缺乏有效的异体问责。而行政问责制重在异体问责，因为政府的责任，首先表现为对公民负责。政

---

① 学术界认为，当代中国的政府问责制发端于 1995 年颁布的《党政领导干部选拔任用工作暂行条例》。此暂行条例被评价为"在干部选拔任用工作方面第一个比较全面、比较系统的文件"，并最早引入了责令辞职这种形式。政府问责风暴则起源于 2003 年，这一年是新中国历史上首次在突发灾害事件中，短时间内就同一问题连续地、大范围地追究官员责任。此后，"问责风暴"持续发力，2008 年更是被称为行政问责年。截至 2010 年 1 月 31 日，以"问责风暴"为关键词，百度搜索引擎提供了 670 000 篇相关网页；谷歌搜索引擎提供了 687 000 篇相关网页。

府的一切公共行政行为，都必须符合和有利于公民的意志、利益和需求，都必须对公民承担责任。政府所承担的这种责任实质上是公仆对主人的责任。政府官员经过公众授权而拥有公共权力，从根本上说，问责的主体应该是人民群众。当前我国异体问责权行使主体缺位主要表现为：一是人大问责缺位。人大往往是政府进行问责后才介入，属于事后问责，这种问责常常流于形式。虽有人大质询制度，在实际政治生活中却很少启动。虽有罢免制度，也主要是对已有违法犯罪行为的官员才实行，严重影响了行政问责的效果。二是公民问责缺位。我国法律中尚未建立完备的公民问责的途径，对公民的知情权和话语权尊重还不够，在很大程度上限制了公民对政府行使权力的问责。地方政府责任追究体系封闭的主要原因在于上述当代中国抽象的人民主权思想压倒了具体的人本思想。抽象的人民主权原则使得中国民主政治更倾向于革命—动员型民主进程，而放松了法理—程序型民主建设。结果，执政党和政府作为人民的代表虽然要向人民负责，但现实的人民总是缺乏追究它们责任的有效渠道。

第二，同体问责目前处于运动式阶段，尚未进入法制化，容易导致地方政府责任追究体系的短路。

从问责的发动机制而言，政府问责风暴缺乏一种"失职就须担责"的制度驱动机制，而是经常依赖于媒体和舆论的外在驱动。这种外在驱动的机理在于媒体报道与舆论传播打动了一些关注舆情的行政首长，行政首长为"平民愤"直接或间接启动政府问责。显然，这种政府问责会因"领导人的改变而改变，因领导人看法和注意力的改变而改变"。换言之，中国社会的各种问责大都取决于行政首长是否关注及社会舆情严重程度。当严重的社会舆情促使行政首长高度关注时，问责风暴雷霆万钧，河清海晏的责任政府似乎在问责风暴的"秋后算账"中迅速建立起来。但即使这样，也存在东边大雨西边日出的问责死角，换言之，行政首长勤勉如堂吉诃德，也不能用手中的矛刺穿天下所有劣政。至于行政首长有所懈怠时，或者陶醉于天下大乱导致天下大治的历史规律中时，各种劣政更是犹如原上野草疯狂生长起来。此时的责任政府和行政问责已成为斑驳墙壁上的一句陈年标语，整个地方政府责任追究体系不免陷入短路而无法运作的困境。

事实上，这种建立在地方政府责任追究封闭体系基础上的问责风暴也征兆了当代中国的治理危机。首先，正是责任机制不健全才导致问责风暴的盛行。问责机制不健全致使政府权力受不到有效制约；权力受不到有效制约致使官民矛盾大量发生并激化；官民矛盾激化致使人民群众通过不断上访、制造群体性事件等方式逼迫政府内部实施同体问责①。问责风暴就此刮起。其次,问责风暴不能从根本上解决问题。问责风暴能够解决的问题何其之少,不过是冰山一角。这与人民群众渴望的责任政府相距甚远,于是,群众又以新一轮的无序政治参与激发政府掀起问责风暴,这几乎是一个不良循环。

第三节 地方政府责任机制完善的方法

机制是任何一项健全的法律制度所必备的要素。地方政府责任的真正实现,也需要有健全的机制予以支持。当前中国,完善地方政府责任机制主要包括三个方面的内容。

一、提升政府问责权行使主体的权威

当前中国,地方政府存在六种责任追究模式,相应地也就存在六种问责权行使主体②:

第一,党发动的政治责任追究。党发动的追究是指县级以上各级地方党委对国家机关中由其管理的干部应承担的政治责任发动的追究。在我国,执政党是发动政治责任追究的最有效主体。各级党委的组织部门和纪律检查委员会通过检查工作或调查研究、受理控告或举报等方式,发现不能与党保持一致或言行有悖于民意的政治官员,认为需要追究其政治责任的,即报告同级或上级党委决定。发动的政治责任追究方式有:责令辞职、迫其引咎辞职和向国家机关提出免职、撤职或罢免的建议。

第二,权力机关发动的责任追究。权力机关追究是指地方各级人大及其常委会对由其选举和任免的干部应该承担的责任发动并实施的追究。地方人大及其常委会追究责任的方式有罢免、决定免职、决定撤职和接受辞职。人大特有的发动责任追究的手段有:特定问题调查;询问与质询;听取工作报告等。罢免是地方

---

① 有学者将当代中国的问责风暴称之为"以群体性事件倒逼问责"。群体性事件中民众的逻辑是:"通过正当途径和在法律框架中维权是没有用的,政府是不会理的,只有把事情闹大,整出群体性事件,闹出社会影响,以引人注目的方式把事情捅向媒体并引发舆论同情,这样才能触及相关部门的痛感,逼他们以答应民众要求的方式平息民愤。"参见曹林:《以群体性事件倒逼问责的后遗症》,载于《珠江晚报》2009年8月3日。

② 沈荣华、钟伟军:《中国地方政府体制创新路径研究》,中国社会科学出版社2009年版,第160~162页。

各级人大通过对大会主席团提交的相关议案进行表决，依法解除违法违纪或不称职的由其决定或选举的责任主体职务的权力。关于罢免的理由，宪法和法律没有做出明确的规定，从实践来看，决定免职是县级以上地方各级人大常委会在本级人代会闭会期间，根据法律规定的由他人提请而依法解除责任主体职务的权力。免职是人大常委会根据他人提请而实施的程序性行为，是被动而非主动的行为。免职的理由有多种多样，政治责任、行政责任、刑事责任、职务变动等都可能导致免职。决定撤职是县级以上地方各级人大常委会在本级人代会闭会期间，通过对主任会议提交的议案进行表决，而依法撤销违法违纪或不称职的由其选举或任命的责任主体职务的权力。与免职不同，撤销职务通常是人大常委会的主动行为。但在现实政治生活中，撤职同罢免一样，更多的是基于违法违纪的理由。接受辞职是县级以上地方各级人大及其常委会根据选任官员本人的提请，依法接受由本级人大选举产生的官员辞职的权力。党委的责令辞职、个人的引咎辞职、纯粹个人原因的辞职等都可以成为辞职的理由，责令辞职和引咎辞职大多为承担责任的辞职。在被动性这一点上，人大接受辞职与决定免职是一致的。特定问题调查、询问与质询、听取工作报告是人大行使监督职责的三种方式，也可以成为责任追究的手段，但问题在于，如果调查的结果没有发现违法违纪情况，但工作不称职或有违反民意的言行，代表对地方官员就询问或质询问题的回答不满意，工作报告没有被通过，能不能启动罢免或撤职程序，能不能迫其辞职以追究其责任，法律上对此没有明确的规定。根据依法治国与责任法定有关原则，若出现上述情况，相应国家机关的负责人应该引咎辞职，或向地方人民代表大会或其常委会提出辞职，否则就应当撤销其职务或者给予罢免。权力机关具有监督职能，理应成为责任追究的核心主体，但现实情况与人们的期望存在着较大的差距，主要问题是权力与程序虚置，更很少适用。形成这种状况的原因固然很多，但核心是体制不顺、职权不清、缺乏完善的制度安排。

  第三，上级行政机关发动的责任追究。上级追究是指在科层制的政府结构中，上级行政机关对下级官员所承担的责任发动的追究。上级追究是政府机关中普遍使用的追究责任的发动形式，在上级追究方式中，上级在其任免权范围内，可以通过责令辞职、迫其引咎辞职、免职等手段追究下级的责任；对于不在其任免权范围内的下级，可以通过提出免职建议或罢免建议等手段发动对下级责任的追究。上级追究属于政府内部追究，应特别注意两种不良的倾向：一是包庇或者袒护下级，即对于不认真履行职责或者言行违背民意的下级不认真严肃追究其责任，或者避重就轻，用追究行政责任的方式代替追究刑事责任；二是滥用职权或者越权实施责任追究，借机打击报复"不听话"的下级。这两种不良倾向都不同程度地存在于我国各级政府机关中，建立健全外部监督制度和申诉制度就显得十分必要,这将有利于扭转这两种不良影响。

第四,司法机关发动的责任追究。违纪行为达到一定程度,就构成犯罪,就需要追究刑事责任。刑事责任是司法机关根据刑法和刑事诉讼法的规定对触犯刑法的公职人员给予处罚的一种责任形式。这里的触犯刑法的行为是指公职人员的职务犯罪行为和准职务犯罪行为。公职人员有违纪行为,尚未构成犯罪,或者虽然构成犯罪但是依法可以不追究刑事责任的,就应当给予处分;如果违纪行为情节轻微,经过批评教育后改正的,也可以免予处分。追究刑事责任的,应该在违纪责任的追究阶段上,就撤销或罢免其职务并给予开除。

第五,政府自我发动的责任追究。这主要是一种政府内部的责任追究。自我追究是指地方政府领导对其履行职责的情况或其言行进行自我评价,对认为没有认真履行职责或违背民意的行为进行责任的内部自我追究。自我追究责任的方式通常有道歉和引咎辞职两种。责任感和责任评价是政治官员实施自我追究的两个内在条件,建立在此基础上的自我追究是"凭良心"的自我追究。要想在现实政治生活中实现政治官员的自我追究,必须有权力制约制度和自由的舆论环境作为外在压力条件。而且,还必须在权力对舆论环境予以充分尊重,且舆论环境能够独立、负责任地参与和介入公共领域的事务中来;任何权力的独断与舆论的纯粹感性,都难以建置实行政府自我责任追究的机制。

第六,社会发动的责任追究。社会追究是地方民众对应该承担责任的地方官员直接发动的追究,社会监督也是一种经常性的责任追究方式。常见的社会监督有利益集团或大众传媒监督两种途径。在西方国家,利益集团通过各种各样的活动对议会或政府施加影响,促使其制定或执行对己有利的公共政策,一旦制定或执行对己不利的公共政策,他们就会对之进行批评,甚至组织游行、示威、罢工,以示抗议,表达对责任主体的不信任和不满,从而形成一种有效的社会监督。在当代,基于自由和民主理念的大众传媒的责任追究功能日渐突出,大众传媒通过披露政治官员的违法失职或不合理行为、评价其决策活动或施政方针,引起社会的广泛关注,促进社会舆论的形成,从而对地方官员构成政治压力。在中国,大众传媒的社会监督功能还有待进一步发挥其责任追究的作用。

上述问责权行使主体的多元性所具有的地方政府责任制约作用,使地方政府的政治责任、行政责任和体制责任在实践中得到了较好的体现,保证了责任政府的实现。但是,上述问责权行使主体的多元结构主要是一种理想设置。在实践当中,同体问责权行使主体的确享有极大权威(上述第一种、第三种、第四种、第五种情况),异体问责权行使主体权威却有式微的危险(上述第二种、第六种情况)。异体问责不发达,法治化的问责制就难以真正建立起来。因此,提升异体问责权行使主体的权威,尤其是对人民代表大会的权威提升具有十分重要的价值。

通过数据统计,可以深刻了解到异体问责权行使主体权威衰弱对现行整个问责程序机制的负面影响。有人统计了 2003~2006 年间《人民日报》所公布的 73 次行政问责事件(见表 5-1),发现 81% 的问责发起主体为上级党政部门;媒体作为"第四种权力"由于拥有传播的平台得以引起问责启动主体的关注,发起比例也仅有 14%。而其他异体问责权行使主体的力量,包括作为权力机关的人民代表大会却几乎可以忽略不计①。

表 5-1　　　　　　　　问责发起主体发起问责的次数

问责发动主体	问责发动次数	占总数比例(%)
上级党委部门	17	23.29
上级政府部门	42	57.53
报纸	8	10.96
电视	1	1.37
网络	2	2.74
公民个体	3	4.11
总计	73	100

究其原因有二:一是人们担心,异体问责权的发达,特别是人民代表大会制度的坐实某种程度上会和党的领导形成紧张关系。这种担心使得人民代表大会制度在当代中国只能走向单一的镜像论模式。镜像论模式要求选举的效果要让人民代表大会像一个真实社会的"缩影",有工人、有农民、有体育运动员、作家和军人等。在代议制下,代议士必然要求是精英化的,而在镜像论代议制色彩下,却不需要甚至必须反对这种精英化。因为这将破坏代议机关作为社会镜像的象征性。此外,镜像论代议制模式下,选举出来的人民代表大会不是"基于议会对政府的监督",也不是"为沟通内阁和议会的合作",而主要是"学习与领会政府报告精神",并将政府提出的各种社会政策转化为人民的意志。在地方政府体制中,它集中表现是地方党政结构与科层结构对地方宪政结构的压迫②。

二是我国现行制度当中,异体问责权行使主体虽然拥有发起问责的实体权

---

① 宋涛:《中国官员问责发展实证研究》,载于《中国行政管理》2008 年第 1 期。
② 沈荣华:《中国地方政府学》,社会科学文献出版社 2006 年版,第 105~108 页。

利,但是却没有得到相应的问责发起程序的程序权利,这就直接导致了当问责发起主体希望发起问责时缺乏合法的程序。问责发起程序的缺漏直接导致了异体问责发起制度的局限性。理想的行政问责制度应当规定有效的信息披露制度、合法合理的问责发起方式、针对问责发起的受理机构和问责发起受理机构的工作办法。但是,现行制度基本上完全忽视了对问责发起程序的制度设计,因此在问责程序机制的实践操作中没有对应制度的相关规定,导致异体问责一开始就遭遇非制度化因素的梗阻。

因此,要提升和发展异体问责权,首先,要树立社会主义政治文明的核心是将党的领导、人民当家做主和依法治国有机统一的理念。加强人民代表大会制度和强化人民的监督权事实上只能提升党的执政能力而不会削弱党的执政能力。相反,其一,人民代表大会制度和人民的监督权如果仅仅成为一种象征性的政治图腾,它会使得执政党在制定发展民众的社会权利政策方面,由于缺乏委托代理论——代议制的修正、调适,这些政策客观上容易偏离民众的切身需求。其二,由于委托代理论代议制的匮乏,执政党制定的政策从本质上缺乏马克斯·韦伯所言及的"法理型合法性",从而这些政策只能片面依靠自己的有效性,即"政绩合法性"赢得民心;结果,一旦这些政策没有实现民众的心理预期,民众就会对执政党和政府发出连绵的抱怨,整个社会容易变成抱怨型社会。其三,"一切有权力的人都容易滥用权力,这是万古不易的一条经验。有权力的人们使用权力一直到遇有界限的地方才休止。"① 党的领导权也并不必然对权力腐蚀具有天然免疫性。因此,通过完善人民代表大会制度和人民的监督权能够有效监督执政党在"宪法与法律的范围内活动",从而有助于执政党跳出"其兴也勃也,其亡也忽也"的历史周期律。显然,弱化人民代表大会问责权的方法不仅无益于服务型政府建设,而且最终也无益于执政党执政地位的巩固与发展。

其次,人民代表大会作为我国的人民代表机关和权力机关,是最重要的问责权行使主体,加强人大的刚性问责功能是我国责任政府设计的一个最为关键的突破口,更是建立行政问责制的核心内容。具体说来,人大不仅要强化宪法赋予的质询权、调查权、罢免权和撤职权,还可以考虑建立一些由人大代表组成的专门问责委员会,对其提出的经政府采纳并纳入政府工作日程的提案进行监督问责。在这个过程中,重点在于强化人大自身的建设。

主要包括如下思路:一是人大代表专职化。专职化便于他们常年开会,专门调研。他们的实际工作由原来意义上的代表上升为现实意义上的代议士的工作。二是政府官员不能当选人大代表。政府官员不能同时担任议员,这是国际上通行

---

① [法]孟德斯鸠:《论法的精神》(上册),张雁深译,商务印书馆1961年版,第154页。

的做法。政府官员担任人大代表,有违自己不能当自己法官的自然公正。三是减少代表名额。现在全国人大代表名额近3 000人,是世界议会人数最多的。根据国外经验,议会在500人左右比较合适,超过1 000人开会讨论问题就比较困难。四是延长会期。一般代议制国家的议会均为常设机关,可以自行集会。但我国的人民代表大会制度长期实行非常设会期制(全国人民代表大会每年会期一般为15天,地方各级人民代表大会会期更短),这种制度显然使得代议制对党政机关的规制失去了制度支撑。五是设立于政府对口的专门委员会。我国人大要加强对"一府两院"的监督,就必须成立与政府对口的专门机构,这也是现代社会分工专业化越来越强的客观需要。只有设立相应的人大专门机构才能够集中精力了解、研究和跟踪"一府两院"的工作,从而达到对"一府两院"进行经常、有效的监督的目的。六是健全人大决定权的行使程序。决定权是体现人大作为权力机关特征的一项重要职权。健全人大决定权的行使,不是不要执政党的决策权,而是要实行执政党领导方式的转变,即由过去的"党委决策、政府执行"转变为"党委决策、经由人大决定,再由政府执行"和"人大决定、政府执行"相结合的双重模式。七是健全人大财政权的行使程序。财政权是指人大享有对国家的财政决定权和对政府的财政监督权。财政权是议会发展史上最原始的一种职权。只有完善人大对财政权的控制和行使方式程序,才能够真正健全人大对重大事件决定权行使的程序。八是健全人大对弹劾、罢免权行使的程序。人大很少主动积极地行使罢免权,一般情况下是先由党委决定对某一腐败官员做出党内纪律处分后再交由人大去办理"罢免手续",这种"马后炮"式的"罢免",与权力机关的地位极不相称,也大大削弱了人大对党政机关的问责功能。九是建立违宪审查机构,健全人大监督宪法正确实施的权力方式。

最后,加强程序法建设,走出重实体轻程序的历史误区。正是程序决定了严格的法治与恣意的人治之间的基本区别。"正当程序是行政问责沿着法治的轨道前进、防止陷入人治误区的保证。"① 只有用程序法规制问责权行使主体,同体问责权的权威才会在法治轨道上获得制约,异体问责权的权威也才会在法治轨道上获得保障。

二、地方政府纠错机制的实质性到位

建立责任政府和行政问责制的根本目的在于政府能够在构建服务型政府的道路上平稳前进,当政府因行政不作为或滥作为而损害服务型政府的运作时,强大

---

① 丁先存、夏淑梅:《完善我国行政问责制的几点思考》,载于《中国行政管理》2006年第3期。

的制度力量能够使得政府纠错机制实现实质性到位。但是,当前中国地方政府纠错机制却往往停留在形式层面,未能发展到实质性层面。它有两个原因:

第一,由于我国正处于社会转型体制转轨时期,某些制度还不健全,相关配套体制滞后,传统观念的影响还很难在较短的时间内撤出人们的思维框架,因而,地方政府某些责任的扭曲和异化,几乎成为不可避免的现象。一是地方保护主义。随着地方政府利益主体地位的逐步确立,地方政府往往把自身的利益凌驾于整个国家和社会利益之上,当本地利益与国家利益、社会利益相冲突的时候,不惜牺牲后者利益。另外,中央政府政令难以在地方得到有效贯彻,使得中央政府权威下降,从而构成地方政府对中央政府的一种不负责任。二是地方政府的短期行为。在现有的地方官员绩效评价体系下,地方政府往往更钟情于一些投资少,收益快,并且能看得见、摸得着的"政绩"项目,地方官员往往会为了眼前利益,而不愿意发展某些对地方社会与地方经济有长远意义的基础性项目,这是地方政府对本地经济和社会发展的一种不负责任的行为。三是权力滥用和腐败。有些地方官员的行为方式和观念还停留在封建社会时代,夜郎自大、目空一切,公私不分、滥用职权,放松约束、作风腐化,责任意识淡薄、为民服务意识丢之九霄云外,这是官员对自身不负责任,也是对地方不负责任,更是对国家对人民不负责任。四是在政府与市场和社会关系方面,地方政府的无限责任往往抑制了市场和社会功能的有效发挥。地方政府承担了一些本来更应该由市场和社会承担的责任,这种越位,不仅自己费力不讨好,对政府的形象与公信力不负责任,也是对社会与市场不负责任。而在此同时,地方政府在某些本该承担责任的地方又往往缺位,这种缺位不仅自己失职,也对社会发展不负责任。于是,就出现了地方"同时拥有太多的政府和太少的政府"的局面①,即地方政府过多地直接干预了不该涉足的领域,却又没有关注与投入到公共物品供给等某些关键领域。

第二,行政问责没有制度化、法治化使得地方政府纠错机制缺乏制度保障。可以将地方政府的运作比喻成陀螺,制度化的行政问责是抽打陀螺的皮鞭。如果皮鞭被束之高阁,地方政府的运作迟早会懈怠下来;相反,皮鞭不离手并被正确使用,地方政府运作这个陀螺就会一直飞快地旋转,即使出现了问题,也能够从根本上获得纠错。但是,由于行政问责制起步较晚,当代中国行政问责缺乏制度化建设,这使得地方政府的运作及其纠错机制带有人治的随意性。

上述两个原因中,第二个原因是根本原因。正是因为行政问责制的匮乏,使得地方政府既不能明晰自己积极意义上的责任,也不用担心自己没做好分内

---

① [美]托尼·赛奇:《中国改革中变化的政府角色》,载于《经济社会体制比较》2002年第2期。

之事会被追究消极意义上的责任。即使在问责风暴的涤荡下，一些劣政被追究责任，但是，"点"、"线"不能盖"面"；更多的劣政仍然在顽强的生存。因此，要使地方政府纠错机制实质性到位，建立透明、高效且制度化的行政问责制是必需的路径。当下中国应推行"制度问责"，实现行政问责制度化、法律化。依据事实和法律制度的规定来完善行政问责，通过法律制度的健全，实现问责制的细化、量化、刚性化，使行政问责更具有可操作性。一方面仍然要以《中华人民共和国公务员法》、《中国共产党党内监督条例》、《党政领导干部辞职暂行规定》等为行政问责的主要依据，并且在此基础上进一步建立健全科学严格的决策责任追究制、公开明晰的行政执行责任制、客观公正的政策评估责任制、行政过错追究制等问责制度。另一方面还要加强与行政问责制相关联的配套法律法规建设。如建立科学的领导干部考核制度、完善人民代表大会制度和党的代表大会制度、健全舆论监督制度、加强问责保障机制建设等。真正将行政问责纳入制度化、法制化、程序化的轨道，形成相互衔接、相互配套的问责制度体系，更好地发挥行政问责制在推动我国政府体制改革，提高我国政府行政效率方面的主导作用。

三、重构行政问责制的体系结构

行政问责本质上是问责权行使主体由于法律规定的问责内容的发生，而追究问责对象相应责任的法律关系。因此，可以根据重构问责权行使主体、问责对象以及问责内容的思路重构行政问责制的体系结构。

（一）通过建立问责权网状交叉问责循环系统，规制问责权依法问责，防范问责权不作为或错误作为

这里重点分析建立问责权网状交叉问责循环系统对于催动问责权行使主体依法问责的意义。从逻辑上说，问责权是通过追究问责对象否定性责任而达到规制问责对象的公共权力。事实上，只有问责权依法履行自己的规制义务，问责对象才能得到持续的、有效的、牢靠的控制，从而"聚精会神搞建设、一心一意谋发展"。然而，问责也不是天使，它也有可能不正确履行自己的管制义务。换言之，问责权有可能要么不作为，导致问责对象滥用成灾，损害人民的福利，要么滥作为，导致问责对象战战兢兢、怀有抱怨。因此，当问责权滥用职权时，没有正确地追究问责对象的不利后果，它也应该依法承担相应的不利后果，即问责权也应该被"问责"。换言之，任何政治公权力都不能暴露在无法制约的真空中。问责权被"问责"只能理解为问责权相互交叉问责，建

立了一个问责权网状交叉问责循环系统,因为单线条式的问责体系使得最后一个问责权不受刚性制约。

问责权网状交叉问责循环系统不仅使得问责权法治化有了本体论根据,而且它使得问责权由此成为国家权力系统中的动力核心或说是总枢纽。也就是说,如果上述网状循环系统获得构建,问责权法治化就得到了保证,进而问责对象法治化也就获得了恒久动力;再而社会私权利的法治化也就获得了制度保障。问责权法治化某种程度上是自在自为的,而问责对象法治化与社会私权利法治化是需要问责权法治化来推动的。因此,核心的任务在于问责权的真正法治化。抓住了问责权法治化,特别是抓住了建立问责权网状交叉问责循环系统,也就抓住了建设法治社会的根本。反之亦然,一个社会法治化的破碎也必然从这个网状交叉问责循环系统的破碎开始(见图5-3)。

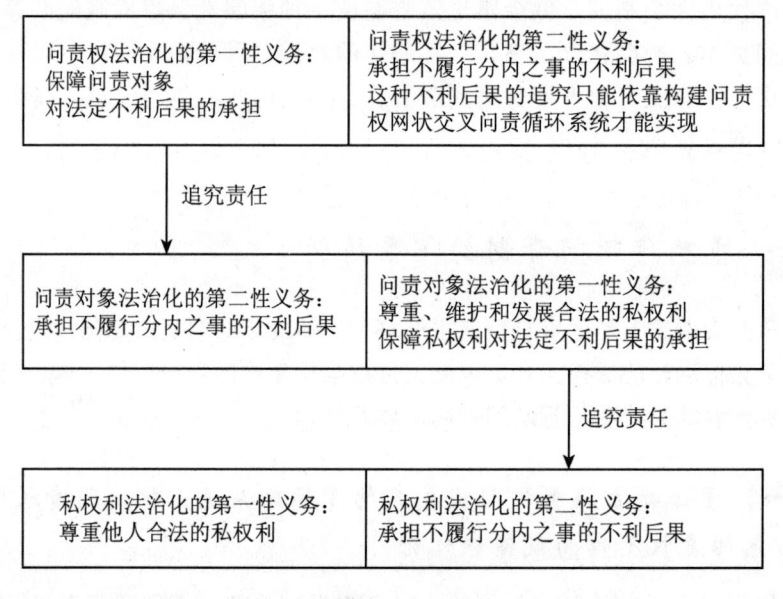

问责权法治化的第一性义务: 保障问责对象 对法定不利后果的承担	问责权法治化的第二性义务: 承担不履行分内之事的不利后果 这种不利后果的追究只能依靠构建问责权网状交叉问责循环系统才能实现
↓ 追究责任	
问责对象法治化的第二性义务: 承担不履行分内之事的不利后果	问责对象法治化的第一性义务: 尊重、维护和发展合法的私权利 保障私权利对法定不利后果的承担
	↓ 追究责任
私权利法治化的第一性义务: 尊重他人合法的私权利	私权利法治化的第二性义务: 承担不履行分内之事的不利后果

图 5-3

网状交叉问责循环系统的建立还意味着民主社会的到来。因为人民问责权是问责权中极为重要的一种,只有人民问责权活跃起来,网状循环系统才会生生不息地运行下去。相反,人民问责权的式微往往宣告了这个循环系统的破产。结果,政府内部的党政问责权作为尚方宝剑一枝独大,它马上就暴露出权力的固有缺陷。许多时候,它会和管理权同流合污,管理权失去了控制便如出笼猛虎肆意伤害人民。有些时候,它可能在民本思想和道德感的驱使下剑指政府管理权滥用,造福人民,但这种情况对于人民来说几乎可遇不可求。我们希望地方政府的各种问责在理想的逻辑上能够形成五个问责循环。

1. 第一条循环链条：人民问责代议机关——代议机关"问责"人民

作为政府管理权的主要行使主体，代议机关如果通过行使决策权侵犯了人民的合法权利，人民应当通过各种法定途径追究代议机关的政治责任和法律责任。如果人民没有及时、有效的行使对政府的问责权，代议机关便有可能进一步滥用政府决策权，侵损人民的合法权益，从而以特殊意义上的"问责权行使主体"对人民实施"问责"。

2. 第二条循环链条：人民问责代议机关——代议机关问责行政机关（包括上级行政机关问责下级行政机关）——行政机关"问责"人民

行政机关作为直接面对人民群众的一线政府，它如果得不到上级行政机关和代议机关的有效问责（包括代议机关追究行政机关的违约法律责任和上级行政机关追究的行政责任），它便有可能也以特殊意义上的"问责权行使主体"对人民实施"问责"。这种"问责"的结果促使人民对代议机关予以有效政治问责，从而构成良性循环系统。

3. 第三条循环链条：人民问责行政机关——行政机关"问责"人民

行政机关如果以自己的部分决策行为和执行行为侵害了人民的合法权利，人民应该根据"谁侵权谁担责"的原则通过行政诉讼、行政复议、上访申诉等方式追究行政机关的侵权法律责任。如果人民疏于这种有序问责，行政机关自然有可能变本加厉，进一步滥用政府管理权从而"问责"人民。

4. 第四条循环链条：人民问责执政党——执政党问责代议机关和行政机关——代议机关和行政机关"问责"人民

共产党是当代中国的执政党，无论在代议机关还是行政机关中，党都起到举足轻重的绝对领导作用。因此，人民作为问责权的主人，应该以合法方式对执政党实施有效问责，从而督促执政党对代议机关和行政机关中的党组织与特定党员予以问责，规范它们的行为。否则，代议机关和行政机关中的党组织与特定党员便有可能通过手中的政府决策权和政府管理权侵害人民的合法利益，从而以特殊意义上的"问责权行使主体"对人民行使"问责"权。

5. 第五条循环链条：人民问责代议机关——代议机关问责执政党——执政党"问责"人民

执政党如果有违宪决策和行为应该由代议机关予以监督和问责，否则，这些违宪决策和行为便会转化为国家的意志从而侵害人民的合法权益；换言之，执政党以间接的方式对人民实施特殊意义上的"问责"。这种情况下，人民会通过追究代议机关的政治责任督促代议机关对执政党的监督和问责。

这五个问责循环组合在一起，就构成了笔者构想的问责权网状交叉问责自循环系统。如图5-4所示。

```
        执政党
   ┌─────────────┐
   │             │
   │    人民  →  行政机关
   │             │
   └─────────────┘
       代议机关
```

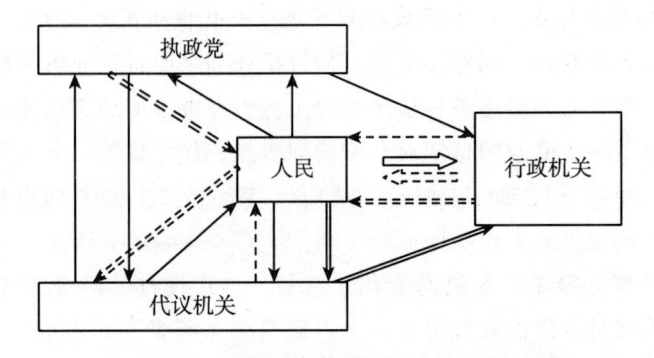

图 5-4 问责权网状交叉问责循环系统

几点说明：(1) 各类实线代表一般意义上的问责；各类虚线代表相应权力主体对人民实施特殊意义上的"问责"。(2) 限于图标局限，行政机关内部的行政问责（同体问责）没有显示出来。(3) 每一组自循环系统独立发生作用，并与其他自循环系统构成整体性的交叉问责循环系统。

显然，在这些问责权行使主体交叉问责的促动下，所有问责权自然兢兢业业，恪尽职守。进而言之，在问责权的勤勉督促下，问责对象也自然竭尽职能，为民众谋福利。不过，上述论断的前提是每一种问责权无论在规定性方面还是在制约性方面都有充分保障，否则，一旦某一个循环链条出现断裂，整个问责权网状循环系统的运转都可能受到毁灭性打击。

（二）在当前行政问责法律关系中，明晰行政问责对象具有重要意义

行政问责对象即承担行政责任的当事人。我国党政关系的错综复杂、中央与地方责权不一、部门权力边界模糊、行政首长负责制与集体决策民主集中制交叉导致的职责不清都影响了行政问责的实行。规范问责对象及其职责也就成为营造良好政务环境、提高政府治理效能的当务之急。

首先，当前我国行政问责制中的政府在其特殊语境下一般是指狭义的行政机关，行政问责的问责对象往往定位为"政府工作人员"。在我国，现实中各级党委总揽全局，发挥核心作用。《国家公务员法》的实施又将党的各级工作机构工作人员纳入国家公务员序列，因此建议"将执政党各级党组织的负责人纳入行政问责范围，无论从成文的国家法律、党的制度视角看，还是从我国现行政治与行政体制的实际运作看，都是合法、合理、可行，而且是必要的"①。有鉴于此，行政问责对象应该界定为广义的"国家公务员"。

---

① 李习彬：《在优化政府运行中问责》，载于《瞭望》（新闻周刊）2006年9月11日。

其次，由于权力冲突、角色冲突、与利益冲突中的困难，权力范围清晰是克服责任困境的必要条件。因此，我们应该科学地划分中央与地方的权力，实现中央与地方关系法制化，使中央与地方不再单纯是行政隶属关系而是具有不同权力和利益的法律主体，成为各自职权范围内明晰的责任主体。

再其次，应全力消除部门权力边界模糊，职能交叉、重叠的现象，本着谁主管谁负责、谁负责谁承担责任的原则，划清有责与无责的界限。

最后，对于行政首长负责制与集体决策民主集中制交叉导致的职责不清，关键在于设立这两种权力的合理边界和范围。明确规定哪些事务是属于独占性的权力范畴，哪些决策事项属于共享性的权力范畴，从而更好地避免自由裁量者角色与集体成员决策之间的冲突。

总之，要通过上述设置，努力实现以下四个环环相扣的目标：首先，官员就层级安排划分出大小不等的责任机制，责任既不能从上级转移到下级即责任不能缩小，也不能从下级追究到上级即责任不能扩大；其次，同职级官员按照各自的决策权力大小和职权分配状态履行相应的责任，不能诿过于人，也不能自愿承担不属于自己的责任；再其次，官员的各种责任形式不能替代，不能降低，也不能升级，只能限定在责任与失职失误相对等的范围内。应该承担法律责任的，绝对不能以面对公众的道歉来了事。应当承担公众责任的，不能以组织内部的检讨来应付①。最后，应当由政府执行公务的行政人员承担的责任，不能由政府包揽责任。

（三）明晰问责内容对建立行政问责制也具有不言而喻的意义

目前的行政问责制对于可问责内容规定得比较混乱，这种混乱主要体现在将可问责内容的范围制定得过于笼统和宽泛，没有规定可问责内容的下限，这就有可能造成很多不应该问责的内容和事件被提上问责启动程序，造成正常问责渠道不通畅，最终使得应该被问责的事由没有被问责（见表5-2）。

事实上，法律的使命是建构制度底线，它的最大特征是与社会现实紧密相联。法律一旦与现实相脱节，特别是法律规定远远高于人们的现实承受能力，从"制度地板"跃进成"制度天花板"，那它就很难在人们心中生根开花。结果，人们虽不敢在显规则层面挑战这个"高山仰止"的法律体系，却习惯在潜规则层面将其瓦解。因此，明晰问责对象内容，在"良法治理"视野下为政府权力划清行为边界、行动轨迹对于行政问责制的重构具有基础性的价值。

---

① 任剑涛：《官员问责制与伦理政治》，载于《新周刊》2005年第5期。

表 5-2　　　当前问责制中有关问责内容规定的缺陷 I

理想的制度设计	实际的制度设计	现行制度对问责程序机制的影响
(1) 确定应当被问责的内容包括哪些种类、哪些具体内容，最好由特殊性制度规定	现行制度通常在原则性制度中规定了较多被问责内容，但准确度和细化程度有限	可问责内容的准确度和细化有限，将可能使一些无须问责的内容也被提上问责流程
(2) 确定要达到什么程度才应当问责，轻微行为可以忽略或通过其他渠道	现行制度没有相关内容	有可能一些轻微或不显著的失误也被提上问责流程，这无形中加大问责程序机制的负担
(3) 确定什么内容不属于行政问责的范围，可能是效能或审计问责的内容	现行制度在制度设计时应尽可能将所有可以问责的内容都纳入行政问责中	加大了行政问责程序机制的压力，造成行政问责、职业问责、审计问责等的混乱

此外，由于现行各地行政问责制度对于行政问责责任标准问题的忽视，给行政问责程序机制带来了负面的影响。责任标准确定环节是行政问责程序机制从执行阶段步入追究阶段的关键步骤，这一内容在制度中的缺失，直接导致了行政问责程序机制在此阶段的法律依据空白，很有可能造成责任推诿或是责任过重，并使行政问责程序机制中的暗箱操作有机可乘。具体分析见表 5-3。

表 5-3　　　当前问责制中有关问责内容规定的缺陷 II

理想的制度设计	实际的制度设计	现行制度对问责程序机制的影响
(1) 确定被问责内容符合哪种类型的责任	部分现行制度中有相关内容，但归纳并不细致	责任标准的确定是问责程序机制最为重要的环节之一，是确认被问责对象的责任程度，决定了其追究方式，但这个环节难以在现行制度中找到相关依据，无法可依
(2) 确定该种类型的责任的追究范围	绝大部分现行制度中没有规定责任标准范围	
(3) 确定是否有交叉责任、叠加责任等内容	现行制度中没有规定相关内容	
(4) 确定是否有从轻、从重、减轻等情节	绝大部分现行制度中没有相关规定	

实践中，正是由于行政问责制度对责任标准规定的缺陷，导致行政问责程序机制在这一环节可变因素过多，易遭受各种非制度因素影响。因此，我们应该根据上述分析顺应问责内容科学化的发展趋势，不断完善对责任判断、责任标准以及问责救济的制度化建构。只有这样，作为良法①的问责制才能建立，进而作为普遍守法结果的责任政府才能实现。

第四节 地方政府问责制是行政管理体制改革的催化剂

完善的地方政府问责制是行政管理体制改革的催化剂。只有建立完善的地方政府问责制，地方政府才会得到持续有效的规制，地方政府行政管理体制改革才会得到深化，进而地方政府就会一心一意地打造责任政府。

一、当下地方政府问责制的现状与意义②

在中央对问责制度的高度重视下，各级地方政府积极响应，全力推行，并以中央文件和政策法规为依据，出台了不同级别的地方政府行政问责办法，对地方政府问责制的推进有很大意义。下面，我们对当前中国地方政府问责制的实施现状予以简要分析。

第一，就问责办法的颁布主体来说，省、市、县各级地方政府工作部门都颁布过有关地方政府问责的规范性文件。（1）省一级的政府问责制。具有代表性的如《海南省行政首长问责暂行办法》、《四川省党政领导干部引咎辞职暂行办法》、《浙江省影响机关工作效能行为责任追究办法》、《重庆市政府部门行政首长问责暂行办法》。（2）市一级的政府问责制。具有代表性的如《昆明市重要工作推进责任追究实施办法》、《大连市政府部门行政首长问责暂行办法》、《太原市国家机关及其工作人员行政不作为问责办法》。（3）县一级的政府问责制。具有代表性的如《江西赣州大余县人民政府行政首长问责暂行办法》、《四川成都金堂县党政领导干部引咎辞职暂行办法》、《安徽蚌埠怀远县政府部门行政首长问责暂行办法》。（4）地方政府工作部门颁布的政府问责制。具有代表性的如

---

① 西方社会有这样的法谚："敬畏法律之前，法律要让人敬畏。"显然，让人们从内心深处尊重与敬畏的法律必然是"良法"。

② 以下分析借鉴了学者陈翔、陈国权的研究成果。参见陈翔、陈国权：《我国地方政府问责制的文本分析》，载于《浙江社会科学》2007 年第 1 期。

《昆明市领导干部问责办法实施细则》、《安徽省粮食局部门领导行政问责暂行规定》、《深圳市公安机关警务工作问责规定》、《都江堰市旅游局机关干部引咎辞职暂行办法》。

第二，就问责办法针对的问责对象而言，各种行政不良行为都陆续进入问责的视域。具体说来：（1）目前有的问责制是针对行政首长的，如《重庆市政府部门行政首长暂行办法》、《成都市行政首长问责暂行办法》。（2）有的问责制针对行政组织及其公务员整体的，如《湘潭市行政问责暂行办法》、《太原市国家行政机关及其工作人员行政不作为问责办法》。（3）一些地方政府还有针对性地颁布了一些特殊的问责办法。其中，有针对行政不作为行为的问责，如《昆明市国家行政机关及其公务员行政不作为问责办法》、《太原市国家行政机关及其工作人员行政不作为问责办法》、《长白朝鲜族自治县行政机关及其工作人员不作为和乱作为问责办法》；有针对安全生产问题的问责，如《南阳市人民政府安全生产行政问责暂行办法》、《佛山市安全生产问责制暂行办法》；有针对引咎辞职所颁布的暂行办法，如《四川省党政领导干部引咎辞职暂行办法》、《河北省党政干部引咎辞职实行办法》。

从总体上讲，经过几十年的发展，在中国特色的监督体系的基础上，地方政府问责制体系已经基本趋于完整，在问责逻辑、问责依据、问责权行使主体、问责对象、问责种类、问责程序、问责领域范围以及问责监督等要素大致上形成了完整的链条。

第一，各地政府问责制都基于人民主权原则的责任政府来阐述政府问责的政治逻辑。根据人民主权原则，人民授权给政府决定了行政系统本身就是个责任体系。换言之，政府在得到授权的同时，也就承担了相应的责任，行政权力的性质决定了其必须在法律的边界内活动，公共官员对于违反法律规定的过失或者行为必须承担相应的行政责任。这一点在各级地方政府颁布的问责办法的总则部分得到了充分体现。

第二，目前各级地方政府实施问责制的主要法理依据有《国家公务员暂行条例》（1993.10.1），（自2006年1月1日起，《中华人民共和国公务员法》取代《国家公务员暂行条例》）、《中华人民共和国行政处罚法》（1996.3.17）、《中华人民共和国行政监察法》（1997.5.9）、《党政领导干部选拔任用工作条例》（2003.7.23）、《中国共产党纪律处分条例》（2004.2.18）、《党政领导干部辞职暂行规定》（2004.4.20）、《中华人民共和国行政许可法》（2004.7.1）、《中华人民共和国地方各级代表大会和地方各级人民政府组织法》（2004.10.27修正）、《关于实行党政领导干部问责的暂行规定》（2009.7.12）等。其中《国家公务员暂行条例》及《中华人民共和国公务员法》和《中华人民共和国行政监察法》

基本上是各地问责办法共同的法理依据。这种情况是合乎情理的，一方面，地方政府问责制的实施一个重要原因是中央政府大力推动所致；另一个方面，我国是中央集权国家，地方政府所享有的立法权不能与中央政府所拥有的立法权相违背。

第三，问责权行使主体。大多数办法规定问责权行使主体仅限于本级人民政府，这与该制度仅为地方规章层面有关，无法对其他问责权行使主体进行规定；少数地方包括了各级主管机关，如《昆明市国家行政机关及其公务员行政不作为问责办法》将问责权行使主体规定为各级政府的软环境建设工作办公室，归纪委与监察口。只有个别地方涉及系统外的行政主体，如《湘潭市行政问责暂行办法》规定问责权行使主体为公民、法人或其他组织，上级行政机关及其负责人。这种情况显然不利于政府问责的制度化与法治化，也不利于建立政府问责的长效机制。

第四，问责对象。有些办法规定问责对象为一个整体的政府以及作为个体的政府工作人员，大多数办法仅指后者。但个体的范围有所不同，所有地方问责办法都将本级人民政府各部门行政首长列为问责对象，体现了政府问责制强调追究领导责任的新理念，但是，是否包含其他客体，各实施办法的规定有所差异。如上所述，有的办法中，客体仅为政府部门行政首长，有的办法中，客体为政府所属部门行政首长及其下级人民政府的行政首长，有的办法中，客体为本级人民政府各部门和下级人民政府的行政主要负责人或者为行政机关、法律法规授权组织或行政机关委托履行行政管理责任的组织及其公务员。

第五，问责种类。各地行政问责种类主要有：（1）取消当年评优评先资格；（2）诫勉警告；（3）责令限期整改；（4）责令书面检查；（5）责令公开道歉；（6）通报批评；（7）责令辞职；（8）建议免职。总的来说，各地问责种类大致相同，这是因为它们大多源于中央层面的规范性文件，如《中华人民共和国公务员法》、《中华人民共和国行政处罚法》以及《中华人民共和国行政监察法》。

第六，问责救济。绝大多数问责文件中都规定了问责救济的相关条款。这一点尤为可贵，因为无救济无正义，被问责的政府机关与政府官员也有通过救济恢复自己正当权利的权利。不过，有些规范性文件对救济方式规定较全面，有些则规定较少。目前各办法中采用的问责救济办法主要为陈述、申辩、申诉、复核等几种。其中，申诉与复核是行政救济中最重要的手段，它成为问责程序中一个不可缺少的环节。在对复核的规定上，大多数地方采取一次复核制，而昆明与太原允许二次复核。另外，重庆规定在复核期间原追责决定中止执行，长沙规定行政问责处理决定继续执行，天津规定行政处分一般不停止执行，而大多数地方对该环节并无具体规定。

第七，问责范围。在问责范围上，各地问责办法规定都较为详细，基本涉及了过错问责与非过错问责，对不作为、乱作为的各种情形都进行了列举。但对问责情形的列举各地有不同的方式，基本可见以下三种：第一，按问责对象来看，可以分为行政问责对象本身存在的问责情形和行政问责对象所管辖的部门或所负责的工作范围存在的情形，如《天津市人民政府行政问责试行办法》第七条规定了12种行政问责对象存在追究责任的情形，第八条规定了7种行政问责对象所管辖的部门或所负责的工作范围存在追究责任的情形。长沙市与太原市的问责办法也是照此来规定问责情形。第二，按行政事项来划分，如《湘潭市行政问责暂行办法》将其分为（1）行政决策中的问责情形；（2）执行行政决策中的问责情形；（3）实施行政许可过程中的问责情形；（4）实行行政征收过程中的问责情形；（5）实施行政检查过程中的情形；（6）实施行政处罚过程中的情形；（7）采取行政强制措施过程中的情形；（8）履行行政复议职责过程中的情形；（9）其他情形。第三，按责任性质划分，如《成都市行政首长问责暂行办法》将其分为：（1）对执行不力问责；（2）对违规决策和决策失误问责；（3）对效能低下问责；（4）对违法行政问责；（5）对监管不力问责；（6）对财经问题问责；（7）对稳定问题问责；（8）其他问责规定。

二、现有地方政府问责制中存在的困境

我国各地政府问责制的可操作性在不断增强，问责范围在不断拓宽，问责力度在不断深化，问责效果也在不断凸显，但是，我们也应该看到，地方政府问责制度还面临着一些现实的困境。

第一，异体问责权行使主体的缺位，导致问责权网状交叉问责循环系统难以建立。如前所述，政府问责可以分为同体问责和异体问责。相对于党政体系内部的同体问责而言，异体问责不仅较之同体问责无疑是一种更有效、更符合民主政治要求的问责机制，而且异体问责权行使主体缺位，导致问责权交叉问责自循环系统难以建立。

第二，问责对象不清。从各地问责办法可以看到，首先，问责对象范围不确定。有的包括行政机关、法律法规授权组织或者受行政机关委托履行行政管理职责的组织及其公务员；有的指现任市政府领导，市政府各职能部门、直属机构、派出机构、直属事业单位和各区、县（市）政府的行政主要负责人，即不担任领导职位的普通行政人员是否属于问责对象的问题各地并不一致；还有的仅指市政府部门和政府部门行政首长。其次，各办法对问责对象也只进行了笼统的规定，如政府行政主要负责人，政府各部门行政首长，行政机关及其工作人员。那

么责任在党政领导之间、正副职之间、不同层级领导之间、负领导责任的人与负直接责任的人之间如何分配都带有一定的模糊性。这将造成实践中一系列的问题：（1）行政一把手受到规制，党的一把手不在规制之列。在我国现行体制下，行政一把手往往是党的副手，受党的一把手领导，出了事，只追究行政一把手责任，党的一把手却不用负责，必然导致有失公正；（2）副职下面各级负责人责任分摊不确定，对他们承担责任的"度"很难把握；（3）党组织集体决策造成的失职行为无人负责。我国党组织实行的是委员会制，采用集体决策的原则，集体决策所造成的失职行为责任承担问题更无从规定。

第三，问责法律规范不完备。人们之所以需要完备的法制，原因有三：（1）完备的制度降低了人们之间的交易成本。人们从自然状态过渡到社会状态，建立制度，就是要降低执行自然法的交易成本。（2）通过完备的制度对权力与权利的规定，能够扩大权力和权利的使用范围和覆盖面。换言之，经由制度的权力与权利从原来的对人性变成了对事性，从原来的特殊性变成了普遍性。（3）肯定即否定。制度对权力和权利的规定，又是对权力和权利的限制。这种对权力与权利的限制（即严复所言的群己权界论，实际上是密尔的《论自由》）对于定纷止争，维护社会秩序具有重要意义。

一般来说，法制完备的标准有以下几个标准：（1）凡是应该由法律体系调整的，均应有恰当的法律制度调整（需要说明的是，对于那些不应由法律体系来调整的社会关系和社会领域，法律就不能越俎代庖，画蛇添足，而只能静静地立于一隅；否则也是一种法律体系的不完备，所谓过犹不及①）。（2）调整不同领域的法律制度应当相互衔接，有机协调，不能相互冲突，频频打架。（3）各种法律体系应该逻辑清晰，具有明确的可操作性。（4）整个法律体系能够有效面对实践变化而与时俱进，及时进行自我修正和发展。

对照上述标准，当前中国问责法制规范不完备主要有以下四个表现：

（1）政府职责体系模糊。政府职责体系模糊涉及法律法规对中央政府与地方政府以及地方各级政府之间职责权限划分，地方政府各部门之间职责权限划分的规定。中央政府与地方政府以及地方各级政府之间职责权限模糊，目前法律没有对中央政府和地方政府之间各自的职责权限做出明确的规定。在实践层面上，造成放权不一，不同地方有着不同的放权范围。同时，中央政府可以根据需要对地方各级政府的权力予以削减。"放"与"收"之间造成了大量的权限模糊、重叠和交叉。地方政府各部门之间职责权限划分也存在交叉重叠，有利可图时争夺

---

① 比如，有些地方立法规定"馒头标准必须是圆形、个头不能太小"。显然，这种对馒头具体尺寸和形状的"越权"规定当属另一种形式的立法不完备。参见《河南制定国家馒头标准》，载于《中国食品科技网》2008年1月3日。

权力，出现问题则相互指责，推卸责任。特别是一些临时性机构，比如"委员会"、"办公室"、"领导小组"责任更是混乱。

（2）问责依据的形式不一。地方政府问责制依据多散见于相关法律、中央政策、党纪条例以及地方政府规章或规范性文件之中。有些是存在于《中华人民共和国宪法》及《中华人民共和国公务员法》的部分条款之中，而有些则属于党的纪律条例《中国共产党党内监督条例（试行）》、《中国共产党纪律处分条例》和《党政领导干部辞职暂行规定》；而又有一些是省市政府制定的：《长沙市人民政府行政问责制暂行办法》、《重庆市政府部门行政首长问责暂行办法》、《成都市行政首长问责暂行办法》、《岳阳市领导干部和机关工作人员有错与无为问责办法（试行）》、《深圳市政府部门行政首长问责暂行办法》。这些问责的依据，在问责的范围、惩处的尺度等方面不尽相同，极大地影响了执行效果。

（3）许多相关规范性文件规定得过于宽泛。如问责种类是指问责对象承担责任的类型，其在规定上就存在过于笼统的问题。事实上，目前各地问责办法中对问责种类只进行了列举，并无说明该种处理类型应针对何种责任，应由哪个部门监管等更细层面的问题。换言之，究竟哪种责任只需责令做出书面检查，怎样的责任才够得上责令辞职；做出的检查应交由什么人负责；在哪里进行通报批评；通报的范围是多大；诫勉的具体含义又是什么等都没有进行具体规定。这样，具体操作起来，弹性过大。

（4）许多相关规范性文件没有与时俱进，没有定期对规范性文件进行清理。辩证法告诉人们，任何事物都有一个从发展到消亡的过程，问责法律制度也不例外。因此，对那些已经失去生命力的问责法律制度进行清理，是法治社会建设进程中的一种"新陈代谢"，不能缺失。但是，目前我国许多地方政府问责规范性文件一经制定、效力永久。这种情况也严重制约了行政问责的应有效果的产生。

三、地方政府问责制度化的域外镜鉴与发展路径

（一）国外部分国家政府问责制考察

国外责任政府制度较为成熟的国家，问责制度的建设在中央级别表现最为明显。地方级别，由于实行地方自治，公民直接的参与很大程度上保证了地方政府责任的落实，使得问责制的成效反而没有中央级别那样"吸引眼球"。地方政府是国家政府体系的组成部分，中央级别的问责制虽然不是在地方级别政府责任的落实中发挥直接的作用，但却是影响地方政府责任落实的一个极其重要的因素。为了能全面地认识和理解国外问责制建设较为成熟的做法，以下将问责制放在整

个政府体制中进行考察。

1. 立法机关问责

责任内阁。在西方责任内阁制的国家里，因负政治或行政的连带责任，内阁推行的政策必须符合多数议员的意愿。英国是责任内阁制的典型国家之一，如果议会认为内阁个别成员或内阁全体有违法失职，政策错误或措施失当等情节并对此深感不满时，议会可以通过谴责政府某项政策的决议案，甚至通过对政府不赞成的法案，进而提出对政府的不信任案。因其旨在敦促政府总辞职，又称为"倒阁权"。

国会调查。调查权是立法机关在行使其职权过程中附带产生的权力，主要是为了了解国家政治、经济诸方面的有关情况和确认某种事实。其适用范围可涉及政府要员、法院法官的某些违法行为。美国是这种监督、问责最典型的国家之一。国会调查权的范围一般包括以下立法权调查、选举调查、政治调查和侵害公民权利的调查。质询和弹劾议员以集体或个人的名义，对政府工作或其他事务中的违法或失误等情况，向政府的首脑或主要成员质疑问询，并要求其做出答复；弹劾是议会纠举因某些违法失职方面的行为而不称职的政界要员的重要方式。弹劾一般适用于国家元首、政府首脑、内阁成员以及其他政府高级官员和司法高级官员的犯罪行为。西方各国在弹劾的适用范围上又有着一些差异。议会监察专员，最早出现于19世纪的瑞典。在瑞典和英国的监察专员制度比较完善。监察专员的监督调查方式主要有以下三种：受理公民申诉，并对此进行调查，这可以说是监察专员主要的监察方式和任务；主动调查，监察专员可以通过民众或广播、报刊等收集线索，然后展开主动调查；主动视察。监察专员处理事务的范围广泛但是主要涉及那些违法违章的，不合理不公正的，任意或歧视性的，根据错误事实或不适当缘由做出的或执行出现偏差的行为或决定、规则、程序等。这些"不良行政"可以包括不公正、不礼貌、不执行立法机关意图、滥用自由裁量权、无理拖延、玩忽职守、效率低下、任人唯亲、误导信息等。他们一般可以通过建议、批评和控诉的方式来问责政府官员。

2. 行政机关问责

监审合一问责机构一般包括行政监察和财务监察。其职能类似于我国监察部、审计署和财政部部分职能。墨西哥是这种监督模式的典型国家。墨西哥监察部隶属联邦政府序列，向总统负责。墨西哥监察部的主要职责包括监督公务员是否公正廉洁地行使职权，对违反职责的公务员，依照相关法律进行处罚；主管机构精简；审查政府部门预算执行和财务收支情况；负责公务员财产申报；监督国营企业、公共工程。监审合一问责机构较单一监督和审查机关来说，其权力更加集中，问责成果更为明显。韩国监察部也有此类的机构，但它的隶属关系不同，它独立于议会和政府,直接受总统领导。

3. 道德问责

行政道德监督管理机构及道德建设是世界当代行政发展的明显趋势,其重要手段是进行道德立法和建立专门的行政道德监督管理机构,并进而追究政府及其行政人员的道德责任。早在1978年美国国会就通过了《政府道德法案》。1993年,美国又颁布了《美国行政部门雇员道德行为准则》。加拿大、墨西哥于1994年分别颁布了《加拿大公务员利益冲突与离职后行为法》、《公务员职责法》。英、法、德、荷等发达国家也先后颁行了类似的道德法典。在亚洲,韩国于1981年颁布了《韩国公职人员道德法》。日本于1999年颁布了《国家公务员道德法》。同时,根据法律还建立专门的行政道德监督管理机构。美国政府道德办公室、英国的公共生活准则委员会和加拿大的政府道德咨询办公室都是这方面的典型代表。这些机构或为实质性权威机构、或为咨询性机构、或隶属于行政权力、或隶属于立法或司法权力,甚至享有自主性的权力。都在法律规范的基础上对违反道德的行为进行追究。

(二)我国地方政府问责制度化的发展路径

1. 发展异体问责权,建立问责权网状交叉问责循环系统

"政府问责"不过是政府问责权行使主体的一个基本行为,行为由主体派生,不研究问责权而仅仅围绕行为考虑,是一种舍本求末的研究。更重要的是,当"政府问责"这个行为不能满足人们的价值要求时,如果人们不能把目光投射到"问责权"这个事物的源头时,就无法从本质上去解决问题。当下中国同体问责发达,而异体问责式微,结果在实践中会产生两个危害:一是同体问责有悖自己不能当自己法官的自然公正原则,使问责行为带有人治色彩;二是仅有同体问责,问责权行使主体交叉问责自循环系统就无法建立,进而不同的问责权行使主体或者滥作为,或者不作为,使问责制度化为雾中幻影。因此,发展异体问责,建立问责权网状交叉循环系统,对于地方政府问责制的发展具有关键意义。

2. 加强地方政府问责制立法,健全问责制法律依据

地方政府问责法律依据的不完善难以保证地方政府问责制的有效性。健全地方政府问责制度,必然要求国家有统一的问责法律作为指导,地方政府可以结合实际制定配套措施。地方政府问责法律体系应该既维护法律的严肃性、统一性,又体现出地方特殊情况的要求。但总的来说,加强地方政府问责制立法,必须运用法治主义范式锻造政府问责权行使主体的权力,从而使得问责权既获得法治化规定,又获得法治化制约。前者是指明晰问责权的"分内之事"和"分内权能"。"分内之事"是指问责权的"职守","分内权能"是指问责权的"职权",

只有二者清晰明了，问责权的行使才会"渠"（喻"分内之事"）成"水"（喻"问责权能"）至，造福社会，而不至于"水"到"渠"成，泛滥成灾，或者"渠"中无"水"，空喜一场。问责权的法治化制约是指运用外在的、内在的控制，使得问责权严谨职守，不敢越雷池半步。显然，问责权的法治化规定与"良法治理"密切相联系；问责权的法治化制约与"普遍守法"密切相联系。具体来说，公开、全面、具体是加强地方政府问责制立法的一般原则。"公开"可以使问责事由透明化，提升人们对问责依据的信服程度；"全面"要求凡是有政府权力行使的地方都要承担责任，这就要求问责内容完整覆盖政治、法律、行政、道德等领域。特别是针对现阶段我国地方政府道德问责领域尚滞后的现实，可以借鉴西方道德问责法制化的做法，将道德责任纳入法律范围之内，如此不仅可以倡导良好的社会道德风尚，也可以防止政府工作人员从生活细节的不检点滑坡到更为严重的问题上去；"具体"是要求问责内容的规定体现出可操作性，减少定性成分，增加定量成分。

3. 党政问责同步协调，重点建构与健全全党内问责制

"中国的各种政治关系和较为重要的政治现象，都在一定程度上包含着'党政关系'的因素。尽管这种包含是直接或间接的，是明显的或是隐含的，但都是确实存在的，并无不在其中起关键性作用。"① 对于地方政府问责制的建立和健全，无疑也回避不了这个问题。对于重大事项，不是单单问责就可以解决问题的。中国共产党的性质决定了党在国家和社会生活中的领导地位，中国共产党通过政治、思想、组织领导强有力地掌握着执政方向，中国共产党和行政系统的高度耦合是我国国情的必然。我党的政治地位决定问责制应以党内问责为突破口。一方面，中国共产党是领导社会主义事业的核心力量，要自觉接受监督，包括党内监督和群众监督以及舆论的监督。此外，执政党可以建立完整的内部责任审查与追究系统，从而确保党的决策工作与执行工作能够得到有效监控，进而也能够提升党的执政能力。具体来说：（1）党在自身系统内部建立类似违宪审查的机构，专门对各级党组织的行为，比如制定的方针、政策是否和宪法相抵触进行审查，如果和宪法不一致，就及时修改直至"合宪"后再对外发布。（2）党在自身系统内部建立责任追究系统，如果各级党组织和那些担任代议机关和行政机关领导职务的党员不能很好地执行中国共产党"合宪"的决定，党应该对此予以问责。由于中国共产党实行民主集中制原则，这种党组织对各级干部的监督和问责符合法理精神。另一方面，执政党除了自我监督外，也需要其他权力体系进行监督。我们认为，在议行合一的当代中国，代议机关是监督执政党的当然主体。

---

① 胡伟：《政府过程》，浙江人民出版社1998年版，第17页。

一方面，当年毛泽东与黄炎培纵论民主与监督时①，已经谈及了"人民监督政府"的思想，代议机关作为人民的代表，当然可以监督执政党和政府。再一方面，宪法虽然没有明确规定"人大应该监督党"的条款，但我们可以从宪法和党章相关规定中推论出人大拥有监督党的权力。《宪法》第五条第四款规定：各政党都必须遵守宪法和法律；中国共产党党章对此有"遥相呼应"的规定：党要在宪法和法律范围内活动。可见，党有遵守宪法的义务。《宪法》在第六十二条、第六十七条继续做出规定：全国人民代表大会及其常委会有监督宪法实施的职责。从这里我们可以看出，代议机关有监督一切宪政主体包括执政党遵守宪法的权力。总之，代议机关监督党组织应没有宪法障碍，反过来，如果它不去或者不能监督党反而是不履行宪法职责的。事实上，代议机关对执政党的监督本质上是对执政党的一种帮助②，是发展执政党执政能力的重要动力机制。因此，现在的问题不是代议机关要不要监督执政党，而是代议机关如何监督好执政党。

4. 加强公民意识教育，强化公民在地方政府问责制中的参与权

学者们在探讨社会发展时，多重视社会发展的民情基础，从社会主体的精神方面去探寻社会发展及衰败的原因。中国古人有"天时不如地利，地利不如人和"的判断。西方学者托克维尔在考察美国民主制度时也认为："法制比自然环境更有助于美国维护民主共和制度，而民情比法制的贡献更大。"③ 中共十七大报告则明确指出"进一步加强公民意识教育"。显然，公民意识作为一种文化机制，它对完善地方政府问责制具有重要的保障作用。具体言之，公民意识可以激发社会成员进行积极而理性的政治参与，抵制无序政治参与，抑制过度的政治冷漠，维护问责制良性、健康、持续发展。一方面，公民参与是我国的国家性质决定的。我国是人民民主专政的社会主义国家，国家的一切权力属于人民。因为地方政府权力的运行过程中，涉及大量的公民切身利益，公民参与对于提升地方政

---

① 1945年7月，应中共中央、毛泽东的邀请，黄炎培等6位国民参政员赴延安访问。黄炎培坦率地向毛泽东说了一番话："我生60多年，耳闻的不说，所亲眼看到的，真所谓'其兴也勃焉，其亡也忽焉'。一人、一家、一团体、一地方乃至一国，不少单位都没有能跳出这周期率的支配力。大凡初时聚精会神，没有一事不用心，没有一人不卖力，也许那时艰难困苦，只有从万死中觅取一生。继而环境渐渐好转了，精神也渐渐放下了。……一部历史，'政怠宦成'的也有，'人亡政息'的也有，'求荣取辱'的也有。总之，没有能跳出这个周期率。中共诸君从过去到现在，我略略了解的，就是希望找到一条新路，来跳出这个周期率的支配。"对此，毛泽东当即明确回答："我们已经找到了新路，我们能跳出这周期率。这条新路，就是民主。只有让人民来监督政府，政府才不敢松懈；只有人人起业负责，才不会人亡政息。"参见黄炎培：《八十年来》，文史资料出版社1982年版，第48页。毛泽东这里谈及的"政府"自然包括领导政府的执政党。

② 在缺乏外在监督机制的情况下，中国共产党更多以党性精神支撑的"慎独"情怀进行自我监督；这种自我监督是崇高的，但监督效果往往因人、因时、因地、因事而异。只有加入外在压力的强制监督，监督效果才能够得到制度化保障，内在自我监督（党性精神）才能够朝着更强有力的方向发展。

③ [法] 托克维尔：《论美国的民主》，董果良译，商务印书馆1993年版，第202页。

府问责制有效性有更为直接的作用。公民参与的价值在于公民参与增强了公共权力行使的合法性，它是直接民主的体现；其次，公民参与能够提高公共权力运行过程的合理性和有效性，因为它为公共权力运行过程注入了持续性的动力，促进了公共事物和公共服务质量的提高。另一方面，由于历史传统及现实因素的双重影响，当前我国部分公民在政治参与中仍存在着参与动机不强与无序参与等不良倾向，为地方政府问责制的完善设置了严重障碍。参与动机不强体现为公民在民主选举、民主监督等具体政治行为中存在着被动服从心理，不愿担负起公民责任。造成这种情形的原因有二：一则，中国传统社会积淀的臣民意识遏制了公民主动参与的责任。"许多人不参与政治只是因为他们满足于把政治留给其他人去做，而且满足于自己的命运。"[①] 二则，集体行动的逻辑消极了公民积极参与的热情。奥尔森指出："除非一个集团中人数很少，或者除非存在强制或其他某些特殊手段以使个人按照他们的共同利益行事，有理性的、寻求自我利益的个人不会采取行动以实现他们共同的或集团的利益。"[②] 正是在一部分公民"搭便车"的心理驱使下，政治参与日益成为一句空洞的口号。无序参与体现为一些公民在政治参与时不是根据理性思维做决定，而是受制于以人情、亲情、功利等为主要内容的非理性思维[③]。原因之一：中国传统文化中的"差序伦理格局"使得部分公民在具体的政治参与中表现出"唯亲"、"唯友"的不良倾向，与现代社会的普遍理性精神相违背。原因之二：市场经济造就了一些公民主体性的畸形增长，个体功利思维逐渐占据上风，他们在具体的政治参与中往往突出"自我"利益，而且不达目的决不罢休，往往寻求制造体制外的上访、群体性事件来表达自己的偏好，或通过此种行为倒逼政府问责。前者体现了公民意识中的权利意识不足，后者体现了公民意识中的公共意识不足。因此，重视公民教育，有计划的培养公民参与公共事物的习惯，教育公民认识政治制度、学习法律知识，在公共领域内培育和发挥公共理性[④]，提高公共生活的文明程度和参与能力，使现代公民意识内化为广大群众的信念对完善地方政府问责制具有重要意义。

5. 强化舆论界，尤其是网络在地方政府问责制中的救济与跟踪功能

舆论总是全方位、全过程地注视着权力的运行和机关工作人员的言行。一旦权力滥用行为和腐败行为被舆论曝光，就会成为人所共知的丑闻，从而形成强大的社会压力。政府问责制的构建和完善要求稳步扩大社会舆论开放度，大力提

---

① ［美］杰弗里·庞顿、彼得·吉尔：《政治学导论》，张定淮等译，社会科学文献出版社 2003 年版，第 321 页。
② ［美］奥尔森：《集体行动的逻辑》，陈郁等译，上海人民出版社 1995 年版，第 2 页。
③ 张扬金：《和谐社会构建中的公民有序政治参与探析》，载于《党史文苑》2007 年第 2 期。
④ 《公共理性视野中的当代中国政府能力研究》，中国社会科学出版社 2009 年版，第 32~40 页。

倡、鼓励和支持社会各界和广大民众对政府运行情况进行监督，鼓励和支持新闻媒体对政府运行中出现的重大问题进行追踪报道，同时有关监督机关特别是问责受理机关，要高度重视社会各界和民众的呼声，对于社会反映强烈的问题，要及时跟进，启动问责机制，采取适当的组织措施予以处理。由于舆论对于信息的搜集更为专业、便捷，这不仅为问责的启动提供信息来源，更为问责的救济和追踪提供了保障。

在这些舆论监督中，网络的作用可谓独当一面。自20世纪90年代以来，互联网获得了迅速发展，极大地改变了人们的生活和工作方式。互联网是各种信息资源获取的渠道和交流的平台，具有开放性、互动性、多样性、及时性等特点。这些特点与政府问责有着天然的耦合之处，因此，它有着把人民问责政府的理想变成实践的可能。目前，中国网民以网络论坛、网络社区、网络社团和网络博客等为载体，将互联网技术运用到政治生活中，对中国特色的政府问责的发展产生了难以预估的影响①。因此，地方政府问责制的完善应当将网络问责纳入其中，引导网络问责的健康发展。

---

① 有观察者指出：相对于2007年是网络公民崛起元年；2008年是网络民意强力问政、网络情绪影响政情、网络民主平台初步搭建的重要关头，可谓网络问政元年。西藏事件、汶川地震和奥运等国家大事中，网络渠道有序表达，党和政府倾听网络声音。此外，2008年6月20日，胡锦涛通过强国论坛回答网民的提问，党和国家最高领导人在线与网民聊天，在中国是史无前例之事。参见胡传吉：《致敬2008，网络民意强力问政》，载于《南方网》2009年1月7日。

第六章

地方政府关系调适与行政管理结构合理化

地方政府关系是地方政府体制中的重要问题，可以毫不夸张地说，地方政府关系的状况直接影响到地方政府行政管理体系运行的效率与和谐。地方政府关系从方向上可以分解为纵向关系和横向关系，"纵向关系是指地方管理人员日常生活中多会感到的决策网络，其基本形式包括财政援助、报告要求、技术援助、审查和调查、咨询及对各项工作的一般监督和批准，但处在这些相互交往核心的是资金和指令。并把这种纵向体系称为接近于一种服从的等级体系"。地方政府的横向关系"则可以被设想为一种受竞争和协商的动力支配的对等权力分割体系"[1]。横向的地方政府关系即包括同级的不同地区的地方政府间关系，也包括地方政府间斜交的横向关系，即不同级层、不同地区的地方政府间关系[2]。

第一节 地方政府关系概述

在我国地方政府间的关系显得非常复杂。就地方政府纵向关系来说，既包含各级地方政府间的关系，也包含上级主管部门与下级政府间的关系（即条块关

---

[1] [美]保罗·R·多梅尔：《政府间的关系》，载于［美］理查德·宾厄姆：《美国地方政府的管理：实践中的公共行政》，九洲译，北京大学出版社1997年版，第151~159页。
[2] 林尚立：《国内政府间关系》，浙江人民出版社1998年版，第24页。

系），还有上下级地方政府对口部门间的关系（即条条关系）。虽然我们一般认为我国地方政府为四个层级，但实际上，我国的一些地方政府派出机关同样具有实际意义上的一级政府功能。各个层级政府间的关系都具有一定的独特性，很难加以一般性的描述与概括。另外，由于我国地方政府间利益关系和权力配置的非法治化特征，使得各级地方政府间的关系往往不是以正式的形式表现出来，而是隐含在各种"潜规则"中，如各级地方政府官员间的个人关系和潜在的利益分配机制等。就地方政府横向关系和不同区域地方政府间的关系来说，还存在同一层级政府间的关系和不同层级地方政府间的关系。由于我国地大人多，即使是同一层级的地方政府，也会因为不同的地理条件、不同的风俗习性和特殊的历史原因，使得不同区域的地方政府的权限、职能和运行模式都存在差异，如省、直辖市和自治区之间，还有我国独特的特别行政区以及不同经济发展水平的地方政府间，如东部和中西部地方政府间的关系等。即使同样是省级政府，在不同地区其管理幅度也不同，这些都使我国地方政府间关系趋于复杂。至于互不隶属的不同层级政府，其关系就更加复杂，如我国市政府，就存在着县级市、地级市、副省级市、计划单列市、直辖市和特区市政府等类型，它们的权限职能也都存在差别。所有这一切，都使我国横向政府间关系显得复杂多样，既有政府相互间的合作关系，也有政府相互间的冲突关系。

  地方政府之间的关系在改革开放之前，由于受到高度集权体制的影响，基本上处于一种制度性的隔绝状态，而在分权让利改革之后，又处于一种畸形的"竞争"状态。随着我国市场经济的发展和各项改革的不断深入，地方政府之间的竞争关系开始走向"良性"，但是目前依然存在着种种令人担忧的问题。

一、计划经济时期地方政府关系的单一化

  在传统的计划经济时代，中央政府高度集权，几乎控制了政治、经济、社会与文化领域的所有权力，地方政府一般处于一切听命于中央指令与计划的无权地位，自主权极少。地方政府的功能无非是机械地执行上级政府的指标和命令，成为中央指令的"传送带"。地方政府横向间的关系也完全取决于中央政府的整体计划的安排。在高度集权的计划经济体制下，由于实行以"条条"为主的集中统一管理体制，较少考虑地区优势和地方自主权的发挥，中央政府实行政治、行政、经济和财政集权，地方政府完全从属于中央政府，只不过是高于企事业单位的执行和完成国家计划的单位，尽管其间有过一些调整，但在改革开放之前，基本上维持了这种格局，这在很大程度阻碍了横向的地方政府间关系的发展，使地

方政府的积极性受到抑制，各地资源要素无法实现有效地流通。早在20世纪70年代，澳大利亚学者奥德丽·唐尼李恩（Audrey Donnithorne）就指出了中国特有的"蜂窝状"经济（cellular economy），认为中国经济已被各地政府分割成许多互不相关和互相隔绝的行政经济单位，认为中国有共同拒绝外部世界的贸易壁垒，却没有自由贸易的国内市场①。虽然曾出现了权力收放，但在"条条专政"下，地方政府之间，地方政府的部门之间的关系被严重阻隔，这种阻隔体现在两方面。

首先，"条条专政"本身所必然带来的部门间关系的阻隔。这种阻隔不仅存在于中央政府的部门之间，而且存在于地方各级政府的部门之间，因为地方政府中的绝大多数职能部门是按与中央部门对口原则设立的。其次，地方政府间关系的阻隔。"条条专政"就意味着条条管理排挤地方管理，地方管理地位被削弱，地方间合作与协调的基础也就变得十分薄弱，而地方政府内的部门间关系的阻隔，也使得地方发展缺乏进行横向联系的能力和动力②。因此，在计划经济时期，地方政府关系主要体现为上级政府对下级政府的指挥与命令的纵向关系。

在计划经济时代，地方政府之间横向的互动之所以基本上被体制隔绝，在很大程度上是因为中央政府对地方政府角色的定位为"执行"：地方政府只是仅仅承担传递来自中央政府的决定和权力的功能，地方政府不是一个相对独立的权威体③。为了更有效地执行中央的意志，新中国在全国各地建立了自上而下的系统化和层级化的地方制度体系，丹尼尔·尼尔松（Daniel Nelson）把这一过程称之为"垂直整合"（vertical integration），那就是，社会主义的新中国成立了以党和国家为核心的地方政治体的等级体系，并建立了以附属的相关组织为重点的互锁（interlocking）网络④。这种垂直整合使得地方政府的职能定位非常清楚，那就是"执行"，而地方政府本应具备的、为了更好实现地方治理所必需的某些决策权和其他主动权基本上处于被忽略的地位。以县为例，这一点可以从新中国成立后所通过的《县级人民政府组织条例》中看出。其中规定，县级政府的主要职权主要有六项：一是贯彻落实上级的决定和命令；二是执行县级人民代表大会通过的和省级政府批准的决定；三是草拟地方性法律法规并得到省级政府的批准；四

---

① ［澳］奥德丽·唐尼李恩：《中国的蜂窝状经济：文化革命后的某些经济趋势》，载于《走向21世纪：中国经济的现状问题和前景》，江苏人民出版社1995年版，第45页。
② 林尚立：《国内政府间关系》，浙江人民出版社1998年版，第315页。
③ Yang Zhong. Local Government and Politics in China: Challenges from Below. New York: M. E. Sharpe, Inc. 2004, p. 6.
④ Daniel N. Nelson. Dilemmas of Local Politics in Communist States, The Journal of Politics, 1 (41), 1979, p. 27.

是批准乡镇政府的官员任命;五是废除乡镇人民代表大会通过的与中央法律和政策不相符的政策和法律;六是在上级政府的引导下编制本级政府的预算①。从以上县级政府的职能可以看出,几乎每一项都与县级政府的核心职能"执行"密不可分,地方政府相对独立的结构、权力和权威都是非常有限的。这一时期,县政府的首要角色就是省级政府政策的执行者,其次是本级人民代表大会的执行者。在这种情况下,以地方政府自主性为前提的地方政府横向互动关系自然就基本上被消除了。

二、改革开放以来地方政府关系的变化与发展

随着改革开放以后行政性分权的进行,中央政府与地方政府的关系发生了变化,这种分权也部分地改变了地方政府的地位与利益取向。决策分权允许地方政府在中央给定的约束界限内发挥自主创造性,进行不同方式的政策试验。财政分级核算、收入分成,在经济上使得地方政府有了追求经济绩效的动力。这两项变化,为地方政府带来了双重身份:一方面它是中央政府在一个地区的"代理人",它要服从于中央政府的利益;另一方面,它在一定程度上又是一个地区的"所有者",通过组织与运用经济资源可以增进自己的利益。在经济体制与政治体制改革进程中,地方政府不但获得了经济发展的自主权和主动权,而且由于地方政府官员的政绩日益与地方经济发展直接挂钩,因此,地方政府作为一个相对独立的地区利益主体的角色日益凸显,这种利益主体的地位不仅体现在地方政府掌握的权力和承担的责任上,而且可以从实际经济生活中地方政府几乎包罗万象的作用中找到佐证,这样就为地方政府间产生横向联系创造了有利条件。而且随着行政性分权的展开,政府向企业的"经济性分权"也拉开了帷幕,企业在一定程度上获得了部分市场主体地位,市场经济得到了一定程度的发展,经济发展必然会不断突破既有行政区划的藩篱,因而市场经济的发展也使得地方政府之间的交往与联系日益增多。

因此,改革开放以后,随着中央对地方的权力下放和市场化取向改革的推进,地方政府逐渐成为相对独立的利益主体,因而除原有的中央与地方关系问题外,又增加了一种新型的政府间关系,即地方政府间的关系②。毋庸置疑,作为政府间关系的两个层次,二者之间是密切关联的,纵向的政府间关系决定着横向

---

① 赵锦良、包心鉴:《县长与县政》,中国人民公安大学出版社1989年版,第44~45页。
② 张紧跟:《当代中国地方政府间横向关系协调研究》,中国社会科学出版社2006年版,第30~34页。

的地方政府间关系，而横向关系的发展将会直接影响到纵向关系的发展。但二者之间也存在一定的差异，如果说纵向的政府间关系主要具有政治与行政意义的话，那么横向的地方政府间关系主要具有经济意义①。

改革开放以来，我国地方政府纵向关系的发展主要体现在两个方面：

一是纵向地方政府权力关系的调整，基本改变了过去下级地方政府完全作为上级政府权力执行者和中介者的角色地位。主要包括：

（1）立法权的调整。形成了中央与地方沿"全国人大——国务院——省级人大和政府——省级政府所在地的市和国务院批准的较大的市的人大和政府"的三级立法体制，扩大了地方立法权。《中华人民共和国宪法》（1982年）扩大了地方的立法权限，明确规定："省、直辖市的人民代表大会和它们的常务委员会，在不同宪法、法律、行政法规相抵触的前提下，可以制定地方性法规，报全国人民代表大会常务委员会备案。"根据《中华人民共和国宪法》（1982年）修改通过的《中华人民共和国地方各级人民代表大会和地方各级人民政府组织法》进一步规定，省级地方政府所在地的市和国务院批准的较大的市的人民代表大会及其常务委员会，根据本市的具体情况和实际需要，在不同宪法、法律、行政法规和本省、自治区地方性法规相抵触的前提下，可以制定地方性法规。1995年2月修改通过的《地方各级人大和地方各级政府组织法》，对扩大地方政府的立法权限又做出了专门、专条规定②。

（2）财政权的调整。从20世纪80年代开始，各省被允许设立自己的财政预算体系，各省的财政预算只需按照中央政府给出的政策指导和一定的格式向中央报告即可，不需经中央批准，只要经过同级人大的批准即可。这样，地方政府在制定地方发展的规划中拥有更多的自主权。从1994年实行分税制开始，中央与地方分设税种、税源和征管体系，规范中央与地方以及各级地方政府之间的财政关系。它使得不同层级地方政府在拥有一定自主权的同时，也拥有了规范化的属于自己的税收——地方税。

（3）人事权的调整。1984年7月，中共中央组织部印发《关于修订中共中央干部管理的干部职务名称的通知》，通知规定，目前干部管理权限由过去的各级下管两级改为下管一级，即中央负责管理中央国家机关（各部、委）和地方各省（直辖市、自治区）一级的领导干部；省（直辖市、自治区）党委负责管理省级机关和行署、市、州、盟的领导干部；企事业单位的干部管理权限，根据其在国民经济中的重要地位，或者由中央直接管理，或是由中央主管部门与地方

---

① 林尚立：《国内政府间关系》，浙江人民出版社1998年版，第24页。
② 杨宏山：《当代中国政治关系》，经济日报出版社2002年版，第223页。

党委共同管理。这种中央对干部管理层次的减少、干部管理权限的适当下放,把原来由中央直接管理的一部分干部下放给地方直接管理,扩大了地方的干部管理权限。

(4)经济管理权的调整。从改革开放,特别是20世纪80年代开始,宪法和地方组织法授予了各级地方政府自身辖区范围内的经济管理权限,中央政府和上级地方政府把越来越多的权限下放给了下级地方政府。经过30多年的发展,我国纵向地方政府关系从过去完全自上而下的单向式的压力型体制逐渐向民主合作型体制转变①。

二是在横向地方政府关系方面,由于权力的下放,地方政府作为利益主体者的地位得到了确认,地方政府自身的利益得到凸显,自主性行动能力得到明显提升,在这种条件下,原来完全被阻隔的横向地方政府之间的关系日益活跃,地方政府之间的互动和博弈成为市场经济条件下地方政府横向关系的特征。这种横向关系包含着两个方面:一是恶性的博弈关系。所谓恶性的博弈关系往往是地方政府基于狭隘的辖区利益出发,利用行政权力人为设置地区之间的行政壁垒,从而形成行政区经济的行为,典型的就是地方保护主义。二是良性的合作与互动关系。面对共同的问题,为了实现双赢,建立更好的互动合作机制成为当今地方政府之间关系新的趋势。横向地方政府之间的合作日益频繁,随着各种形式经济区的形成,地方政府间的横向合作关系也形式多样。

三、当下地方政府关系凸显竞争与摩擦

除了地方政府之间的合作关系,地方政府之间的竞争也日益成为地方政府关系中一个值得关注的重要问题,这种竞争由于涉及地方政府之间的切身利益,有时候甚至非常激烈,而产生一些冲突与摩擦。进入20世纪80年代,随着地方政府权力的加强,地方政府之间却形成了一种颇为"壮观"的恶性竞争场面。这种恶性竞争以地方保护主义为基本特征,并以各种形式大肆蔓延并扩展到经济生活的许多领域,成为阻碍市场发育的严重问题。在此后将近20年间,在中国大地上,发生了"兔毛大战"、"羊毛大战"、"烟叶大战"、"蚕茧大战"等各种各样的市场分割"大战"②。

恶性竞争是一种对抗性的竞争,我国地方政府之间的这种对抗性竞争关系是

---

① 荣敬本:《从压力型体制向民主合作体制的转变》,中央编译出版社1998年版。
② 辛向阳:《百年博弈:中国中央与地方关系100年》,山东人民出版社2000年版,第269页。

在制度转轨时期产生的独特现象。一般说来，这种竞争具有以下几个特点①：一是竞争具有明显的模仿性；二是成功的关键在于击败对手；三是竞争往往集中在某一点上，而放弃或忽略其他点、线、面上的竞争。地方政府的恶性竞争随着经济发展水平和市场发育程度的提高，也由于国家立法、执法等环境的变化，其重点内容和表现形式也在发生变化，如在20世纪80年代中期，地方政府间恶性竞争的主要表现形式为限制本地的一些特色产品，主要基础原材料流往外地。进入20世纪90年代，特别是1993年我国经济实行"软着陆"，出现买方市场以后，除产品市场外，劳动力市场、资本市场包括产权市场都存在大量的地方市场行政分割现象，主要形式也从一些明显的"硬性"竞争形式发展到"隐性"的软性竞争②。从横向来看，不同地区的行政垄断行为的表现形式也各有所异，越是经济不发达的地方，恶性竞争越是突出，表现形式最为暴露，而一些经济较为发达的地区，其表现形式比较隐蔽一些，如从法律法规的制定、执行等方面对本地企业本地市场加以保护等。总结起来，就我国地方政府实行的恶性竞争行为方式而言，主要有以下几种表现形式③：

1. 费率控制

地方政府通常通过行政规制手段，借助自身或各部门下发的红头文件或办公室纪要，对外来企业和生产要素收取不合理的费用，从而设置进入壁垒，保护本地商家。目前地方政府可以利用多种名义的收费，汽车就是一个典型的例子。尽管社会舆论和消费者呼吁取消企业消费的不合理政策，但作用不大，许多地方的政府部门通过"红头文件"或"只有精神没有文件"的默许下，征收多种费用。据统计，针对汽车的各种税费大约200多种，费用约占车价的1/3，对外地车采取限制性政策，歧视性收费的具体名目更加繁多，如湖北有"特困企业解困基金"和"定编费"，上海有"无底价拍卖"，长春有"城市增容费"，重庆有"入籍费"或"落地费"。而在新车和出租车市场上，长春主要是捷达、上海主要是桑塔纳、湖北主要是富康、四川和重庆则主要是奥拓。而对本省企业生产的汽车，地方政府则往往采取各种优惠性的收费，如有些省政府规定，省内企业单位和个人购买某某经济型轿车的，减免各地方性税费，对用于出租车，营运证费减半，凡购买本省各型牌汽车的省内用户，免收各种家动车辆地方购置附加费，预收通行费，免收购买小汽车教育附加费，免收新购车验证费。地方市场分割现象非常明显。国家财政部和国家计委在2000年联合发文规定，

---

① 刘亚平：《当代中国地方政府间竞争》，社会科学文献出版社2007年版，第92~95页。
② 国家计委宏观经济研究院课题组：《打破地方市场分割对策研究》，载于《经济研究参考》2001年第27期。
③ 陈东琪等：《打破地方市场分割》，中国计划出版社2002年版，第3~9页。

自2000年7月起，取消238项涉及交通和车辆的收费，但在落实过程中，许多地方政府大打折扣。在劳动力市场上，外地人员要交纳一些不合理收费，导致外地劳动力就业成本偏高。当前农村劳动力外出就业，除携带身份证外，还必须有计划生育证明、技术专长证明等以供流入地的管理部门查验。这在流出地就要收取不少费用，到流入地后，还要办理"暂住证"，每月交纳数量不等的费用。除了汽车和劳动力市场外，其他行业如烟酒等同样存在大量的不合理的歧视性税费壁垒。

2. 技术控制

在国际贸易中，用抬高关税的办法限制其他国家的商品进入容易招致对方的报复，因此，非关税壁垒特别是技术壁垒就成为国际贸易战的重要形式。技术壁垒是指贸易进口国在实施贸易进口管制时，通过颁布法律、法令条例规定，建立技术标准，认证制度、卫生检疫制度、检验程序，以及包装规格和标签标准等，提高对进口产品的技术要求，增加进口难度。这通常是在诸如环境保护、质量、适用性的名义下进行的。

在国内地方保护主义中，这类做法也屡见不鲜，例如，在对矿泉水的进入限制中，有的地方就动用质量监督局，对打算限制的品牌进行检查，一查就是一两个月，使其进入市场的时间拖延，甚至快到了保质期的最后期限。在药品市场上，一些地方的药品监督局对打算限制进入的新药在许可证、售价等方面的核准过程尽量延后，延误其时机。一些地方政府为了限制外地啤酒在本地的销售，规定在该地销售的每瓶啤酒必须加贴本地工商局印制的标签，从而加大了企业的交易费用，抬高了价格。其实，地方政府这种行政审批性的技术控制，具有保护环境、维护消费者权益等积极的一面，但目前地方政府的这种行政性垄断最大的问题在于地方政府或其部门拥有过多的自由裁量空间，即这种技术控制缺乏严格明确的标准，很大程度上取决于地方官员的主观判断，从而无可避免地走向另一种结果：排除外来竞争，人为设租等。

3. 直接参与

在很多情况下，地方政府并不是运用费率控制和设置技术壁垒等较为隐蔽的方式，而是直接运用行政的手段介入本地企业或资源的微观运行中。国有企业改革目前已到了国有经济战略性改组的关键阶段，不少优势企业提出充分利用这一时机，实施低成本扩张经营战略，积极开展并购活动，而在这种过程中，可以看到地方政府的影子：并购前，初始推动者很多是地方政府，而非企业自身，在并购过程中，很多环节要受地方政府的干预，一些地方政府为了保护本地企业，经常在排斥外地企业进入本地并购的同时，直接策划、干预乃至包办本地国企的资产重组活动。在某些情况下，即使外地企业的出价高，地方政府也不愿把本地企业出让，而宁愿低价或无偿划拨给本地企业。有些地方政府特别是相对落后的地区，起初是对外来投资者持欢迎态度，一旦完成并购或重组就"关起门来打狗"。同时地方政府为了杜绝外地产品在本地的销售，常常动用工商人员和其他抽调的人员，不仅检查批发商，对个体零售商也不放过。对于地方政府通过各种行政手段限制生产要素的流动，有人形象地把这种现象比做行政"篱笆墙"①。当然，20世纪80年代的这种硝烟弥漫的原料大战式的地方政府间的恶性竞争形式已经逐渐改变，但是，这并不意味着地方政府间恶性竞争行为的消除，实际上，在现阶段，地方政府之间也会存在某种形式的对抗式的竞争行为，最典型的就是招商引资过程中的恶性竞争。

除了地方保护主义外，地方政府之间的恶性竞争还体现在向中央竞相要政策、要优惠和财政拨款上。地方政府之间的这种恶性竞争不可避免地导致重复建设、结构趋同，地方保护和市场分割以及某些领域的过度竞争，其结果只能是零和博弈②。恶性竞争由于阻碍了统一市场体系的形成和市场机制资源配置基础作用的有效发挥，导致地方政府只注意经济效益，从而忽视社会效益而使环境遭到严重破坏，某些领域的无序、恶性竞争导致代价畸高的竞争后果出现，而相关竞争各方并没有得到应有的好处③。

第二节 我国地方政府关系的现状与困惑

改革开放以来，随着经济社会结构的转型，行政管理体制一直处于不断的变革当中，地方政府关系与社会主义市场经济日益契合，更加合理科学。但是，目前依然存在着不少的问题，这些问题集中起来主要有以下几个方面。

一、纵向：现有层级及架构改革

地方政府的层次是地方政府间关系的重要载体，是指地方政府的行政结构在纵向间的排列与衔接，反映了各级地方政府间的隶属关系、体制关系、权限关系和职能关系。这种关系不仅反映在上下级地方政府之间，也反映在上下级政府部

---

① 辛向阳：《百年博弈：中国中央与地方关系100年》，山东人民出版社2000年版，第269页。
② 洪名勇、施国庆：《地区竞争与地方政府制度创新竞争》，载于《学海》2005年第5期。
③ "中国地方政府竞争"课题组：《中国地方政府竞争与公共物品融资》，载于《财贸经济》2002年第10期。

门的关系中。地方政府的层级设置如何,往往会影响地方政府间关系是否协调、权力结构是否合理科学、各级政府行政效率的高低,甚至还会关系整个国家的政治与经济社会的顺利进程。我国是一个幅员辽阔人口众多的国家,古往今来我国一直实行着层级管理的政府体制。中华人民共和国成立以后,地方政府层次先后经过了五级制、三级制、四级制的演化过程。目前,我国地方政府的层次一般为四级①,即省—市—县—乡,也是世界上地方政府层级最多的国家之一。地方政府层级如此多,很大程度上是受到计划经济体制的影响的,随着经济社会的演变,政府层级过多对地方政府的效率、执行力以及中央地方关系等问题产生了一系列的负面影响。因此,减少地方政府层级的呼声越来越高,其中,改革市管县体制,强化县级政府的权能,实行省管县的呼声尤其值得关注。

(一) 市管县体制的沿革与困境

"市管县"又称"市领导县",简单来讲就是市(地级市及更高级别城市)管辖若干县级行政区的一种行政管理体制。市管县体制早在新中国之前就有了萌芽②,而真正开始推行是在新中国成立后。新中国成立后,出于更好地统筹资源,特别是保证城市蔬菜等副食品的供应,天津、无锡、北京和上海等大城市有意识地领导周边的县。1950年10月,旅大行署改为旅大市,为东北行政区直辖市,下辖旅顺市和金县、长山县,正式开创了全国"市管县"的先河。1959年,第二届全国人大第九次会议通过了《关于直辖市和较大的市可以领导县、自治县的决定》,"市管县"体制在法律上得到了确认并得到了快速的推行。但是到20世纪60年代中期,由于"大跃进"以及当时的经济政治等种种原因,市管县体制走向低谷,到1965年,实行市管县体制的省辖市从1960年的60个减少到24个,所管辖的县由237个减少到61个③。

1978年党的十一届三中全会后,随着改革开放和商品经济的发展,城乡矛盾越来越突出,城乡分割、重复生产、流通堵塞、多头领导、互相牵制等问题日益困扰地方经济社会发展,出于更好地发挥中心城市的需要,以及为了急切找到促进经济发展的新动力、新方式,推行市管县体制重新提上议程。1982年后,党中央、国务院充分肯定了辽宁省在经济发达地区实行"市管县"体制的经验,发出《关于改革地区体制和实行市管县的通知》,要求"积极试行地、市合并",

---

① 当然,除了主要是四级外,还存在着:准四级制。在省(自治区)与县、自治县、县级市之间还存在一级行政分治区(地区、盟)的体制;三级制。省(自治区、直辖市)—县(县级市、自治县、市辖区)—乡、镇;二级制。直辖市—市辖区(地区)。

② 浦善新等:《中国行政区划概论》,知识出版社1995年版,第57页。

③ 华伟:《地级行政建制的演变与改革构想》,载于《战略与管理》1998年第3期。

并以此作为1983年地方政府改革的一项重要内容。并批准江苏全省实行"市管县"体制，全国各省、自治区都扩大了试点，从而出现了"市管县"的高潮。1983年2月15日，中共中央、国务院又发出《关于地市州党政机关机构改革若干问题的通知》，并于1983年，国务院首先正式批准江苏省全面实行市管县，然后这一体制在全国范围内得以推行。到2004年年底，全国332个地级行政区划单位中，已经有269个"市管县"体制下的地级市，"市管县"体制下的地级市所领导的县占全国总数的80%以上①。

市管县体制的初衷是由经济较发达的中心城市带动经济相对落后的周围农村地区，实现城乡的协调发展，是我国城乡经济一体化和政府管理一体化两个过程同步进行的重要结果，是中国由一个典型的农业国逐渐转向一个工业国的重要标志②，因此具有一定的积极意义。但是，随着我国政治、经济体制改革和市场经济体系的确立并不断完善，"市管县"体制已逐渐偏离改革初期的预期，甚至与改革设定的目标背道而驰，局限性越来越凸显。这种局限性主要体现在以下几个方面：

一是虚化了县级政府权能，特别是虚化了县级政府在县域经济社会发展中的主动性功能。改革开放以来县级政府发展本地经济社会的任务与权力得到了法律上的确认，县级政府也有最大化推动本地经济社会发展的动力。但是县级政府作为上级政府政策的执行者与地方利益代表者的双重角色，使县级政府经常处境尴尬。市领导县体制决定了县域经济必须服从于城市经济发展。在资源稀缺约束条件下，省级配置的资源往往被市级截流，并优先安排在市区经济区域内，县级往往很难分享。特别在许多贫困地区，市级自身经济实力薄弱，经济基础严重缺乏，不仅没有能力去带动县级发展，反而形成县级资源向市级城区"倒流"，以支撑城市自身积累与发展现象。与此同时，县级在"分权让利"改革中，一方面承担更多的事权，赋予县域经济、社会、政治、文化发展等多重职能，另一方面，与事权重心下移不对称的财权重心上移，加之转移支付制度的不完善，严重制约县级政府经济社会管理与公共服务职能的履行，造成县级政府职能履行过程的缺失与不充分③。这对于县域经济社会的发展是很不利的。

二是加大了管理成本，降低了行政效率。实行"市管县"体制，省县之间的层次由虚变实，行政层次变成中央—省—市—县—乡（镇）五级。为了加强对县乡的管理，地级市就必须配置专门的管理人员和管理部门，这样无形中增加了管理成本。大量的研究成果证实，行政组织每多出一个层次，信息的失真率就

---

① 陈国权：《论县级政府行政改革的战略选择》，载于《公共管理学报》2006年第4期。
② 朱光磊：《当代中国政府过程》，天津人民出版社2002年版，第370页。
③ 戴军：《省管县体制改革的背景与原则》，载于《湖南行政学院学报》2009年第5期。

会成倍增加。从科学管理角度而言，信息传递的中间环节要尽可能减少，以缩短决策层和实施层的行政距离，便于上下沟通，提高工作效率。"市管县"体制人为地制造出一个中间层级，必然出现行政职能逐层分解、行政权力逐层分化，导致一方面降低上下级政府之间信息传递速度和真实性，另一方面，导致基层行政组织的职能、权力弱化，影响基层政府权力运行与职能履行的主动性与有效性。凡是县与省之间需要上情下达或下情上达的问题，无论是政策性的还是业务性的，本来可以直接沟通，但现在却不得不经由市一级层次①。同时，对于市级政府来说，管理诸多的县级政府同样也增加了其管理幅度。地方政府的幅度是否合理科学，往往会影响到地方政府的行政效率的高低，还会影响到地方政府横向间的协调。市管县体制带来的行政层级和管理幅度的增加，最终影响国家行政管理体制的正常运行，制约行政治理效率。

三是阻碍城乡协调发展。市管县体制的基本出发点是更好地统筹发展城乡经济和社会，促进城乡要素的更好流通，发挥中心城市的辐射功能。但是，很显然，在实践中恰恰出现了与此格格不入的负面效应。面临资源稀缺约束和市、县各级政府政绩激励，市和县分别代表着各自区域内不同主体的利益诉求，承担着不同的经济与社会责任。在实行"市管县"体制后，有些中心城市更是利用其强势地位，侵害县乡的权益，把大部分的资金、人员和精力投入到城市的发展上，而忽视农村的发展，一些市"截留"了大量的应该分配给县区的资源，甚至出现市政府以牺牲县域经济为代价来发展城市工商经济，出现"市刮县"、"市吃县"、"市卡县"等局面。由于同属于市政府领导管理的县政府存在着比较明显的竞争关系，不可避免地会出现寻租行为，而市级政府可能会以设租来获取更多好处。这使得县域经济的发展受到了较大的阻碍，经济发展动力和活力不足，阻碍了城乡的协调发展。除此之外，虚假城市化问题，公共产品配置效率损失问题等也是市管县体制弊端的体现。

（二）强县扩权：仅仅是过渡性改革？

强县扩权是近年来一些地方针对市管县体制弊端的改革尝试。所谓"强县扩权"是指在暂时不涉及行政区划层级的情况下，将一部分归属于地级市的经济管理权和社会管理权直接赋予经济强县（市），以推进县域经济的发展。这一改革的核心内容就是通过扩大县一级政府的相关权力，以使县一级政府具有更大的自主权，从而为实现县一级政府的经济发展和社会管理职能奠定基础。

早在1992年，为了"在经济上和上海接轨"，浙江对13个经济发展较快的

---

① 朱广荣等：《关于"市管县"体制改革的构想》，载于《中州学刊》2009年第4期。

县（市）进行扩权，扩大基本建设、技术改造和外商投资项目的审批权。1997年浙江又进一步在萧山和余杭等县（市）试行部分地级市的经济管理权限扩大，主要内容有基本建设和技术改造项目审批管理权限、对外经贸审批管理权限、金融审批管理权限、计划管理权限、土地管理权限等11项。同年，又授予萧山、余杭两市市地一级出国（境）审批管理权限，扩权的力度明显提升。2002年，浙江实行新一轮的强县扩权政策，2002年8月17日，浙江省委办公厅下发了《中共浙江省委办公厅、浙江省人民政府办公厅关于扩大部分县（市）经济管理权限的通知》，按照"能放都放"的总体原则，把313项涵盖了计划、经贸、外经贸、国土资源、交通、建设等12大类扩权事项下放到绍兴县、温岭市、慈溪市、诸暨市、余姚市、乐清市、瑞安市、上虞市、义乌市、海宁市、桐乡市、富阳市、东阳市、平湖市、玉环县、临安市、嘉善县以及杭州市萧山区、余杭区和宁波市鄞州区等20个县级行政区，这几乎囊括了省市两级政府经济管理权限的所有方面。

2006年浙江省推动了第四次扩权强县，并把义乌作为唯一试点县（市）。2006年11月，浙江省政府下发《关于开展扩大义乌市经济社会管理权限改革试点工作的若干意见》，确定将义乌市作为进一步扩大县级政府经济社会管理权限的改革试点，并将逐步予以推广。文件规定，除规划管理、重要资源配置、重大社会事务管理等经济社会管理事项外，赋予义乌市与设区市同等的经济社会管理权限；允许义乌市根据经济社会发展需要，调整和完善有关管理体制和机构设置；支持和帮助义乌市设立海关、出入境检验检疫、外汇管理、股份制商业银行等相关分支机构，并协调赋予这些分支机构设区市或相当于设区市的职能，完善义乌市经济管理服务网络，并且建立和完善党政领导干部激励机制[①]。2008年年底浙江省正式启动了"扩权强县"改革。这一轮扩权改革的基本原则是：凡是法律、法规、规章明确以外的省和设区市的管理权限，原则上都下放给县级政府，以进一步加强县（市）政府的社会管理和公共服务职能。扩权采取两种形式进行：一是继续深化义乌试点改革，在保留原有524项扩权事项的基础上，新增下放与经济社会管理密切相关的94项事项；二是其他县（市）同步扩权、分步到位，下放经义乌试点证明行之有效的，各县（市）有条件承接的扩权事项349项，加上新增下放的94项，共计下放443项经济社会管理事项[②]。并于2009年颁布了我国首部推进"扩权强县"的省级政府规章——《浙江省加强县级人民政府行政管理职能若干规定》，根据《规定》，省、市区的市人民政府将通过

---

① 沙虎居：《对浙江"省管县"体制和强县扩权的解析》，载于《科学决策》2009年第4期。
② 何显明：《从"强县扩权"到"扩权强县"——浙江"省管县"改革的演进逻辑》，载于《中共浙江省委党校学报》2009年第4期。

明确管理权限、简化管理程序和依法下放权力等方式，增强县级人民政府的行政管理职能。县级人民政府或其工作部门对依法有权管理的事项，应当积极履行相应的管理职责，依法由省人民政府或者其工作部门审批的有关事项，县级人民政府或其工作部门可以直接报省人民政府或者其工作部门审批；依法由上级人民政府或者其工作部门管理的有关事项，上级人民政府或者其工作部门可以通过法定委托、授权等形式交由县级人民政府或者其工作部门办理，县级人民政府或者其工作部门应当依法予以办理。

除了浙江省以外，20世纪90年代以来，湖北、河南、安徽、湖南、四川、宁夏等省和自治区先后根据本地的具体情况，将一部分归属于地级市的经济管理权和社会管理权直接赋予经济强县，在财政体制等方面实行了"省直辖县（市）"，扩权强县现象引起各界广泛关注。

从扩权强县的实践来看，在现行行政结构下，权力直接下放到县一级，有助于减少管理层次，降低行政成本，提高管理效率，进一步合理化县级政府的权能，从而带动县域经济社会"驶入高速发展的快车道"。但是，也产生了一些新的问题：一是市县矛盾问题，市、县管理脱钩，两者矛盾一时难免发生。如市对扩权县的支持力度减弱。以财政配套资金问题为例，对一些已审批的项目，省里资金下来了，市里往往不愿拿出配套资金。还有，扩权的这部分县（市）事实上与原来隶属的市管理脱钩，催生了与原来市的矛盾，为了创造好的发展环境，既要主动沟通省一级部门，还要维护与市里的关系，"两个婆婆"的问题造成县级行政成本增大。而市有关部门执行扩权政策有时也难免不到位，一些应该下放到县（市）的管理审批权限没有下放，仍需到市里办理。这种"两头热，中间冷"的现象致使扩权县左右为难[①]；二是县级政府权力监督问题，大量的权力下放可能使得县级政府存在着权力滥用，盲目发展，带来新一轮的重复建设等一系列问题，这需要相关的配套制度的完善。

扩权强县只是在现有行政管理体制框架下对市县经济和社会管理权限的调整，具有明显的过渡性质。在市场化进程中"市管县"体制由于失去了原有的制度支撑和相适应的制度环境，其体制绩效越来越不明显，暴露出制约区域经济一体化进程的问题。在这种情况下，如何建立一种适应经济社会发展和社会制度变迁进程的行政管理体制，就成为当前中国行政管理体制改革面临的重大现实课题。通过行政区划体制创新，构建"省直管县（市）"的扁平化公共行政体制，

---

① 刘长功、李宜春：《"扩权强县"与政府层级管理体制创新》，载于《中国行政管理》2007年第4期。

减少行政层级，可以较好地克服市管县体制的弊端，促进区域经济的健康发展[①]。

（三）省管县：基本方向和目标？

在很多人看来，扩权强县的最终目的是要实现省管县体制。所谓"省管县"体制是指：省市县行政管理关系由目前的"省—市—县"三级体制转变为"省—市、县"二级体制，对县的管理由现在的"省管市—市管县"模式变为由省替代市，即地方三级政府（省、市、县）转变为两级政府（省、县，撤销地级市）。实行"省管县"模式，其内容包括人事、财政、计划、项目审批等原由市管理的所有方面。最终实现减少政府层级、提高行政效率、合理化政府权能的目的。但是，省管县真的能够达成上述目标吗？

首先，实行省管县是否能够降低行政成本，提高行政效率？实行省管县后，地级市只是不再管县，而不是被完全撤销。随着业务量的减少，地级市财政供养人员可能会略有减少，但考虑到经费支出的刚性，财政支出降幅不会很大。省级业务量剧增，人员及各项支出会随之增加。两者相抵，行政运行成本预计只会增加不能减少。省管县后，虽然地级市与县、县级市均平等接受省的领导，但三者的政治地位和行政级别相差较大，县会谋求升格为县级市，县级市会进而要求享受地级市待遇，从而引发县级政府的扩张升格冲动，导致人员、机构和财政支出更加膨胀。

其次，市县争利问题是否能够得到解决？从理论上来说，省管县体制下，市县争利问题也将同样存在，甚至可能还会更加严重。实行省管县后，省以下近百个地位平等的县市，出于加快发展的需要，在招商引资等方面的竞争将进一步加剧，省级政府将疲于协调应付，市与县、县与县之间的恶性竞争只会比市管县体制下更加严重，不利于区域经济的融合和发展。进一步讲，省直管县后，区域经济的竞争主体和活动空间由地级市变为县，区域产业政策、资源配置职能的主体也由地级市缩小为县，在地方政府职能尚未转变、政府运作方式还很不规范、地方政府对经济发展的行政干预还比较强的情况下，省管县体制并不能有效解决市管县体制下的市与县、县与县的恶性竞争问题，反而可能会将原来主要存在于市与市之间的贸易和行政壁垒演变为更加分散狭小的县与县之间的壁垒，重复建设、同构竞争现象可能将更加严重。

最后，省政府的管理幅度问题。省直管县无疑大大增加了省级政府的管理幅

[①] 史小红：《强县扩权促进城乡一体化发展的机理与效应研究》，河南大学博士论文，2009年，第10页。

度,这同样会影响到行政管理效率。现在的很多省级区划里建制县有一百多个,如四川省有县级建制181个。而据国外经验,省直管县的有效幅度大体应在50个左右。如果省直接面对如此多的县,会严重影响管理的效率和品质。

彼得原理曾就管理幅度对部属关系的影响进行过论述,认为幅度虽呈算术级数增加,但由此产生的关系却呈几何级数增加。如部属只有1个,则上下关系只有1种;如部属为2个,关系便增为6种;如部属为3个,关系便增加为18种;如部属增为4个,关系则44种;如部属增为5个,关系则增加到100;如果部属为6个,关系则为222种。其计算公式为:$f = n(2n/2 + n - 1)$,其中 f 代表关系数,n 代表部属数[①]。之所以成为这样,主要是因为主管与部属的关系十分复杂,并非只有单纯的上下级关系,其中还包括平行的关系及个人与团体的关系。我国实行省管县之后的省县关系同样也存在如此的问题。

由此可以看出,从市管县到省管县不仅仅是地方政府纵向关系在行政层级上的变化,更重要的是内在权力关系以及制度体系的建设。

二、横向:区域竞争抑或协作

由于不同的地方利益,地方政府之间必然存在着较为激烈的竞争,但是,也由于面临着共同的区域性的问题和困境,地方政府之间也呈现出越来越紧密的合作关系,这是当前我国地方政府横向关系的基本态势。

(一)地方政府之间的良性竞争

进入20世纪90年代末期以来,随着我国市场经济的逐渐发展和完善,特别是我国加入WTO后,地方政府之间的恶性竞争得到了较好的改观,开始向着与市场经济体制要求相适应的方向发展,从而体现出良性的特征。良性的地方政府间竞争不但有利于推进地方经济社会的良性发展,对于提高政府服务水平,改善地方制度环境等都有积极的影响[②]。地方政府间的竞争逐渐从过去的产品要素竞争转向制度环境的竞争。

目前我国地方政府间的这种良性竞争主要有以下几种形式:

一是政策竞争。主要是地方政府通过与中央或上级政府的博弈,在纵向政策层面上获得比其他地方政府更为优惠的政策,或者争取中央政府对制度供给实行

---

① 谢庆奎:《中国政府的府际关系研究》,载于《北京大学学报》(社会科学版)2000年第1期。
② [德]柯武刚、史曼飞:《制度经济学——社会秩序与公共政策》,商务印书馆2000年版,第44页。

准入和试验推广。如我国改革开放之初设立的经济特区和沿海开放城市，其政府在行政权力、财税分配、经济规划、人事任免等方面有比其他地方政府更大的权限，享受更为优惠的政策，促进了这些地区的快速发展。目前很多地方政府都出台了一系列发展本地经济产业的政策，如上海、深圳两市在发展高新技术产业方面都出台了相关政策，从而在吸引高新技术产业方面的资金、技术与项目等方面展开激烈的竞争。

二是在劳动力方面相互竞争。各个地方政府为了吸引优秀人才，竞相出台一系列引进人才的优惠政策。劳动力在各地区之间的流动具有外在性，它将会改变原有的劳动力地区结构，影响各地区劳动力的资源总量。对于劳动力资源充裕的地区来说，劳动力的流出将会缓解就业矛盾；对于劳动力资源贫乏的地区来说，劳动力的流进将会弥补其不足。与此同时，劳动力的流动还伴随着技术和知识的流动。因此，各地区之间围绕过剩劳动力的输出和紧缺劳动力的吸引之间展开了激烈的竞争。特别是在我国各地区普遍存在一般技能的劳动力过剩和高级专门人才极度不足的状况，进一步加剧了在促进劳动力流动方面的竞争。这种竞争表现在鼓励和组织输出农民工、出台一系列优惠政策建立"人才高地"吸引高级专门人才以及限制本地区人才的外流等诸多方面。

三是投资环境方面的竞争。各地方政府都在城镇规划与建设、城市环境优化方面下工夫。竞相积极转变地方政府的职能，在简化办事程序、加强服务、减少行政审批制度方面进行积极改革。

四是改善地方公共物品的竞争。地方公共物品是吸引要素流入的基础性环境条件，也是地方政府获取从中直接受益的本地居民支持或赞同的重要砝码，因此，地方政府之间的竞争首先表现在扩大地方公共物品供给数量和提高公共物品质量上，如为吸引区外要素流入本地区而改善基础设施建设、投资环境、社会治安，提高政府服务效率及一系列相关的制度创新等[①]。

地方政府之间的这种良性竞争，促使各地方政府努力提供良好的环境以吸纳生产要素。在中央实行财政包干后，发展地方经济就需要更多地依靠横向的生产要素流入。为了吸引资本和劳动力的流入，地方政府就要为要素所有者提供所有权保障，提供基础设施，帮助市场进入等。人才、技术、资金往往都是从那些该方面做得不好的地区（也可能是原有基础较差）流向了别的地区。因此，地区间的竞争为地方政府提供了很强的刺激，促使它们去努力提供最好的地方公共产品和保护要素所有者的利益。

---

① 汪伟全：《中国地方政府竞争：从产品、要素转向制度环境》，载于《南京社会科学》2004年第7期。

（二）地方政府之间的合作治理

在当代中国地方政府主导型市场经济发展背景下，促进区域政府合作是在现行体制下实现区域一体化的理性选择①。目前地方政府之间的合作形式各异，主要有以下几种方式：

（1）跨区域的横向合作关系。改革开放以后，中央政府的东部优先发展战略，扩大了地区的差异性和发展的不平衡性，欠发达地区奋起直追，加强横向联系，向发达地区学习取经，政府间合作联系因此加强。如东部地区和中西部地区地方政府间进行的干部交流合作，对口援助、信息沟通等。各省、区不定期组织各种各样的学习团、交流团，由主要领导带队，到有关省、区进行参观、访问、学习、交流。各地方政府加强了信息方面的合作，设立了政务公开、网上办公专栏，以资源整合为基础，初步建立了全省社会保障信息系统、企业信用信息网系统、交通安全信息共享系统等一批跨部门、跨地区的重大信息化项目。

（2）同一区域为维护各自利益而形成的区域联合与竞争关系。随着经济区域化趋势的不断加强，地方经济之间的同一性和密切度大大加强，在长期的经济互动中，各地区的各级政府都意识到区域发展对各自发展的重要性，因而都积极地参与到地区的各种形式的政府间合作。如一些地区经济联系紧密的地方政府每年举行相关的会晤，目的是交流信息，研究共同存在的问题，并确定在某些具体地区和项目上可能的合作等；如在泛珠三角，在2004年6月，泛珠三角区域政府行政首长在广州签署了《泛珠三角区域合作框架协议》，这意味着中国迄今为止规模最大、范围最广的区域经济合作的正式启动，也标志着中国区域政府体制最大的合作框架正式形成。目前泛珠三角区域地方政府形成了以下几种合作形式②：一是论坛和合作洽谈会。泛珠三角区域合作有两大平台：区域合作与发展论坛和区域经贸合作洽谈会。论坛与合作洽谈会由福建、江西、湖南、广东、广西、海南、四川、贵州、云南省（区）人民政府和香港、澳门特别行政区政府共同主办。二是高层联席会议制度。1998年3月30日，在中央政府的重视和大力支持下，香港特别行政区政府与广东省政府联合召开两地高层联席会议。迄今为止，已经举行了多次会议，在跨境基础设施、口岸通关时间等方面取得了不少进展，解决了不少实质性问题。随着泛珠三角区域间的合作与交流的全面展开与深化，高层联席会议制度也逐渐多样化，从

---

① 张紧跟：《当代中国地方政府间关系：研究与反思》，载于《武汉大学学报》2009年第7期。
② 陈瑞莲、刘亚平：《泛珠三角区域政府的合作与创新》，载于《学术研究》2007年第1期。

行政首长联席会议发展到发改委主任联席会议、文化合作联席会议、农业合作联席会议、食品药品监管合作联席会议等，联席会议的形式也渐趋稳定。三是日常办公制度。如果说前两种安排都是为区域合作提供的非常设性会晤制度，那么，随着区域合作的纵深发展和区域事务的增多，需要有一个常设性机构来推进具体工作，泛珠三角区域日常工作办公制度就是这样的安排。九省区日常办公室设在发展改革委（厅），香港、澳门特别行政区政府确定相应的部门负责。其工作职责为加强与本地区有关部门的沟通、联系，掌握本地区推进区域合作情况；研究提出加快推进区域合作发展的政策、措施及建议；编制本地区参与区域合作的发展战略、发展规划、工作方案。向政府秘书长或港澳特别行政区政府相应官员反映区域合作的进展情况，并就推进区域合作问题及时向各方政府提出思路和对策以及其他工作建议。加强各方日常工作办公室之间的工作协调，研究组织推进合作的具体措施；建立信息交流制度，共同办好泛珠三角区域合作与发展官方网站。四是部门衔接落实制度。为此，泛珠三角区域内各方强化了落实制度，如责成有关主管部门加强相互间的协商与衔接落实，对具体合作项目及相关事宜提出工作措施，制订详细的合作协议、计划，落实《泛珠三角区域合作框架协议》提出的合作事项。类似的合作在其他区域也存在，如在长三角地区，在2002年5月结束的第二次沪苏浙经济合作与发展座谈会上通过了区域经济合作的原则和计划，标志着长江三角洲区域政府合作共识的真正确立。在交通、信息、旅游等多方面领域达成了合作的共识。

（3）城市政府的联合体。这主要是城市政府之间在经济、行政和文化等方面的合作。例如，早在1984年，沈阳就与丹东、辽阳、本溪、抚顺、铁岭和鞍山共同成立了城市联合体。在这一联合体的推动下，到1988年，这些城市已经在工业、农业、商业、文教、物资等部门中，建立了25个行业联合体，签订经济协作项目600多项。1986年，由沈阳牵头，又组织了东北经济区内的大连、长春、哈尔滨、赤峰四个市和呼伦贝尔、兴安、哲木3个盟的市长、盟长召开联系会议，成立了"五市三盟"区域性经济协作组织。到1988年，各市、盟之间已经签订经济技术协作项目300多项，相互投资5 000多万元[①]。

近些年来，我国地方政府之间的合作变得更加频繁和密切，总体说来，地方政府通过这种合作达到了良好的效果，实现了双赢，解决了诸多跨地区性的公共物品的供给难题，培育了区域市场体系，从而推动了地方制度变迁和整体竞争力的提高。

---

① 张紧跟：《当代中国地方政府间横向关系协调研究》，中国社会科学出版社2006年版，第44页。

三、地方政府间协调面临的困境

目前,我国地方政府之间关系协调的主要困境是:

(一)"政治锦标赛"与地方政府协调困境

所谓"政治锦标赛"是指我国地方政府纵向关系中的一种治理模式,也是上级政府对多个下级政府部门的行政长官设计的一种晋升模式,竞赛优胜者将获得晋升,竞赛标准由上级政府决定,它可以是 GDP 增长率,也可以是其他可度量的指标①。这种政治锦标赛无疑会进一步促进地方政府之间的竞争与合作,但是,也增加了地方政府之间协调的难度。在这种竞争条件下,地方政府之间的竞争与合作关系更多的是出于狭隘的地区和官员利益,而不是出于公共利益的目标诉求。通过协调地方政府间关系而形成的地方政府间合作,说到底也只是一种缺乏治理的区域政府管理。区域合作的议题只是围绕区域内各地方政府的短期政绩目标而展开,在合作内容上,热衷于压力型体制下对短期政绩的追求,缺乏对区域产业链意义上的分工与合作体系的整体性构建,更缺乏在城镇体系、社会保障体系等基础性社会领域的合作,缺乏从全局考虑整个区域经济社会的科学发展与和谐,从而削弱了区域合作的绩效。而且,在当下的政府管理体制下,一方面区域合作的主要内容不仅容易受到地方政府主要官员个人偏好的影响,而且还往往会因地方政府主要官员的职务变动而缺乏稳定性和连续性,更容易使这种地方政府主导的区域合作偏离区域一体化的主要目标。

另一方面,地方政府间竞争实际上是如何完成上级政府任务的绩效竞赛或政治锦标赛。从宏观层面而言,地方政府间竞争的动力与压力主要来自于上级政府。中央和上级政府通过掌控着各地方政府所渴求但又并非各方均能获得的某些稀缺资源,如资金、项目,特别是地方官员的政治升迁与政治荣誉等,从而行使对竞争的裁决。对一个具体的地方政府而言,它首先要服从上级政府的领导,所以地方政府间的竞争,实际上就是一种在压力型体制下如何完成上级政府任务的绩效竞赛。

从微观层面而言,在实践中,地方政府间竞争往往又会转换为地方政府主要官员间的竞争。同一级别的地方政府主要官员,无论是省、市、县还是乡镇一级,彼此都处于一种"官场晋升"的博弈中,合乎情理的逻辑机制必然会导致

---

① 周黎安:《转型中的地方政府:官员激励与治理》,格致出版社、上海人民出版社 2008 年版,第 89 页。

地方政府主要官员采取合乎情理的行为，也就是为了实现社会承认，使自己在晋升博弈中胜出，就要向上级政府展示自己的政绩水平，想方设法传达出一种政绩信号。这样，地方政府间竞争就必然成为地方政府主要官员向上级政府传达自己政绩信号的重要载体。在信息不对称的情况下，地方政府及其主要官员完全有可能会选择以弄虚作假等违法违纪的形式或者虽然合法合纪，但是违反经济规律的、忽略地方发展实情的投机，而非真抓实干、坚持科学发展观的实绩。而且，在政绩锦标赛的压力下，地方政府之间展开攀比性的博弈不可避免，此时的竞争已经变成了过度竞争①。在这种情况下，地方政府之间的博弈具有零和的特性，一旦在合作和竞争中出现利益冲突，将难以有效地加以协调。

（二）非制度化的协调困境

在目前地方政府之间协调中，由于缺乏有效的法律规范，地方政府之间的协调很大程度上依然停留在随机性的、弹性化和人格化的模式阶段。地方政府之间协调的结果很大程度上取决于相关各方之间的博弈。地方政府掌握和运用资源的能力和反应能力往往成为其减少成本和扩大收益的重要因素。这种能力首先体现在地方政府的谈判能力，即讨价还价的能力（bargaining ability）。王绍光认为，分权让利后的中央和地方政府在双方利益协调规约机制软化的环境中具有某种"双边机会主义"（bilateral opportunism）的特点，都具有利用软化的约束机制投机的行为倾向，双方都试图通过讨价还价的方式来转移改革的成本获取最大化的收益②。

在这种过程中，地方政府往往会强调本地的特殊情况和利用地方官员的个人关系，或者联合其他地方政府的方式来增强自身的谈判能力。在地方政府之间的博弈过程中，同样存在着类似的情况。在这种利益协调模式下，参与利益博弈的行动主体往往把注意力集中在如何使改革给自身带来利益最大化，即如何使自己在分享改革这一整体蛋糕的博弈中获取尽量大的一块，而不是关注如何做大蛋糕。结果是大量的资源浪费在非生产性的逐利活动中，这无疑会影响到整体经济社会的健康发展。由于传统社会内部原先不存在以市场和契约来进行资源配置的机制，在社会内部现存的市场机制与契约还不足以有力地对社会个体和全体构成规范性的约束之前，某些拥有资源优势的地方政府便可以利用自身的地位和权势，运用这种特殊地位来获取经济资源和其他各种利益，这是地方政府之间协调过程中的一大障碍。

---

① 张紧跟：《当代中国地方政府间关系：研究与反思》，载于《武汉大学学报》2009年第7期。
② 王绍光：《分权的底线》，中国计划出版社1997年版，第23页。

当然，有些地方政府之间也开始在自愿、平等的基础上，对区域内利益冲突达成一致的协调方案，通过缔结行政契约的方式来协调相互之间的关系和冲突，如行政首长联席会议就是其中的一种。包括长三角 22 市的市长联席会议、职能部门行政首长联席会议。契约的表现形式为"宣言"、"意见（向）书"或"协议"。例如《长江三角洲旅游城市合作宣言》、《关于以筹办"世博会"为契机，加快长江三角洲城市联动发展的意见》等。尽管如此，行政契约的协调效果仍然极其有限。虽然有长江三角洲城市经济协调会、两省一市省市长联席会议制度、江浙沪经济合作与发展座谈会等诸多协调机制，并签署了不少行政协议，但是，长三角的区域整合仍然"雷声大雨点小"。尽管地方政府间通过缔结行政契约来协调区域经济圈内的利益冲突，但是这种做法并没改变地方政府在处理区域事务时的"理性选择"，它们依然遵循"经济人"假设。尽管地方政府都认识到区域经济圈的利益发展有益于增进各成员的共同利益，但二者之间毕竟并不完全相同，对协调利益冲突的行政契约的实施，往往会采取以追求自身利益最大化为目的的机会主义行为，并且，随意性是行政的天性，片面追求政绩最大化亦将导致地方官员的短期行为①。最重要的是，行政性的契约不具有强制性的约束力，一旦签订契约的一方不按契约规定行事，利益受损的另一方难以找到有效的途径让对方按照约定行事或补偿自己的损失。

（三）中央政府在地方政府关系协调中的角色困境

理论上来说，中央政府作为中国行政链上的最高环节，具有足够的权威来影响地方政府的行为。而且，中央政府的权威性与超然性，可以客观公正地对各种摩擦纷争进行监督和裁决，其行政最高权威使裁决结果得到有效服从。但是，目前，中央政府在协调地方政府关系方面存在明显困境：

一是中央政府不具有信息的优势。正如埃莉诺·奥斯特罗姆（Elinor Ostrom）所言，中央政府主导的科层协调机制可能招致失败：这一机制特别需要建立在中央政府充分掌握信息、监督能力强、制裁可靠有效以及行政费用为零这些假定的基础上。而这些前提假定事实上很难——具备，尤其是中央政府一般只可能拥有不完全的信息，因而中央机构会犯各种各样的错误，其中包括主观确定资源负载能力，罚金太高或太低，制裁了合作者而放过了背叛者等②，地方政府据此往往可以较为轻松地采取"上有政策、下有对策"的行为，抵制或逃脱中央

---

① 汪伟全：《长三角经济圈地方利益冲突协调机制研究：基于政府间关系的分析》，载于《求实》2008 年第 9 期。

② ［美］埃莉诺·奥斯特罗姆：《公共事物的治理之道》，余迅达、陈旭东译，上海三联书店 2000 年版，第 24 页。

政府的监管。这是由科层制本身固有的弊端所决定的。科层制层级结构"要求组织具备自下而上传递信息的有效通道",然而"它以金字塔的形式建构起来,越是到高层越是狭窄,并且,尽管这对于分解任务和处理自上而下的指令来说也许是一种有效率的结构,但在处理自下而上的信息时,却有可能造成大量的超载或阻塞问题……层级制既承受信息短缺之苦,也遭受信息泛滥之害。更确切地说,就是信息不到位。"①

二是中央政府在地方的权威有所流失。从结构方面来说,中国是一个中央集权的单一制国家,所有的权力从原则上说都属于中央政府。理论上讲,各级地方政府只不过是中央政府的执行机构,应当不折不扣地执行和实施国家的法律、法规和政策。但实际操作中,地方政府已经不是上级政府的派出机构,它已然成为一级政府,具有自己的利益,根据地方的实际情况来进行统治②。由于中央政府在下放权力的过程中,相关的中央地方关系的制度建设相对滞后,使中央政府在权力下放后存在着明显的权威流失现象。在这种状况下,中央政府很难在地方政府之间的协调过程中发挥真正有效的作用。

第三节　地方政府之间的竞争与合作:域外的经验

在西方国家,政府间的关系很久以来就引起了人们的注意,而地方政府关系则是从政府间关系的讨论中逐渐发展起来的③。由于地方政府普遍实行地方自治而拥有较大的自主权,地方政府间关系也较为灵活多样,地方政府通常会从现实的需要考虑而做出与其他地方政府互动的选择。因此,西方国家地方政府之间的关系是两个独立的主体之间的利益关系,当然在这种利益关系背后,西方国家普遍建立了规范这种关系的制度体系,从而使得地方政府关系表面上看起来纷繁复杂,而其实遵循着一定的规则在行事。概括起来,西方地方政府关系主要有两种:一是地方政府之间的竞争关系;二是地方政府之间的合作关系。

---

① [美] 戴维·毕瑟姆:《官僚制》,韩志明、张毅译,吉林人民出版社2005年版,第10页。
② 郑永年、王旭:《论中央地方关系中的集权和民主问题》,载于《战略与管理》2001年第3期。
③ 在西方,政府间的关系(intergovernmental relations)作为一个学术术语源于美国20世纪30年代新政的实施。最早在文献中使用这一词汇的是施奈德(Snider),他在1937年发表了《1935~1936年的乡村和城镇政府》一文,文中首次明确地提出了这一概念。需要指出的是,在西方,地方政府间的关系很多的时候都是指不同国家之间的政府关系,如欧盟不同国家之间的政府关系,有的时候也指一国之内的政府关系。相关资料请参见: Deil S. Wright. Understanding Intergovernmental relation, in Jay M Shafritz, Albert C Hyder, Classic of Public Administration, Harcourt Brue College Publishers, 1996, pp. 578 - 594.

一、西方国家地方政府之间的竞争关系

在西方发达资本主义国家,由于政府之间都是相对独立的行为主体,因而任何一个政府机构都与其他机构在资源和控制权的分配上处于互相竞争的状况。政府竞争的主体包括中央政府和地方政府,政府竞争的体系包括地方政府之间的横向竞争和地方政府与中央政府之间的纵向竞争,政府竞争的对象是选民和市场主体。纵向竞争表现为中央政府和地方政府之间对财政资源的分割和政治权利分配上的争夺,横向竞争表现为地方政府为了吸引实现经济增长所需要的生产要素而在彼此之间展开的争夺。在地方政府的横向竞争中,各地方政权的空间差异性一般来说起着重要的作用①。地方政府之间的竞争和中央政府与选民或市场主体之间的关系,表现为提供公共物品和各种社会经济资源以取得选民或市场主体的认可、赞成和支持。在这一竞争框架中,横向与纵向的政府竞争是彼此互相衔接的,其中一种竞争的结果将影响另一种竞争的结果。比如,某个地方政府在从中央争取资源的竞争中获得较大的利益,它就会在与同级其他地区的竞争中处于优势地位。纵向政府间的竞争在此不做重点论述。

就横向地方政府间的竞争关系来说,无论是在生产过程和消费过程中,还是在要素市场、产品市场或者政治市场上,都会存在辖区政府间竞争,而且这几者之间还存在相互影响的互动关系。在很大程度上,这些辖区政府间竞争又表现为辖区政府间的制度竞争。而地方政府间竞争的核心对象就是地方的居民。德国专家阿波尔特(Apolte)把一个辖区内的居民身份分成三类:(1)消费者:他们消费旨在保护消费者的特定规制条件下生产的产品;(2)雇员:他们在旨在保护雇员的特定规制条件下工作;(3)资本拥有者(投资者):他们拥有资本,由于投入资本,从而对资本税负和资本生产率感兴趣,此外,居民绝大多数也是选民,参加数年一次的定期选举。正因如此,在产品市场上,为吸引消费者对产品的需求会出现政府间的制度竞争;在要素市场上,为吸引高素质人才也会出现政府间的制度竞争;为吸引资本也会出现政府间的制度竞争。在政治市场上,政治家追求选票最大化,受到选民选票的约束。政治家既可以当选也可以落选,选票起到了"发言"机制(voice mechanism)的作用,选举压力迫使政治家正视选民的偏好,从而为选民的利益服务。此外,在生产过程中,存在着税收竞争和规制竞争(职工社会保障规定,环保规定等)。在消费过程中,也存在税收竞争

---

① 何梦笔:《政府竞争:大国体制转型理论的分析范式》,载于北京天则经济研究所内部文稿,2001年。

（消费税或增值税）和规制竞争（消费者保护）。定期选举在西方国家属于"发言机制"，选民通过"发言"来表示自己的不满。除了定期选举之外，一国或一地居民还有其他影响政治家的选择。消费者可以购买其他产地的产品，如果这些产品是在那些产地更好的消费者保护标准下生产的；雇员可以选择其他地方的工作，如果那里向他承诺了更好的雇员保护条件、享受得到更高的劳动生产率；资本拥有者可以向异地投资，如果那里能够获得最高的净回报。这就体现了西方国家居民的"退出"机制（exit mechanism）。

地方政府间的这种竞争带来了两大效应：首先，居民能够寻找他们所偏好的地区，因而直接改善了其处境；其次，由此引发的迁移，甚至单单存在迁移的威胁，能够督促政治家根据居民的偏好来调整其政策，并避免资源浪费，放弃政治租金。当然，在西方国家，由于各种身份的居民是可流动的，不同辖区政治家之间的竞争才能开展。实际上，它仅特指要素市场上的政府间竞争的情况。地方政府间的竞争关系我们可以通过下图（见图6-1）简单地体现出来：

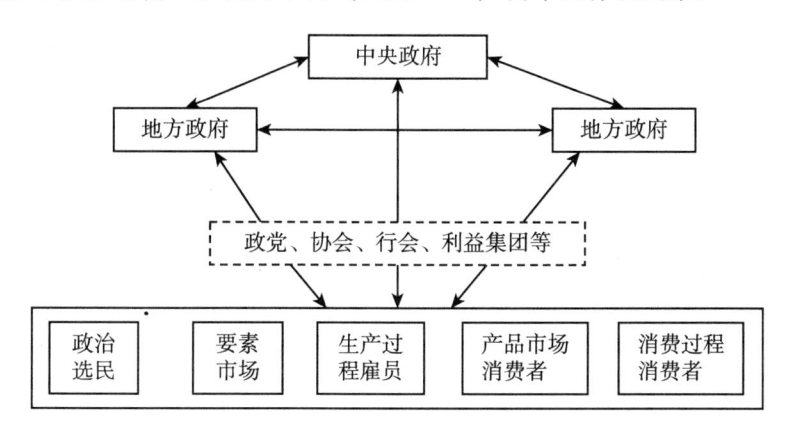

图 6-1 辖区政府间竞争关系

① 纵向政府间竞争：主要表现在政治市场上。
② 横向政府间竞争：主要表现在要素市场、产品市场和政治市场上以及生产和消费过程中。
③ 选民/消费者/投资者/雇员与政府间的互动关系。

当然，在西方国家，由于体制以及各地不同的人文历史等原因，地方政府之间的竞争在内容和具体方式上体现出很大的不同。

二、西方国家地方政府之间的合作关系

现代国家虽然在管辖上划分了不同界限，但由于某些社会事物需要政府所提

供服务的复杂性,以及单一地方政府自身能力的有限性,在经济社会发展中,任何单一地方政府由于自身资源和财力等的不足,越来越难以应付日益复杂的公共事务管理和公共物品供给需要。而且,它们往往面临诸多共同的问题,必须相互依赖地方的资源和协作才能实现各自目标。最终,正是借助于这种相互依赖基础上的长期合作,逐渐形成了一种新型的协调机制,因而大大降低了地方政府间关系发展中的矛盾与冲突。地方政府之间的合作关系目前已经成为地方政府关系中最为常见和重要的关系之一,各国在加强地方政府间的合作方面进行了不同尝试,提供了建设性的、有益的经验。一般来说,西方国家地方政府之间的合作关系主要有以下几种形式:

(一)地方政府之间签订契约

地方政府间的契约是一种正式回应地方政府间的问题,但不要求全国统一性和最高立法机构认可的地方性规范文件。地方政府间的契约很早就以某种形式存在了,美国州政府间的州际协定是其雏形,早在1787年,美国宪法就明确规定了州际协定的法律地位,各州之间受到契约的约束,类似于商业交易中双方和多方当事人的契约约束一样。20世纪20年代,州际协定开始广泛地适用于自然资源的保护、刑事管辖权、公共事业的管制、税收和州际审计等领域[1]。之后,地方政府间的协定也开始在西方国家地方政府间被推广。地方政府间的契约主要有三种形式[2]:一种是政府间的服务合同,由本地政府向另一个政府(向本地居民提供了某种服务)支付费用。在西方,地方政府合作服务最多的是监狱、排污处理、动物管理和税收。例如在污水处理方面,由于污水的排放往往涉及周边很多地方政府的区域,因此,在筹建污水处理厂时往往由周边地方政府共同磋商,共同签订协议,由某一地方政府出资,然后以有偿使用的形式进行共享。二是联合服务协定,也就是两个和更多的地方政府之间为共同规划、融资和向地方居民提供某种服务而签订的协议。这种协议多产生于图书馆、警察和消防部门之间的通信、消防和垃圾处理。在人口规模小的地方政府之间,这种契约非常普遍。三是政府间服务转移,即将一个地方政府的职责长期和短期转让给另外的地方政府,并约定双方的权利和职责。它主要在公共工程和设施、卫生以及金融等领域。英国1972年的《地方政府法》规定,一个机构可以指定另一个机构代表它履行法定的职责——除教育、社会福利工作和紧急任务外,对其他职责都适用,

---

[1] 张紧跟:《当代美国地方政府间关系协调的实践及其启示》,载于《公共管理学报》2005年第2期。

[2] Lori M. Henderson. Intergovernmental Service Arrangement and the Transfer of Functions, Municipal Year Book, Washington, D. C: International City Management Association 1985, pp. 196–201.

利用这种协议主要是在公路保养和修筑方面。但这种方式也有一些副作用，经常引起有关机构的不和等更多的问题。

（二）地方政府间的合作机构

在西方发达资本主义，跨区域的地方政府合作机构非常普遍，其主要职责是加强各区之间的联络，因为不同区的机构经常在一起开会讨论有关问题，这无疑会加强各地方政府之间的联系。

例如在英国很早就成立郡联络委员会，代表郡议会和各辖区议会，之后又成立了类似组织——区议会联合会、大城市联合组织同盟、郡议会联合会，后者可在全国提供联络的机会[①]。联合会主要是进行讨论和评论的团体，他们并没有就某项问题和事务的执行权，其成员通常是级别相同的官员，他们所持的观点也不尽相同。

在美国也设有一些政府之间的正式协调或合作机构，其主要目的是加强地方政府之间的交流合作与协调。有的是一些旨在推动地区利益的联合组织，如1976年，东北地区的7个州成立了一个东北州长联盟，以在国会面前作为一个统一战线争取更多的联邦资金。在国会中各州也成立了各种各样的地区联盟，包括领导人会议、东北—中西部经济发展联盟、大湖地区会议、阳光地带会议和西部各州联盟等。经国会批准，地方政府之间还设有一些具有实质性行政职能的机构来处理跨地方管理辖区的问题。现在，各有60多个教育、河流管理、交通、港口、渔业和能源的跨州机构。其中1921年成立的纽约—新泽西港务管理局是最为突出的一个，它由两个州的州长任命6位局长负责纽约和新泽西全部地区的交通。联邦政府也用联邦资金鼓励地方政府成立志愿者组织，负责各种不同地区规划的协调工作[②]。

到20世纪70年代中期，约有2 000个这样的协调不同地区的规划组织。如全国区域委员会（NARC）代表美国450多个区域委员会，它是由地方政府创立的多重目的、多重管辖权的公共组织，它们将多个层级的政府成员聚集在一起进行总体规划、提供服务，并培养区域合作精神。在美国，还有一种地方政府合作的机构，叫做"政府协商会"，这是一种叫做"常规化的议事日程"的合作模式，是代表固定社区的成员或职能行业的既定组织机构主持的会议。它由当选或任命的、代表某一特定地理区域范围内的地方政府的行政长官组成。出席会议的

---

① 埃克哈特·施罗德、曼弗雷德·罗贝尔：《英国和德国的地方政府部门》，载于［德］赫尔穆特·沃尔曼、埃克哈特·施罗德：《比较英德公共部门改革——主要传统与现代化的趋势》，王锋等译，北京大学出版社2004年版，第167页。

② 刘彩虹：《区域委员会：美国大都市区治理体制研究》，载于《中国行政管理》2005年第5期。

成员可能是行政官员、与会议议程有关的职能部门专家或专职人员。该组织的主要目的是为有关地区性问题的协商活动提供论坛。讨论的议题一般集中在自然开发和土地利用计划等问题上，诸如市中心和郊区之间的冲突，但却回避低收入住房分配和种族歧视等社会问题。美国的政府协商会出现在20世纪50年代，后几经起伏，政府也曾予以资助和拨款，并对其工作进行检查。尽管联邦政府现在已不再对其工作提供资金，但在发生类似问题的时候，政府协商会依然是官员和地方职能部门官员讨论地区性问题的有效场所。美国的特区其实也是地方政府间合作的一种形式，美国现有特区近30 000个，它既可以为一个社区服务，也可以为若干社区、整个城市地区服务，还可以为州际地区服务。

美国地方政府之间的横向合作在类型和数量方面是不断变动的，根据需要，参加者可以包括县、市、镇、学区和特区的官员，具体联系中安排哪些官员参与讨论取决于所要讨论的问题。

在丹麦，地方政府间的合作更为常见，而协调丹麦地方政府之间合作的机构主要有两种①：一是地方政府全国协会和郡政务委员会协会。这两大组织在决定丹麦地方自治政府范围方面都是绝对富有影响力的政治团体。地方政府协会是作为有地方政务委员会组成的一种非正式俱乐部的形式，于19世纪末期创立的，是由之前的三大地方政府协会进行合并而建立起来的。组建后的新的地方政府协会要比其先前的协会组织力量大得多。这表现在预算和雇员规模等方面。1969年，丹麦三个地方政府协会的预算量为300万丹麦克朗，而到1990年，地方政府协会的预算就已经增长到了2.18亿丹麦克朗，地方政府协会的雇员也增加了好几倍。地方政府协会在那些会影响到地方政府的中央政府政策的制定和实施阶段都是很积极而又很团结一致的。在大多数情况下，在相关问题被征求一致之前，它们就会参与到政策的发起和起草之中。这通常是通过与各委员会的联系和与公务员体系的非正式合作而进行的。郡政务委员会协会创立于1913年，并于1970年被建议重新组建，医院协会被合并到其中。郡政务委员会协会对政务会的委员以及地方政府雇员提供服务、咨询和培训方面的帮助。还向地方政府提供广泛的信息服务。它在涉及国会、政府以及中央政府管理等一系列广泛的领域中都代表着地方政府的利益。

另外，有些国家成立了"国内政府间关系的常设顾问委员会"，如澳大利亚、印度、美国以及美国的许多州或邦都有类似的机构。

---

① [丹麦] 埃里克·阿尔贝克等：《北欧地方政府：战后发展趋势与改革》，常志霄译，北京大学出版社2005年版，第30~33页。

(三) 其他的非正式的合作

前两种联系是正式的联系，在西方国家地方政府的合作中，大量的是非正式的合作行为，没有固定的模式，是一种随机的、现实的合作行为，这种合作行为视需要而确定。例如在英国，政策联络网就是一种地方政府非正式的合作的方式，是一些职业联合会在专区的分会所举办的一些活动，其成员主要有地方政府的专业工作人员、有关的地方议员、地方压力集团、地方的专业和新闻记者等。美国除了常规化的议事日程外，地方政府间还有一种非正式的合作模式，叫做特别议事日程，当没有固定的组织形式可以讨论横向政府间关系如何协调相互作用时，出现了特别议事日程这一组织。该组织讨论的问题可以是相邻社区的社会服务官员之间从一个镇移居到另一个镇的文件传递的事情，也可以是把主要的政治领导人和该地区的大量社区资源都调动起来的利害攸关的、极为突出的问题[①]。当然，更多的非正式合作来自于地方政府之间就某些特定的、临时性的、突发的领域，这些合作通常是随机的。例如在美国，这种合作通常发生在明显跨境区的问题如追捕逃犯以及由偶发的极端事件引发的对服务能力的要求情况。圣路易斯市的消防服务生产者就建立起了这样一种非正式的合作机制，这种机制允许在火灾发生时任何一个距离火情最近的消防站做出快速反应赶往出事地点，不管该火情是否在其所辖范围。正是这种安排机制使得地方政府疆界不会妨碍调动任何一辆消防车尽快赶到出事地点[②]。还有一些其他形式的地方政府非正式的联合，如英国某郡议会议员同时又是区议会的议员，这对加强地方间的联络也有影响。据统计，目前约有半数新成立的大城市郡议会最初都有1/3或更多的成员同时是区议会的成员。

目前，西方国家横向的政府间的合作已变得越来越富于多样性，在一些正式和非正式的政府间联系中，相邻社区之间的"紧随追踪"策略，以及传播一些富于有创见性和有关社区经济发展的信息，已经成为政府之间联系的重要渠道。因此，今天的地方政府之间的关系不只涉及社区及其官员，政府间联系的途径和方式也越来越多。

确实，在西方，地方政府之间的形式多样的合作在很大程度上解决了很多单一的地方政府难以解决的问题，从而提高了效率，提高了政府服务的品质。但是，另一方面，西方地方政府合作背后的驱动力是自利性的互惠，这种驱动力通

[①] 郑君贤：《地方制度论》，首都师范大学出版社2000年版，第165页。
[②] [美] 罗纳德·奥克森：《治理地方公共经济》，万鹏飞译，北京大学出版社2005年版，第100页。

常是在没有法律约束力的情况下发生作用的，拒绝与其他部门合作意味着将不能得到这些利益。这就不可避免地会产生一些消极作用，那就是地方政府为了共同的自利性利益，往往会联合起来抵制中央政府的决策和执行，许多政策领域中如烟雾控制、综合教育、出售议会房产等方面，中央政府常常受到地方的阻挠。在20世纪70年代的英国，享有特权的自治市肯辛顿和切尔西常常不理或抵制中央政府"意见和指示"。因而，在西方，中央能否影响地方政府的决定，并不单纯取决于中央政府的意志，而取决于地方的反应和准备接受意见或指导的程度。即中央意志的推行，视地方所能接受的程度。而一旦地方政府之间形成了一种强有力的同盟关系，中央的意志就更加难以在地方推行了。

除了横向政府间的合作关系，在西方，纵向地方政府之间也存在着各种形式的合作关系。随着外界环境的变化以及城市化的发展，政府面临的问题越来越复杂，很多问题单靠某一级政府是无法有效地加以解决，各级政府之间必须进行有效的合作。这种合作无论在单一制国家还是在联邦制国家都存在，联邦制国家体现的更为明显。这种合作一般以两种方式进行，一是纵向政府之间签订正式的协定，政府间的正式协定就是政府联合行动的一种机制。这种协定往往对双方的权限责任以及一些具体的行动方式进行较为明确的规定。当然，在不同的国家对这种所谓的协定态度也不同，如在南非，其宪法就要求各政府在所有方面"相互信任，通力合作"，而在美国，态度则要谨慎得多。宪法上和实践中都承认政府间这种协定的国家，往往冠之以不同的名称，赋予它不同的目的和地位。二是纵向地方政府间的非正式合作关系，主要指二者之间在实践中采取的协调战略。如在联邦制国家协调大多发生在职能部门之内。这种协调在最高层产生于中央和地方各政府的部长会晤，中层有政府间同一领域部门官员的定期会晤，最底层则可以是政府各部工作人员就具体问题进行的非正式电话交谈[①]。当然，这种合作可以具体区分为以下几种：一是委托性合作。即联邦政府或中央政府通过财政拨款的形式参与州政府和市政府的行政，合作解决一些共同关心的社会事务。二是协议性合作。这种合作大多是出于解决各级政府共同面临的重大问题而形成的合作。如治理大气污染、建设全国性公路等。三是计划性合作。这主要是指地方或下级政府为了完成中央或上级政府制订的计划，通过参与计划的实施与中央或上级政府形成的合作关系。这种合作关系在单一制国家比较多见。四是参与性合作。这种合作是指地方或下级政府在参与中央或上级政府的决策或决策执行过程中所形成的合作。英国自1974年开始，中央政府运用这种方式促使地方政府与

---

① [美] 布赖恩·R·奥帕斯金：《联邦制下的政府间关系机制》，载于《国际社会科学杂志》（中文版）2002年第1期。

中央政府合作。曾设立地方政府财政协商委员会，地方可以通过这个机构与中央政府就重大的财政与经济安排进行磋商与合作，承担相应的责任，中央财政部可以直接与地方政府发生联系①。在其他国家各种形式的不同程度的中央地方之间的合作在当今同样非常普遍。

三、西方国家地方政府之间的协调机制

不管是在单一制国家还是联邦制国家，由于地方政府关系中涉及的问题很多，地方政府之间的冲突是在所难免的。尽管地方政府在长远利益上可能一致，但眼前和局部利益不见得相同，所以，地方政府之间产生矛盾和冲突是常情。产生对立和纠纷的原因主要有四个方面，第一是"国家政策的划一性"，这是对立的主要原因。国家对不同地区实行不同的政策，最令地方政府不能接受，意味着各地方政府之间无法在平等前提下开展竞争。第二是"利益差别"，即国家与各地方政府机构之间就利益分配所产生的差别。第三是"财政考虑不周"，这是中央给予地方财政支持及法律允许地方在财政问题上的权力大小问题。第四是"政治态度的差别"，上级对地方政府或下级机构的政治态度是保守还是革新也是引起对立的重要原因。面对这种冲突，西方国家普遍建立了较为有效的系统的和制度化的解决机制。这些解决机制主要有以下两种②：

（一）行政方法

一般认为，行政机关相互间的权限纠纷是行政内部的纠纷，本来是应该由行政内部解决的问题，不属于法律上的争讼，这一看法同样适用于中央政府和下级政府之间的纠纷。作为下级政府，如果其所执行的事务属中央委派事务，则虽然由地方执行，这类事务的性质依然属于"国家行政"的一部分，从属于行政事务的范畴。正是在这一意义上，日本和法国等国一度以行政方法作为解决中央地方及地方政府之间纠纷的唯一方法。这些行政方法主要包括：（1）说服。说服是在两方面进行的：一方面，国家说服下级政府，通过解释法令这一带有指导性质的形式，使地方机构接受上级的指示，但它不带有政治性质。另一方面，下级也可以说服上级国家机关。如日本的知事可以说服国家，赢得政治家的支持。这种方式有较强的政治性而不是行政性。（2）命令。该方式适用于上级机构对下级政府。如果下级政府不执行上级指示，上级国家机构可以以行政命令的方式强

---

① ［英］伊夫·梅尼：《西欧国家中央与地方关系》，朱建军译，春秋出版社1989年版，第62页。
② 郑君贤：《地方制度论》，首都师范大学出版社2001年版，第198～202页。

行使下级国家机构接受上级的指示。日本在实行垂直式行政统制模式时，府县一级经常发生冲突，解决方式是自上而下的强迫命令，冲突的最后结果总是以上级胜利而告终。但是，正如前述所言，任何冲突都是作用力与反作用力的结果，即使是来自中央或上级国家机构的强权或命令，地方也可以在一定程度上以某种方式影响或对抗上级政府。这一倾向在水平式政治竞争模式中非常明显。在该模式中，冲突发生在中央，中央委派到地方的官员以地方代表的身份去中央活动，影响上级、游说中央官员。（3）协商。地方政府之间权限的争议过度激烈，将有害于国家的发展，而最快速有效的手段，便是经由事先协议做成解释，一次性做出绝大部分权限划分的决定。因此，地方政府之间出现争端时，通常是协议优先。

（二）司法方法

地方政府关系的司法解决是很多国家处理这一问题的最主要方式。随着中央向地方逐步放权，越来越多的国家的中央地方事务，不再沿袭原来单纯以行政命令的方式解决和处理二者之间的矛盾和纷争。在西方国家地方政府之间的关系，特别是地方政府之间的权限争议，都是有宪法和法律的基本框架作为前提的，因此，当出现争议时，最好的办法就是重新回到法律的基础上，通过司法的途径得到解决。政府关系的司法审查，是运用司法程序对涉及地方政府关系上有争议的问题进行审查裁断的一种方式。不论是单一制国家还是联邦制国家，在宪法和法律既定范围的前提下，都试图寻求合理并有效的方式以调整彼此之间的关系，以便在具体中央地方权力的运行程序中不扭曲既设的框架和结构，破坏制宪主体的意图。日本本国的法治行政原理就包括司法审查原则，它意味着行政法上的一切纠纷均服从司法法院审判的统制。根据这一原则，一切有关法律上的利益受到违法行政活动侵害都可以向法院提起诉讼，请求权利保护，纠正违法行政。只要国家与地方机构之间的权力是法律上的设定，法院就成为裁决纠纷的主体，矫正失范行为，进行权利救济。所以日本行政诉讼中有专门的机关诉讼，处理国家或公共团体机关相互间的权限纠纷。意大利1956年正式启动的宪法法院的活动也反映了这一趋势。因此，在那些依法规范中央地方关系的国家里，司法是解决中央地方及地方之间纠纷的重要方法之一。

由于西方各国国情、历史、法律传统、法律观念及政治制度和法律制度的差异，成就了各国不同的司法体制，各国对地方政府争议的司法解决途径并没有划一的司法模式，而是情态各异。一般来说，依照西方不同国家的具体情况，对地方政府之间争议进行司法审查的机构可分为普通法院、宪法法院和行政法院：（1）普通法院。实行普通法院审查的国家既有单一制国家也有联邦制国家，主要有美国、日本、英国等。普通法院对地方政府关系审查的理论基础是三权分立,由普通法院审理和裁决国家权力之间的纠纷,制约其他国家机关。具体而言,就是由普通法院对中央和地方、地方之间就涉及彼此关系行为的合法性及彼此之间的权限争议和纠纷进行裁决,维持宪法上的中央地方关系的平衡。(2)宪法法院。实行宪法法院审查的国家有意大利、德国、俄罗斯、韩国等。在这些国家,不由普通法院而由特设的宪法法院作为处理地方政府之间争议的机构。这些国家宪法法院的管辖范围是由宪法法院法规定的,如德国、韩国等都有宪法法院法。(3)行政法院、宪法委员会和大区审计院。在有悠久行政法院传统的法国,一直有两个司法系统同时存在,一为普通法院系统,二为行政法院系统。但在处理地方政府之间的纠纷和争议时,普通法院的司法裁判权却很少有机会直接干预,主要是行政法院法官负责这类纠纷。最近几年,宪法委员会和大区审计院也开始参与对地方的监督活动。宪法委员会在监督的过程中,既是保护人,又是惩戒人,它主要对地方当局的自由管理的合宪性进行审查,也就是说,地方的管理活动必须在宪法范围内进行,必须遵守宪法和法律对其权利和义务的规定。但大区审计院不是司法机关,他们在审查某一地方当局的财务和预算制定情况时代表省长工作。

地方政府之间出现争议时,视具体争议的性质,既可以是上级政府对下级政府提出诉讼,也可以是下级政府对上级政府提起诉讼。一般来说,如果下级政府不履行上级政府要求的职责,上级政府可以对下级政府提起诉讼,而如果下级地方政府对上级政府的监督的决定不服,可向法院提起越权之诉。法国行政法院就可以受理此类诉讼。不仅地方团体本身有作为当事人的资格,而且地方团体的代表如市长,以及地方议会的议员个人,也有权对违法的行政监督提起越权之诉。

当然,西方国家的地方政府关系是一个动态的过程,在不同的历史阶段会呈现不同的特点,例如战后西方国家的地方政府关系就出现两种变化趋势:一是以前集权程度较高的国家不断向下级地方政府分权,如法国;一是分权程度较高的国家不断向上集权,如英国和美国。各国不再追求单纯集权或分权,因为现代国家的发展,如果仅仅依靠某一级政府是很难顺利进行的。不管是哪一种变化趋势,从总体上说,西方国家形成了比较规范的地方政府关系。他们往往用宪法和法律来确认地方政府之间的关系,无论是在具体内容和还是在原则上,规范得都比较明确。

第四节 我国地方政府关系调整机制再造

尽管我国目前地方政府之间的关系得到了较好地发展，呈现出较为明显的良性竞争和合作关系，但是，地方政府之间基于地方行政区利益基础上的冲突依然存在，有时候甚至非常激烈，如何建立制度化的地方政府协调机制，便成为我国政府体制建设中的一个日益突出的问题。地方政府之间现有的协调机制，显然很难适应我国地方经济社会的快速发展，建立制度化的协商机制已经成为现实的必然。

一、建立长效型协商平台与协商机制

建立制度化的协商平台和协商机制是各国地方政府之间协调的主要形式，例如在美国科罗拉多流域，各州政府就建立了供州政府间进行谈判和协商的多种层次的协调管理机构，以及各种促进相互间信息沟通的安排。先后成立的"上科罗拉多河委员会"、"格林峡调控管理委员会"、"科罗拉多河10部落伙伴关系组织"等机构，均以加强流域政府间协作为使命，采取协商一致的运作方式，提供了话语交流与磋商的平台。建议在我国存在着共同利益的同级地方政府之间建构跨地区的联合组织，加强地区间有序、有效的治理和沟通。这些组织必须与地方政府分工明确，通过签订具有约束力的双边或多边法律协定或行政协议，所签契约或合同受国家法律保护，由此形成比较正式的、稳定的合作关系。这种平台和机制必须保证公平、公正、沟通有效以及具有权威性。为了达到这一目标，必须具备以下几个条件：

1. 去中心化

在跨地区的联合组织中，不存在所谓的单一权力中心。每一个地方政府都是一个权力中心和行为主体，这些行为主体既相互独立，自由地实现各自的利益，又相互调适，受特定规则的制约，并在社会的一般规则体系中找到各自的定位，以实现相互关系的整合。在奥斯特罗姆（Elinor Ostrom）看来，"'多中心'意味着有许多在形式上相互独立的决策中心——它们在竞争性关系中相互重视对方的存在，相互签订各种各样的合约，并从事合作性的活动，或者利用核心机制来解决冲突，在这一意义上大城市地区各种各样的政治管辖单位可以以连续的、可预

见的互动行为模式前后一致地运作。"① 在公共治理理论看来,不同的治理主体之间在地位上是平等的,在行动方面是自由的,各主体以自主治理为基础,强调自发秩序和自主治理的基础性和重要性。"多中心体制设计的关键因素是自发性"②,多中心治理制度的安排打破了单中心制度中最高权威只有一个的权力格局,形成了一个由多个权力中心组成的治理网络,以承担一定范围内公共管理与公共服务的职责。

2. 权力依赖转向共生依赖

所谓权力依赖指的是:致力于集体行动的地方政府必须依靠其他地方政府,因为无论哪个单一地方政府都不可能拥有知识和资源两个方面的充足能力来独自解决一切问题。为达到目的,各个地方政府必须通过与其他组织交换知识和资源,并依据占有资源的多少确定自己的谈判地位。公共治理理论明确肯定了在涉及集体行动的各个组织和个人之间存在着权力依赖。共生依赖是指致力于集体行动的组织和个人必须依靠其他组织,为达到目的,各个组织和个人之间必须交换资源、谈判共同的目标,交换的结果不仅取决于各参与者的资源,而且也取决于游戏规则以及进行交换的环境。也就是说,为了相同的目的各组织和个人之间存在着知识、资源、信息、规则以及场景的共存关系与相互依赖关系。治理总是一个交换与合作的过程,在自组织治理的网络系统中,各子系统间不存在简单的相互替代关系,只存在基于资源交换基础上的共生依赖关系。

3. 充分的协商与参与

这一联合性的组织在共同参与的基础上,通过共同协商来解决面临的问题,而不是过去那种通过某一权力机构发号施令的方式来处理问题。作为一种协调方式,必须以反思与理性为基础,持续不断地坚持对话,以此产生和交换更多的信息;将参加治理的单位锁定在涉及短期、中期和长期并存运作、相互依赖的一系列决定之中,减少机会主义危害;通过鼓励有关方面的团结,建立相互依赖的关系来共同承担风险。地方政府借助制度化的谈判达成共识、建立互信,补充市场交换和政府调控之不足。地方政府各自必须放弃一部分自主权来换取政治影响和系统更良好的全面运作,放弃部分依靠权威、自上而下决策的权力,换取对众多经济实体施加影响,以在各经济领域取得更高的效益③。各行为主体在互信、互利、相存的基础上进行持续不断的协调谈判,参与合作,求同存异,化解冲突与

---

① [美]奥斯特罗姆、帕克斯、惠特克:《公共服务的制度建构——都市警察服务的制度结构》,宋全喜、任睿译,上海三联书店2000年版,中文版序言第11~12页。
② [美]迈克尔·麦金尼斯:《多中心体制与地方公共经济》,毛寿龙、李梅译,上海三联书店2000年版,第78页。
③ [美]鲍勃·杰索普:《治理的兴起及其失败的风险:以经济发展为例的论述》,载于《国际社会科学》1999年第1期。

矛盾，维持社会秩序，在满足各参与行为主体利益的同时，最终实现社会发展和公共利益的最大化。各利益相关方在治理过程中能够彼此交流并认真听取他人、他方的观点，本身就是一个交流和妥协的过程。协商中的人们应当认真提出自己的意见，并同样认真地听取他人的意见。由于人们具有不同的知识背景和利益背景，不同的观点进行碰撞时必须要求一种妥协、合作的精神。缺失这种精神，无论多么广泛的参与、多么热烈的讨论，都是没有意义的。"这样一种协商把合作意愿当做前提，也就是说，把这样一种意志当做前提，即在尊重游戏规则的前提下获得所有各方都能接受的结论，而不管各自是出于什么理由"①。基于此，必须建立畅通的协商渠道和对话机制，各相关主体之间有基本的互惠与信任基础。这种互惠与信任可以促进人际关系的和谐，可以使组织间的谈判顺利进行，促进系统间的沟通交流。

4. 增强权威性

新的协商平台必须拥有足够的权威。所谓权威就是协调性的协议一旦签订或规则以及方案一旦得到认同，对各方就具有强制性的约束，否则就要承担相应的后果。这就要求赋予协调机构以比较多的权力，能够就各地方政府之间有争议的事务进行强有力的决策与规范。在法律赋予的权限范围内充分发挥作用，若各地方政府有越权或违法行为发生，有权通过行政和法律手段予以纠正或处罚。

二、构建中央协调地方利益关系的制度平台

分权让利的改革尽管激发了地方政府经济发展的积极性，但同时也使得中央权威在地方有流失的可能。"中央集权，但缺乏权威"，中央虽然拥有很多权力，但是中央的政策有时候难以在地方得到充分的执行，就是所谓"中央决策难出中南海"。对地方政府之间的关系协调来说，中央缺乏权威难以监督地方政府基于狭隘地方利益或官员利益的恶性竞争行为，一旦地方政府之间出现了矛盾冲突，中央政府也往往难以成为有效的仲裁机构。因此，地方政府协调机制的建设必须重建中央在地方的权威，在合理分权的基础上强化中央对地方的制度化的监督。

（一）完善立法机制

完善的立法机制是西方各国维护中央权威的最为常见也是最为重要的手段之一。大多数国家的立法权掌握在国家立法机构手中，单一制国家的中央政府对地

---

① ［德］尤尔根·哈贝马斯：《包容他者》，曹卫东译，上海人民出版社2002年版，第285页。

方施以影响的最常见方式就是立法，通过法律规定，赋予地方政府行使的权力。这样，地方政府的活动范围就有明显的限定，它不得超出既定的活动范围、活动方式。但是，法治国家的地方政府在此情况下并非完全处于被动状态。中央对地方权力的规范，既是对下的，又是对上的。当法律允许中央对地方进行干涉时，同时也限定了干涉的理由和依据，中央政府应当依法实施监督。这种立法监督包括宪法和专门的有关地方政府的法律，例如英国在1830年就颁布了《地方政府法》，对地方政府的权限和权力行使模式做了统一的规定。1888年英国又颁布了《地方政府法》，重新调整了中央与地方的财政关系。1894年颁布《城区和郊区议会法》，规定郡下除市外，依据该法建立了城区和乡区议会，规定可在城市地区设城区，在乡村地区设乡，分别设置民选议会，同时产生了教区议会。1899年英国政府再次颁布了相关的法律，奠定了近代地方政府制度的基础。1935年英国公布《市自治法》，1972年，英国又颁布了新的《地方政府法》，统一设置地方政府单位。1985年颁布的《地方组织法》规定了城市郡一级政府的职权。同时，英国国会在必要的时候可以通过立法的手段来收回或授予地方政府某些权限，这种手段的适用至今一直没有停止过。在日本，第二次世界大战后，除了宪法，日本国会先后通过了三个相关的法律来对地方政府实施监督：1947年的《地方自治法》、1948年的《地方财政法》和1950年的《地方税务法》。德国在1949年通过的《联邦宪法》第28条第2款规定，地方政府自治权利的行使是在"现行法律框架内"进行的，否则"越权无效"，在这一原则下，地方政府职能就是由议会明确和具体的法案赋予的那些职责和权限。在美国，同样存在着这种立法监督。例如，在第二次世界大战以后，美国国会通过了很多法案，如《充分就业法案》（1946年）、《经济机会法案》（1964年）、《有限通讯政策法案》（1984年），为联邦政府对州政府和地方政府的行为进行干预提供了法律依据，针对州和地方政府的行动所制定的联邦法规，在之后的几十年里稳步增长，至今没有显示出减弱的趋势。难怪有人在担忧，美国地方政府有完全被国家化的危险[①]。但是，这却是中央权威不可缺少的条件。对于我国中央政府来说，可以考虑出台相关的专门性的法律来规范中央地方关系，从而为中央在地方政府关系协调中发挥更为权威有效的功能提供依据。

（二）强化财政监督

财政监督是另一种中央维护自身权威的有效手段，因为在任何国家，地方政

---

① ［美］文森特·奥斯特罗姆、罗伯特·比什：《美国地方政府》，井敏译，北京大学出版社2004年版，第59页。

府要有效地实现自身目标,更好地履行职责,其中一个重要的前提就是财政。但是在很多国家的地方政府,特别是一些基层政府,仅仅靠自身的财力是很困难的,必须在某种程度上依赖中央政府的财政支持。通常,中央政府的这种财政支持并不是无条件的,地方政府必然在某种程度上受到中央政府的约束。一般来说,地方政府的财政收入主要有三种:一是地方税,地方有权征收地方税而且没有最高限额;二是地方公共事业的收费;三是中央政府拨款或补助金。在这三项收入中的中央政府的拨款或补助金,是中央对地方进行有效监督的基本保证。在美国,联邦政府通过财政方式监督地方政府是常见的方式,特别是在经济萧条期间,高失业率使得人们强烈要求增加社会福利以减轻危机带来的灾难。这些要求很多都是直接针对地方政府的,但财政的崩溃大大减少了地方政府实现这些目标的可用资金,提供社会福利的重负自然就落在了联邦政府的身上。联邦政府配合对地方政府的财政支持,在全国推行了各种相关的福利项目。结果,联邦政府获得了越来越多拨付这些资金的监督权。负责起草年度财政预算的行政管理和预算局,通过负责协调这些国内项目的资金分配而获得了对众多地方政府的实际监督权。当然,联邦政府往往绕过州政府对市政府和县政府进行财政援助,从而达到一定程度上监督地方政府、抗衡州政府的目的。

在英国,除北爱尔兰情况特殊外,英格兰、威尔士和苏格兰三大地区的地方收入中,中央政府拨款或补助金都在40%以上。地方政府对中央政府产生一定的财政依赖,是中央政府能够充分利用财政手段制约和监督地方政府的有效保证①。而在日本,中央政府对地方的财政监督更为突出,日本自治省通过对地方政府特许税的管理,实现了对地方政府财政的监督。自治省始终密切关注地方政府的超额开支和不当管理,并享有在这些情况下对地方政府进行监督、指导和制裁的诸多权力。如果内务大臣发现地方政府适用地方特许税基金有违背地方自治的原则,内务大臣就有权阻止这些基金流向地方政府。有时候也采取强制性较低的法定权力,如一定范围的许可或批准,这是地方合同事务和地方税务方面更为重要的手段②。中央政府除了通过对地方政府的财政补助手段监督地方政府外,还可以通过其他途径,如审查各级地方政府的财政收支、审查借款计划、审批地方发行的公债和批准地方的经费预算等途径监督地方政府。

---

① Ian Budge and David Mckay. The Changing British Political System:Into the 1990s, Longman:London 1988:P. 122.
② [日]秋月谦吾:《日本的府际关系与地方政府改革:一体化体制的案例》,参见[瑞典]埃里克·阿姆纳:《趋向地方自治的新理念——比较视角下的新近地方政府立法》,杨立华等译,北京大学出版社2005年版,第19页。

目前，我国中央政府对地方政府的财政监督制度化程度依然不够高，财政的转移支付和专项拨款等监督体系需要进一步完善，以便有效遏制地方政府恶性竞争行为。

（三）改善行政机制

行政监督也是中央政府树立权威的手段之一，特别是在单一制国家，中央政府运用行政手段来监督地方政府的行为较为普遍，范围比较广泛，内容也比较复杂。当然，中央的监督也不可能面面俱到，只是主要涉及一些重要的部门。总结起来，在西方中央对地方政府的行政监督的方式主要有以下五种[①]：一是中央的检查和调查。在国家法律中，往往有对地方服务进行检查的条款，并由政府有关部门负责执行，目的是要确保达到全国性的标准。如英国自1834年检察院负责检查济贫法的执行情况之后，在以后的立法中就有了对地方政府进行检查的条款。同时在国家立法中，中央政府对地方政府有权进行检查。英国在1972年的《地方政府法》中明确规定了中央对地方的这种调查权及其应遵守的程序。二是中央政府发布命令、规则、指导和通告。国家立法中大多做出一些原则规定，同时授权政府主管部门制定相应的命令、规则和实施细则等。政府部门的通告一般旨在增强并解释各种条款对地方政府的指导以及政府在财政政策上的变化。传达某一政府部门对经济和财政措施的态度，并据此对地方政府的建议做出反应。三是行政干预。这种干预主要有：凡涉及将来服务的一些地方计划都要得到中央主管部门的批准；地方的中大型建设项目，如修建道路、机场、兴修水利，大面积开发利用土地等，凡涉及资金开支比较大的项目，需得到中央政府的批准。四是沟通和协商。这是中央政府和地方政府之间经常的几乎是一种双向参与的方式。中央政府和地方政府在信息上、业务上进行定期或不定期的交流，对地方出现的一些问题共同协商，这也是中央政府对地方进行行政指导和干预的一种形式。五是仲裁与裁决。中央政府相关部门在地方政府之间以及地方政府与居民之间出现某些争端的时候，以仲裁者的身份出现。这种裁决是中央政府的一种准司法性的裁决，一般采取调查取证、听取争议双方意见、最终做出裁决等类似于司法程序的方式进行。

当然，对于我国来说，完善行政机制绝对不是说加强中央政府对地方政府自身范围内事务的干预，而是进一步强化中央政府解决有关地方政府之间争议的仲裁者身份，通过建立有效的组织机构以及完善仲裁程序，来协调地方政府之间的

---

① 熊文钊：《大国地方——中国中央与地方关系宪政研究》，北京大学出版社2005年版，第29~30页。

关系。目前我国还没有类似的协调仲裁机构，这显然很不利于地方政府之间关系的协调。

（四）确立司法保障

在很多国家，中央政府常常会运用司法途径来加强自身的权威，这是因为地方政府在某些情况下会有意或无意地侵害地方公众以及相关组织的合法权益。中央政府利用自身的优势，通过司法的力量来迫使地方政府在法定的范围内行事。例如，英国地方政府的职责都由法律、命令规定，它们的行为如果超越规定的范围，就被认为是越权。对于越权行为，任何一个公民或检察院都可向法院起诉，请求法院颁发禁令加以约束。地方政府如不执行法定职责时，中央有关部门可发布命令限期履行，如仍不履行，则可请求法院对地方政府发布命令状，以强制其履行。此外，地方政府的行政行为使居民财产或人身权利受损害时，居民可向法院起诉，要求地方政府赔偿损失。英国中央政府有一项颇为特殊也非常重要的手段对地方政府的行为进行监督，叫做代执行权，英国议会授予大臣一项不履行权，也就是代执行权。如果某地方政府没有能够充分发挥某项特别的作用，或不履行某项职责，大臣可以向该地方政府发出命令，责令其执行，并限定在一个特定时间内完成，或是可将地方政府诉讼至法院，通过司法程序迫使它执行命令，还可以把履行这一任务的权力从区地方议会转交给郡议会，甚至可以由大臣亲自接过这一权力，但一切费用由该地方政府承担。如果地方政府之间出现争议或矛盾，同样也可以通过司法程序来得到有效地解决。

目前在我国，地方政府之间的争议难以进入司法程序，这就在很大程度上使地方政府之间的协调失去了司法保障，这无疑是一大制度性缺憾。因此，如何在司法体系上进一步完善，通过中央司法程序进行地方政府之间的协调是一项重要使命与趋势。

三、进一步完善公民参与机制

地方政府缺乏来自地方公众的约束，使得地方官员在执行公共政策过程中往往与公共利益相偏离，从而导致基于个人或部门利益的恶性竞争行为的产生，进一步加剧了地方政府之间关系的冲突，因此，完善地方政府关系的协调机制必须让公民更多地参与到地方公共决策过程中来。公民广泛参与到政策形成过程中成为地方政府权力约束的特征之一，伴随着20世纪70年代末以来的行政改革浪潮，公共行政的民主化得以迅速发展，公民参与公共事务管理特别是公共政策制定逐渐成为世界各国行政改革的重要内容和选择。公民参与地方政府决策过程是行政民主化的重要标志。民主是一种社会管理体制，在该体制中社会成员能直接或间接地参与或可以影响全体成员的决策①。所以，公民参与地方政府决策过程的权利得到了各国高度重视。地方政府在实践中越来越清晰地认识到，在现代社会，仅仅依靠政府的力量已经不能解决所有的公共问题，必须创造新的治理模式，而这种新模式的核心就是吸纳公民参与。在现代条件下，只有公民有机会直接参与地方层次的决策，才能实现对日常生活过程的真正控制，公私之间的联系由此将得到较好的理解②。因此，西方各国地方政府开始支持和鼓励公民积极地参与公共政策的制定过程，努力探索和建构政府与公民共同合作的治理模式。同时，公民参与地方政府政策过程也是实现公共性的重要保障。西方国家的地方政府通过建立合作、参与、自主管理的地方治理框架，开辟和发展了多种形式的公民参与渠道，形成了比较制度化的公民参与网络，从而强化了公民对关系其生活质量的公共政策的影响，提高了地方应对和解决本地公共问题的能力。

目前，尽管我国地方政府已经建立了一些公民参与的参与机制，如公示制、听证制等，但是由于这些机制的制度化水平不高，公民的声音很难在公共决策过程中发挥真正的影响力，对地方政府难以形成有效的约束。因此，地方政府之间的协调的前提之一是需要公民更加有效地参与政府的公共政策过程，对一些更多地基于个人或部门利益的恶性竞争行为发挥有效的监督约束功能。

---

① ［美］科恩：《论民主》，聂崇信、朱秀贤译，商务印书馆 1994 年版，第 11 页。
② ［英］戴维·赫尔德：《民主的模式》，燕继荣译，中央编译出版社 1998 年版，第 339 页。

第七章

地方政府绩效评估与行政管理
体制改革评判常态化

第一节 地方政府绩效评估与行政管理体制改革

与许多行政改革注重规范权力运行的过程与程序不同,政府绩效评估更多关注的是政府的结果和质量,是根据政府产出的质量来评价政府权力效力的一种方法。地方政府绩效评估体系是地方政府体制改革中不可或缺的内容。

一、政府绩效评估的基本理论

在工商管理中,绩效管理是指为了达到组织目标,通过持续开放的沟通过程,形成组织目标所预期的利益和产出,并推动组织和个人做出有利于目标达成的行为。美国学者罗伯特·巴克沃（Robert Bacal）认为,绩效管理是"一个持续交流的过程,该过程由员工和其直接主管之间达成的协议来保证完成,并在协议中对未来工作达成明确的目标和理解,并将可能受益的组织、管理者及员工都融入绩效管理系统中来。"① 绩效管理区别于其他纯粹管理之处在于它强调系统的整合,它包括了全方位控制、监测、评估组织所有方面的绩效。西方各国开展的政府再造,大都是把追求绩效作为其首要目标。美国国家绩效评估小组强调,绩效管理是利用绩效信息协助设定统一的绩效目标,进行资源配置与优先顺序的安排,以告知管理者维持或者改变既定目标计划,并且报告成功符合目标的管理过程。

所谓政府绩效评估是一个范围相当广泛的术语。政府绩效评估,就是从效率、能力、服务质量、公共责任和社会公众满意程度等方面,对政府公共部门管理过程中投入、产出、中期成果和最终反映的绩效及其等级进行评定、判断和划分的管理过程。政府绩效评估以绩效为载体,以服务质量和社会公众需求的满足为第一评价标准,以促使政府在管理公共事务、传递公共服务和改善生活质量等方面具有竞争力和责任心为评估目的。评估活动主要通过对政府公共管理活动的花费、运作及其社会效果等方面的测定来划分不同的绩效等级,提高政府公共管理绩效。因此,政府绩效评估并不是一个单一的行为过程,而是由许多环节、步骤所组成的行为系统,不仅包括绩效评估过程本身,而且还包括评估结果的使用。

政府绩效评估所蕴涵的管理理念通过政府绩效评估的性质、特征和价值得以体现。在性质上,政府绩效评估是一种市场责任机制。库普尔(T. Cooper)把这种机制的含义概括为:一是"经济学的效率假设";二是"采取成本—收益的分析方式";三是"按投入和产出的模式来确定绩效目标,注重的是对产出的评估";四是"以顾客满意为基础来定义市场责任机制。这种定义方法是把公民视为消费者"。因此,政府绩效评估就是消费者对公共服务的直接控制和选择,政府公共部门对消费者负责。没有消费者的选择就难以形成市场机制,就不能激发公共服务供给者的竞争,最终也就难以形成公共责任机制。

当代政府公共管理在社会公平的基础上对公共责任和民主参与的强调,使效率、秩序、社会公平和民主成为政府绩效评估的基本价值取向。效率的价值取向反映了社会对政府管理绩效数量的需求;秩序、社会公平和民主的价值取向是一种解决各种社会关系和利益冲突的互动行为模式,反映了社会对政府管理质量的要求。这些价值取向在绩效评估过程中具体通过管理效率、管理能力、公共责任、社会公众的满意程度等价值判断来体现。政府绩效评估的价值还通过它的目的反映出来。1993 年美国颁布的《政府绩效与结果法案》开宗明义指出,进行

---

① [美]罗伯特·巴克沃:《绩效管理:如何考评员工表现》,陈舟平译,中国标准出版社 2002 年版,第 4 页。

政府绩效评估和颁布该"法案"的目的就是为了在提高政府效率和管理能力的同时,提高公共服务的质量,建立和发展公共责任机制,提高社会公众的满意程度,改善社会公众对政府公共部门的信任。政府绩效评估是社会公众表达意志的一种方式,其所内含的以任务为导向、以结果为导向、以顾客为导向、以社会为导向和以市场为导向,就是要将顾客的需求作为政府公共部门存在、发展的前提和政府部门改革、组织设计方案应遵循的目标。

由于绩效评估对于政府服务质量的提升具有非常重要的意义,绩效评估体系改革一直都是世界各国行政改革运动中的重要内容。1993年9月,美国克林顿总统签署《设立顾客服务标准》第12862号行政命令,责令联邦政府部门制定顾客服务标准,要求政府部门为顾客提供选择公共服务的资源和选择服务供给的手段,由此掀起了政府绩效评估的改革实践运动,随即这种运动也开始为其他国家所借鉴。

二、地方政府绩效评估的作用

对地方政府绩效进行评估,是规范行政行为、提高行政效能的一项重要制度和有效方法,对进一步推动我国地方政府体制改革具有重要意义。

(一)地方政府绩效评估的制度化推动行政管理体制改革评判的常态化

就我国地方政府的实际情况而言,针对以往政府绩效评估的随意性、不规范性、非程序性,国家权力机关通过立法,制定政府绩效评估的法律法规,使政府绩效评估有法可依。通过立法,使政府绩效目标、绩效标准、政府服务质量标准与行为规范化,以及将一些绩效管理措施用法律固定下来,取得一体遵行的法律效力。针对主体单一的客观现实,应当通过政府绩效评估立法,鼓励和推动多元化的政府绩效评估主体制度的构建,包括政府机关的自我评估、上级评估、政党组织的评估和权力机关的评估、专家评估、中介机构评估和公众评估等,逐步实现行政系统内部评估与外部评估结合、官方评估与民间评估并举的多种评估方式。通过立法来规范和指导公众参与政府评估,培育民间独立的"第三方"机构进行评估,包括独立的民意调查机构,专业中介机构和媒体,由不同利益群体组成的独立评估委员会等。

目前,我国还没有专业化的政府绩效评估机构,需要提供制度平台与相适宜的环境,保障并促进专业化中介机构的健康发育,以此作为推进政府绩效评估措施的一项重要内容来抓。同时,对政府绩效评估活动行使监督权,包括组织、召集和开展有各方面代表参加的、多种形式的听证会和讨论会，集思广益，听取各方面意见，开展积极有效、形式多样的绩效评估活动。汇总各类评估主体的政府绩效评估意见以指导政府绩效评估活动的开展，从而促进和监督政府绩效评估活动的正常进行。通过对政府部门财政预算、决算和管理工作的审议监督，建立和推行以绩效为本的预算制度，使政府部门的财政拨款、财政支出和对财政的支配能力与其管理绩效相联系。绩效越佳的政府部门，拨款就越多，改变过去那种花得越多，得到越多的不合理状况，使每一个政府部门的预算与决算平衡、管理绩效与财政拨款平衡。

信息交流与沟通的缺乏使得政府绩效评估常常名不副实。政府绩效评估的这种信息交流与沟通主要体现在中央政府所属各部门之间、中央政府与地方各级政府之间、政府部门与国家权力机关之间、政府与公众之间。在政府绩效评估的过程中，政府部门应建立与完善政府与公众的信息交流和沟通机制，让一切消费者了解政府部门工作绩效的详细情况，包括了解输入与输出的情况，如实公布工作绩效的信息、社会对其工作的反馈信息、详细的工作记录、各类报表和统计数字、绩效等级的评定结果等。在这一过程中，政府尤其扮演着重要角色。如何发挥这种角色的积极作用、遏制其消极作用和消除原有体制的障碍，是保证政府绩效评估公正与客观的重要一环。

在政府将部分职能交给了社会、实现了从社会所属部分撤退以后，社会公共组织便成为公共服务与公共产品的重要供给者和政府行政活动的重要参与者。在当今市场经济高度发达、信息社会已经来临的时代，社会公共组织更是公共管理的重要主体和公共服务的供给者。公共管理体制改革在充分发挥社会公共组织的职能、积极性和主动性的同时，还必须有社会公共组织参与公共管理的体制设计和行为规范设计，以保证社会公共组织无法利用提供公共服务的机会谋取不正当的本位利益，确保公共服务质量和公共责任。因此，把评定与划分社会公共组织的绩效等级纳入到绩效管理之中，无疑也是当今行政管理体制设计的组成部分。政府绩效评估没有制度保障是很难进行下去的，制度化是当前国际上评估活动的趋势之一。对于我国，当务之急是借鉴先进国家的经验和做法，通过完善政策和立法，使我国政府绩效评估走上制度化、规范化和常态化的道路。

（二）地方政府绩效评估的完善有利于拉近政府与公民之间的距离

政府绩效评估践行的是顾客至上的服务理念，因此，是改善政府公共部门与社会公众关系的一种措施。随着地方政府角色和职能的重新界定，政府公共管理的基本运行方式、政府与市场和社会公众之间的关系将发生巨大的变化。地方政府与社会公众之间的关系由管理者与被管理者的关系转变为治理者与被治理者之间的关系，转变为公共服务的提供者与消费者、顾客之间的关系。政府管理必须以顾客为中心、以顾客的需要为导向，还必须增强对社会公众需求的回应，更加重视管理活动的产出、效率与服务质量。政府公共部门行使公共权力主要是为了实现公共利益、有效提供公共服务和主动为社会公众谋利益。广大公众成为政府的服务对象，成为公共服务的消费者和顾客，政府不再是高高在上的官僚机构和与社会相脱离的"力量"，而顾客、消费者、社会公众则开始在真正意义上成为社会的主人。

政府公共管理的一项重要任务就是向公众提供公共服务和公共产品。因此，政府绩效评估包括对政府部门向社会提供公共服务、公共产品的活动及其效果进行评估。绩效评估的目的是为了提高政府公共管理的效率和管理能力、提高公共服务的质量和促使政府部门对公众负责。评估本身成为公众对其利益及其满足程度的一种意志表达。通过评估，给政府绩效划分优劣不同的等级，划分的结果是绩效等级的不同，直接影响到政府部门对财政支出的支配力、影响到政府部门管理人员的个人利益。政府绩效评估成为政府公共管理活动的导向，评估的价值取向也必然会影响到公共服务和公共产品提供的活动方向。

政府绩效评估对公众需求的满足，并不是表现为对公众个体的个性化需求的满足，而是表现为充分反应公众需求并上升为国家意志的导向，表现为以服务标准、服务流程和服务质量标准为内容的行政法律规范。公众作为政府评判者就是评判政府实际行为是否符合法律规范的规定、是否符合服务标准、服务流程和服务质量标准。这样，政府绩效评估过程必然包含了对政府绩效目标、绩效标准、行为规范、服务标准立法等基础环节。政府绩效评估立法的过程，实际上就是在调查研究、总结经验的基础上，认识各种利益的过程；就是在公众根本利益一致的基础上，协调各种利益的过程。因此，这种立法又为各种利益的协调提供了一般的原则和规范，成为协调和实现各种利益的有效手段。

政府绩效评估立法作为公众根本利益和意志的表达途径与方式，不仅可以确认公众已有的利益，能够促进立法者自觉追求公众利益的理念形成和发展；而且，公众可以通过政府绩效评估法来监督政府，规范政府行政行为，促进政府行为公正，维护和实现公众自身的利益。政府绩效评估立法通过设定权利与义务，为政府绩效评估这一社会关系的参加者提供行为模式，实际上就是使符合公众根本利益的各种不同层次的具体利益得到协调，取得合法的形式。政府绩效评估的参加者按这种行为模式享受权利和履行义务，实际上也就是使其利益得到了满足。因此，政府绩效评估成为公众依法表达利益、维护和实现利益的重要途径。

（三）地方政府绩效评估有利于推动行政管理体制的重构

政府绩效评估的目的明确，开展政府绩效评估就是为了提高政府的行政效率与服务质量，发展和完善政府责任机制、提高政府绩效。绩效评估的展开要求从法律上树立绩效评估的权威性，使得绩效评估机构在政府中具有相应的地位，享有调查、评估有关政府活动的权利，不受任何行政、公共组织或个人的干扰。

评估活动能引起公众的关注，有充分的可信度和透明度，评估结论能够得到有效传递和反馈，切实用于改进政府行政管理。绩效评估工作的制度和规范，对政府绩效评估的内容、绩效目标与绩效标准、评估主体、评估程序与形式、评估结果的应用、评估涉及的各种利益关系，对政府行政管理过程哪些项目应该进行评估、开展什么形式的评估、评估应注意的事项等问题，做出明确的规定。这样，就把政府绩效评估纳入了法制化、制度化的轨道，取得了全社会遵循的法律效力。

因此，把政府绩效评估结果作为国家权力机关、政府及各部门做出重大决策、决定的依据和参考，作为政府部门财政预算的依据和参考，作为确定政府部门职能、编制的重要依据和参考，作为政府部门所属工作人员获取各种利益的依据和参考，以充分体现政府绩效评估结果的效力。通过制定相关的法律法规来解决施行绩效评估与已有制度和措施之间的矛盾冲突，通过立法来确认政府绩效评估的效力与地位，就是打破制约政府绩效评估的体制性障碍的根本途径。

政府绩效评估同时包含了效率逻辑和公共责任逻辑，为我国在公共管理体制改革过程中实行公共服务供给市场化提供有力的范式。在传统计划经济体制下，企业所需要的人财物等各种生产要素，人们生活所需的各种生活资料和生活必需品，都是由政府统一配给；而且政府还承担了几乎全部的社会福利项目和社会职能，所有的公共服务均由政府垄断供给。要实行经济体制转型，就必须改变这种做法，才能发挥市场经济配置资源和基础性调节作用，也才能提高效率。因此，市场经济体制的发展必然要求实行公共服务供给的市场化，打破政府垄断。作为社会主义市场经济体制内含的社会主义本质属性和为人民服务的宗旨，也必然要求建立一种公共服务供给者对人民负责的公共责任机制和监督机制。

就公共管理而言，提高效率并不是它唯一、最高的目的，还包含为人民、为公众提供更好更多的服务而提高效率，是为满足人民和公众的需要而提高效率。公共责任机制是效率的前提和保证。只有效率而没有责任，或只有责任而没有效率都是不符合现代社会发展要求的。

政府绩效评估使得政府部门通过绩效合同对公众负责，以达到基本的绩效标准。这是一种以绩效为本、以结果为本的新型管理体制。公众对政府服务质量与成本的关注，有助于促进行政行为规范化、程序化和民主化；绩效目标的确立、绩效评估程序的施行以及评估结果的公开与应用，有助于强化政府部门的责任，有助于促进行政监督方式的创新与变革、完善监督机制和提高行政监督的有效性。政府绩效评估将公众对政府的信任度和政府权威建立在可衡量的绩效基础上，强调了"结果导向"，强调了政府责任，增强了公共权力行使与政府部门绩效之间的联系，有助于提高行政行为的有效性。施行政府绩效评估是实现政府再造、构建绩效型政府和完善政府责任实现机制的有效途径。

然而，对于我国的行政管理体制改革而言，毕竟政府绩效评估是一个舶来品，这就需要在两个问题上理清楚——一是为何发达国家要进行政府绩效评估建设；二是我国政府进行绩效评估的核心目的是什么——这样才能有效认识政府绩效评估的价值，进而探寻适合中国国情的绩效评估方法。所谓的水土不服问题，很大程度上就是由于我们简单照搬西方经验造成的结果。对于国外先进经验，综合起来最重要的一点，就是其文官制度高度发展导致的专业化和去政治化，使得政府必须采用更为先进的政府运行机制来适应多元化的需求。也就是说，我们所要借鉴的政府绩效评估经验是有前提的，这种前提在西方宪政民主下的是非常完善的文官制度。而在我国，这一前提则转化为以实现政府职能转变为核心的行政管理体制改革。这种转变有两个层次，即从政治统治到政府管理，再由政府管理到社会治理的过程。随着中国加入世贸组织，经济社会发生深度变革，这两个层次发生重叠，因而相较于西方国家的行政管理变革显得更为紧迫和复杂。

通过中国行政管理改革来认识政府绩效评估问题，将会使我们更加贴近中国的现实，能够更好地回答为什么要进行政府绩效评估，以及如何做好政府绩效评估。地方政府体制创新是中国行政管理体制改革中的重要内容，关系到民众的切身利益，也是中国行政改革的难点。因此，将地方政府绩效评估问题纳入地方政府行政体制改革过程中来认识就更有意义。我们注意到，很多学者关注在绩效评估中的公民参与问题，围绕实现更为广泛的公民参与问题献计献策。但是，我们要问的是为何公民参与不积极？可能是行政管理体制自身的问题，如法治化不够、不透明、文官制度不完善、政治责任没有上升为一种内在机制等，这些都需要行政管理体制改革来逐步实现。反过来，我们通过政府绩效评估中暴露出的问题发现，行政管理体制改革不仅包含政府职能转变、机构精简、服务民众以及提高服务效率等，甚至还包括政治体制改革的战略。由此我们可以发现，行政管理体制改革的核心内容暗含在政府绩效评估中，并构成我国政府绩效评估的主要宗旨，这也是区别于西方政府绩效的主要地方。同时，政府绩效评估又成为行政管理体制改革的动力，政府评估最终还要落实到对行政改革的有效推进上。

因此，在政府行政体制改革总的框架下，政府绩效评估的很多内容就有了中国特色，如地方政府绩效评估的主客体，评估的基本原则，造成绩效评估低效的原因等，这些将在接下来逐一分析。

第二节 地方政府绩效评估的基本结构与价值诉求

地方政府绩效评估是一个完整的体系,既包含静态的结构,也包括动态的参与过程,是一种地方治理新理念、新原则的体现。

一、地方政府绩效评估的基本结构

(一)绩效评估的主体和客体

绩效评估主体是指组织实施政府绩效评估活动的机构,包括政府绩效评估的领导机构、实施机构和评估机构。绩效评估主体在政府绩效评估中处于重要的位置,发挥重要的作用。由于政府绩效评估涉及政府的各个部门,贯穿政府管理的整个过程,关涉政府机关和人员的权和利,责任重大、任务艰巨,因此,应该设立一个由政府主要领导牵头的专门机构来全面领导和管理政府绩效评估工作,并在其下设立一个办公机构,负责绩效评估的具体实施和日常管理。绩效评估主体应多元化,以避免单一评估主体可能导致的片面性,减少评估误差。评估主体可包括权力机关、行政机关、社会组织、专家学者、服务对象、公众等。政府绩效评估的客体是指绩效评估的对象,它主要依据是否履行行政职责、提供公共服务来确定。在实践中,政府绩效评估的客体既可以是公共部门,也可以是某项公共政策或公共服务项目。

在国外,地方政府绩效评估主体依各国国情和管理体制不同而存在明显差异。在英国,地方政府绩效评估主体是审计委员会,该委员会隶属于副首相办公厅,对副首相负责并报告工作,这就使该委员会具有很高的权威性。审计委员会的职能和预算由议会通过立法确定,从而使审计委员会具有很强的独立性。各行业规制组织,作为独立的法定机构,是英国地方政府绩效评估的主体,主要负责对地方政府与行业相关的绩效评估。为了使地方政府获得绩效改进的理论和技术支持,绩效评估主体中还包括若干绩效改进咨询机构,如地区卓越绩效中心、改进和开发署等。在联邦制国家,联邦成员政府即州政府,以及其治下的市镇政府即地方政府,享有较为充分的自治权能,因此,在美国联邦以下政府层级不存在统一的绩效评估主体,各州和地方往往根据自身实际,自主灵活地进行选择,在绩效评估主体上各具特色。如弗吉尼亚州费尔法克斯县的政府绩效评估工作由县政府管理与预算局负责；艾奥瓦州的德莫因等9个城市的绩效评估则以公民绩效小组为核心展开，该小组由市议会成员、行政官员（通常为市经理或市经理助理）和公民代表组成；凤凰城甚至没有成立专门的高层机构来强制性地组织全市的评估，仅要求部门自主开展绩效评估和扩大公民参与。韩国有关法案规定，为了保证绩效评估的有效实施，设立由总理领导的绩效评估管理机构——政策评估委员会。政策评估委员会的主要职责之一就是对地方政府绩效评估进行审查，在地方政府绩效评估中发挥主导作用。同时，设立隶属于总理的政府绩效评估咨询会议，负责商议和协调与绩效评估有关的事项。另外，地方政府也设立自我绩效评估委员会，对本级政府的绩效评估计划、结果和主要项目进行审查。

在我国，地方政府绩效评估主体极不统一。有的地方由政府人事厅（局）主管，有的地方成立了政府绩效评估委员会，办公室设在监察局，有的地方由直属机关工委负责，在直属机关工委之下设立目标考核办公室，还有的地方在市委市政府之下设立了综合考评委员办公室等。地方政府绩效评估主体不统一，容易导致评估标准和评估程序不一致，从而为地方政府绩效的横向比较带来困难。

政府自身性质以及政府绩效评估的目的决定了评估主体的构成。根据我国的国情，它应该包括四大基本类型：

第一，国家权力机关与地方各级人民代表大会。

人民代表大会是我国的权力机关，地方各级政府由同级人民代表大会选举产生，接受其监督，政府财政预算和决算需经人大审议批准。人民代表大会是民意的集中地，代表人民监督政府，因而是政府绩效评估的主体之一。

第二，国家机关性质的专门绩效评估机构。

这是指由国家和行政机关根据法律和组织原则，按法定程序建立的专门绩效评估机构，例如功绩制保护委员会、全国绩效审查委员会等。这一类绩效评估机构属于政府机构的范畴，是政府机关的组成部分。在中国，审计署便是政府绩效审计的一个重要部门。另外，可以在国务院设立地方政府绩效评估办公室，统一领导对地方政府绩效的评估工作。

第三，中介机构性质的专门绩效评估机构。

这是指依据各类社会中介组织、教学研究机构的章程，经申请批准而成立的专门绩效评估机构，属于社会组织的范畴，分属于企业组织、事业组织和群团组织。在中国，主要是大专院校的专门研究机构以及由民间组织的专门研究机构。

第四，各种社会团体和公民个人。

各种社会团体和公民个人是政府服务最大、最广泛的消费者，因而也应当是政府服务、政府提供公共产品的评判者，是政府绩效的评估主体。

毫无疑问，政府绩效评估的客体就是政府自身，但是还应当包括其所提供的公共产品和服务，这样对政府绩效评估更具有针对性和可操作性，也更有利于吸引公民的广泛参与。

（二）地方政府绩效评估的基本原则

中共十七届二中全会通过的《关于深化行政管理体制改革的意见》明确提出："通过改革，实现政府职能向创造良好发展环境、提高优质公共服务、维护社会公平正义的根本转变。"实现政府职能转变是行政管理体制改革的根本目标，也就是要建成一个法治型、服务型的政府，降低行政成本，提高行政能力和行政效率，从而更好地为人民服务。因此，地方政府绩效评估的基本原则也具有中国特色，充分反映了行政管理体制改革的要求。

1. 法治化原则

文官制度本身就是由法治主义精神演化而来的，所谓法理型结构便是一种法治模式。中国的文官制度还在形成过程中，很多地方法治化不够，容易导致朝令夕改，唯长官意志行事。西方政府绩效评估是在文官制度近百年历史的基础上推行的，因而其政府绩效评估管理就是一种动态的法治化过程。中国正处于行政体制改革的过程中，法治型政府是其改革的一个重要目标，因此，将政府绩效管理本身看成是一个法治化过程将有利于政府法治进程的推进。而西方国家围绕政府绩效评估相继出台一系列法案，从法律上保证了这项制度的实施。中国更需要通过完善政府绩效评估制度来推动政府法治化进程。此外，法治化有利于实现权责统一、公平公正。

2. 科学规范

按照贯彻落实科学发展观的要求，注重提高行政能力和行政效率。这要求政府绩效评估的内容界定和绩效指标体系的设立必须科学合理，政府绩效评估方式、方法和步骤必须科学规范，以减少盲目性和不稳定性。

结果导向，顾客满意。政府提供的公共产品和服务所带来的结果是看得见的，可测量的，通过以结果为导向的绩效评估有利于促使政府工作重心转移到公共服务上来，有利于服务型政府建设，这同样是行政改革的重要目标。从某种角度上讲，政府也可以像企业一样为顾客提供公共产品和服务，因为最终的效果要由顾客评价，唯有顾客满意了，才能说明政府的服务是有效的。以人为本是科学发展观的重要内容，政府绩效评估唯有坚持这一原则，才能更广泛地动员公民参与到政府改革以及评估中来。

3. 回应性

没有回应的评估就丧失了监督的效力，也削弱了推动行政改革的动力。政府绩效评估的目的在于敦促政府更好地为社会服务，进而为政府改革和创新提供动力，没有回应性作为保障就很容易流于形式，成为又一个政绩工程。

4. 多元化原则

首先是评估主体的多元化，多元参与是政府绩效管理生命力所在。多元参与要求政府绩效管理更多采用外部监督的方式，鼓励社会组织和公民积极参与政府绩效管理。其次是评估方式的多元化，采用多种评估方式，多角度、多层次、全方位反映政府客观成绩，有利于政府更加注重细节，提高服务水平。

此外，吴江、薄贵利、潘小娟等在各自的文章中提出了一些其他原则①，富有建设性，这里不做赘述。

（三）地方政府绩效评估过程

1. 地方政府绩效评估的内容和指标体系

政府绩效评估内容和指标体系的设定是政府绩效评估的核心。政府绩效评估的内容必须依据公民需求、辖区发展战略、政府职责以及实际状况等来确定，要体现正确的政绩观，切实反映公众的愿望和要求，就必须建立在对政府角色合理界定和对政府现有职能重新审视的基础上，而不能只是对原有政府工作任务的简单分解和工作目标的简单设定。政府绩效评估的内容从宏观上看，主要涉及政治建设、经济建设、社会建设、文化建设、生态建设和自身建设六个大的方面，每一方面的具体内容则应根据不同地区、不同发展阶段来确定并作动态调整。绩效评估指标体系要围绕绩效评估的内容，遵循定量与定性相结合、可测性与可比性相结合、过程与结果相结合的原则，从投入、产出和结果三个方面来设计。在具体指标的选取上要注意它的代表性、完备性、可行性。指标的选取不在于多，而在于准确、可靠，因为过多的指标反而有可能因其冗繁而导致评估的失真与流产。因此，特别要注意一些关键性指标的筛选，即那些信息承载量大、稳定性高、可靠、可获得、可测的指标。

2. 绩效评估方法和程序

程序性设计是政府绩效评估规范运作的保障，也是我国政府绩效评估立法的重点。程序"是指人们为完成某项任务或达到某个目标而预先设定好的方式、方法和步骤"。其"基本功能就是限制，甚至取消当事人选择实现目的之手段的自由，实现目的的手段规范化和标准化"② 程序制定有利于限制实现目的手段的

---

① 吴江：《建立我国政府绩效评估制度的基本问题》，载于《理论探讨》2009 年第 4 期；薄贵利：《建立和推进地方政府绩效管理制度》，载于《国家行政学院学报》2009 年第 3 期；潘小娟：《关于我国政府绩效管理立法的思考》，载于《理论探讨》2009 年第 4 期。

② 张庆福、冯军：《论现代行政程序在法治行政中的作用》，见王家福：《依法治国建设社会主义法治国家》，北京中国法制出版社 1996 年版，第 500~501 页。

主观随意性，促进其正当性，维护相关人的合法权益。程序性规定因目的、对象、条件的不同而有所变化，很难做出统一的规定，因此要因地制宜、因时制宜地设置。从我国目前的情况来看，政府绩效评估的程序设计原则上应包括绩效评估规划的制定、年度绩效计划的编制、年度绩效计划的实施、绩效评估指标体系的设立、绩效评估信息的采集和公开、绩效评估报告的撰写、绩效评估和诊断的施行、绩效评估结果的使用等方面。具体方法主要可采取日常监测和年终评估、自我评估和上级评估、内部评估和外部评估、定性评估和定量评估相结合的方法。需要特别注意的是，程序性规定的设计要严密、具体并具有较强的可操作性，不可过于原则、笼统，否则将失去规定的意义，无法起到支持基本制度运作的作用。

3. 绩效评估结果的使用

绩效结果的公开和使用是政府绩效评估的关键。政府绩效评估要想真正有效地发挥激励、监督、导向作用，就必须公开并科学合理地使用绩效评估的结果。首先要公开绩效评估计划和绩效评估报告，公开的方式主要有：政府公告、政府网站发布、新闻媒体发布、以印刷品的形式赠阅或查阅、图书馆收藏浏览等。对于极个别不宜于向全社会公开的，必须由人大做出明确规定。其次要充分合理地使用评估结果，可考虑将绩效评估结果作为人大审议政府工作报告和下一年度预算、政府确定下一年度工作目标和工作任务、行政问责、年终奖励以及职务变动的依据和参考，以使政府绩效评估真正达到优化组织、改进绩效的目的。

（四）绩效评估的法律责任和申诉救济

法律责任是指法律所规定的行为人因违法所应承担的法律后果，具有强制性。申诉是宪法赋予公民的一项基本权利，是相关人在合法权益受到侵害时的一种救济途径。对法律责任和申诉救济做出明确的规定，有利于防止权力的恣意和滥用，维护政府绩效评估的客观性和公正性。政府绩效评估立法一是要明确规定绩效评估主体、客体以及绩效评估结果使用者与其权力相对等的法律责任；二是要设立相应的申诉途径和救济渠道，以保护评估对象和评估参与者的合法权益。

二、地方政府绩效评估中"政府—市场—社会"关系的良性互动

总体上看，政府绩效评估包括内部评估和外部评估。政府绩效内部评估主要表现为上级政府及部门对下级政府及部门以及分支机构和所属公务人员绩效的评估。政府绩效内部评估方式对促进政府全面履行职能、促进政府部门行为规范、

提高行政效率与效能、提高服务质量；对于谋求结果的实现、公务人员自主性的提高、行政效率与服务质量的提高，从而保证公务员对公众负责、对结果负责，实现效率政府、责任政府和法治政府的内在统一，都有十分重要的意义。但也有局限性，主要体现在内部评估自我监督力度的有限性和公共责任的缺失，特别是存在着对上不对下、对内不对外的责任缺位现象。也就是说，这种内部评估具有自上而下的单向性特征和长官意志色彩，其应有的绩效评估科学性、发展和完善公共责任的特点与要求难以体现。

政府绩效外部评估主要表现为国家权力机关、政党和社会公众对政府部门及其所属公务人员绩效的评估，体现了以结果为本和以顾客至上的公共行政理念，以最大限度地满足公众的需求为第一位的评估标准。强化和完善政府绩效外部评估，是加强国家权力机关对行政机关监督的重要方式，是吸收公众参与政府管理、参与决策的重要途径与形式，也是公众表达利益与意志的重要方式，评估结论对政府行政管理起着重要的制约、咨询和参考作用。

绩效评估作为行政体制改革的重要内容与根本性措施，其特别之处在于它对基本任务和目标的定位、对行动结果的鉴定，能够有效推动政府部门及其所属公务人员用一种新的眼光去思考和判定行政目标的完成。这就使得政府绩效评估具有复杂性、多层次性、难量化性、利益性、评估主体的多元性和客观性等特征。

在自给自足的自然经济体制下，政治上采用专制政体，长官意志支配一切，政府公共管理一般以强制性的行政命令方法为主，不可能以法律作为公共管理的基础；不可能在人格充分尊重的基础上形成上下级之间、管理者与公众之间的双向沟通。但是，市场经济是以自由与平等的交换关系为基础的经济，是建立在各市场主体之间具有自主性和平等性、并且承认各自利益的基础之上。利益主体多元化、产权明晰化、运行机制竞争化、市场行为规范化、政府调控与公共管理科学化是它的主要特征。因此，这种具有自主、平等、诚信、竞争等属性的市场经济形态，必然打破封建等级制和人身依附关系，从而奠定了独立人格的经济基础，强化了人们的主体意识；分散决策必然要扩大分权的范围，减少政府集权的规模，从而提高公民的政治参与度。自由、平等成为了人们的基本要求，并逐渐超出经济生活而贯穿于人们的一切社会行为之中，构成了主体意识的基本内容，创造了独立、平等、自由的社会关系。市场经济还造就了多元的利益主体和利益结构。这种多元的利益结构在政治体制上，就会形成相互制约的权力关系。市场经济的发展改变了社会的价值标准，以集权为核心的价值体系被打破。市场经济创造了一种竞争、开放、多变和充满个体创新活动的生产和生活方式，使集权体制赖以存在的封闭性、保守性、狭隘性基础被彻底瓦解。

市场经济的这些内在属性必然要求政府公共管理对市场经济体制的建立和发

展起引导、规范、保障和服务作用,对市场主体独立自主的平等地位、人格和能力予以充分保护;对市场主体的利益予以必要的尊重和有效的保护;对市场主体独立自主地支配其所有物的现实可能性予以保障;对效率予以追求。总之,市场经济体制必然强调政府对市场主体权利的充分保护和应有的尊重;强调对市场主体经营管理自主权的保护,并提供一种能充分有效制止和排除对市场主体权利、利益的侵害,进而予以利益补偿的机制和救济渠道;强调公众对公共政策过程的参与权、对公共服务和公共产品的选择权与评判权。同时,也强调将市场机制引入到公共管理之中,从过程导向的控制机制转向结果导向的竞争机制。这样,形成了权责明确、结果导向、合同约束、顾客至上的政府行为方式。现代管理理论还贯穿着民主参与、民主管理的理念,其具体表现就是纳税人、非营利部门资金的资助者有权知道他们付出的钱花到了什么地方,产生了什么效果,得到了什么回报。因此,现代政府公共管理理论强调以公众的需要为管理的导向,强调管理引入市场竞争机制,对公众负责和提高效率。

政府绩效评估既有助于完善政府行使公共权力以实现公共利益、有效提供公共服务的责任意识,有助于责任政府的建设,同时,也有助于政府职能重新定位,打破原有政府对公共事务管理与公共服务供给的垄断。通过采用合同出租和非国有化等多种形式,把原先由政府垄断的部分职能市场化,由市场企业主体通过竞争来提供;或者通过合同与政府采购等形式,以竞争招标方式交由社会承担。政府绩效评估所包含的重塑政府角色、合理界定政府职能,目的就是为公共服务供给部门包括政府部门、私营部门和非营利部门之间展开竞争、创造市场动力、利用市场机制解决政府管理低效率问题提供有力途径。

三、效率价值与对公民利益需求的回应性

地方政府绩效评估包括两个方面的内容:一方面,它是地方政府公共部门管理中一种以结果为本的控制,体现的是放松规制和市场化的改革取向,目的要寻求一种新的公共责任机制。在市场化条件下,对政府管理活动的绩效评定,就是要确定政府公共服务供给的范围、把握服务质量和价格标准,以保证供给者无法利用公共服务的供给机会谋取不正当的利益,保障社会公平,增加顾客选择的机会,更好地满足顾客需要。从而为公共服务供给部门(包括政府公共部门、私营部门和非营利部门)之间展开竞争、创造市场动力、利用市场机制解决政府管理低效率问题提供有效途径。另一方面,地方政府绩效评估是改善政府公共部门与社会公众关系的一种措施,体现顾客至上的服务理念。在市场化条件下,根据社会的发展要求和公众的需要提供公共服务是政府

最重要、最广泛的职能和最根本的任务；政府是公共服务的供给者、公共服务有效供给的保证者和监管者，而不再是高高在上的官僚机构和与社会相脱离的"力量"。对政府职能范围内行政活动的绩效进行评定，也就是要对政府在确定公共服务的质量和价格标准、抓好绩效管理、把好市场准入关，以保证公共服务的供给者无法利用提供公共服务的机会谋取不正当的利益、保障社会公平、提高公共服务的效率与质量、增加顾客选择的机会、更好地满足顾客需要等活动的绩效进行评定。

严格意义上效率是指投入与产出之比，是一个单向度的概念，以低成本、高产出作为其主要价值取向；而绩效是比效率更为广泛的概念，是一个综合性的范畴，其主要价值不仅是在经济意义，更在于其政治意义、伦理意义、生态意义。

传统政府科层制的动力主要来自于自上而下的行政驱动，满足上级要求从而获得赏识和信任。这就导致一些地方政府及政府部门为了彰显其政绩，将本身利益置于公共利益之上。政府绩效评估的指标体系突出了对政府某一部门或地方政府评估的要求，而对于部门绩效、地方绩效与整体绩效之间的内在关联往往忽略不计或者难以体现。

在现有的政府绩效评估指标体系中，并没有解决好诸如公共利益的界定、效率与绩效的界定、政府的价值选择与公民利益需求的协调等问题。近年来，在企业改制、城市建设中，公众与政府之间形成的前所未有的对抗，主要原因就在于没有将部门利益、地方利益置于公共利益之下，甚至以部门利益、地方利益占有或挤兑公共利益的方式来换取较佳的绩效评估的结果。现实中的行政管理体制下的政府绩效评估价值导向，行政主体难以逾越利益格局困境，纵向政府之间、横向政府之间所形成的利益博弈，各个层面的政府所做出的决策无疑会受制于现实的体制以及利益格局的限定和束缚。利益分化必然导致利益博弈，适度的利益博弈有利于增强政府行政动力，增强政府的责任感，但是必须在公共利益为先的政府绩效价值引导下，才能够避免利益冲突的刚性化和对抗化走势。

效率价值与对公民利益需求的回应性是政府绩效评估内涵中两个内在统一的、互动的方面。政府部门在社会竞争中提供公共服务，既有助于提高效率、打破垄断和降低成本，又以严明的绩效目标和绩效管理保证其在竞争中对社会公众负责，提高服务质量。这两个方面的关系，公共责任和顾客至上是第一位的，效率则是第二位的，效率只有在满足社会公共的需要和实现公共利益时才有意义。

政府是公民的代理者，这与经济活动中企业的所有者与经营者之间的委托—代理关系类似，如果政府缺乏责任意识，就可能采取追求自身利益的机会主义行为，从而产生权力变异、腐败滋生、效率低下和内部控制等问题，损害委托人的利益。因此，政府只有得到公民的支持才具有合法性，政府所有的行为必须建立在法律之上，官员应对政府的每个行为负责，没有这些前提政府即使仍在运行，也会因为缺乏责任约束而使权力异化和权力腐败。政府是公共服务的供应者，根据社会发展的要求和公众的需要提供有效的公共服务是政府最为重要的职能。西方市场经济国家，政府绩效不再以经济总量、经济增长速度、投资规模、通胀率等传统指标作为评价和判断政府绩效的依据，而是更注重为公众提供公共基础设施、秩序维护等公共产品和公共服务，同时不增加税负。政府绩效不仅仅是一个经济的范畴，它可以通过社会调查、民意测验等方法，定期征求社会公众对政府工作的满意程度，最终以此作为对政府绩效评价的依据。

第三节 我国当前地方政府绩效评估中的缺憾与不足

地方政府绩效评估深受体制滞后带来的影响，不少地方政府绩效追求的仅仅是本身工具理性和工具价值，忽视了对价值理性的考虑，没能回答绩效评估"应当是什么"以及"怎样才能更好"的问题。要厘清上述两个问题必须将地方政府绩效评估的不是与行政管理体制缺失相联系。我国的政府绩效评估还处于自发、半自发状态，缺乏全国统一的、相应的制度和法律作保障，缺乏系统的理论作指导。照搬西方国家政府或企业绩效评估措施的现象普遍存在，具有相当的盲目性，为评估而评估、评估结果与之后的政府改革并没有任何实质的关联，这是由行政管理体制改革与发展的滞后性决定的。

一、制度不完善、法治化程度不高

政治责任是民主精神在新时期的主题，政府通过提高服务水平来履行政治责任，是政府自身使命感的体现。一个法治化程度高的政府，其文官制度必然是合理、透明和开放的，崇尚依法行政。西方国家普遍都制定了相应的法律、法规，保障、规范和促进其政府绩效评估的顺利发展。美国从里根政府时期开始，就开始致力于制定有关政府绩效管理方面的统一立法。1993年通过的《政府绩效与结果法案》（GPRA），首次以立法的形式确立了对行政管理进行绩效评估的法律制度，并使绩效评估制度逐渐深入政府的日常工作当中，为政府改革的顺利实施提供了坚实的法律基础。法案中对各联邦机构的绩效计划、报告的内容和提交时间、程序等都有规定，所以国会能够及时清楚地得到政府相关的绩效信息，了解政府工作的真实情况，从而能够及时制定政策，指导各政府机构的行为，改进政府工作的绩效。从而使得美国的政府绩效改革得以迅速推进，也为其他国家政府绩效管理的立法提供了典范。英国从1979年的"雷纳评审"、1982年的"财务管理新方案"一直到2003年的"全面绩效评估"，使绩效评估过程逐步规范化、制度化。澳大利亚、韩国和日本等国也纷纷通过相关法律，推动政府绩效评估的制度化和规范化。但是，我国现行政府绩效评估还处于较为后进状态，缺乏评估主体的制度建构，要么只强调上级行政机关对下级行政机关的内部评估，评估主体只是行政机关自己；要么只强调外部评估，所有公众都可以作为评估主体。整个评估体系没有法治化，容易走向形式化。

二、评估指标缺乏科学性和客观性

我国地方政府绩效评估指标缺乏科学性，评估内容存在片面性甚至误导性，没有真正起到引导政府工作向科学化、理性化方向发展的作用。在我国具体的政府管理实践中，绩效评估是政府工作的"指挥棒"，指引着政府工作的方向，各级地方政府均按照上级政府制定的绩效考核指标，来安排本地的工作重点和发展重心。上级政府的绩效导向决定着下一级政府的具体工作方向，是下级政府开展工作时必须遵循的行为准则[①]。片面地强调GDP在政府绩效评估中的关键地位，根据我国目前社会经济发展所处的历史阶段，发展国民经济、发展生产力是我们各项工作的根本任务。但这也并不等于在进行政府绩效评估的时候，GDP、GDP增长率等经济指标就是衡量政府绩效的核心指标甚至是唯一的指标。GDP、GDP增长率等经济指标是近年来被用来评估我国地方政府绩效和衡量地方党政"一把手"政绩的核心指标，对促进我国经济社会发展具有指挥棒的作用；长官意志所带来的绩效评估的表面化，助长了政府部门及其领导者把政府部门的主要精力放在见效快、表面化程度高的行政事务上，不考虑长远的经济效益和社会效益，挥霍公共财政，刻意制造政绩工程。

片面地将经济指标等同于政府绩效评估指标的全部，对政府行为的误导作用十分明显。表现为助长了政府过多、过细地参与或干预微观经济活动，淡化了企业的市场竞争意识和市场竞争能力，阻碍了现代企业制度和市场经济体制的建立；助长了一些政府部门及公务人员只对上负责、不对下负责、不对人民负责的从政理念，忽视了政府的公共服务能力建设，降低了政府的服务意识和服务质

---

① 倪星：《地方政府绩效评估指标的设计与筛选》，载于《武汉大学学报（哲学社会科学版）》2007年第3期。

量；助长了一些地方政府弄虚作假和浮夸风，滋生了很多形象工程和政绩工程，损害了人民的根本利益和政府的形象；助长了政府部门不计代价追求短期利益、局部利益和个人利益，极大地浪费自然资源，加剧生态环境的破坏和部门间、地方间的分割，影响了经济与社会的可持续发展。

绩效评估指标是绩效评估内容的载体，是被评估对象职能或岗位工作职责具体化的外在表现；评估绩效的指标不是单一的一个指标，而是由多个相关评估指标构成的评估指标体系，绩效评估需要由多个绩效评估指标、多层级评估指标组成一个完整的、有机体系来实现，包括数量方面的指标、质量方面的指标、时效性方面的指标、成本和产出方面的指标等。绩效评估的内容不全面，没有建立科学、综合的评估指标体系，片面地将某一个方面的评估指标等同于绩效评估指标的全部，就不可能有科学、客观的绩效评估结论。要准确、科学地评估政府绩效，就必须建立一套科学、综合的绩效评估指标体系。

因此，建立一套科学合理的、综合的政府绩效评估指标体系，是落实科学发展观的重要途径。建立科学的政府绩效评估体系，按照评估程序对政府绩效进行科学的评估，依据评估结果改进政府工作、改善政府预算、提升政府绩效，这是当代国际上很多国家通行的做法。这种做法有利于发现政府工作中的缺陷和不足，引导和规范政府行政行为，促进政府职能的转变，提高政府的行政效能和服务质量，增强公众对政府的认同和信任，促进经济社会的全面协调和可持续发展。在构建评估指标体系时，既要考虑行为的经济效益和社会效益，也要考虑其短期效应和长期效应、直接效应和间接效应；要建立定性与定量相结合、统一性指标与部门和岗位等特殊性指标相结合的多层次的绩效评估体系；要充分听取各方面专家和社会公众的意见，要避免出现绩效评估指标对被评估者产生逆向激励效应。

三、评估主体单一与评估过程封闭

学界十分关注公民参与的问题，事实上这个在中国不仅仅是政府绩效评估本身的问题，而且是涉及公民文化和公民社会发育的政治问题。民主政治发展的落后，使得长期以来政府管制成为政府工作的重心，因而政府绩效评估也会成为一种工具，要么成为上级控制下级的工具，要么成为政府领导政绩工程的一部分，公民参与缺乏制度规范和保障。所以在很大程度上讲，地方政府绩效评估成为政府自身的游戏。人大虽然是权力机关，但是对政府的监督力量不足，审计部门也因为一些制度因素无法发挥应有的作用。因为全国缺乏统一的法律法规和领导机构来规范和领导地方政府绩效评估工作，造成评估主体功能只能由传统的上级其至是自身来承担，导致政府绩效评估的监督作用大打折扣，成为封闭的、"悬浮式"的政府自我评估与反馈。这主要表现为以下两点："一是政府的绩效评估多是上级机关对下级机关的监督，缺乏社会公众和第三部门对政府绩效的评估；二是当前我国政府绩效评估一直局限在内部考核，一般采取自我评估和上级评估相结合的方式。"①

因此，必须综合各种利益相关者组成多元化的评估主体，才能开展科学的政府绩效评估。每一类评估主体在价值观、利益取向以及每个人的知识经验都各不相同，这决定了任何一个特定的评估主体都有自身特定的评估角度，有着不可替代的作用，但是，各单一主体也有着难以克服的局限。因此，只有综合各种评估主体，通过各类评估主体评估意见的相互映证，才能达到获得基本真实的评估结果的目的，从而提高评估结果的精确度。为了尽量减少评估主体主观因素对评估结果的影响，提高评估结果的精确度，在选择政府绩效评估主体时，一方面要选择合理的评估主体，并使其保持适度的规模；另一方面也要尽可能地让评估主体在知识结构、专业结构、年龄结构和行业结构以及个人的综合素质等方面相互结合。

同时，形成政府绩效评估主体的有关机制、规范评估主体的评估行为、增强评估主体的责任感和减小评估主体的随意性，也是强化和完善政府绩效评估主体制度的重要内容。由谁进行评估是影响政府绩效评估成败的重要因素，包括评估主体是如何产生的、评估主体如何开展评估、评估主体的权利与义务的具体内容、评估活动开展过程中的具体行为准则，以及违反准则应承担的责任等，都是与评估主体制度密切相关的。

实行评估主体多元化是保证绩效评估结果更加真实与公正、保证绩效评估能更好地满足不同相关利益群体的需求、特别是弱势群体特殊需求的重要前提条件。评估主体多元化，使得政府机关不仅对上级机关负责，更重要的是对公众负责，形成公众监督和行政系统自身监督相结合的政府责任实现机制，从而构建绩效型、服务型和责任型政府。从我国地方政府的实际情况而言，针对以往政府绩效评估主体缺乏多元化的客观现实，应当通过政府绩效评估立法，鼓励和推动多元化的政府绩效评估主体制度的构建，形成类似企业绩效评估中的"360°"评估体系，其中包括政府机关的自我评估、上级评估、政党组织的评估和权力机关的评估、专家评估、中介机构评估和公众评估等，逐步实现行政系统内部评估与外部评估结合、官方评估与民间评估并举的多种评估方式。通过立法来规范和指导公众参与政府评估，培育民间独立的"第三方"机构进行评估，包括独立的民意调查机构、专业中介机构和媒体、由不同利益群体组成的独立评估委员会

---

① 谭志军：《地方政府绩效评估中存在的问题及对策思考》，载于《企业家天地》2009年第5期。

等。目前，我国还没有专业化的政府绩效评估机构，仍需要将专业化中介机构的培育作为推进政府绩效评估一项重要措施提上议事日程。

四、评估方法单一、缺乏可持续性

近年来，在建设服务型政府的口号声中，我国一些地方政府开展了万人评政府、"满意度评估"等以社会公众作为评估主体的政府绩效评估。这种评估方式体现了建设服务型政府的理念，也体现了公众的主体性地位。公众是公共服务和公共产品的消费者，他们能看到政府工作最真实的一面。但是，这种评估方式也存在着一些缺陷，如公众缺乏必要的评估知识和经验，缺乏必要的采集政府绩效信息的渠道和能力，缺乏必要的法律知识、政策水平和公共责任意识。再加上政府行为标准规范、服务标准规范还不健全的情况下，这种以社会公众作为评估主体的政府绩效评估就有可能偏离政府绩效的真实水平，公众只能从政府行为是否满足了自身的利益出发来评估政府绩效，从而造成较大的评估误差，甚至偏离政府绩效评估的目的。评估方法不科学，评估大多采取"运动式"、"评比式"、"突击式"评估，忽视了时间因素对绩效评估的影响。为此需要创新各种评估方式，像南京市"万人评估政府模式"，甘肃省第三方"政府绩效评估模式"，公众网上评估政府模式以及杭州"三位一体"综合考评机制等都是很好的尝试①。

第四节 改进地方政府绩效评估的路径思考

要使政府绩效评估措施能够在实践中得到有效实施并发挥积极作用，就应当着眼于转变观念、消除体制障碍，这是推进政府绩效评估完善并发挥其作用的有效途径。

一、促进政府绩效评估的理论研究和实践应用

构建适合我国国情的、科学化的政府绩效评估理论体系，对有效推行政府绩

---

① 干敏敏、陈宇：《试析政府绩效评估中的公共参与》，载于《中共杭州市委党校学报》2009年第3期。

效评估措施起着关键性的作用。我国开展政府绩效评估的理论研究和施行政府绩效评估措施，必须重视两大方面的问题。

（一）注重西方实践与中国国情相结合、企业经验与政府管理实际相结合

结合我国经济社会发展所处的历史阶段、制度文化、行政文化特征，使西方国家政府绩效评估措施及方法本土化而不是简单地移植；结合政府公共管理的目标与价值、性质特征、业务流程，借鉴企业绩效评估的理论与方法并改造成为政府绩效评估理论与方法，而不是机械地照搬，这应当成为在中国推进政府绩效评估措施的重要指导思想。

注重政府公共管理与企业管理之间管理主体、管理目标、业务流程的不同而导致绩效评估也不同。政府公共管理追求整体性、公共性和承担普遍责任的特征与公民个人和企业追求自身价值最大化的"经济人"特性之间的冲突，决定了政府绩效评估更为复杂，不仅包含了政府公共管理中民主价值与效率价值的内在冲突，也包含了政府、公民、企业之间目标追求的冲突。一个企业家可以以企业为家来显示其责任心，但一个行政长官或部门首脑、一个普通的公共管理者则不可以把政府或政府部门当成家来显示其责任心，这是现代民主政治最起码的常识。企业为了自身的利益可以选择自己的顾客、选择服务对象并能够满足顾客个性化的需求，但是，政府作为全社会利益的集中代表及其所应承担的普遍责任，决定了政府不可以选择自己的顾客和服务对象，满足的也不是简单的个性化的公众需求，而是上升为国家意志的公众的根本利益及需求。因此，在开展政府绩效评估时，政府绩效目标、绩效标准、评估指标、评估主体、评估程序、评估方法以及评估结果的应用等方面，都与企业绩效评估形成了鲜明的差异。

注重我国所处的发展阶段和具体国情。这里所说的发展阶段，主要是指经济、政治和法治的发展阶段。西方国家的市场经济、民主政治和法治经历了二三百年的发展历史，已经处于成熟阶段。就我国的情况来看，在经济上，我国目前还处于由传统计划经济体制向市场经济体制转轨的时期，还处于向市场化迈进的过程中。在政治上，我国社会主义制度本身还处于发展和完善的过程中，公共管理和政策过程中人们的参与程度还比较低，公共部门与公众进行信息交流的机制还不完善。在法治上，法的最高性观念没有在社会中树立起来，有法不依、执法不严、违法不究的现象还普遍存在。

发展阶段和具体国情的差异，必然导致所要解决的社会问题、社会主要矛盾和中心任务的不同。任何一种变革措施都是针对特定的问题、特定的目标，任何一种有效的制度设计以及它在实际中发生作用，都必须具备它现实的社会条件。

发展阶段和具体国情的差异必然引起政府职能定位、行政价值以及绩效目标、绩效标准、评估指标、绩效评估目的与任务等方面的差异，甚至包括推进途径的差异。我们只有认清我国所处的发展阶段和具体国情，才能科学设计符合情况的政府绩效评估制度。西方发达国家政府绩效评估呈现的公民导向趋势，是西方国家经济、政治和法律制度中公正、公平价值和民主宪政价值的内在要求，也是与西方发达国家的社会成熟度紧密联系的。

不幸的是，我国以往关于政府绩效评估的理论研究与实践只是从一般的意义上展开，把某一特定的绩效评估指标体系当做"放之四海而皆准"的东西，认为既可应用于西方国家也可应用于中国，既可应用于企业也可应用于政府，抹杀了我国政府与西方发达国家政府之间、政府公共管理与企业管理之间的差别。西方国家和企业虽然都有绩效评估的实践经验，但在我国开展政府绩效评估研究必须要有原创性，不能机械地套用。政府绩效评估具有系统性、综合性，不能以其中某一方面的评估来代替所有方面的评估。表象化的研究只会对我国政府绩效评估实践造成误导、产生盲目性。

（二）清晰界定我国政府绩效评估的功能价值

政府绩效评估措施的功能不是万能的，也不是包治百病的良药。它的强大生命力不是因为它是一股世界性的潮流，而是因为它是针对政府公共管理所面临的具体问题而采取的解决措施。因此，研究中国的政府绩效评估必须明确我国政府公共管理面临的问题及其成因，结合中国社会所处的发展阶段、围绕我国开展政府绩效评估的历史使命来探索政府绩效评估的具体功能、实现途径及其价值，从而构建我国特色的政府绩效评估理论体系和评估指标体系。

以往我国关于政府绩效评估的研究，包括政府绩效评估措施的功能价值定位、评估指标设计等方面都不同程度的存在着不切实际的地方。忽视了通过构建科学合理的绩效评估指标体系和绩效标准来规范行政行为、促进公正行政、缩小政府公共管理与公众需求之间裂缝等功能价值的研究；忽视了我国社会发展的阶段性特点和社会建设发展规律的研究，过分强调了政府绩效评估中的公众满意程度评估，甚至把政府绩效评估完全等同于公众满意程度评估；忽视了公众个体作为政府绩效评估主体的制度建构以及公众个体的公共意识、法律和政策水平对政府绩效评估的影响的研究，过分夸大了公众个体对政府绩效进行评估的作用，忽视了公众个体有其不同程度的自身利益满足的局限性。其结果，越推行政府绩效评估就越助长了公众对政府公共管理期望值的提高，而现实的社会环境条件又根本无法满足，从而也就越增大了政府公共管理与公众需求之间的裂缝。实践证明，通过强化个体公众依据其自身利益的满足程度来评估政府绩效、来提高公众满意程度的做法，正是诱发政府监督不力、行政不作为、社会公共责任缺失、不公平加剧等公共管理问题的重要根源。

众所周知，公众对政府公共管理的期望包含了合理的需求和不合理的需求。公民个人追求自身价值最大化的"经济人"特性，使政府公共管理与公民个人不合理需求之间往往隐含着一种对立，政府对公众需求的满足只能是满足依法满足的、并符合公共利益原则的合理需求。同时，能够对政府绩效进行评估的公众也应当是具有一定公共意识、责任意识、法律意识和政策水平等公共素质的公众。我国以往政府绩效评估的理论研究与实践都忽视了这些方面，把政府绩效评估完全等同于公众满意，这种做法为提高公众的期望值、甚至为不合理需求的产生起了推波助澜的作用。其结果，政府绩效评估给政府部门及公务人员注入的并不是动力而是压力，良好的激励机制并没有形成，反而大大削弱了政府行为的有效性，往往是一个问题的解决过程诱发了更多问题的产生。

以问题为导向、以提高政府绩效为目的、以科学管理为原则的政府绩效评估，是搞好政府行政决策的科学依据。绩效评估结果能够为政府部门发现问题、改进绩效提供有价值的信息与反馈，有助于加强对政府部门的激励作用和完善行政监督机制，有助于推进我国行政决策科学化与民主化，有助于明确区分整体绩效评估和个人绩效评估的差异。政府绩效评估中的整体绩效评估和个人绩效评估在绩效目标、绩效评估指标体系、评估过程、评估结果运用等方面差异，是两类不同性质的评估，不能混为一谈。围绕这两类绩效评估，应亟待解决以下几个问题：

（1）政府绩效目标的构建问题。政府绩效评估的程序开始于行政结果与绩效目标之间的比较。因此，如果没有明确的绩效目标，不同绩效等级上的绩效标准就无法确定，政府绩效评估就失去了方向。政府绩效目标来源于国家立法，反映和体现的是上升为国家意志的人民根本利益与意志。绩效评估正是通过法律规范对绩效目标、绩效标准的确定来规范行政行为，并把政府行为对法律负责、对行为结果负责与对人民负责统一起来。

（2）政府部门职能定位、工作岗位职责定位与绩效标准、绩效评估指标之间的关联性问题。政府部门职能、工作岗位职责是绩效评估指标确立的基础，反之，实施政府绩效评估能够进一步检验政府职能定位、工作岗位职责配置的科学性与否，从而促进政府职能转变、规范政府行政行为和树立科学的政绩观。

（3）政府绩效评估中信息系统和信息沟通机制的建立与完善问题。信息资料是影响绩效评估的重要因素，收集信息资料的关键是在政府部门之间、政府部门与公众之间建立起一种广泛的信息沟通机制。一般通过大众传播媒介、办公自动化、管理信息系统和网络等手段，来提高政府部门收集、处理信息的能力和实现资源共享,以实现信息沟通渠道的社会化,建立和畅通公众表达利益与意志的渠道,提高政府部门回应公众需求的能力。

要按照定性与定量相结合、统一性评估指标与专业性、特殊性评估指标相结合的原则,在试点的基础上,建立和完善绩效评估指标体系和绩效评估基础资料数据库,使政府绩效目标能够量化和具体化,从而为评估政府绩效提供技术支持。

要根据发展阶段和具体国情,按照"积极试点,先易后难,分步实施,逐步推进"的原则来推进和实施政府绩效评估,包括选择若干专业性强、业务水平高的行政性行业开始进行试点,在总结各行业政府绩效评估工作经验的基础上,逐步扩大试点范围。建立与社会主义市场经济体制相适应的行政管理体制是深化改革的重要内容,也是社会发展的需要;而独立、科学、规范、高效的政府绩效评估机制应是行政管理体制中不可缺少的组成部分。

政府绩效评估研究虽然是应用性研究,但也同样具有原创性,不能简单地、机械地搬用西方国家或企业中已有的研究成果与经验。同时,还具有系统性、综合性,不能以其中的某一方面的评估来代替整个评估。在中国,推进政府绩效评估措施,应克服盲目性和措施的不配套性。如果忽视政府绩效评估应有的政府组织结构优化、科学的评估指标设计和绩效标准的确定,忽视绩效评估实施的环境要素和应有的科学性,把绩效评估作为主管部门、上级领导迫使从属部门和下属人员努力工作的棍棒,就会使绩效评估的实施背离推行绩效评估措施的初衷、背离以人为本的现代管理原则。

二、实现管理与服务、治理技能与国家意志的统一

政府绩效评估措施的推行及其作用的发挥,与国家公共管理体制密切相关。政府绩效评估作为政府管理创新的重要内容,能否有效发挥作用,在一定程度上取决于体制环境的持续改善;政府绩效评估能否在政府公共管理实践中推行并加以发展,取决于政府绩效评估能否产生实际效用。因此,营造体制环境是推进政府绩效评估发展并不断完善的有效途径。要有效推进并发挥政府绩效评估的作用,就必须实现管理与服务、管理方法与国家意志的统一。

政府绩效评估作为治理方式使当代政府获得了新的公共治理方法与手段,实现了政治与管理的高度统一而不是分离,体现了当代政府公共管理艺术的提高与改变,并将政治统治以服务公众的巧妙方式渗入公众的普通生活。因此,我们既不能把政府绩效评估完全理解为脱离政治与现实制度框架的纯粹的管理技术与方法,因为政府绩效评估所包含的绩效目标、评估指标、绩效标准都是国家意志的

体现；同时，我们也要强调政府绩效评估的艺术性，不能把政府公共管理当做直接进行政治统治的工具。正确认识这一点，对我国营造有效推进政府绩效评估并发挥其作用的社会环境，有着十分重要的现实意义。

三、积极营造政府绩效评估有效施行的环境条件

政府绩效评估作为公共管理体制中的组成部分，不是孤立存在的，而是不可避免地要与其他部分发生联系；也不是单独产生作用的，而是要与其他部分、其他措施相互作用、相互配合。因此，营造政府绩效评估有效施行的环境条件，就是要逐步克服制约我国开展政府绩效评估的体制性障碍，就是要采取相应的配套措施来促进政府绩效评估发挥积极作用，防治政府绩效评估措施本身的局限性。具体包括以下三个方面。

（一）创新政府公共管理观念，树立绩效型政府意识

创新政府公共管理观念，就要求摒弃那些在计划经济条件下形成的、被实践证明与社会主义市场经济发展不相适应的政府管理理念，包括政府部门只专注于"以官员为中心"而忽视了"以公民为中心"，只强调社会公众对行政权力的服从而忽视行政权力的责任与制约等观念。要形成新的、能适合市场经济和WTO规则的政府管理理念，包括：从管制到管治与服务并重，从政府单一主体的行政管理到党领导、政府负责、社会协同、公众参与、法治保障的社会公共管理，从效率型政府到绩效型、责任型、法治型政府，从部门分割、地方分割到一体化的业务协同、政府协同和资源共享，经济生产与管理方式从工厂经济、注重实物到知识经济、注重品牌与服务。

要转变政府管理的价值取向，以建立服务型政府为目标，在公共管理中引入"顾客导向"原则，强调"顾客至上"、"人民满意"的价值观。政府管理引入"顾客导向"原则后，应将视线聚焦在公共服务的质量问题上，政府的服务对象为"顾客"，强调公共产品应该令"顾客"满意。要求政府面向公众，积极观察、寻求、体验公共服务使用者的要求和期望，并在管理活动中与其进行良好沟通与合作，从而通过提供各个公共服务机构绩效方面的信息，引导公众对公共产品和服务做出正确的判断[1]。要树立绩效型政府的理念，就是要有效处理公共管理与社会服务之间，以及效率、效益和社会公平之间的关系，就是要谋求机构精简、人员精干，结构合理、职责明晰，做到公正透明、依法行政，运转协调、行

---

[1] 包国宪、孙加献：《政府绩效评估中的"顾客导向"探析》，载于《中国行政管理》2006年第1期。

为规范，力争求真务实、廉洁自律、诚实守信、改革创新、降低成本、提高效率。

（二）根据社会的需要科学界定政府职能

这里所说的社会需要，主要是指经济体制的需要。在当今市场经济条件下，市场经济体制具有配置资源、提高生产率、促进效益分配的功能，对社会经济生活起着基础性的调节作用。市场经济体制所表现出来的配置资源和对经济生活的基础性调节作用，决定了政府必须由过去无所不包转变为将一些职能交给社会民间去办和由市场机制去指挥调节，逐步实现从社会部分撤退。

因此，根据社会的需要确定政府部门职能，政府部门的职能逐步由直接提供公共服务与公共产品，转向提供公共服务与公共产品有效供给的环境条件和制度条件。政府的责任是确定公共服务的质量和价格标准，把握市场准入，以保证公共服务供给者无法利用提供公共服务的机会谋取不正当的利益，从而保障社会公平、增加社会公众选择的机会和提高公共服务的效率与质量。只有这样，才能将原有政府行使的部分职能交给社会组织、企业或个人承担，大力发展社会中介组织，收缩政府部门的社会职能和经济职能及其相应的机构；只有这样，才能真正明确政府绩效的内容和范围，才能明确政府绩效目标、绩效标准和评估指标，也才能保证政府有足够的精力和资源去实现其绩效目标。

要根据行政职能、工作岗位职责与绩效标准、绩效评估指标之间的内在关联性，科学构建绩效评估指标体系。行政职能、工作岗位职责是绩效评估指标确立的基础；反之，实施政府绩效评估，能进一步检验行政职能定位、工作岗位职责配置的科学性与否，从而促进政府职能转变、规范政府公共管理行为。通过具有法律效力的绩效目标、绩效标准和评估指标来规范行政行为，并把政府行政对法律负责、对行为结果负责与对人民负责统一起来。

在采用合同出租、政府采购和竞争招标等方式把原来由政府垄断承担的部分职能交由社会来承担的间接管理模式下，对政府职能范围内管理活动的绩效进行评估，也就是要对政府在确定公共服务供给的质量和价格标准、把好市场准入关、制定和实施公共服务提供者的行为规范、维护社会公平、增进公共利益、提供更好地满足顾客需求的环境等方面的绩效进行评估。这样，政府绩效评估就为展开竞争、创造市场动力、利用市场机制解决行政效率低、服务质量差等问题提供了有力措施。

（三）打破制约政府绩效评估推行的体制性障碍

打破制约政府绩效评估推行的体制性障碍，营造政府绩效评估有效施行的体制环境。如上所述,政府绩效评估措施的推行及其作用的发挥,在相当程度上取决于体制环境的持续改善;政府绩效评估能否在政府公共管理实践中推行并加以发展,在一定程度上取决于政府绩效评估能否产生实际效用,营造体制环境是推进政府绩效评估有效实行的关键。打破体制性障碍最根本的途径就是要通过制定相关的法律法规,来解决施行绩效评估与已有制度和措施之间的矛盾冲突,通过立法来确认政府绩效评估的效力与地位。

四、着力推进行政业务流程再造和服务机制创新

流程再造理论是由美国学者汉默和钱培(Michael Hammer & James Champy)于20世纪90年代初提出并被引入到西方企业管理领域之中的。流程再造理论主要是为了解决企业如何在一个竞争越加激烈的环境中处于优势地位的问题。因为"新的竞争优势、可持续的竞争优势,都将来自于企业所独有的以提高客户满意度为目标的流程变革管理上。流程已经成为这个时代企业管理的核心"[1]。汉默和钱培认为,"再造就是对组织流程的基本问题进行反思,并对它进行彻底的重新设计,以便在成本、质量、服务和速度等衡量组织绩效的重要尺度上取得剧烈的改善"[2]。企业流程再造的目的就是对企业原有流程加以重组改进,从而促使企业在运行成本、产品质量、服务水准和运转效率等指标上取得显著的提高。企业流程再造理论自诞生之日起就为公共管理改革所关注,并被迅速引用到政府流程再造改革之中。

要有效推进并发挥政府绩效评估的作用,就必须着力推进行政业务流程再造。行政流程再造是在一定的政治环境下,通过行政改革与现代科学技术应用有机结合的方式来实现的,它为有效推行政府绩效评估并发挥积极作用营造了制度环境。在信息化的社会条件下,网络技术的应用为实现行政流程再造提供了载体和技术支撑。行政流程再造的过程就是对传统管理模式、组织结构模式、业务模式和服务传递方式进行根本性的重新设计、改革,并通过网络信息技术对重新设计和改革后的管理模式、组织结构模式、业务模式和服务传递方式进行固化的过程。

行政流程再造是一种系统的、综合的提高政府部门绩效的方法,它不是单纯的网络信息技术,而是网络信息技术的应用与行政改革的有机结合;它是以顾客

---

[1] 王田苗、胡耀光:《基于价值链的企业流程再造与信息集成》,清华大学出版社2002年版,第30页。

[2] 参见张成福、党秀云:《公共管理学》,中国人民大学出版社2001年版,第351页。

为中心，十分重视公众和利益相关者，能够回答公众需要什么、能实现什么、什么将受到影响、何时将发生变化等问题；行政流程再造是通过优化政府组织结构、打破条块分割体制和部门界限，来实现政府部门资源共享和跨部门的网络化协同办公，使那些没有关联的、权限上分离的、地理上分散的政府部门及其服务整合起来，以至于表面上看来天衣无缝。行政流程再造强调的是政府绩效和服务质量的显著提高，从而使政府与公众和企业之间的互动变得十分容易，大大提高政府对社会需求的回应能力、科学决策能力和沟通协调能力，并从根本上把政府管理从封闭的行政系统中拓展出来，改变了以往手段落后的问题。

正如图7-1行政业务流程再造、运行复杂程度与制度性障碍之间的关系图所示，进行越加复杂、涉及机构越多的行政流程再造，所受到的制度性障碍就越大。

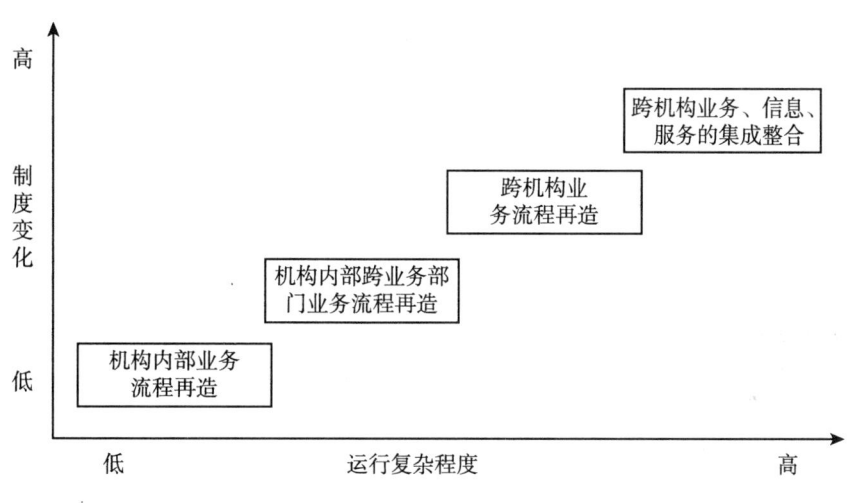

图 7-1　政务运行复杂程度与制度变化的关系

行政流程再造作为实施政府绩效评估的一项有力措施，体现了管理体制的革命，必定会遇到来自政府内部自身的阻力。无论是过去还是现在，体制的因素、人的因素以及旧的行政文化，都会极大地影响行政流程再造的程度，都有可能构成政府绩效评估的障碍，使改革实践无法轻易触动那些更深层面的组织结构和行政运行程序，包括权力关系、政治关系和监督程序，由此常常表现出政府往往以一种提高效率和服务质量、同时又维持现状的方式对新的管理方式、管理技术加以运用的格局。

五、立足国情、推行地方政府绩效评估方案

事实上，各国的政治文化背景、经济发展水平、国内主要矛盾、政府公共管

理能力等方面存在较大差异,因而对如何界定政府部门绩效也就存在着行政文化、行政理念、管理制度和管理方法上的重大差异,各国政府的关注点和解决问题的角度也有很大不同。我国开展政府绩效评估必须立足国情,深入研究,渐进推行。要根据我国政府公共管理的历史传统、实际面对的问题和制度环境等现实情况,提出政府绩效评估稳妥可行的实施方案,选择恰当的评估范围,构建科学的评估指标体系,形成科学化的政绩观念。在此基础上,进行充分论证和试点,分步骤、有重点地实施。具体而言,要着重关注以下五个方面。

(一) 建立以公众为导向的评估价值原则

在绩效评估的具体指导思想上,地方政府绩效评估要坚持经济建设与社会公平并重、管理职能与服务职能兼顾、发挥政府部门的主动性与行政权力的适度制约相结合。在我国近期阶段,还要强化寓社会管理于公共服务之中的职能探究。随着我国制度的逐步完善、社会发展的逐步成熟,政府的公共服务职能也将越来越重要。

政府绩效评估应该以顾客至上和最大限度地满足公众的需求为第一位的评估标准,以加强与完善公共责任机制、提高公共管理的效率和能力、提高公众的满意程度为评估目的。著名管理学大师彼得·德鲁克(Peter F. Drucker)说:"成绩存在于组织外部。企业的成绩是使顾客满意;医院的成绩是使患者满意;学校的成绩是使学生掌握一定知识并在将来用于实践。在组织内部,只有费用"。可见,一个组织的绩效是由组织外部决定的,即由组织的服务对象——用户来评价。

政府绩效必须引入公民参与机制。对政府绩效评判的最好选择是赋予服务对象的评判,以"人民满意不满意,人民答应不答应,人民赞成不赞成"为政府绩效评估的最高准则。虽然公众的绩效判断在目前会有种种缺陷,如缺乏评估的专门技术、知识,缺乏必要、准确的信息或存有短视、自利动机等,但政府绩效评判的价值取向与目前暂时的不足,孰轻孰重是不言而喻的。政府绩效评估的初衷就是服务和顾客至上的理念,理应以顾客为中心,以顾客的需要为导向,树立公民取向的绩效观。

随着管理民主化的发展,政府绩效评估应该逐步从"3E"(效率、效益、效能)评估方法转变到"4E"评估方法,其中新增加的"E"就是公平。公平指标关注的是绩效指标设计的外向特征和多样化的满意度调查,强调民间组织对政府部门评价和审视的独立性。政府要在服务标准、服务流程和服务质量中充分体现公众的利益和意志要求,并上升为国家意志的法律规范。从根本上看,人民的受益水平和满意程度才是评价政府绩效的终极性标准。

（二）坚持"软"指标和"硬"指标相结合的评估体系

所谓硬指标指的是那些可以以统计数据为基础，把统计数据作为主要评估信息，建立评估数学模型，以数学手段求得评估结果，并能够以数量表示评估结果的评估指标。硬指标也就是可以量化的定量指标。尽可能量化、建立定量指标，是当代政府绩效评估的发展趋势。难以量化性是政府绩效评估的重要特点。因此，当政府绩效评估的指标难以量化时，硬指标也会失效。另外，硬指标评估在运行中缺乏灵活性，在很多情况下，统计数据不一定能完全说明所要评估绩效的事实情况。因此，软指标指也不可偏废。

软指标指的是通过运用人的知识、经验进行判断和主观评估方能得出评估结果的评估指标。在实际的绩效评估过程中，这种主观评估往往表现为专家评估，由评估专家对系统的输出做出主观的分析，直接给被评估对象进行打分或做出模糊评判（如很好、好、一般、不太好、不好）。这种评估指标完全依赖于评估者的知识和经验来做出判断和评估，容易受各种主观因素的影响。所以，软指标的评估通常由多个评估主体共同进行，有时甚至由一个特定的集体共同做出一个评估结论，以彼此相互补充与映证为基础，从而产生一个比较准确、客观的结论。

运用软指标的优点在于，这类指标不受统计数据的限制，可以把被评估对象放在一定的具体环境条件下进行评估，能够充分发挥人的经验，体现被评估对象的个性化特点。在这个主观评估的过程中往往能够综合更多的因素，把问题考虑得更加全面，避免或减少统计数据可能产生的片面性和局限性。另外，当评估所需的数据很不充分、不可靠或评估指标难以量化的时候，软指标有利于做出更有效的判断。随着新科学的发展和模糊数学的应用，软指标评估技术获得了迅猛的发展。通过软指标对评估结果进行科学的统计分析，并将软指标评估结果与硬指标评估结果共同运用于各种判断和推断，以提高绩效评估结果的科学性、实用性和准确性。

但是，软指标同时也具有不可忽视的弱点。对软指标进行评估的结果容易受评估主体主观意识的影响和经验的局限，其客观性和准确性在很大程度上取决于评估主体的素质。对软指标进行评估得出的评估结果往往缺乏稳定性，尤其在民主气氛不足的环境中，个人专断性的主观判断经常造成严重的不公平，容易引起被评估对象对评估结果的强烈不满。

在实际政府绩效评估中，尤其需要将硬指标与软指标各自的长处加以综合应用，实行硬指标与软指标的有机结合，以弥补各自的不足。这种结合表现为：在数据比较充足的情况下，以硬指标为主，辅以软指标进行评估；在数据比较缺乏的情况下则以软指标为主，辅以硬指标进行评估。在绩效评估中，对于硬指标的评估往往也需要一个定性分析的过程,而对于软指标评估的结果也要应用模糊数学进行一个定量化的换算过程。因此,我们在建立指标体系的时候,应尽量将指标量化,应尽可能收集相关的统计资料,以提高评估结果的精确度。同时还要考虑评估对象的具体情况,将硬指标和软指标的评估技术有效地结合起来使用。

在政府绩效评估中,要求我们学会系统的思维方式,因此,将系统理论运用于评估中就形成了系统评估理论。在系统评估理论的指导下进行绩效评估指标体系的设计,对于理清评估思路、提高评估的质量具有非常现实的意义。系统评估理论就是将评估对象视为一个系统,评估指标、指标的权重和评估中运用的方法均按照系统最优的方式进行运作。

在评估指标体系的构建上,开展政府部门绩效评估,应当按照政府部门的职能进行分类设计绩效评估指标体系。开展公务员绩效评估,应当按照公务员的不同类型(包括管理类、专业技术类和行政执法类)进行分类设计绩效评估指标体系。同时,要坚持定量指标与定性指标并重,尽量做到量化;客观指标和主观指标并举,客观指标优先;既要防止设计过简,又不要搞得过繁;要注重指标的可操作性,难易适中,先易后难。政府绩效评估体系具体应包括评估指标体系、绩效评估标准、评估方式体系、评估程序体系、评估组织体系、评估制度体系、评估信息系统等。政府绩效评估体系的设计从长远看,应致力于建立一套开放性和竞争性的公共资源配置机制,通过有效的绩效信息提供,引导公共资源的有效配置和合理流动。从预算的高度,约束和提高公共财政资源的配置效率和利用效率;从人力资源配置的高度,提高人力资源配置、岗位设置的科学性和有效性,从而推进公共管理型和服务型政府的建设进程。

(三)完善绩效评价指标体系的权重设置

权重是一个相对的概念,是针对某一指标而言的。某一指标的权重是指该指标在整体评价中的相对重要程度。权重被运用在评价过程中,是被评价对象的不同侧面的重要程度的定量分配,是对各评价因子在总体评价中的作用进行区别对待。事实上,没有重点的评价就不算是客观的评价。要准确评估政府绩效,必须准确确定各指标的权重,重点考虑指标彼此间重要性的量化。政府绩效评估中虽然在行政能力、服务质量和行政责任方面存在着许多相同的方面,但是,不同层级的政府、同一层级政府的不同部门、同一层级的不同地方政府以及不同的工作岗位,它们在职能配置、行政目标和工作任务方面都存在着差异,每一个政府部门提供的公共服务种类和管理的公共事务性质都不尽相同。这就必然要求政府部门绩效评估应根据职能、职责的不同来确定具体不同的绩效目标、评估指标和绩效标准。因而，不可能建立一套完全统一的政府绩效评估指标体系，来适用到所有部门和所有岗位的绩效评估之中。

由于公共事务的性质、内容、管理方式和目标不同，会使不同的部门和岗位的绩效评估有不同的评估指标，评估的重点也有所不同。确定绩效目标和绩效标准、建立评估指标体系是有效施行政府绩效评估的核心环节，而确定绩效目标和绩效标准、建立评估指标体系是与政府部门和岗位的具体职能、岗位职责密切联系的。不同部门、不同岗位的绩效评估虽然存在着许多相同的地方，但是，由于每一个部门、每一个岗位的具体职能和具体工作内容、提供的公共服务种类和管理的公共事务性质都不尽相同，这就必然要求绩效评估既要有反应共性的评估指标，又要有根据职能、职责的不同来确定具有个性的绩效目标、评估指标和绩效标准。离开了具体职能和岗位职责，就不可能有科学的政府绩效评估。以前，我国开展的普适性政府绩效评估，存在的问题就是用一套完全统一的政府绩效评估指标体系来适用所有政府部门的绩效评估，其结果只能是形式主义泛滥。

公共事务是政府公共管理的对象，它包括社会公共事务、国家公共事务和政府部门内部事务三大类。每一类公共事务又可以再进一步划分，并且由不同的政府部门管理。公共事务的性质和内容不同，会导致具体绩效目标、绩效评估的侧重点、内容和评估项目也不相同。这里所讲的公共事务的性质和内容，实际上就是政府部门的管理职能。例如，评定与划分一级政府的绩效可以从这几方面来构架它的评估指标体系：①财政管理；②资金管理；③人力资源管理；④政府行政组织内部管理；⑤信息技术管理；⑥结果管理等方面。又如评定与划分公共安全部门的绩效，可从警察与社会治安、防火、健康与人身安全等方面来构架它的评估指标体系。

公众的需求既是政府公共管理行为的导向，也是影响确定政府绩效评估指标权重的重要因素。公众的需求是公众利益的体现，它有共同的基本需求和特殊需求之分。共同的基本需求包括人的各种生理的需求、基本物质利益的需求、社会关系的需求、名誉和社会地位的需求、实现自我价值和自我发展的需求等方面。同时，公众各自的背景条件、每个地区不同的经济文化发展程度和习俗等特殊因素，都会导致公众有不同的需求，包括对服务种类、服务质量、满意程度等方面的要求都会存在着明显差异。

因此，在确定政府绩效评估指标权重的时候，以公众的需求为导向，不仅要考虑共同的基本需求，而且还要考虑具有差异性的特殊需求。调查与审视公众的这些不同的需求，是政府部门提高公共服务质量和公众的满意程度、确定划分绩效等级标准的主要环节。这无疑都会使政府绩效评估工作复杂化和多维化，并导致不同的政府部门的绩效就会有不同的评估指标体系，同一类政府部门在不同的地区、不同的社会文化背景条件下，也会有不同的评估指标体系。

社会发展的程度包括社会企事业组织的发育、独立和成熟的程度，社会群体组织的独立程度和参与意识，大众传播媒介对社会的介入程度和自身的现代化程度以及公众的综合素质等方面。社会发展程度的上述四个方面，实际上包括了社会观念意识方面的进步和科学技术方面的进步。以社会需求为导向的绩效评估指标，必定要受社会观念意识和科学技术发展程度的影响。这些不同方面的发展程度，都从不同的侧面影响政府绩效评估指标体系的确定。因为社会发展的程度会影响社会整体价值体系的形成，任何一种政府绩效等级的划分与评定，都体现了价值判断，都是一种价值评估。具体来说，社会发展程度会影响公共服务种类的提供、服务质量的确定、评估项目的划分与选择、绩效目标的确定，最终会影响到划分与评定绩效等级的各种评估指标、绩效标准的确定。

因此，政府绩效评估指标的权重设置，应考虑社会企事业组织的发育、独立和成熟的程度，社会群团组织的独立程度和参与意识，大众传播媒介对社会的介入程度和自身的现代化程度以及公众的综合素质等方面的发展成熟度。除此以外，还要充分考虑不同地区的差异性。在我国，由于社会经济和观念之间的巨大异差，不同地区之间的区别已是客观存在，这种差异应该作为确定评估指标的重要依据。

政府绩效评估指标体系是一个具有多层次、多指标的复合体系，在这个复合体系中，各层次、各指标的相对重要性各不相同，应赋予不同的权重。目前，绝大多数地方常常采用的经验估值法、专家确定法等方法，很少采取层次分析法和因子分析法等科学的方法来严格确定指标的权重。在实际操作过程中，政府绩效评估设立的指标，往往只涉及几个方面的考核，各指标不分主次和轻重缓急地堆砌在一起。有些地方评估指标权重的设置方法仍然停留在人为的简单规定阶段，往往只是凭借单纯的经验分析和价值判断，这样简单机械的设定容易受到规定者的主观影响，既不全面，又不准确，从而影响整个绩效评估指标体系的科学性和合理性。

专家咨询法（Delphi）和层次分析法（AHP）是确定权重的两个常用的方法，它们属于主观判断法。根据专家对各指标重要程度的判断，实现定性到定量的转化，以此得到各指标的权重。其中，层次分析法是根据评估目的，将指标层层细化，由专家对各指标进行比较，判断低层各指标对其上层指标（或上层准则）的相对重要性，并将其相对重要性赋予一定数值，构造两两比较判断矩阵，然后通过若干步骤，计算求得各指标权重的数值。Delphi法则是多轮征求专家意见，具有匿名、反复和结果收敛的特点。

指标权重设置应与指标之间的独立程度相适应，当某些指标之间存在相关性时，应综合考虑这组关联指标的权重。一般要求评估指标体系具有完备性和独立性，这也是多指标综合评估方法应用的一个理想状态和假设条件，即指标体系应围绕评估目的，全面反映评估对象，不能遗漏重要方面或有所偏颇。各指标之间应相互独立，不应出现信息包容、涵盖而使指标内涵重叠。实践中，指标之间完全独立无关常常很难做到，一方面是因为事物各方面往往本身就是相关的，如产品的技术含量与经济效益，员工的勤奋、能力与绩效；另一方面，指标体系不是许多指标的简单相加与堆砌，而是由一组相互间具有有机联系的个体指标所构成，指标之间绝对的无关往往就构不成一个有机整体。在评估活动中，从指标体系的完备性考虑，或为加强对某方面的考察，有时需从不同角度设置一些指标，以相互弥补或验证，这时，这些指标之间的相关性可通过适当降低其中部分或每个指标的权重来处理，只要这组关联指标的总权重合理即可。指标权重应与各指标的区分度相适应，对于区分度较低、应用效果不够理想的指标，应赋予较低权重。指标权重应与各指标的信息可靠性相适应，对于信息可靠性较低和利用价值较低的指标，应赋予较低权重。

现实中，由于成本和方法等方面的限制，几乎不存在最优权重，这时只要得到比较满意的解决方案即可。要选择比较贴近实际、贴近社会、工作比较具体的部门，先行开展政府绩效评估试点工作。在同级政府部门中，要选择行业化、专业化强、易于进行量化评估的部门首先进行标准化的政府绩效评估试点，以便从中取得经验，带动一般，逐步扩展。在此基础上，总结各地政府和部门那些科学化、公正化、操作性强的方案和具体方法，形成具有指导意义的一般性原理，并逐步向其他部门推行。要总结政府绩效评估实践中存在的原有体制对推行政府绩效评估措施的障碍，及时采取配套的抗衡与抵制措施，从而使政府绩效评估措施有效发挥作用。另外，还要处理好权重的稳定性与灵活性之间的关系。

（四）注重绩效奖惩机制的制度安排

要使绩效评估形成长效机制，就要建立科学合理、结构完整、措施配套、操作易行的评估体系。这一体系既要关注政府绩效的总体部署、战略目标和规划，又要选择适当的绩效评估模式；既要体现出分部门、分项目、分层次、分地区、公务员分类管理等特点，又要完善配套措施和规章制度，建立绩效评估报告制度、问责制度、奖惩制度等。

尽管对于政府人的人性假设到目前为止仍未取得一致的共识，但现实中，政府人是追求效用最大化的"经济人"却是不争的事实，他们在一定的制度和规则下实施政府管理活动，追求自身利益最大化。如果政府机构和政府工作人员不能从重视产出，节约成本的绩效管理中获得报酬，那么，绩效管理就会失去驱动力。因此，政府绩效管理获得成功的关键在于为政府官僚机构和公务员提供有效的奖惩机制。然而，现行政府绩效管理的奖惩却在制度和规则体系上相当匮乏。政府部门的管理人员缺乏进行绩效管理工作的动力，因为绩效管理将使其承担更大的成本，面临着被降职被裁员等惩罚的风险，而现有的制度并没有为其提供风险和成本的补偿机制，这就给实施绩效管理带来内部动力不足的障碍。有鉴于此，我们认为，政府官僚管理机构和公务员缺乏政府绩效管理的激励，即政府绩效管理中奖惩机制的缺乏是政府绩效管理最大的障碍性因子。

我国地方政府现行的绩效评估之所以未取得应有的效果，直接的原因是政府往往只强调评估活动的开展，而不注重评估结果的运用，评估结束后往往就把评估结果束之高阁，绩效评估变成了为评估而评估，评估变得毫无意义，绩效评估体现不出任何价值，反正评与不评一个样，结果好坏一个样。在绩效评估取得良好成效的国家，如英国公务员绩效评估制度之所以能够长期持久地坚持下来，很重要的一个原因就在于它不仅仅是一种精神激励，而且同被评估者个人的发展前途和物质利益挂钩。这就使管理者与被评估者双方，都增强了贯彻执行绩效评估制度的自觉性和主动性。桑德兰市规定：政府工作人员在绩效评估中，被评为A档的，要在当年内升职，工资增长6%；被评为B档的，要在第二年内升职，工资增长4%；被评为C、D两档的，职位不升，工资增长2%；被评为E档的，职位不升，工薪不增。根据公务员被评定的绩效等级，有目的地选送公务员参加学院培训，包括选送最佳档次公务员进学院培训，使其获得一定的学位，为今后升迁打下基础；选送最低档次公务员进行培训，使其在限定时间内掌握一定的知识和技能，为他继续留在原岗位就职创造条件。英国公务员绩效评估制度，在提高评估的民主程度、扩大被评估对象的范围、规范评估内容和程序、发挥激励作用和更充分地调动被评估者的积极性等方面，有效地发挥了绩效评估制度的作用。相比之下，明显映衬出我国绩效评估不能取得应有成效的原因。

我国地方政府目前开展的政府绩效评估，还没有建立完善的奖惩机制。奖惩机制的完善是我国开展政府绩效评估需要着重解决的重要课题。奖惩机制没有规范化和程序化、存在很大随意性、过程不透明，是现阶段我国地方政府绩效评估存在的重要缺陷。因此，需要通过完善政府绩效评估立法，解决政府绩效评估奖惩机制的缺失与非规范化、非程序化、随意性大和不透明等问题。政府及政府部门间的竞争可以降低成本，但只有经济激励才能回报绩效。具体的方式有三种：账目可以做得很细的地方，分配剩余；账目难以准确的地方，发放特别奖金；节约资金用于预算外活动的投资。收益共享和分享节余是对绩效提高的报酬，即把公务员提高绩效的努力与收益联系起来，将公务员的收益与组织的产出联系起来，公务员与组织共享收益。这一制度为政府官僚机构和公务员提高绩效提供了经济上的动力。

我国是一个迈向法治化的国家,地方政府的绩效评估也不例外,绩效评估取得成功同样离不开成熟稳定的制度框架的保障。因此,定期公开报告项目结果,有相应的奖惩机制,是衡量绩效评估系统运行良好的标志。绩效报告是政府内部的管理工具,应当公开化,要得到来自政府内部、公民、新闻媒体和其他监督主体的监督。报告的内容要集中于取得的结果和公众的代价如何,同时报告也要简明扼要。我国应该切实重视绩效评估结果的公开和使用,在政府绩效评估立法中,规定绩效评估结果必须公开,并且充分将评估的结果与奖惩相联系,使绩效评估结果真正起到推动政府提高工作效率、改善管理、提高公共物品质和量的供给的作用。

(五) 推动评估的社会化

评估的社会化是指由独立于政府及其部门之外的第三方组织实施的评价,也称外部评价,通常包括独立第三方评价和委托第三方评估。由于其具有的独立性、专业性,评估结果易于得到各方面的认可。"大多数评估专家赞同评估由组织中负责项目的最高层委托和支持,为了制衡起见,由外部机构或是第三方来进行评估也是可取的。"[①] 在美英等一些发达国家,政府绩效评估很多是由民间机构进行的,特别是在一些大的基金会的资助下,由一些大学、研究机构或媒体来组织进行,它们在政府绩效评估中发挥了非常重要的作用。如美国的马斯维亚学院,从1999年开始,对美国各州府和大城市进行排名,很好地促进了政府绩效管理。美国的民间机构锡拉丘兹大学坎贝尔研究所自1998年以来就与美国《政府管理》杂志合作,每年对各州或市的政府绩效进行评估,并发布评估报告,引起了政府和民众的广泛关注。目前我国专业从事政府绩效评估的机构较少,主要包括某些大学、研究机构、还有一些媒体,独立的民间调查机构、零点调查公司等,因此特别需要培养中立的评估机构。近几年,一些地方政府对第三方评估的模式进行了有益的尝试。兰州大学中国地方政府绩效评价中心受甘肃省政府委托,组织实施的非公有制企业评价政府绩效活动,开创了我国第三方中立机构评价政府绩效的先河。

为促进第三方评估的发展,必须加强相应的制度建设。首先,加强法律和政策支持,为专业评估机构的健康发展提供保障。要明确第三方评估机构参与政府绩效评估的法律地位和责任,明确规定其参与的主要形式和参与的程序,明确参

[①] [美]尼古拉斯·亨利:《公共行政与公共事务》,张昕等译,中国人民大学出版社2002年版,第320页。

与的范围和层次；其次，加强第三方评估机构自身建设，保持评估的客观公正及权威性。包括完善第三方评估机构的组织和决策机制，提升其自身的组织能力和对资源的使用能力。提高第三方评估机构人员的专业化水平，定期进行政府绩效评估业务和技能培训，并鼓励社会专业人士的参与。建立透明廉洁的财务制度，杜绝贪污浪费，树立其公信力和权威性；最后，运用招标等方式公开选聘评估机构。这样一方面可以实现选聘的公平，规范有关机构参与评估活动的行为，另一方面，可以降低评估活动的成本，减少财政支出。此外，还可以选择同评估活动的要求、目的更吻合的评估机构，使评估活动开展的更顺利、更有成效。

第八章

我国地方政府体制创新的影响与路径拷问

长期以来，由于地方政府职能较为简单，地方政府在整个国家体系中的角色不是非常突出，地方政府的改革问题并没有引起人们的足够重视。然而，随着经济与社会的发展，地方政府承载的职能越来越多，许多原来由中央政府承担的职能转移到了地方政府身上，因此通过地方政府的改革来更好地履行公共管理使命便显得越发重要。地方政府改革成为一股全球化的浪潮，许多国家纷纷对传统的地方政府模式提出了质疑，并且根据具体环境，在借鉴他国经验的基础上，提出了各种改革方案。这也就构成了我国地方政府体制创新的外部环境，并由此引发了对我国地方政府体制改革的反思。

第一节 地方政府体制创新的影响

在地方政府的改革浪潮中，西方国家走在了前列，带动了广大发展中国家，甚至全球范围内的地方政府改革运动。同时，也引起了国际学术界的关注。如2000年2月，世界各国研究地方政府改革的学者云集澳大利亚的悉尼，交流各自国家地方政府改革的经验和教训；2002年9月国际政治学会又在德国的斯图加特召开地方政府改革的学术会议，探讨地方政府改革中的民主与效率问题；2003年6月底到7月初，国际政治学会又移师南非港口城市德班，就全球化背景下地方政府的未来、大城市的治理和南部非洲的地方政府改革与发展展开讨论;而韩国为了进一步推进和支援地方自治团体的改革,使韩国地方政府在新的全球化的环境中更具竞争力,专门成立了韩国地方政府国际化协会(www.gaok.or.kr)。

一、西方地方政府创新的方向

20 世纪 90 年代后,伴随着西方后工业社会的来临,在后物质主义以及多元民主成为实践的理念基础和制度常态的背景下,治理理论被引入到了地方政府改革的新的思维之中,其强调在实现公共服务的效益、公平和效率时打破"公"与"私"的二元结构,实现社会网络化的策略创新,地方治理成为各国地方政府改革的共同方向。治理理论主张,在公共政策的分析单位上,从局限于单一性公共机构或公共项目管理,向多样化治理工具或政策工具转变,不必由代表权威的政府和国际组织排他性的加以实施,私人公司、公司联合体和非政府组织都可参与其中;从注重纵向控制的科层制组织,向横向构建的社会网络体系转变;从公共部门与私营部门对立,向公共部门与私营部门和其他社会组织建立新型关系转变;从科层制式的自上而下的命令体系,向以社会网络为依托的合作式的协商与说服转变;从适应公共行政的种种管理技能,向适应治理要求的授予权力的技能转变[1]。英国学者格里·斯托克(Gerry Stoker)对流行的各种治理概念作了一番梳理后指出,各国学者对作为一种理论的治理已经提出了五种主要的观点。这五种观点分别是:(1)治理是指一系列来自政府,但又不限于政府的社会公共机构和行为者的复杂体系;(2)治理意味着在为社会和经济问题寻求解决方案的过程中,存在着界线和责任方面的模糊性;(3)治理明确肯定了在涉及集体行为的各个社会公共机构之间存在着权力依赖;(4)治理意味着参与者最终将形成一个自主的网络;(5)治理意味着,办好事情的能力并不限于政府的权力、政府的发号施令或运用权威。在公共事务的管理中,还存在着其他的管理方法和技术,政府有责任使用这些新的方法和技术来更好地对公共事务进行控制和引导[2]。

在过去的几十年里,世界各国地方政府都一直面临一种变迁过程。这一过程

---

[1] Salamon L. (Eds.). The Tools of Government: A Guide to the New Governance. New York: Oxford University Press, 2002, p. 9.

[2] Hugh Atkinson and Stuart Wilks-Heeg (2000). Local Government from Thatcher to Blair. London: Polity Press and Blackwell Publishers, Ltd, pp. 34 – 35.

主要是外部变迁的结果,而各个地方政府对这种外部变迁几乎没有施加任何影响。各国地方政府越来越难以适应日益变化的外部环境,使得地方层次上的合法性不断丧失。在这种情况下,可以认为地方治理是对传统地方政府管理观念的取代,地方治理依靠众多的服务提供者——如果说不是多种多样的提供者的话——来实现:这好像是一个体系的分裂,即在这样一个体系内,出现了越来越多的具有专门目的的特定群体,越来越多地使用任命而非选举产生的群体[①]。从地方政府管理到地方治理,意味着地方政府的角色发生了重要的转变,地方政府不再是传统地方公共权力的唯一中心,组织结构不再是自上而下的权威等级体系,地方政府和地方中介组织、私人组织等构成一个网络和伙伴的关系,更加强调地方公共部门和其他组织之间的合作,也就是说地方权力结构从原来的单一中心化转变为地方权力多元主义。地方政府不再是地方公共服务的唯一提供者和垄断者,传统由政府主导和影响的地方公共舞台成为多重组织和个人与政府共同表演的场所,地方政府更多时候是推动者和协调者,而非指挥者和控制者,地方政府更多的是把公共服务转交给私人组织和中介组织。在价值理念上,地方政府更加强调对地方公众的回应性,强化地方政府的服务理念与效率基础上的公平原则,地方公众在地方政府看来在某种意义上是顾客。在过程方面,地方政府更加强调动态性和参与性,在公共决策过程中注意开辟适当的渠道让公民和其他组织参与其中,凸显公民意见在公共决策中发挥的影响作用,从而使得政策的制定更具互动性。

　　但是,由于西方各国的具体实践和面临的问题重点不同,西方地方治理呈现出不同的治理模型,英国学者威廉姆·米勒(W. Miller)、马尔科姆·迪克森(M. Dickson)等认为,根据主导价值观这一标准,目前世界上存在四种类型的地方治理研究模型,或者说地方治理的认识、分析、解释途径,它们分别为传统地方主义型、个人主义型、社会动员型和集权主义型(见表8-1)。这些模型在地方治理的基本机制、核心目标、对地方自治和公民参与的态度、地方服务提供制度和治理政策的设计等方面表现出差异甚至冲突,反映了人们在地方治理实践中的不同主张[②]。

---

　　① [英]卡洛林·安德鲁、迈克·戈登史密斯:《从地方政府管理到地方治理》,载于俞可平:《治理与善治》,社会科学文献出版社2000年版,第179~187页。

　　② 孙柏瑛:《当代地方治理——面向21世纪的挑战》,中国人民大学出版社2004年版,第36页。

表 8-1　　　　　　　　　　地方治理四个规范性研究的模型

地方治理模型	核心目标	对地方自治的态度	对公民参与的态度	核心的服务提供机制	核心的政治机制
传统地方主义型	能够表达和满足地方社区的需求	坚决支持地方自治	支持公民参与，但更偏好于选举民意代表	多功能的地方权威机构	通过地方选举实现代议政治
个人主义型	保障个人选择，考虑服务的回应性	倾向于地方自治，但如果出于保护个人利益的需要，认同更高层次的政府介入	赞同并享受参与的权利，但是不赞同范围、规模过大的公民参与	针对服务性质，选择竞争性的、特定的服务提供者	作为消费者的个人权利
社会动员型	发展回应变化的政治体系，以保证其拥有更大的影响力，特别是对弱势群体和被社会排斥者提供保护	极力赞成地方自治，将其视为政治体系变革过程中的重要部分	极力赞同各种形式的公民政治参与	以邻里或社区公民为基础的、分权化的服务提供结构	发展参与式的政治制度和政治过程
集权主义型	强调维持国家政策的标准和国家民主制的优位性	反对地方自治	认为公民参与的作用是有限的	地方服务机构附属和从属中央的控制	国家级的政府：立法、指导和控制

资料来源：Miller, W., M. Dickson, and G. Stoker. Models of Local Governance: Public Opinion and Political Theory in Britain. New York: Palgrave. 2000: p. 29 转引自孙柏瑛：《当代地方治理》，中国人民大学出版社 2004 年版，第 37 页。

尽管存在着各种不同的地方治理模式，但是由于具有共同的核心价值，依然能够对各国地方政府的治理质量进行评价，来自英国西英格兰大学的学者托尼·波伏尔德（Tony Bovaid）依据欧洲地方治理的经验，从两个方面提出了地方治理质量的评估框架，一方面，是评估生活质量结果的方法，这些生活成果质量对于那些公共治理系统内的利益相关者是相当重要的。另一方面，分析利益相关者互动的过程对于他们形成一致的标准和规范的影响程度（见表 8-2）[①]。

[①] Tony Bovaird (2005). Evaluating the Quality of Local Governance: Some Lessons from European Experience, Local Government Study, Vol. 6. p. 179.

表8-2　　　　　　　　　地方治理质量的评价体系

生活成果质量	治理原则和过程的实施
健康	民主决策
公共安全和保障	公民和相关利益者的参与
工作和经济繁荣	透明度
社会福利和一体化	责任义务
享受闲暇和文化	社会包容和对弱势群体的公平（机会、利用、成本以及成果获得的公平）
终身学习和人力资本	公平和诚实地对待公民
出入和流动性	协作工作的意愿和能力
家居舒适和居所	在全球环境中竞争的能力
适宜的环境	尊重法治
	尊重其他人的权利
	尊重多样化
	政策的持续性

资料来源：Tony Bovaird. Evaluating the Quality of Local Governance: Some Lessons from European Experience, Local Government Study, 2005 (6). pp. 180-181.

当然，从地方政府管理向地方治理的转变过程也产生了一些负面影响。地方治理也带来了一系列的弱点，尤其重要的是，地方服务提供体制和地方治理体制总是比以前单一机构体制要复杂得多。通常，消费者很难理解各种各样的服务提供团体。更重要的是，提供地方服务的各种各样的机构存在越来越多的责任性问题。用消费者至上的价值观代替公民价值观的总体趋势是与治理的趋势相联系的，这种价值观使得制度和过程的合法性进一步被削弱[1]。对于消费者来说，当服务得不到满足时，进行有效的选择或者获得赔偿可能也是很困难的。来自北卡罗来纳大学的鲁斯和大卫·罗威力从个人感受、公正性和横向比较等三个方面就民众对地方治理的满意度进行了研究，结果表明，公众对地方治理的满意度不尽相同[2]。然而，尽管如此，地方治理运动在西方取得了传统地方政府管理模式下难以达到的成功，因此，实现地方善治成为很多国家在地方政府改革过程中的重要目标和方向。

当前，地方政府体制创新已经成为一股世界性的潮流，之所以出现这种现象，在很大程度上是因为全球的地方政府面临着共同的外部环境。对于我国地方政府来说，随着社会主义市场经济的发展以及经济全球化的影响，我国同样面临着类似的环境，这就使得我国地方政府不可能完全脱离西方地方政府体制创新的

---

[1] ［英］卡洛林·安德鲁、迈克·戈登史密斯：《从地方政府管理到地方治理》，载于俞可平：《治理与善治》，社会科学文献出版社2000年版，第180页。

[2] DeHoog, R. H., Lowery, D. Citizen Satisfaction with Local Governance: A Test of Individual, Jurisdictional, and City-Specific Explanations, Journal of Politics, Aug90, Vol. 52 Issue 3.

理论与实践,借鉴西方国家在地方政府体制创新过程中某些先进的理论和实践无疑具有积极的意义。

二、地方政府创新的普遍性压力

20世纪最后20年,世界各国的政府都面临着类似的压力与挑战:"更小的政府,更好的服务;更高的服务,更低的税收",这是各国公民对政府,特别是对地方政府提出的共同要求。在过去的30年里,这同样是我国地方政府体制创新孜孜不倦追求的目标。我国和其他国家地方政府体制创新面临着共同的内外环境,这为我国地方政府体制创新借鉴西方国家的某些理论和实践提供了现实的依据。总结起来,近年来,我国地方政府与西方地方政府面临的共同环境主要包括以下几个方面:

(一) 地方政府职能的膨胀

从20世纪20年代起,西方国家地方政府承担的社会公共服务如教育、保健医疗和住房等任务越来越重。第二次世界大战之后的30年间,随着西方"福利国家"的出现,这种趋势越发明显。这种依托于地方政府行政权能扩张来应对大量涌现出的公共事务,并尽可能地回应民众良好公共服务需求的政府运行样态,被称之为"行政国家"(其中,地方政府首当其冲地担负起了各种重要公共物品的供给和服务),它构成人们理解和分析地方政府体制改革与创新的宏观氛围。在很多国家,地方政府承担了大量的诸如环境卫生、医疗保健、公共交通、邮政电讯等公共事业。这种状况导致的直接后果是地方政府财政负担的沉重和机构的膨胀,这种情况在北欧等高福利国家表现特别突出。例如在瑞典,地方政府部门在20世纪50年代每年的扩张速度超过5%,在20世纪60年代大约是8%。由中央政府转移给地方政府的中等教育和卫生医药的公共服务职能引起了20世纪60年代末期瑞典地方政府公共支出的增加。从20世纪60年代开始,中央政府雇员占劳动力总量比重一直维持在10%左右,地方政府雇员占劳动力数量比重则从20世纪60年代的10%上升到90年代的30%[1],地方政府机构臃肿,效率低下,使得公民以更加怀疑甚至蔑视的眼光来看待地方公共当局,使得地方政府在地方公众心目中的形象日益下降。公民对地方政治的冷漠情绪不断增长,很多人不愿参加地方选举的投票,对传统的政党活动也日趋冷淡,重新树立公众对

---

[1] [丹麦]埃克里·阿尔贝克等:《北欧地方政府:战后发展趋势与改革》,常志霄、张志强译,北京大学出版社2005年版,第219~220页。

地方政府的信任成为改革的一项重要目标。

同样，这种情形在我国也存在，随着 20 世纪 80 年代中央政府对地方政府的分权改革的实施，地方政府承担了大量过去计划经济时代没有承担的职能，这些职能包括发展地方经济，推动地方社会事业发展以及大量的其他公共事务，如教育、医疗、治安等。与西方国家相比，我国地方政府同时还承担了大量的企业内部管理方面的职能，在一些地方，乡镇企业和村社企业的发展成为地方政府职能中的重要组成部分。对于我国地方政府来说，这无疑是一种挑战。

（二）全球化

全球化已经成为这个时代最为重要的特征，整个世界经济文化等方面的联系与交流日益频繁，地方政府客观上需要一整套自主决策、灵活迅速、富有弹性的地方组织体系。因此，如何改造地方政府内部结构，转变自身的角色与职能，建立更加高效的决策体制，强化与地方公众之间的联系，从而提高地方政府的反应能力成为关注的焦点。另一方面，随着全球化趋势的加强，各国面临着越来越多的共同的问题，比如环境问题、城市犯罪问题等，地方政府在解决这方面的问题中扮演着越来越重要的角色，如何加强各国地方政府在这方面的合作成了近年来地方政府研究的重要内容。如 2002 年 8 月在南非约翰内斯堡举行的联合国可持续发展世界首脑会（WSSD）上，地方政府在一些共同关注的问题中的作用已经颇为引人注目，在世界地方环境委员会（ICLEI）以及世界城市和地方政府合作协会（WACLAC）的组织下，来自欧洲和非洲的地方政府代表举行了为期 4 天的地方政府会议，商谈如何进一步加强各国地方政府在其中的合作交流，并发表了地方政府宣言。在西方发达国家的学者们看来，当代地方政府改革运动是 20 世纪以来国际社会发生的第三次较大的地方化浪潮，是与经济全球化这一特定的社会历史现象相伴而生的。与前两次地方化浪潮不同的是，这次地方化浪潮的重要结果就是大大强化了地方政府的作用。

我国自改革开放以来，地方政府已经日益融入全球一体化的潮流之中，地方政府的行为在很多时候已经超出了地区和国家的范围，特别是在 2001 年我国加入 WTO 后，地方政府受到全球化趋势的影响越来越深刻。在全球化背景下，我国地方政府必须面对这样的改革环境：一是能够在复杂多变的环境中，迅速做出适应于地方的决策反应，而不因繁杂的上传下达过程，贻误时机。由于经济全球化使经济资源超越政治上的国界而自由流动，在全球范围内进行配置，形成了世界性市场，并对全球政府改革起着至关重要的影响作用。世界性市场的形成，使得民族国家的经济置于全球经济体系的激烈竞争之中。地方政府必须提高自己在资源配置与使用上的效率，要求地方政府必须提高自己正确制定政策和发展战略的能力。为此,要改革政府的决策程序,改造政务信息流程,改变政府官员的观念,提高政府官员发现、分析和解决问题的能力。二是灵活的组织体系能够强化对公民多样化需求的反应能力,提高公共服务的品质[①]。为了协调、处理经济上的纠纷,我国地方政府必须将传统意义上的一部分权力让渡出来,交由国际机构执行;同时要求政府培养与他国政府、国际组织、非政府组织、外国公民和跨国公司打交道的能力,加强政府与其他经济活动者之间的合作伙伴关系。为适应这种变化,必须重新调整中央和地方政府、地方政府间的关系、地方政府与市场的关系以及政府与公民之间的交往关系及其方式,改变地方政府的结构、理念和职能模式。

(三) 民主化与信息化

进入20世纪后期以来,所谓的第三波的民主化浪潮在世界各国重新高涨[②],公众对政府提出了更高的要求和期望,希望政府提高服务水平和服务质量,同时降低税收,要求政府不断拓宽参政的渠道和加强对政府的监督。地方政府由于直接面对公众,与其有着密切的互动关系,这必然对地方政府造成很大的压力,促使其适应环境的变化做出有效的改革。民众民主化意识的不断增强,公众对政府期望的增高,所有这些都要求地方政府应对公众的需求保持较强的敏感度,及时做出反应。比如日本的市、町、村的大型公共设施比较完备,居民们的要求往往能反映在具有特色的地区建设和细致周到的居民服务上,可以说是日本地方政府响应这一要求的一种政府改革的表现。20世纪末期,人类社会正在进入后工业社会和信息时代。信息化不仅改变了地方政府的环境,并且已成为"政府再造"的有力工具。经合组织曾于1998年3月发表一份报告,指出信息化对政府的影响。政府作为政策制定者,要承担起信息技术创新、利用和引导责任,提供信息技术应用的相关规则,并善于利用信息技术来提高政府公共管理与公共服务的能力。政府信息垄断地位以及传统权威地位受到挑战,政府必须与其他社会单元建立新型的合作伙伴关系。与此相反,信息化对传统政府结构提出了新的挑战,特别是传统官僚制层层节制、等级森严的政府结构,在信息化的条件下更是遭遇到了前所未有的困境。信息化意味着越来越多的敏感信息流过互联网,在整个信息网络中,地方政府是一个个重要的接点,政府将更加透明化。

对我国地方政府来说,随着改革开放的发展和社会主义市场经济的完善,地

[①] 孙柏瑛:《当代发达国家地方治理的兴起》,载于《中国行政管理》2003年第4期。

[②] [美] 赛缪尔·亨廷顿:《第三波——20世纪后期的民主化浪潮》,刘军宁译,上海三联书店1998年版。

方公民的自我意识以及参与意识日益增强,而我国自从20世纪80年代就开始实施具有中国自身特点的基层民主制度,这对广大公民,特别是基层民众的民主意识和能力的提高都有积极的推动作用。近年来,地方市民社会开始初具雏形,地方公众在公共事务治理过程中扮演着越来越重要的角色,而这反过来也对我国地方政府增加了新的压力,地方政府必须更加关注公民的需求和意志,行政过程必须更加开放、透明,必须建立更为有效的地方公民参与地方政府的制度体系。同样,随着近几年我国信息化的迅猛发展,特别是互联网在我国的普及,深深的改变了人们的行为模式和价值观念,也影响着地方政府与地方公众之间的关系。

三、地方政府体制创新的特殊使命

尽管我国地方政府与西方地方政府面临着共同的时代环境,从而体现出共同的特征。但是,由于历史、体制和地理条件等原因,使我国地方政府又处在特殊的环境中,在其运行过程、方式和功能等方面显示出明显的差异性。我国地方政府体制创新的具体环境包括:

(一)政治环境

地方政府都处在特殊的政治权力体系之中,政治环境的变化对政府改革会产生很大的影响,如政体的变更必然导致政府体系的相应变化。就地方政府体制创新而言,重要因素有:

中央地方关系。在单一制的国家里,地方政府的改革往往取决于中央政府对地方政府的态度,地方政府权力的大小、职能和机构的转变都有赖于中央政府放权让利的程度。因此,在单一制国家,地方政府改革往往是被动的,地方政府的改革一般是中央政府推动的,如20世纪后期法国和英国的地方政府改革。而在联邦制国家,地方政府具有属于本身范围内的自治权,其权力并不是靠中央政府的让渡或授予的,因而具有很大的主动性,从而能够较少地受到来自纵向权力体系的制约。

还有就是地方政府与地方民众的关系。政治民主化可以为区域发展解除不适应经济发展的具体体制和规则的束缚,塑造廉洁高效的政治系统和治理结构,提高地方政府的发展动员能力和民众的政治参与能力,以及提供稳定有效的社会秩序和运行规则。因此,政治民主是地方政府改革的内在要求和根本目标,也是地方政府改革所不可缺少的政治要素。

地方民众的政治参与也是地方政府改革的重要的推动力。民众政治参与的素质和能力的提高,可以实现对地方政府的监督,参与政治表达和政治过程。民众的政治参与，还可以把地方政府的改革和社会动员结合起来，激发民众的创新热情和创新能力，从而推动地方改革的前进，而在中央集权的地方政体中，一方面民众民主意识往往较低，另一方面，地方民众缺乏有效的政治参与渠道而无法发挥有效的影响。

我国政府体制创新的政治环境与西方任何国家都存在着很大的差异，从而体现出自身的特殊性：一是中央地方关系。我国是单一制国家，中央地方关系虽然与过去计划经济时代僵化的、高度集权的体制有了很大的变化，但是，我国中央地方关系总体上依然处于一种中央集权、地方相对分权的状况，这是由我国中央集权的历史传统以及社会主义体制所决定的。二是中国共产党是我国的执政党，地方政府的体制创新是在党的领导和推动下进行的，这是社会主义制度优越性的体现。三是地方民众对公共事务的参与度依然不高。

（二）经济环境

我国地方政府的体制创新除了受经济全球化、一体化趋势影响外，主要还是受到本国和本地经济环境的影响。这种经济环境主要包括：一是本地市场化程度。市场和政府的关系一直以来都是政府改革中非常重要的内容，对此问题处理得恰当与否往往决定着政府改革的成败。地方政府体制创新同样也是如此。在我国经济发达、市场化程度高的地区，地方政府往往会被要求不断解除政府对某些行业和领域的垄断，通过市场竞争的方式更为有效地为当地公众提供公共物品和服务。这必然要求地方政府不断转变职能、精简机构，提高公务员的素质，从而为地方政府体制创新提出了改革的压力。另一方面，较高的市场化程度也为地方政府体制创新创造了有利的环境，从而使地方政府能够把原本属于自身范围内的许多事务和服务转让给企业组织和私人来提供，通过充分发挥市场机制来实现，这又为地方政府改革提供了动力。而在经济不发达，市场化程度低的地区，地方政府体制创新往往会面临压力缺乏和动力不足的双重问题。一方面，低度市场化要求地方政府在某种程度上扮演"拐杖"的角色①，承担一部分计划经济条件下政府的责任。另一方面，地方政府在这种经济条件下按市场经济的要求进行改革也困难重重，从而无法依据发达的市场条件下的地方改革模式来推动自身的改革。二是我国地方政府改革面临的财政状况。财政是政府运行的血液，财政问题往往是推动地方政府改革的一个重要因素，很多地方政府改革的缘起是为了摆脱自身面临的日益严重的财政危机，在这种情况下地方政府不得不削减开支，将市场机制引入地方政府内部以及强化地方公众对地方政府的监督，努力降低行政成

---

① 曹沛霖：《政府与市场》，浙江人民出版社1998年版，导论。

本和提高行政效率。

(三) 区域环境

区域作为地球表面空间，是由各种地理和人文要素所填充和排列组合的地理单元，其形成与发展是一个政治、经济、文化、民族、宗教、地理、历史等构成要素发生作用的综合演进过程，"地域作为说明的本原，同时涉及历史的全部实在，涉及整体的所有组成部分：国家、社会、文化、经济等"①。从地理区位和空间性质的角度研究区域范围内的地方政府改革及其过程，探索区域环境与政府改革的互动关系，对全面揭示地方政府改革的起因、动力和制约条件，从而因地制宜地推动地方政府改革，具有积极的意义。地方政府体制创新的很多内容都是采用区域的途径进行规划和治理的，如政府间关系②，在我国地方政府体制创新中同样如此。我国地方政府体制创新的区域环境体现在以下几个方面：

1. 区域的历史与现状

每一个区域的地方政府改革都有独特的历史和发展路径，这是地方政府改革具有区域特色的前提和基础，也是表现地方政府改革区域特征的重要形式。我国是一个大国，不同的区域有着自身独特的历史与现状。如通过对区域政府层级设置和行政区域划分历史沿革的考察，可以观察到区域政府管理体制的历史变迁，也可以发现不同历史时期不同区域在国家政权结构中的地位和作用。通过对行政区域划分的考察，还可以发现政权结构建设对区域经济社会发展的影响。区域的自然、历史、社会以及人文环境的差异性和多样性，必然影响到我国地方政府体制创新的区域特征，地方政府改革也必然要融入到这些区域特征之中。只有与本区域或地方的实际相结合，地方政府体制创新才能植根于丰厚的土壤和体现个性化的内涵。

2. 区域的地理区位

区域的地理区位主要是指区域在主权国家范围内的地理空间位置，既指区域的绝对位置，也包括用气候区、经纬度等因素表示的一个地区在地球上的位置，如与其他区域相比，西南地区是我国重要的动植物资源、矿产资源和水资源基地，区位优势明显，地理位置也十分重要。地理区位具有地理空间的一般特征和构成要素，如一定的地域空间范围、地貌特征、自然、资源、居民、社群等组成

---

① ［法］费尔南·布罗代尔：《15 至 18 世纪的物质文明、经济和资本主义》，顾良、施康强译，三联书店 1992 年版，第 1 页。
② ［美］尼古拉斯·亨利：《公共行政与公共事务》，张昕译，中国人民大学出版社 2002 年版，第 655 页。

要素，这也是地方政府改革过程在一定区域内赖以存在并发生作用的物质基础。同时，不同的区域空间性质和构成要素也限定了政府改革的发生范围、影响的群体以及具体的表现形式。不同的区域，必定会形成不同区域特色的政治过程，其政治系统、组织、过程、政治决策、制度安排、政治文化以及政治发展都会有明显的区域特征。我国的民族自治区域的权力结构、人员构成、立法权限、政策法规以及对区域内事务的自主权等方面就具有少数民族地区的区域特征，区别于其他非民族自治地区的政治过程。又如我国具有代表性的行政区划中，北京、上海、广东三地处在完全不同空间性质的区域范围内，无论从区域范围，还是区域构成要素、历史传统、人文精神、政治区位、外部环境以及发展程度等方面都体现出不同的地域性质，对三地区域民众的政治意识和政治态度的形成起了非常关键的作用。例如，在对待"官文化"和参与政治生活方面，这三地民众的政治态度和价值选择就有明显的差异，体现了不同的区域政治文化特征，这必然在某种程度上影响着三地地方政府改革的发生和发展。

3. 区域的政治区位

区域的政治区位是指区域的区位要素在政治上的表现，是区域的政治价值和政治功能的体现，不同政治区位的地方政府所获得的来自中央政府的政治资源配置具有显著差异。例如，西南地区的川、渝、贵地处我国的腹心地带，是我国重要的粮食和军工基地，是我国的战略大后方，对维护我国国家整体发展和国家安全具有十分重要的政治区位价值。同处该区域的云南省，是我国的边防前哨，在维护国家安全和边防建设方面与该区域的其他省、市相比，有着更为不同的政治区位价值。区域的政治区位和政治结构对区域地方政府改革有着重要的影响。在地方政府改革中的价值不仅具体体现在区域构成要素的丰厚度和组合上，而且也表现为区域在整个国家政治系统、国家区域发展战略、国家区域政策链上的位置，表现为区域在经济发展和社会全面进步中的地位和作用，这就是区域在国家和区域政治发展中的价值。我国的各个区域都具有各自不同的区域特色和政治价值，都是国家一体化发展不可或缺的政治资源和政治优势。区域的政治价值不仅体现了区域作为一级政治发展载体存在的作用和意义，而且也是确定典型政治区域的重要评价因素，其意义不仅仅在区域政治发展上，而且也影响到区域经济发展要素的组合和利用效果，影响到区域特色的形成和发展。例如，改革开放初期，选择东南沿海的部分地区作为我国区域发展的突破口和体制创新试验地时，东南沿海地区在国家的宏观政策设计、试验地选择、发展突破口选择以及在我国区域发展的战略考虑中，则具有较大的区位优势，尤其表现在它在国家体制改革的战略安排和政策设计中的"试验田"地位以及该地区的政治区位、经济和社会动员能力上。因此，国家把区域发展的重心放置在东南沿海区域，并且把相当部分的政治、经济、人力资源以及大量的优惠政策投入到这一区域,加速了该区域社会经济转型和区域发展战略的转变,实现了区域发展体制的创新,从而达到了国家最初的政策设计目标。而为了适应这种战略转变,达到国家的预期目标,必然要求对这些区域的传统的地方政府管理体制进行改革。事实上是,我国东南沿海的一部分城市获得了国家的特殊政策支持,一些经济特区实行了特殊的地方政府管理体制,还有长江三角区和珠江三角区都获得了其他地区无法比拟的体制和其他无形的资源,这是推动这些地区地方政府改革的重要原因。

四、源于西方地方制度创新的比照

正是由于面临着与西方地方政府类似的环境,我国在地方政府体制创新中必然会从西方地方政府改革的理论和实践中得到某些有益的启示;正是由于有着自身特殊的具体环境,我国地方政府体制创新中必须更多地从自身的因素中进行反思。

我们认为,综观西方地方政府改革,我国地方政府体制创新可以得到的有益的借鉴体现在以下几个方面:

1. 从内容上来说,地方政府体制创新的核心在于调整政府、市场与社会三者之间的关系,创建出一种三者共同参与的、协调的和有效的治理模式

各国地方政府的具体实际虽然千差万别,但在"新公共管理"、"治理"理论等共同理念的指引下,各国地方政府在未来的改革方向上显示出较强的一致性,那就是进一步调整政府职能,让市场和社会更多的参与到公共事务的提供当中来。实质上,就是对政府权能进行适应性的调整配置,并在此基础上选择和组合新的政策工具或治理工具,通过革新政府自我治理与政府社会治理,达成效能与公正的共进,成为"顾客"满意的政府。因此,在改革的方式和内容上呈现出趋同性,如分权化已成为一种世界性现象。特别是在欧洲,随着欧洲一体化进程的加快,欧盟成员国的地方制度表现出某种共同的发展趋势,如强化地方自治、实行地方分权、鼓励多样性、非官僚化、服务市场化等。注意从私营部门的经营之道中寻求地方政府改革的有意义的途径,越来越多地把私人企业的管理办法引入政府管理中来,包括强化地方公营部门与私营企业、团体组织的竞争关系,打破传统官僚制的束缚,增强政府内部公务员之间的竞争。这是不管西方发达国家还是新兴现代化国家或发展中国家地方政府改革中非常重要的内容,以减轻地方政府在新的环境中面临的越来越大的压力,提高地方政府的效能,实现地方政府与市场机制的良性互动。把原来由地方政府承担的公共事业交由市场调节，把公共事务交由私营机构，放松政府管制或解制，允许私人企业经营以前由地方政府垄断经营的公共服务事业，或是把国有企业或政府资产卖给私人经营，以上等等，都体现出各国地方政府改革中某些理念的共通性。对于我国地方政府体制创新来说，核心的内容就是如何进一步依据变化了的政府、市场和社会的力量关系，调整自身的职能范围和行为模式，建立一种与社会主义市场经济相契合的制度体系。党的十八大报告强调完善体制改革的协调机制①。

2. 从过程上来说，地方政府体制创新总体上是一个循序渐进的过程，是一个阶段性且充满复杂性的进程

一般来说，政府体制创新的进程有三个阶段：形成阶段，在一定的社会环境中新的行政系统开始代替旧的行政系统，逐渐形成一种比较完善的结构功能和行为状态；发展阶段，行政系统功能得到较为完善的发挥，行政效能达到相当的高度；不适阶段，这一阶段行政系统功能结构老化，其功能萎缩，逐渐无法适应环境提出的要求②。改革就是对权益进行重新分配和调整的过程。地方政府改革意味着地方政府内权力、利益和资源的再分配，从这种意义上说，地方政府体制创新是一种政治过程。由于任何改革都不可避免地涉及利益结构的调整，既得利益者总是想方设法阻挠改革，保护自己的利益。另一方面，地方政府改革实施的复杂性和特殊性也使得这种改革进程是渐进的。地方政府改革必须是一个政策计划与政策实施不可分割的过程，政府改革的推行过程中会面临各种困难。同时，地方政府具有行政系统本身的惰性，不可避免地具有僵硬、保守、墨守成规和动作缓慢的特点，往往会对新制度、新方法无动于衷，而继续坚持老办法办事，缺少改革意识。正是由于上述原因，各国地方政府改革基本上采取了一种渐进式的路径。北欧四国的自由城镇改革试验就采取渐进的和分步骤的模式，在改革中逐步形成一种试验的文化和学习的文化。瑞典的自由城镇试验从开始实施经历了9年的时间，而且即使在实施阶段，也不进行"一刀切"，成熟的地方进入正式的立法实施阶段。作为联邦制的德国和美国，地方政府改革的幅度不大，是在没有触动地方政府基本框架的前提下的一些局部改革，也是一种渐进式的改革。

当然，英国和新西兰可能是地方政府改革最为激烈的两个国家。英国在1979年到1997年期间，地方政府经历了历史上最为急剧的变革时期，在地方政府区划重组、职能转变、中央和地方关系等方面改革幅度非常大，而且一些改革措施仓促上马，缺乏必要的准备和严密论证。新西兰地方政府改革激进程度与英

---

① 《中国共产党第十八次全国代表大会报告》人民出版社2012年版，第38页。
② 王沪宁：《行政生态学》，复旦大学出版社1989年版，第295~296页。

国相类似，主要表现在地方政府的合并和重组、立法对地方政府职能的重新定位、将治理与管理分开等①。

对我国地方政府体制创新来说，同样是一个长期的、渐进的和系统的过程，我国地方政府的体制创新涉及方方面面的问题，特别是过去的计划经济时代遗留的体制问题与现代市场经济出现的新的问题，这些问题往往交织在一起，使得我国地方政府体制创新的过程更为复杂。通常，地方政府某一方面的改革往往会引起一系列的连锁反应，特别是在当前阶段，过去隐蔽的各种矛盾和关系随着改革的深入逐渐凸显出来，并在地方政府的层面缠绕在一起。因此，任何涉及地方政府体制改革的重要问题都必须系统考虑，循序渐进，切不可急于求成。

3. 从手段上来说，各种新的技术和手段在地方政府体制创新上得到广泛运用

地方政府改革中出现了一大批富有效果的技术创新，新的技术方法和手段的行使在一定程度上改进了制度的微观运行，并对整体体制结构的变革和绩效的提高产生了积极的影响。利用技术提高治理水平，推动人类发展正在成为全球化的潮流。地方政府治理改革中的技术创新包括两个内容：直接利用物质技术达到治理改革目的的创新，利用物质技术调整制度程序的某些环节以间接提高治理绩效的创新②。由于计算机网络技术的发展，地方政府改革实现技术上的革新具有了历史上任何一个政府所无法想象的优越性。技术手段的现代化推动着地方政府的理念、体制、机制和运行方式方法发生许多根本性的变化。各国着力推进的电子政府或电子政务建设，已经日益显露出其成功之处，它突破了时间和空间对地方政府职能履行和权力运作的客观限制，使地方政府有可能发展成真正无所不在和无时不在的政府。这种改革也推进着地方政府政务公开化的实践，发展着公民和社会组织对地方政府的监督。

目前，经济发展和科技进步为我国地方政府体制创新创造了良好的技术条件，这些条件为政府改革提供了前所未有的便利，在我国地方政府的体制创新中，积极借鉴西方国家在运用新的技术方面的成功做法是非常必要的，如电子政务、一站式服务等。同时，必须更多地依据我国特殊的政治经济和区位等环境来反思我国地方政府的体制创新，这种反思也可以有三个方面的内容：

1. 切不可套用西方地方政府改革的理论

任何一种理论都有其适用的土壤，剥离这种土壤去移植某一改革的理论和做

---

① 万鹏飞：《地方政府改革：一种全球化的透视》，载于《公共管理评论》第 1 卷，清华大学出版社 2004 年版。

② 杨雪冬：《技术创新与地方治理改革：对三个案例的分析》，载于《公共管理评论》第 1 卷，清华大学出版社 2004 年版。

法必然会产生水土不服的结果。西方的所有理论都是在其政治、经济和文化土壤上发育而成的，例如治理理论和新公共管理理论等。发达的公民社会、较为完善的市场经济和系统的宪政制度等都是不可或缺的外部条件。对于这些理论，在我国地方政府创新过程中，要善于扬弃，更多地应该是在机制和操作层面的某些方面加以谨慎的运用。

2. 善于在经济和社会的发展中调整地方政府体制创新的内容和方式

地方政府体制创新严格来说是没有终点的，是一个持续的过程，原因在于，地方政府体制创新的依据是本地的经济和社会，而经济和社会是一个不断发展和变化的过程，地方政府体制创新必然要求随着这种变化而变化。因此，任何一次地方政府制度创新都不可能穷尽所有的革新内容。这就要求地方政府制度创新的过程必须是公开的、参与式的、透明的，必须是与当地民众高度互动和灵敏反应的。

3. 地方政府制度创新的效果必须从本地的经济社会发展的状况中加以检验

目前，我国地方政府体制创新的过程通常是一种自上而下的、行政推动的过程，有关地方政府体制创新的效果更多的是以上级行政考核指标为依据，这在很大程度上会影响后续改革的有效性。地方政府体制创新的最为重要的目标是更好地推动地方经济和社会的发展，而各地经济和社会的具体状况是不一致的，以统一的指标来衡量效果显然是不科学的。因此，如何更好地让地方的相关团体和公众参与到体制创新的反馈过程同样非常重要，这就提出并形成了自下而上的自主探索与自上而下的部署推进双向运动并有机衔接的政府改革路径问题。

第二节　我国地方政府体制改革的路径反思

任何国家的体制改革都希望效率最大化，客观地讲，我国部分地方政府腐败和公共权力滥用却与改革过程相伴而生。党的十八大报告指出，"行政体制改革是推动上层建筑适应经济基础的必然要求"[1]。这些问题同样被很多人运用改革开放以来地方政府角色和功能转变的因素来加以解释[2]。何以形成这种令人迷惑不解的现象？与我国在特殊政治经济体制环境下采取的特殊改革路径之间，是不是存在着内生性的逻辑关系？过去30年我国地方政府改革的特殊路径是什么？

---

[1] 《中国共产党第十八次全国代表大会报告》，人民出版社2012年版，第28页。

[2] 杨善华、苏红：《从代理型政权经营者到谋利型政权经营者》，载于《社会学研究》2002年第1期。

在此，有必要对过去经常采用的改革形式、方法、策略、手段等路径性内涵进行重新审视，以期对地方政府未来的改革提供一些新的启示。

一、改革形式渐进性与主观愿望迫切性的反差

在学界，人们普遍认同的一个观点是，30多年改革的成功，很大程度上应归功于我国采取的渐进式改革形式。所谓渐进式改革，是指在旧体制"存量"暂时不变的情况下，在增量部分首先推行新体制，然后随着新体制部分在总量中比重的不断增大，逐步改革旧体制部分，最终完成向新体制的全面过渡①。其最为重要的特点是在不改变根本制度的前提下，以利益诱导的方式推动制度的缓慢更新。这种改革以利益激励为杠杆，充分发挥各主体参与改革的积极性、创造性，促进多元利益主体的发育形成，在此基础上推进改革进程。这种改革形式以利益调整为核心，成效很容易积累，然而，碎片化改革所导致的规范化制度建设被相对忽视，成为一个迫切需要解决的重要问题。

作为改革中非常重要一环的地方政府改革，其"渐进式"特征表现得非常明显。利益调整成为过去30年中我国地方政府改革最为重要的激励杠杆之一，渐进式改革意味着利益调整是一个循序渐进的、各种利益主体不断博弈的过程。在我国地方政府改革过程中，利益博弈最为重要的双方是中央政府和地方政府。中央政府为了调动地方政府的积极性，推动了以"分权让利"为主线的地方政府改革思路，把越来越多的利益下放给地方，于是，地方政府的角色形态随之发生很大的变化，日益从单纯的服从者成为相对的行为自主者、从纯粹的执行者成为相对的意志独立者、从中央政府的派出者成为一定的利益主体。这种身份的变化，反过来促使地方政府为了地方利益最大化而积极地与中央政府讨价还价。事实上，综观我国地方政府的改革过程，特别是20世纪80年代到90年代之间的改革，中央和地方之间非制度性的利益博弈，已经成为地方政府改革中的普遍现象。中央和地方政府都试图通过讨价还价的方式，来转移改革的成本，获取收益最大化②。在这种博弈中，地方政府掌握和运用资源的能力和反应能力，往往成为其减少成本和扩大收益的重要因素。地方政府往往会强调本地的特殊情况、注重地方官员的个人能力，或联合其他地方政府来增强自身的谈判能力，这样，从贯彻到谈判、从命令到协商便成了协调中央与地方政府利益的重要方式。

---

① 樊纲：《我国经济体制改革的特征与趋势》，见吴敬琏等：《渐进与激进——我国改革道路的选择》，经济科学出版社1996年版。

② 王绍光：《分权的底线》，中国计划出版社1997年版，第23页。

我国中央与地方财政体制的变革过程，其实就是双方不断讨价还价的妥协过程，谈判能力强的地方政府往往可以获得更多的地方留成、更多的财政补贴和转移支付。从改革之初的放权让利到20世纪90年代的分税制改革，如何合理调整中央和地方的利益关系，始终是我国地方政府改革的核心。因此，我国中央和地方关系自改革开放以来始终处于一种变动不定的、弹性化的发展态势。中央政府对地方政府的权力，总体上呈现出一种"放—收—放"的循环，这是渐进式改革中利益博弈的具体表现。30多年来的改革实践说明，这种以利益调整为核心的渐进改革形式，体现了自身独特的优势。

一是回避了改革可能带来的激烈的摩擦成本。渐进式改革不仅可以在改革中扩大资源总量，把改革和风险控制在最小的程度上，而且可以提高可供各种利益主体分配的份额，并导入或引进一个有利益激励和利益竞争的市场体制，从而有利于经济的增长①。这样的改革不仅容易赢得体制内和体制外各利益主体的广泛支持，也能反映各方利益诉求，还在一定程度上整合了改革过程中的利益冲突。因此，在我国整个地方政府的改革过程中，各种相关利益主体之间，总体上处于一种相对和谐的状态。

二是极大地调动了地方政府的积极性。利益调整的渐进改革，始终把地方政府作为一个利益主体来对待，并通过分权让利的方式满足地方政府的利益诉求，这就极大地调动了地方政府在推动地方经济发展中的积极性，地方政府扮演了十分重要的角色，成为地方经济发展的第一推动力。

但是，这种以利益调整为核心的渐进改革形式，本身同样存在着某种缺陷和不足，这种缺陷和不足，为现在的改革特别是实质性的利益调整，设置了某种错误的路径依赖。就我国地方政府而言，由重利益调整的改革而产生的弹性化的利益博弈方式，为地方政府的行为模式定下了基调，那就是利益调整和转移的"精英连续性"，使得现有制度下催生的地方政府非正当利益得以保存，使渐进式改革具有成本的高积累趋势。对地方政府来说，改革带来的最显著的"成本"就是地方政府权力约束的软化。由于渐进式改革形式强调的是各方对现有利益的"多赢"格局，而不是刚性的制度设定，这就必然导致形成一种利益分配的惯例，即非正式制度的谈判与协商，导致了地方政府行为模式与政策的随机化取向，地方政府这种外在权力约束机制被"软化"的态势，为地方政府权力腐化和公权力滥用提供了很好的温床。不仅如此，在渐进式改革过程中，中央和地方政府之间还存在着较多的利益模糊地带，而整体经济运行的非规范化特征，又为

---

① 林毅夫：《我国的奇迹：发展战略与经济改革》，上海三联书店、上海人民出版社1995年版，第21页。

地方政府利用所获得的自主权追逐收益最大化提供了可能,例如,利用行政手段藏富于本地,利用脚下的土地置换成巨额的流动资金,把预算内收入转化为预算外,积极地"跑部进金",从争项目、争资金、争政策中获得体制外的巨额得益,等等。改革开放30多年来,由于缺乏中央对地方重点的、有针对性的、操作性很强的制度性监督建构,地方主义纷纷抬头,中央权威在地方遭到不同程度的侵蚀。地方政府腐败呈现出向集团化、网络化发展的趋势,地方政权的"苏丹化"① 等问题,也终成为改革过程中挥之不去的阴影。渐进式改革的高成本累积效应已经开始出现,其制约影响必须引起高度重视。

二、改革策略的自上而下与地方自主呼声的契合

我国20世纪70年代末期开始的改革开放过程中,各种新的危机必然会伴随而生,正如亨廷顿所说的,如何保持社会的稳定性成为发展中国家现代化转型过程中面临的重要挑战。对于我国这样一个超大型的国家而言,这种挑战显得更加严峻。地方政府角色形态的变化,有利于地方的活力与发展,但是,这种活力与发展必须建立在这样的前提基础之上:地方政府改革必须做到基本维持政治体制相对稳定性和继承性,这是中央政府容忍地方种种变化的重要前提。而政治体制改革面临的最大挑战是,现行政治体制既是改革的对象,又是推行改革所依赖的组织手段②,简而言之,地方政府既是改革的主体,也是改革的对象。因此,在我国庞大而复杂的地方政府体系层面,为了确保地方政府改革的稳妥性、可控性和渐进性,中央政府在地方政府改革的策略上,采取了一种中央统合主义的策略。所谓中央统合主义就是中央政府牢牢掌握地方政府改革成果的最终认可权威,任何地方政府的改革必须来源于中央政府的指令,或者起码得到中央政府的许可和认同,否则将被视为非法,将承担政治上的风险。这样,就要求中央政府在地方政府改革启动之前,通常必须制定出预定目标、改革规程、改革策略和组织章程,甚至一并制定出技术性的操作机制,并以统一标准和统一模式在全国范围内有计划的层层推进,最终在各级地方政府中实现中央改革策略的落实。

这种中央统合主义的改革策略主要在两方面得到体现:一是先试点或调研,后推行。事先就某项改革内容在地方某地进行试点,之后以中央的名义对试点模式进行规范化描述并在全国推行,这种方式一般在改革前期占多数;二是默许地方政府先创新,做出成绩后中央追认,这种方式较多发生在20世纪90年代中期

---

① 萧功秦:《我国现代化转型中的地方庇荫网政治》,载于《社会科学》2004年第12期。
② 徐湘林:《以稳定为基础的我国渐进政治改革》,载于《战略与管理》2000年第5期。

以后,"昆山之路"是最好的例证。到21世纪以后,中央甚至明确要求地方政府的自主性改革,事后必须得到中央政府的权威认同。在第一种方式中,"试点"是中央主导下的实验主义,尽管在"实验"阶段缺乏明确的步骤和程序等,但在实验有成效之后的改革推行阶段,却体现出相当的"事后一致性"[①]。调研也是在中央主导之下的一种论证方法。事实上,在改革开放的初期,中央对每一次规模较大的地方政府改革都进行了明确的规定和要求,并纳入通盘的策划之中。中央政府根据总体的发展阶段和整体规划,适时推出统一的有针对性的改革措施,通过局部试点,步步推进。地方政府的改革行为受到了中央统合主义改革形式的外部约束,在很多方面,特别是一些重要而敏感的领域,不能越雷池一步。20世纪80年代初期开始的地方政府机构改革和职能转变中,中央政府对地方各级机构设置数、领导干部职数的明确规定和改革阶段的统一部署,以及地方政府在中央政府的制度准入条件下进行创新试验,如创办经济特区、经济技术开发区、引进外资和各种体制改革试验,等等,都带有浓厚的中央统合主义色彩。

进入20世纪90年代中期以来,第二种改革方式占据主要地位。由于放权让利策略与"分灶吃饭"的财政体制,使经济利益独立化的地方政府不仅愈来愈成为沟通中央的制度供给意愿与企业等微观主体的改革需求的中介环节,而且还直接从事能导致地方利益最大化的改革活动[②]。在这种情况下,原来的中央统合主义的模式发生了某些微妙的变化,那就是:有选择地容许地方政府的自主性创新行为,通过授权或事后认可的方式给予权威性的确认。但是,这种改革依然受到中央的"授权约束",没有得到中央权威认可的地方创新行为,将受到严厉的惩罚。常州"铁本事件"是一个很好的例证。90年代中后期以后,中央政府号召各地自主创新,这从中央对地方政府纷纷设立各类开发区的态度反应中,可以得到验证。另外,中央政府在控制总体创新的同时,把越来越多的机制性的创新空间下放给地方政府,地方政府获得了更多对现有治理所使用的手段、措施、方法以及程序进行技术层面的创新空间[③]。开始于2000年,由中央编译局比较政治与经济研究中心、中共中央党校世界政党比较研究中心和北京大学中国政府创新研究中心联合组织,每两年举行一次的"中国地方政府创新奖"(目前已经举办了六届),所评选出来的地方政府创新案例就是很好的例证。

我国地方政府改革的这种中央统合主义策略总体上获得了很大的成功。改革

---

① 盛洪:《我国经济改革的政治经济学分析》,载于《开放时代》2001年第12期。
② 杨瑞龙:《"中间扩散"的制度变迁方式与地方政府的创新行为——江苏昆山自费经济技术开发区案例分析》,见《我国制度变迁的案例研究(第二集)》,中国财政经济出版社1999年版。
③ Stormwater Quality and Local Government Innovation, American Planning Association, Journal of the American Planning Association. Spring 2007. Vol. 73, p. 185.

获得成功的根本原因是，地方政府的自主性创新并未削弱权力内核的核心控制力，只是控制内容和方式有了很大的变化①。这种核心控制力通过控制最重要的资源，获得地方对中央权力内核的服从，中央政府这种刻意的控制，总体上避免了地方政府改革可能带来的政治利益冲突、经济不稳定和社会震荡。但是，这种统合主义的改革策略也体现了明显的弊端，其中最为重要的是地方政府的创新能力和积极性受到了很大的抑制。理论上说，地方政府对特定的制度环境的认识更准确、更敏锐、更直接，与中央政府相比，地方政府更能了解制度资源的状况和微观主体的需求，同时，也受到来自微观主体要求实现其潜在利益的更大、更直接的压力。因此，地方政府的改革更便于从形式到内容与本地区实际情况相结合，充分开发和利用制度资源，更易于与微观主体达成一种现实层面的理解与共识。事实上，对于地区差异巨大的我国来说，地方政府直接面对当地的制度资源和微观主体，更便于及时把握新制度的预期收益，并在不断解决具体问题中推进制度变迁②。然而，中央统合主义的改革策略在很大程度上抑制了地方政府在改革方面的优势发挥，这就导致了我国地方政府改革过程中出现的一个普遍问题，那就是"上有政策，下有对策"，换句话说，就是通过灵活方式来适应性地裁处地方治理改革事务。这在一个地域广袤、国情复杂、资源相对不足的国度，这种通过具有相当弹性的"政策治国"方式来展开经济社会建设，实际上是改革开放以来地方政府所展开的一种常态性的治理方式。这种把创新的原动力与调整改革的无奈都内在地结合在一起的方式，成为制约地方政府发展的实践机制。从更高一个层次来看，20 世纪 90 年代中期以来，中央政府毅然地提出了依法治国的战略决策，这种国家层面的进步，全国为之庆幸，世界为之惊讶。然而，法治的基本价值取向与地方自主创新的价值定位无疑存在着巨大的反差。法治追求的是稳定、秩序与规范，而自主创新追求的是变革、活力与突破。我国中央政府倡导地方自主创新与西方新公共管理主张放松规制的背景大相径庭，西方是在完成了法治任务的前提下提出的，他们是在法治的基础上追求自主与活力。而我国长期缺乏法治资源，现在刚刚开始法治建设，同时又要求地方自主创新，其内在的矛盾不言而喻。因此，中央政府的改革方案很难在地方全面落实，客观上有着这个深层的原因。然而，地方不创新又不行。于是，一方面中央政府的改革方案往往与地方政府的实际很难吻合；另一方面，地方政府的自主创新，又在客观上无法严格依照中央预定方案进行，地方政府采取"变通"的弹性方式就几乎无法避免。正是由于这样，地方政府改革过程中"放权、一放就乱、一乱就收、收权、

---

① 徐勇：《内核—边层：可控的放权式改革——对我国改革的政治学解读》，载于《开放时代》2005 年第 2 期。

② 郭小聪：《我国地方政府改革的理论：作用与地位》，载于《政治学研究》2000 年第 2 期。

一收就死、一死又放、再放权、再收权"、"膨胀—精简—再膨胀—再精简"的循环怪圈，就必然会时隐时现、阴魂不散，很难摆脱。

三、改革手段的行政性与改革规律的探索

世界上很多改革基本上是镶嵌式的，并且受制于社会文化与历史的进程。与其他国家相比，我国市场化改革的一个重要"社会文本"就是原有的计划经济体制，这使得我国的市场机制形成过程不是一个原生态自我进化和发展的过程，而是在计划经济体制这一大树上直接"嫁接"市场机制新枝的过程[1]。很显然，这种过程依照自然生长的力量无法完成，而必须依靠外力，我国完成这种嫁接式市场化改革进程的外部力量就是强有力的行政权力。用新制度经济学的术语来说，就是一种强制性制度变迁，是"由政府命令和法律引入和实行"[2] 的改革过程。

就我国地方政府改革而言，这种行政力量"强制"下的变革过程主要体现在两个方面：第一，地方政府改革的启动是通过中央政府强有力的行政推动而实现的，中央政府常常扮演"第一行动集团"的角色。中央政府设置改革的基本路向和准则，以制度供给者的身份，通过法律、法规、政策等手段实施自上而下的制度性供给。以地方政府机构改革为例，基本上每次改革都是在中央政府强有力的行政推动下启动的，1982年12月，中共中央、国务院向各地方政府颁发了《关于省、市、自治区党政机关机构改革若干问题的通知》，1983年2月和12月又先后颁发了《关于地市州党政机关改革若干问题的通知》和《关于县级党政机关改革若干问题的通知》。1993年7月，中共中央、国务院颁发了《关于党政机构改革的方案》和《关于党政机构改革方案的实施意见》，1999年1月颁发了《中共中央、国务院关于地方政府机构改革的意见》，等等。这些文件的颁发，意味着是新一轮地方政府机构改革启动的命令与号召；第二，地方政府改革的实施过程一般都是通过行政力量来组织完成的。这就是说，市场机制被镶嵌在行政命令的贯彻之中，也可以说，被镶嵌在原有的计划模式之中。这样，传统计划经济体制所形成的路径依赖，必然在市场经济发展进程中产生重要影响，这就是过去计划经济时代行政命令式的行为模式，常常会以惯性的力量与持续不断的形式，时不时地体现在地方政府改革的深层原因中。

---

[1] 张弘达：《我国大陆嫁接式市场化改革：地方政府角色与企业行为》，载于《我国大陆研究》2001年第44卷，第1期。

[2] 林毅夫：《关于制度变迁的经济学理论：诱致性变迁与强制性变迁》，见［美］R. 科斯、A. 阿尔钦、D. 诺斯等：《财产权利与制度变迁》，上海三联书店、上海人民出版社1994年版，第384页。

这种行政化的组织实施惯性主要体现在三个方面：一是文件执行。文件在地方政府改革过程中扮演着十分重要的角色，发挥着不可替代的作用。通常来说，文件制度是科层制内部相互关系的不可或缺的形式和通道，它不仅具有传递信息、发布行政指令的一般性功能，而且更为重要的是，文件还具有统治、转换和执行的政治功能①。层层落实文件精神成为地方政府改革过程中的一个最为常见的组织推动方式；二是行政责任制。面对每次地方政府改革任务，各级地方政府通常都会建立由地方官员领导和牵头的改革小组，以形成自上而下的，层层负责的行政力量保障，而且还常常以签订责任书的方式强化这种保障；三是绩效考核。在地方政府改革过程中，往往是由中央政府或上级政府设立地方政府改革目标的各项标准，这种标准往往是由一系列的指标体系组成的（其核心是常常为当下人们所诟病的 GDP 指标，但由于其契合中国经济建设中心这一核心任务和追赶型现代化的基本要求，在近年的绩效考核中其关键地位依然牢固。不过由于能耗问题、环境污染问题以及相关的劳工权益保护问题等累积性风险逐年增大，对这一核心指标进行绿色化、生态化、民生化、科学化改造的实际举措越来越多，因此 GDP 考核体系也正面临着被局部修正的良性发展态势），然后，在规定的期限内，对各相关责任人就原来设定的指标体系逐项对照，以完成指标的状况来决定对相关人是否奖惩。

在新制度经济学看来，这种以行政权力推动的强制性制度变迁，可以大大降低制度交易的成本。一般在自愿合作的诱致性制度变迁中，一项正式的制度安排需要改革者花费较多的时间和精力去组织和谈判，以便得到这群人的一致性意见，从而需要花费较多的改革成本。而强制性的制度变迁模式，不但可以在很大程度上避免这种博弈过程中所耗费的大量时间和精力，快速启动体制创新的进程，而且可以避免由于各方博弈的失败而导致剧烈冲击的可能。在具有集权传统的国家中，政府拥有绝对的政治力量对比优势，还拥有很大的资源配置权力，往往通过行政等手段，能够在不同程度上约束其他社会行为主体的行为。为了保障资源配置的效率，需要政府以改革衔接不完全的计划和不完全的市场②。如果说以利益调整为核心内容的渐进式改革形式，为我国地方政府改革的顺利启动和避免激烈摩擦提供了内在激励机制的话，那么，我国地方政府改革在"不争论"的总体政策环境中，则以行政手段为推动力和组织力，形成了强有力的外部保障供给。

然而，这种强制性改革形式却存在着两个不可避免的困境：一是由于排除了

---

① 谢岳：《当代我国政治沟通》，上海人民出版社 2006 年版，第 116 页。
② 陈天祥：《论我国地方政府改革的角色及方式》，载于《中山大学学报》（社会科学版）2002 年第 3 期。

制度变迁过程中的制度需求主体之间的互动,行政组织及其人员的制度需求偏好替代了其他所有主体的偏好,结果不可避免地出现强制性的制度供给与现实的制度需求之间脱节,使得改革的效果大打折扣。在地方政府的改革过程中,之所以出现改革的反复,在很大程度上是行政主观制度供给与现实制度需求之间不一致所造成的。例如,在机构编制的设置以及职能转变的内容上,就与市场经济条件下对政府机构和职能的要求存在着很大的差距。中央或上级政府反复强调编制的总量控制,但是,地方政府却有各种形式与之对应,如编制之外有辅助编制、同一个行政机关里还有事业编制、非事业编制的其他人员,导致实际编制大大突破界限,形成实际编制规模的反弹。二是地方政府寻租问题。由于在强制性的地方政府改革中,地方政府是推行改革的核心力量,其他力量难以形成对地方政府的制约。当地方政府既是改革的推动者同时也是改革的对象时,每当改革与政府官员的利益发生冲突时,地方政府往往会出现绕开改革、延缓改革等绕道现象。特别是随着改革的推进,市场经济的不断发展,各项举措逐步深入到改革的"深水区",这时寻租活动会愈加泛滥,甚至出现改革的"倒车"现象。一旦中央放松对经济控制,地方对寻租的冲动就会迅速蔓延[1]。例如,近几年城市房价猛涨,中央一系列宏观调控政策无法完全奏效,根本原因就在于存在着地方政府的寻租行为。

四、"悬浮式"改革态势与社会参与呼唤的反差

所谓悬浮式改革是指在整个改革过程中,改革的动力机制基本脱离社会领域,处于一种"悬浮"于社会之外的状态。这种"悬浮"包含两个方面的含义:第一,改革凌驾于社会之上。改革总体上体现一种居高临下的特点,改革的过程依靠组织化的力量通过官僚体系自上而下地传递,公民只能作为政府改革成果的最终享用对象,而且往往还只能被动地接受,社会作为改革中的重要行动因子基本上被排除。政府推行改革,公民服从和接受改革,成为政府改革国家与社会关系的主旋律。第二,改革游离于社会领域之外。改革与社会呈现出一种"游离"的状态:一方面,政府改革通常被视为仅仅是公共权力机关的事情,局限于政府或国家的层面,改革在国家和社会之间产生明显的界限;另一方面,作为社会力量的公民和中介性组织的影响力,由于缺乏有效的通往改革领域内的渠道而无法形成改革的重要参与力量。于是,在改革过程中,改革与社会结构之间产生了某

---

[1] Andrew H. Wedeman. From Mao to Market: Rent Seeking, Local Protectionism, and Marketization in China, Cambridge University Press, p. 242.

种"悬浮效应":由于缺乏制度性的国家与社会关系机制,政府改革常常"飘忽不定";由于缺乏制度性的对话框架,难以契合社会的需求与社会发展的整体趋势。于是,结果是要么滞后于社会的需求,要么超前于社会的发展。

对于这种悬浮式改革,可以从两个方面来理解:

第一,地方政府改革悬浮于地方民众。地方政府改革的行动主体通常仅限于政府及政府内部的人员,改革的过程通常只是中央政府与地方政府之间、各级地方政府之间以及不同职能部门之间的互动。地方民众在很大程度上只是作为各项改革措施的被动的输出对象,而难以有效地参与到地方政府的改革过程中去。地方公众影响地方政府的改革只能以某些非制度性的形式与途径来体现,当地方政府的创新行为引起了中央政府的注意,并认识到这种创新可能存在巨大收益的时候,中央政府就会把这种创新行为作为标本在全国推行,典型的是改革之初安徽凤阳农民的创新行为,中央政府推行的一系列相关家庭联产承包制的政策,都是安徽凤阳农民的标本行为所带来的地方政府体制改革。地方公众影响地方政府改革的另一种非制度化形式是地方民众的某些负面事件引起了较大的社会负面影响力,使中央政府认识到现有制度存在着明显的弊端而推动某项改革,典型的是孙志刚事件引发的关于地方收容遣送制度改革的案例。还有一种情况就是地方政府为了争取试点权或中央对其自主改革的事后认可,往往用"民意"作砝码,特别是用微观主体绩效提高和财政收入增加来佐证其自主改革的正当性①。不管是哪种情况,都反映了地方政府改革过程中地方政府与地方民众之间的"悬浮"状态,地方民众缺乏制度化的参与地方政府改革的有效渠道。这说明,悬浮式改革导致民众意愿与地方政府改革的政策议程设置之间难以真正建立起直接有效的联系,致使政府不能很好地反映和满足民主需求,而是在较大程度上变成一种自我决策、自以为是、自我欣赏、自娱自乐,从而引发了种种权力与权利、资本与权利的紧张,甚至在房改政策等领域出现民众的深度埋怨和不信任,严重危及地方政府的公信力。

第二,地方政府改革悬浮于地方社会的需求与发展。我国地方政府改革常常明显滞后或超前于地方社会需求与发展。"明显滞后"是指随着改革的深入和地方经济与社会的发展,不管是地方公民参与公共事务的意识还是能力都有了很大的提高,不仅如此,地方中介组织也得到了快速的发展,在 20 世纪 80 年代以后,地方各类社会团体和民办非企业单位的发展,开始得到法律的确立和保障,各种协会、学会、联合会、联谊会、研究会、基金会、促进会、商会等地方非政

---

① 杨瑞龙、杨其静:《阶梯式的渐进制度变迁模型——再论地方政府在我国制度变迁中的作用》,载于《经济研究》2000 年第 3 期。

府组织的快速发育，为地方社会参与地方政府的改革奠定了良好的基础。但很遗憾的是，地方政府改革似乎还没有做好接纳这些社会力量参与的充分准备；"明显超前"是指一些新的与西方社会结构相契合的地方政府改革的理论，往往被视为灵药而被套用到我国地方政府的改革当中来，而忽视这些理论背后的社会结构与社会基础的差异性。近年来，地方政府改革中一个值得注意的现象，就是诸如地方治理、新公共管理、民主行政、服务型政府等理论和概念的滥用和套用。殊不知，西方这些理论是建立在深远的法治传统品格、浓厚的公民参与精神、高度的参与能力、发达的社会中介组织以及有效的参与网络等社会结构基础之上的，整体上呈现出"强社会—强国家"的关系之上的一种建构。现在，仅仅几年时间，西方这种流行理论在我国整体社会结构中表现出来的水土不服现象已经十分明显，如西方地方政府推行市场化的公共事业招投标改革，在运用到我国改革中时，出现的竟是一个负面效应——地方政府的寻租，这是引荐者始料未及的。归根结底，这是地方公众缺乏对地方政府的参与和制约所造成的。

上述是过去30多年地方政府在特定环境下改革所依赖的路径。任何改革都会具有正效应和负效应。我国地方政府改革的这种路径既可以为我国经济与社会发展的巨大成功做出解释，也能为当前地方政府存在的种种问题寻求答案。经历了30多年改革后的我国地方政府改革，将面对全新的、更为复杂的环境，新环境下地方政府改革路径的完善，将成为我国地方政府进一步深化改革的重要前提。

第三节 我国地方政府体制创新面临的新问题

路径的反思必须带来地方政府体制改革的新话题。现实中，十六大、十七大前后地方政府一系列改革尝试与"改革冲动"，到处在进行问责制的实施，到处是政府的承诺与服务，到处是群众的评议与问卷。伴随着党的十八大胜利召开，改革态势更呈现出新的特征：一是区域经济联系的日益重视，二是省级政府对县级政府直接管理的扁平化的部分推行，三是大部制改革的深度推进。这些变化，都要求地方政府只有不断的探索创新，才能在改革中贯彻科学发展观，在地方政府创新中构建和谐社会。

一、改革形式与体制内核的关系

　　地方政府的改革形式丰富多彩，但是，笔者以为改革大多停留在表面与技术层面，没有深入体制的内核。究其原因最关键在于地方政府既是改革的主体，又是改革的对象。我国地方政府体制改革主要由政府自己推动，改革的对象就是政府体制自身，从这个逻辑关系来看，改革的彻底性、持久性就必然成为问题。中国政府体制改革30多年的实践已经展示出这样一个事实，改革没有涉及体制的内核，连政府权力结构的变革也只是在存量基本不变的前提下作增量的修改。而现在大量的改革现状、轰轰烈烈的改革场景，大多只是涉及体制的表面，充其量只是在技术层面上作些修改。如万人评议、领导承诺、市长电话等，大多数地方政府仅仅停留在制度的一般规定上，不够具体，缺乏可操作性，或者停留在一般的贯彻上，不能全面贯彻，不能贯彻到底，甚至也有一阵风吹过，很快烟消云散。这种看似热闹的"革新"，实际上是一种技术替代的方式来试图部分解决或消弭政府体制改革这一核心命题，但从长远来看，效果是令人悲观的。我们认为，万人评议无法评出客观的结果，领导承诺不等于制度建设，电话不等于对话。（1）关于万人评议无法评出客观的结果。万人评议注重的是参与者形式上的广泛性，却缺乏评判者关注问题针对性的对应，缺乏评判标准客观性的完善，其效果就只是将不同职能内容的部门放到一个同样的尺度上去衡量，这样，就怎么也无法衡量出客观的结果来。问题的关键是在这个万人中，没有在相对人方面做出专门的制度性设计。（2）关于领导承诺不等于制度建设。承诺往往是由个人做出的，承诺往往会因人而异，承诺还会时过境迁。而制度具有稳定性、确定性、规范性、持续性。昆明市前市委市政府也搞承诺，他们的承诺不是仅仅停留在口头表态上、一时的行为上，而是把它转化为可操作的具体流程，有内容规定、过程设定、中间检查、后果追究，即把问责制与承诺结合在一起，这样，就等于把一般的承诺变成了制度。这是昆明市委市政府的高明之处。（3）关于电话不等于对话。因为电话只是一种工具，只是一种渠道，它相对于原来政府行为的封闭性、百姓向政府反映情况的无奈性而言大有进步，应该是改革的成果之一，是地方政府以人为本的一个具体行动体现。但是，电话有可能接得通或接不通，电话反映的情况有可能处理或被搁置。而对话是一种平台，是一种结构，对话双方处于一个平等的位置，其对等性、对应性、回应性是制度性的安排，它不可能因人而异、不可能表现为随机性与随意性。当然，由电话转化为对话也是有可能的，关键是要构建一个机制，要连接问责制，这个机制就要有专门的人负责处理电话反映的问题，如果不处理电话反映的问题就要被问责。昆明市前市委书记仇和同志 2008 年一年中批示 4 000 多件电话，实在是难能可贵。这就在一定程度上将电话变成了对话，这就是昆明市委市政府体制改革的先进之处。当然，电话变对话还要有一个内生条件，那就是打电话的市民应该逐步成为公民，他们不仅关心自己眼前的利益，还要关注社会与国家的长远利益；不仅应该知道自己有权利向政府反映问题，还应该知道自己在这些问题处理中的义务；不仅有权反映自己在本地总体发展中受到的权利损失，还应该明确哪些问题应该由政府管，哪些应该由政府的具体部门管，哪些应该由自己通过市场解决。这样的对话就实际上将体制改革上升到一个新的阶段，改革的动力也就有了，体制的根本问题也涉及了，昆明的问责制在这方面已经从一个侧面开创了体制改革的先河。

我国政府体制改革 30 多年了，从总体上讲，我们的制度是有了，但是还没有制度化。所谓制度化就是指将制度系统化，增加其配套性；就是将制度细则化，增加其可操作性；就是将制度明确化，增加其有效性；就是将制度具体化，增加其科学性；就是将制度机制化，使其能够真正"落地"。昆明市委市政府的问责制的本质内涵及其制度化的尝试，具有全国性的示范效应，它处在全国地方政府问责制的前沿。当然，其实施的方法与侧重点体现了昆明的特色。由于我国地方政府改革各有特色、丰富多彩，如何考虑地方政府自主性与创造性之间的政策空间，如何顺应各地的差异性特点，如何因势利导，不用一刀切的传统方法，放弃单一性的思维习惯，充分吸纳社会元素与力量，这是体制改革路径上的问题。从这个意义上讲，适合昆明特点的问责制，正是昆明问责制的生命力和有效性所在，其他地方不一定全部模仿，当然，其他人也不必指手画脚。如果我们上下能够有一个宽松的心态与政策环境，今后 30 年的政府体制改革将会有更大的飞跃。

二、区域经济一体化与行政管理体制改革新课题

经济全球化和区域经济一体化是当前世界经济发展的两大趋势。区域经济一体化，指的是按照自然地域经济内在联系、商品流向、民族文化传统以及社会发展需要而形成区域经济的联合体。区域经济一体化同时也是建立在区域分工与协作基础上，通过生产要素的区域流动，推动区域经济整体协调发展的过程。对我国来说，目前包括长三角、珠三角在内的经济区域存在的最大的问题是区域内各地方政府各自为政，地方市场分割和地方保护主义阻碍了经济资源的自由流动和跨地区的经济合作。按照法国经济学家塞吉让·庞赛特（Sandra Poncet）的研究，1997 年中国国内省级间商品贸易平均关税达到了 46%，比 10 年前整整提高了 11%。这一关税水平超过了欧盟各成员国之间的关税水平，和美国与加拿大

之间的贸易关税相当。1987年中国消费者购买各自所属省份自制产品的数量是他省产品的10倍，而到了1997年，这一比重则达到21倍。尽管随着经济发展水平和市场发育水平的提高，随着国家立法的完善和执法环境的变化，地方市场分割和地方保护主义的内容和表现形式也在发生变化，但造成这一现象的体制性根源依然根深蒂固，严重地阻碍了区域经济一体化的进程，从而增加了地方之间贸易的交易成本，损害了经济增长。因此，打破现有的地方政府管理模式、增强区域融合度、循序拓展区域公共治理已经成为当前我国地方政府改革的方向。

（一）从地方政府管理到地方治理

所谓治理，是指各公共的或私人的机构和个人管理其共同事务的诸多方式的总和，它是使相互冲突的或不同的利益得以调和并且采取联合行动的持续的过程。这既包括有权迫使人民服从的正式制度和规则，也包括人们同意或认为符合其利益的各种非正式的制度安排。治理的目的是在各种不同的制度关系中运用权力去引导、控制和规范公民的各种活动，以最大限度增进公共利益。其强调一种多元化的、民主的、合作的管理模式。自从20世纪80年代英国首先兴起地方治理以来，在西方发达国家出现了方兴未艾的地方治理变革运动。当代地方治理指的是，在一定的贴近公民生活的多层次复合的地理空间内，依托于政府组织、民营组织、社会组织和民间的公民组织等各种组织的网络体系，共同完成和实现公共服务和社会事务管理的过程，以达成以公民发展为中心的、面向公民需要服务的、积极回应环境变化的、使地方富有发展活力的新型社会管理体系。在过去20多年中，地方政府改革的一个重要特点就是超越地方政府本身而进入地方治理的范畴。早在1988年，美国奥斯特洛姆（Elinor Ostrom）等学者就指出，地方治理不应局限于地方政府单位所发生的一切，而应将视野扩展至更为广泛的空间。这个空间包括其他层面的政府、私人、自愿部门、市民社会在内，他们之间形成的复杂关系可以称之为地方治理结构。许多发展中国家的地方政府改革也纷纷向这方面靠拢，成为今后很长一段时间内地方政府改革的方向。

从地方政府管理到地方治理，意味着地方政府的角色发生了重要的转变，地方政府不再是传统地方公共权力的唯一中心，组织结构不再是自上而下的等级权力体系，地方政府和地方中介组织、私人组织等构成一个网络和伙伴的关系，更加强调地方公共部门和其他组织之间的合作，也就是说地方权力结构从原来的单一中心化转变为地方权力多元主义。地方政府不再是地方公共服务的唯一提供者和垄断者，传统由政府主导和影响的地方公共舞台成为多重组织和个人与政府共同表演的场所，地方政府更多时候只是推动者和协调者，而非指挥者和控制者，地方政府更多的是把公共服务转交给私人组织和中介组织。在价值理念上，地方政府更加强调对地方公众的回应性，强化地方政府的服务理念，地方公众在地方政府看来在某种意义上是顾客。在过程方面，强调动态性和参与性。地方政府在公共决策过程中注意开辟适当的渠道让公民和其他组织参与其中，凸显公民意见在公共决策中发挥的影响和作用，从而使得政策的制定更加具有互动性。

另一方面，从地方政府管理向地方治理的转变过程也出现了一些负面影响。在许多国家，服务提供模式千变万化。例如，公私合作以及承包的某些形式在其他的南欧国家也有发现。然而，尽管如此，这些导致地方治理新形式的制度变迁带来了一系列后果，其中一些强化了地方政府体系，一些又削弱了这些体系。服务承包和私有化倾向加上强制的竞争性招标可以使得任务、合同和行动措施很容易具体化。但是，地方治理也带来了一系列的弱点，尤其重要的是，地方服务提供体制和地方治理体制总是比以前单一机构体制要复杂得多。通常，消费者很难理解各种各样的服务提供团体。更重要的是，提供地方服务的各种各样的机构存在越来越多的责任性问题。用消费者至上的价值观代替公民价值观的总体趋势是与治理的趋势相联系的，这种价值观使得政治制度和过程的合法性进一步被削弱。对于消费者来说，当服务得不到满足时，进行有效的选择或者获得赔偿可能也是很困难的。这些问题需要各国在地方政府改革过程中给予重视。

（二）创新组织机制，建立跨区域协调机构

由于我国区域经济一体化是建立在跨行政区基础之上的，为了消除局部利益对区域共同利益的侵蚀，必须在分立的行政区基础上形成共同的内在机制，并在保证共同利益的基础上制定具有约束力的政策和制度规范，实现组织体系内的超行政区的协调与管理。没有统一的跨行政区的区域协调管理机构，地方政府区域合作就很难进入到真正的实质性阶段；没有明确的协议或制度，就很难保证地方政府在追求地方利益的同时不会对共同利益产生影响。但值得注意的是，这样一种框架性制度结构必须建立在相关地区自愿合作的基础之上，而且是一种对各地具有明确的约束性机制。这种机构应该有明确的职能和权限，并且所做出的决策可以以立法等形式，对各级地方政府的行为构成有效约束。

从近些年我国发展实践来看，地方政府为了协调相互间关系，也往往倾向于加强横向合作与联系以实现利益最大化，但现阶段合作往往还处于一种非制度性的阶段，缺乏强有力的组织保证。因此，应对区域经济一体化发展的客观需要，建立一个跨行政区的协调管理机构尤为必要。在此基础上，应该考虑更大范围和更深层次地展开经济一体化、管理一体化、服务一体化的政府间协调工作，实现从行政区治理走向区域公共管理的新格局。

三、大部制与地方政府结构重组趋势

2008年3月16日,随着超过2 900名全国人大代表的表决,《国务院机构改革方案》获得通过,新组建的工业和信息化部、交通运输部、人力资源和社会保障部、环境保护部、住房和城乡建设部成立。在这次国务院机构改革中,涉及调整变动的机构共15个,正部级机构减少4个,撤销6个部门,新增5个部门,牵涉到的部门15个,国务院组成部门由原来的28个变为27个。由此拉开了新一轮政府机构改革的序幕。

历史上每一次机构改革,都是因应当时社会发展状况而变,这一次也不例外。例如,1998年的改革,国务院组成部门从40个一下子减少到29个。撤销的部门中,有8个是直接进行微观经济管理的部门,比如纺织工业部。当时,市场经济体制已经确立了5年半,亟须上层建筑与经济基础相适应。2003年的改革,因为国有企业改制已经基本完成,亟须加强统一管理,国资委就应运而生。但这一次有所不同,其重点并不在机构的合并与裁撤上,而是按照精简统一效能的原则和决策权、执行权、监督权既相互制约又相互协调的要求,紧紧围绕职能转变和理顺职责关系,进一步优化政府组织结构,规范机构设置,探索实行职能有机统一的大部门体制,完善行政运行机制。很显然,改革的重点在于职能的整合。

一般来说,按照部门的职能大小和机构的数量多少不同,政府机构设置有"小部制"与"大部制"两种类型。小部制的特征是"窄职能、多机构",部门管辖范围小、机构数量大、专业分工细、职能交叉多。我国目前实行的即是这种小部门体制,其也有历史发展过程:从政府产生之时,就存在依据对象进行分工管理的客观要求。社会生活的复杂性要求公共权力在运行过程中必须有所分工,才能有效地实施管理,也就是实行部门管理体制。随着社会的发展,政府承担的职责和功能不断增加,机构数量也将不断增多,进而出现政府部门管理中交叉、重叠、真空领域不断增加,由此产生矛盾和问题。于是,大部门体制应运而生。所谓大部制就是将政府相关或者相近的职能部门加以整合,加大横向覆盖的范围,将类似的职能尽量集中在一个大的部门中,把原来的部门改编为内设司局或具有一定独立地位的机构。大部制结构通过扩大部门职能或者整合相关部门,把本来是部门和部门之间的关系变为部门内部的关系,这就减少了行政协调成本。大部门体制已成为西方国家在组织中央政府时的一种选择。

对于我国来说,推行的"大部制"改革,是完善社会主义市场经济体制和深化行政管理体制改革的需要。鉴于我国中央政府与地方政府职能的有效划分和呼应，如果国务院实行大部制，减少部门数量，则地方各级政府就必须做到与中央一样合理设置部门，这将迫使地方政府的结构进行重组，这对地方具有重要的现实意义。需要指出的是，大部制改革反映了地方政府对行政体制改革的普遍愿望。这是地方政府精简机构、转变职能、革新政府工具、提高治理效能、降低行政成本以及促进市场发育和公民社会发展的重要工作。据我们在全国14个省的调查，很多地方政府及部门都提出了推进部门整合的意见，这也说明推行大部制改革具有广泛的社会基础。大部制改革对地方政府结构的主要影响在于：

首先，要求地方政府减少职能交叉，完善行政运行机制。我国目前政府组织机构设置存在的突出问题是部门过多、职能交叉、权责脱节。造成部门之间的职责交叉、推诿扯皮，又导致职能分散、政出多门，削弱了政府的决策职能，也不利于集中统一管理。职能交叉还损害了地方整体利益的实现，严重影响了经济社会统筹发展。实行"大部制"，能适应信息技术发展带来的由传统的以职能为中心的职能导向型政府转向以流程为中心的流程导向型政府，有利于整合政府资源，再造工作流程，确保全面履行政府职能，为公众提供便利，最终提供高质量的"无缝隙的服务"。

其次，有利于地方行政体制改革的突破和深化，可加快行政管理体制改革。大部制将是未来行政管理体制改革的重点和亮点，应当将大部制改革放到整个行政管理体制改革的全局来定位和设计，综合考虑政府改革的系统配套问题，将组织重建、体制变革、机制创新、职能转变、流程再造、管理方式创新以及相互关系的调整有机结合起来，以全方位推进我国地方政府组织变革。因此，要从整体推进行政管理体制改革、实现政府治理创新和现代化的高度，充分认识推进大部制的重大意义，将其作为加快行政管理改革的关键环节，按照深入贯彻落实科学发展观和构建社会主义和谐社会的要求，加强领导、科学规划、周密设计、统筹协调、稳步推行。

四、我国地方政府体制创新价值展望

我国地方政府改革已经经历了30多年的历程，目前面临着一个新的"拐点"，这一"拐点"意味着过去30多年我国地方政府改革的独特路径，已经与我国地方政府改革的一定成就紧密相连，同时也意味着我国地方政府体制创新将面对许多无法规避、路径中的新问题，这些问题能否解决，将直接关系到地方政府进一步深化改革的成败。

第一，有关中央适度集权下地方政府体制创新自主空间的合法性问题。对于任何超大型国家来说，如何在实现国家繁荣强大与人民更加自由幸福之间寻找平衡，是改革的重要目标之一。这一目标反映出中央政府的意图与地方政府的目标追求是合一还是存在差距，也反映出中央与地方政府关系模式中的契合程度与适当程度。换句话说，就是中央政府是否拥有了应有的权威，中央政府追求整个国家的繁荣强大与追求全体人民自由幸福有没有足够权威的制度保障，也就是地方政府是否拥有适当的自主权，来准确处理区域发展与整个国家繁荣的关系，来执行中央政府的"以人为本"的思维逻辑，成为提供人民自由和幸福的活力与源泉。过去的改革总体处于一种中央集权——中央放权——中央试图收权的循环中，尽管地方政府的活力得到了不同程度、不同形式的释放，但是，这很大程度上是被动授权下的改革、无奈中的尝试与脱离了中央政府视野的自主行为的综合，甚至是一种混合。之所以说被动，是因为有一部分地方政府凭借着天时地利人和，适时捕捉机遇，获得了发展的空间与成绩，中央政府承认了它的成功，但是，路径值得反思；之所以说无奈，是因为地方政府面对整体体制改革未到位，在局部范围内进行制度创新既艰辛又困难，这就把未来整体改革的路径构建与完善问题提到了议事日程，进行有关宏观性、全局性的顶层设计；之所以说脱离，是因为有一部分地方政府以制度创新为借口，背离中央政府制度设计与指导精神，出于局部利益的某种冲动与越轨，这就对未来改革路径的规范性的问题提出了更高的要求。总的来说，地方政府在改革中拥有的活力，必须置身在中央适度集权之下，只能在合法性的自主空间中进行创新，这是未来地方政府改革必须解决的一个轴心问题。那么，地方政府的这种自主性空间应该怎么规范？笔者认为必须解决三方面的问题：一是利益边界问题，二是法律地位问题，三是在制度创新中的角色问题。（1）关于利益边界，主要是指地方政府与中央政府之间的利益边界的划分。利益是激励地方政府在自主性空间中充分释放自身活力的物质动力，准确定位地方政府的利益边界，一定程度上可以把握地方政府活力的度。过大了，会诱发地方政府的地方主义膨胀，过小了，会抑制地方政府的积极性发挥。（2）关于法律地位，那就是通过法律规范，将地方政府的权力范围明朗化、刚性化，使地方政府的自主空间具有合法性前提，并对"过大"与"过小"都做出法律解释，以便提高地方政府在法定权力范围内的自由度，并使得这种自由得到法律的保障。（3）关于地方政府制度创新中的角色，是指地方政府在自己权限范围之内而不是在权限之外的自主创新，是指地方政府在自己的权力范围内，如何处理好地方政府与其他地方政府的关系、如何处理好地方政府与地方企业及其他社会主体的关系。地方政府在法定权限范围内究竟应该怎样运用自主创新的权力、在处理与其他地方政府关系与处理社会主体关系中如何发挥自己的作用，中央政府对此应该有指导性的意见，从中也应明确表示中央政府对地方政府放权的适度问题。如果中央政府对地方政府权限范围内的自主创新过多干涉，地方政府在改革中必然扮演一个消极的角色；如果中央政府对地方政府权限范围之外的任何行为不闻不问，改革的无序将再度重显，甚至导致改革的失败。因此，中央的适度集权或选择性集权，直接关系到地方政府制度创新的可持续性问题，关系到地方政府能不能在改革进程中扮演积极和重要的角色问题。

第二，有关地方政府改革的范式确定问题。目前，我国地方政府改革中的一个有趣的现象就是"口号式"的改革目标铺天盖地、耳熟能详。诸如"有限政府"、"责任政府"、"法治政府"、"服务型政府"、"廉洁政府"、"电子政府"等，不一而足。把政府范式作了无限的扩大，却忽略了改革本身的实质性价值目标。我们不妨从实质性的价值目标角度来审视这些口号。我们认为，其中有的口号只涉及改革的某一方面内容，有的口号是大概念中的小概念，有的口号只是停留在形式和操作层面，都不足以成为改革的价值目标。例如有限政府，是学者们针对全能主义政府而提出的一个对应性概念，更多强调的是政府职权的范围与边界问题，如果把有限政府作为改革的基本目标，其内容显然过于片面。例如责任政府，是学者们针对我国实践中某些地方政府不负责任的行为，而提出的一种希望，更多强调的是政府行为规范性与政府角色归位性问题，因为政府的权力来自于人民的授予，政府理所当然应该对人民负责，现实中地方政府的某些不负责任的行为，违背了这一条最基本的原理，责任政府只是这条基本原理的题中应有之意，不足以成为改革的价值目标。不仅如此，我们在这方面的认识上还曾经有过误解。当初，我国政府无所不包的模式曾经被解读为替人民负责，如果这种误解不清理，责任政府也许还会产生新的误解。例如廉洁政府，这更多的是从财政收支状况而提出来的，是学者们针对某些地方政府财政混乱、凭个人意志支配财政、为局部政绩乱用财政、不按财力实力来支配财政，甚至将地方公共财政视同己有、经济腐败等现象，对地方政府提出的警告。政府公务员本来就是人民的公仆，公仆帮主人理财，理所当然应该清廉，这是人民政府的题中应有之意，不足以成为改革的价值目标。例如电子政府，这更多是停留在技术层面，是社会发展到一定阶段上，随之而来的一种技术成果的移植，如果作为政府改革的价值目标，显然过于肤浅。法治政府与服务型政府，这无疑应该成为我国地方政府改革的价值目标。综观各国政府改革，其本质的目标无非是效率和公正。同样，对于我国地方政府改革而言，本质性的价值目标就是使地方政府办事效率更高、行为更加公正。从现阶段的人们认识水平来看，法治政府和服务型政府应该是这种本质性价值目标的体现。因此，我国地方政府改革的范式取向，应该集中在法治政府和服务型政府的价值目标上。进一步讲，将法治政府和服务型政府等量齐观地作为我国目前改革的价值目标，也是欠妥当的。从西方发达国家的改革进程来说，他们是在法治政府目标基本完成的前提下，提出了服务型政府的目标设计。

他们的历史资源中有丰厚的法治传统，在他们提出服务型政府的目标时，已经基本处于后法治年代。也就是说，西方发达国家建设服务型政府的任务相对比较单一。我们国家没有深厚的法治资源，不得不在建设法治政府的同时建设服务型政府，这样，改革任务就未免太重。我们认为，未来的改革表现在地方政府的范式取向上，肯定不能走西方发达国家先法治政府后服务型政府的路子。但是，我们既然已经处在同一个时代，就不必遵循旧的历史沿革，尤其是不必走西方国家走过的老路。我们可以有侧重点，应该有所交叉，也会有重合。（1）在建设法治政府的基本架构中，应以"以人为本"为导向，在建设服务型政府的基本架构中，应以基本法律为准则，因此，应加强服务型政府的基本法律制度的完善。（2）在法治政府建设的理念中，应坚持法律是最高权威，在服务型政府的建设中，应牢固确立保护人的权利、尊重人的意志的制度性起点。（3）在法治政府的立法制度建设中，应贯彻为民服务的精神与民众参与的原则，在服务型政府建设的指导思想中，应对政府加强刚性的规定，尤其是对公务员的要求，要进一步精细、严格与严厉。（4）在法治政府的执法制度建设中，应进一步开放，应坚持公平，应该抛弃封闭式的执法样本，应该与单一的执法模式决裂。在服务型政府的职能建设中，对公共服务性职能应该多一点自主创新，不管是形式还是内容，应该更丰富多彩、灵活机动，对行政强制性职能应该严格依据法律、法规，尽量减少政府的自由裁量权。（5）在法治政府的司法制度建设中，应进一步将司法与行政分开，尽量保证司法审判活动的独立性，从而进一步保证司法的公正性。在服务型政府的监督保障中，应注重对民众监督的有效性开发、社会舆论监督的真实性、时效性保证，尤其应该注重监督的制度性建设。总的来说，将来的法治政府与服务型政府的建设中，重合的关键词是公平公正、以人为本、多元、开放、民众参与、严格规制政府、严厉要求公务员。

第三，有关地方政府改革的开放问题。30多年改革开放的成绩与经验告诉我们，改革必须开放，如果说我国的经济体制改革重要的是向世界开放的话，那么，地方政府体制改革必须进一步向社会开放，向公民开放，旨在把公民的积极性与社会力量作为推动地方政府体制改革的内生动力，并构建一个公民参与的制度性平台和参与机制。公民参与公共事务治理不仅是现代民主的重要表征之一，也是政府权力合理性与合法性的重要源泉。目前，学界对公众参与地方政府体制改革的重要意义的认识基本一致，没有多大异议。但问题是，地方政府对公民参与的开放度应该保持在怎样的范围才是最合适的。目前，对我国地方政府改革来说，过去那种完全封闭的改革模式显然已经不合时宜了，而建立在西方全开放式的改革模式同样不适合我国。因此，如何依据我国经济与社会发展的现实以及我国特定的制度体系，建立一种行之有效的公民参与模式是我国未来地方政府改革必然面对的一个重要问题。在此,我们提出几点参考性意见。(1)地方政府体制改革的开放对象,不能仅仅局限于一部分知识分子,更不能仅仅局限于一部分比较"听话"的知识分子。笔者曾经亲耳听到过这样一种声音,说什么"我们要急市长所急,想市长所想",这一类知识分子,地方政府官员肯定比较喜欢,但是,于地方政府体制改革无多大作用。我们认为,地方政府体制改革的开放对象应该侧重面向当事人群体。行政法的基本调整对象就是政府与当事人的关系,微观调整层面必须面对当事人,政府管理层面就不应该摒弃微观层面的行政法律关系主体。(2)地方政府体制改革必须同时关注社会的成熟。我们所说的不是培育市民社会,而是指社会自身生存发育条件的成熟,是指社会的发展拥有一个良好的制度环境,让社会以遵循自身发展规律的方式和途径得到健康成长。要知道,政府与社会本身就是一对相辅相成、互为依靠的对象,政府离开了社会,政府还有什么作为?社会离开了政府将呈现一片混乱,现在是如此,将来很长一段历史中也是如此。健康、成熟的市民社会是实现善治的重要条件。改革开放以来,我国市民社会充其量只是初具雏形,扮演了促进地方政府与公民沟通的重要桥梁,推动从统治向治理转变的积极角色,奠定了基层民主特别是社会自治的组织基础,一定程度上充当了影响地方政府决策的源泉与构建和谐社会的物质基础。完善与地方政府相对独立的市民社会,关键是建构国家与社会二元结构下的政府与公民之间的良性互动,形成一种全新的生活方式和沟通方式,这不仅可以制约日益膨胀的行政权力,更重要的是展示追求和谐社会的要义。目前,我国市民社会的发育水平还没有达到实现善治的要求,这在很大程度上制约了我国地方政府体制改革。(3)地方政府体制改革的开放要有一个度的把握。由于我国法治底子薄,民主政治的历史资源比较稀缺,因此,开放也要有一个循序渐进的过程。当下应该做到:将政策与法律文件公开,逐步取消内部文件;开放地方政府运作流程,包括决策与执行的流程;除了国家机密与商业机密之外,地方政府不应该有信息盲区,最好的平台是政府认真办好网站,逐步实现政府与社会的信息对称。下一步朝着扩大言论空间努力,进一步扩大政府与公民的对话平台,并进而逐步实现良性的"对话秩序扩展",以构建良性的对话制度环境。说到底,我们社会主义国家的政府以为人民服务为根本宗旨,既然一切为了人民,还有什么不可以向人民公开的呢?向人民公开是政府体制创新的路径,以人为本是政府体制创新的终极价值。

第九章

我国地方政府体制改革分析新模型

根据现实中地方政府核心行动者的地位与作用,基于理论上制度主义的视角,本章以"制度空间—地方核心行动者—制度创新"为分析框架,试图对转型期地方治理自主性的生成逻辑及其影响进行学理分析,并对世人关注的"中国模式"进行微观解释,以期更新对地方治理和制度变迁轨迹的认识。

第一节 制度变迁与制度空间

经过30多年的改革开放,从某种角度讲,我国地方政府的积极性呈现出趋同化特征。当下,我国转型期的地方政府行动逻辑,是在国家制度、地方规则与社会习俗的交织中展开的。地方政府在多大程度上享有主动权与主导性,与制度体系的客观约束、地方核心行动者(在此主要指地方党政精英)的能动作用以及制度—地方核心行动者之间的互动直接相关。从某种特定场景来看,地方核心行动者所扮演的角色之重要、所发挥的作用之巨大,甚至超过了组织本身的功效。有的地方,因为一个人或者几个人,会使改革出现超常规的大踏步推进;有的地方,因为一个人或者几个人,会一下子改变组织制定的规划、打乱了原来有序的工作进程,甚至造成一个地方一蹶不振。于是,"地方核心行动者"便成为我们研究视野中的新概念、新景观、新视角。

一、地方治理中的制度空间

治理是一个生动的词汇，不同学科赋予其不同的内涵。1989年，世界银行用"治理危机"来描述非洲国家在现代化进程中所面临的困境，指出"治理是为了发展而在一个国家的经济与社会资源的管理中运用权力的方式"[①]。詹姆斯·N·罗西瑙（James. N. Rosenaw）认为，"治理是由共同的目标所支持的。治理既包括政府机制，同时也包含非正式、非政府的机制，随着治理范围的扩大，各色人等和各类组织得以借助这些机制满足各自的需要、并实现各自的愿望"[②]。全球治理委员会认为"治理是或公或私的个人和机构管理共同事务的诸多方式的总和，它是使相互冲突或不同利益得以调和并采取联合行动的持续过程"[③]。

治理理论的代表人物罗茨（Robert. Roudes）归纳了治理的六种形态：（1）作为最小政府的治理。这一形态试图重新界定政府的范围与限度，以及采用公私合作的方式来提供"公共产品"。"作为最小政府的治理更多的是一种意识形态的宣传"；（2）作为公司的治理。这一用法虽然专指"指导和控制组织的体制"，但又认为私人部门的管理方法对于改善公共部门管理有重要的启示；（3）作为新公共管理的治理。即将私人部门的管理方法引入公共部门，强调明确的绩效标准和结果导向。罗茨指出，新公共管理的核心是掌舵，而掌舵则是治理的代名词；（4）作为"善治"的治理。合法、法治、负责、透明、有效构成善治的基本要素；（5）作为社会调控制度的治理。这一用法强调预期政策结果的取得要处理好地方政府、志愿部门、私人部门等之间的相互关系。即是说，社会是多中心的，行动者之间相互依存。治理成了互动式的社会—政治管理方式；（6）作为自组织网络的治理。网络不仅涉及公共部门，而且是一种广泛存在的社会协调方式。作为网络管理重点的组织间关系是自主和自我管理的[④]。罗茨对治理六种形态的归纳实际上是治理理论运用于不同领域的具体表现。

让-皮埃尔·戈丹（Jean. Pierre. Gaudin）从三个层次来理解治理：第一，治理是对现实谈判最直接的呼吁。这种谈判与市场一同进行，并且融入市场规则；第二，治理是一个在道德层面对责任感的呼唤，但又是为了更好地保证效率。无论是面对变化中的公共部门运行模式，还是促进现代化的地方政权参与，加强各个层面的责任感变得尤为重要；第三，具有理想主义色彩。将治理视为世

---

① 陈振明：《公共管理学》，中国人民大学出版社2005年版，第78页。
② [美]詹姆斯·N·罗西瑙：《没有政府的治理》，江西人民出版社2006年版，第5页。
③ 陈振明：《公共管理学》，中国人民大学出版社2005年版，第82页。
④ 转引自王诗宗：《治理理论及其中国适用性》，浙江大学出版社2009年版，第38页。

界新人道主义原则和全球政治秩序原则，让人有重读联合国宪章的感觉①。

斯托克（Gerrg. Stoker）认为治理包括五种内涵：（1）治理出自政府、但又不限于政府的一套社会公共机构和行为者；（2）治理明确指出在为社会经济问题寻求解答的过程中存在的界线和责任方面的模糊点；（3）治理明确肯定涉及集体行为的各个社会公共机构之间存在的权力依赖；（4）治理指行为者网络的自主自治；（5）治理认定，办好事情的能力并不在于政府的权力，不在于政府下命令或运用其权威。政府可以动用新的工具和技术来控制和指引，而政府的能力和责任均在于此②。

斯莫茨（Smotus）论述了治理的四种特征：（1）治理不是一套规章条例，也不是一种活动，而是一个过程；（2）治理的建立不以支配为基础，而以调和为基础；（3）治理同时涉及公、私部门；（4）治理并不意味着一种正式制度，但确实有赖于持续的相互作用③。

20世纪90年代中后期，国内学者也开始关注治理理论。在《西方政府的治道变革》一书中，毛寿龙将"governance"翻译成治道，认为"治道是在市场经济条件下政府如何界定自己的角色，如何运用市场方法管理公共事务的道理。治道变革指的是西方政府如何适应市场经济有效运行的需要来界定自己的角色，进行市场化变革，并把市场制度的基本观念引进公共领域，建设开放而有效的公共领域"④。俞可平从政治学的视角来解读治理，认为"治理一词的基本含义是指在一定的范围内运用权威维持秩序，满足公众的需要。治理的目的是在各种不同的制度关系中运用权力去引导、规范和控制公民的各种活动，以最大限度的增进公共利益。从政治学的角度看，治理是指政治管理的过程，它包括政治权威的规范基础、处理政治事务的方式和对公共资源的管理。它特别地关注在一个限定的领域内维持社会秩序所需要的政治权威的作用和对行政权力的运用"⑤。陈振明认为"治理就是对合作网络的管理，又可称为网络管理或网络治理，指的是为了实现与增进公共利益，政府部门和非政府部门（私营部门、第三部门或公民个人）等众多公共行动主体彼此合作，在相互依存的环境中分享公共权力，共同管理公共事务的过程"⑥。

综上所述，治理是指促使公共事务有效推行与公共行动规则的系列集合，它具有行动者理性、网络化行动趋势、行动策略多元、行动者合作等特征。地方治

---

① ［法］让-皮埃尔·戈丹：《何为治理》，社会科学文献出版社2010年版，第74~75页。
② 转引自俞可平：《治理与善治》，社会科学文献出版社2000年版，第34页。
③ 转引自俞可平：《治理与善治》，社会科学文献出版社2000年版，第271页。
④ 转引自陈振明：《公共管理学》，中国人民大学出版社2005年版，第79页。
⑤ 俞可平：《治理与善治》，社会科学文献出版社2000年版，第7页。
⑥ 陈振明：《公共管理学》，中国人民大学出版社2005年版，第82页。

理就是在地方区域内公共活动的网络行动规则化的集合,它离不开地方核心行动者的作用与推动。

我国转型期的地方治理,是在地方政府的推动下,以制度为依据,通过地方核心行动者的主观能动性与创造性来积极推进,也就是在"制度—地方核心行动者"之间双向性的规约与塑造中展开的。地方治理自主性的研究,离不开对"制度"、"核心行动者"以及"地方自主性"等概念的辨析,清晰的概念一定程度能带动研究的逻辑性,本章将循此"制度空间—地方核心行动者—制度创新"的框架展开。

研究制度首先必须考察制度生存的环境。当下,我国地方治理正处于一个复杂的格局中。第一,在历史上,民主传统与法治环境存在着严重的制度性缺失,以致当下地方政府改革面临着双重任务。既要与市场体系发育水平相适应,又要与实现法治、民主制度渐行相衔接;第二,在文化上,长期的"官本位"导向与奴化心态,使当下地方政府体制改革缺乏内生性的驱动源,地方政府必须充当改革的动力,同时又是改革的对象;第三,在结构上,地方服从中央的总体结构,使地方政府的自主性空间有限,同时又承担着自主创新的使命;第四,在方略上,我国改革基本处于经验不足、理论不足、整体思路不足的状态,致使地方政府改革呈现出纷繁复杂的形态。我国渐进式改革在触碰深水区时的"投鼠忌器",也促使地方政府不得不在法治建设中举步维艰,在制度完善中厘清头绪。

所谓制度,就是赖以指导整个社会有效运转的规范资源与方式的总和。广义的制度指整个制度体系(包括有形的国家法律规范和无形的社会习俗等);狭义的制度指某一种涉及微观行动者的具体规定,"就是在各种政治经济单元之中构造着人际关系的正式规则、惯例,受到遵从的程序和标准的操作规程[①]",制度既可以作为一种政治系统运行的环境背景,也可以被当做是一种推动政治系统运行及变革的规范要素。它的基本功能是决定特定场域内参与者的身份、偏好与策略选择。

转型期的地方治理,制度性资源丰富多彩,可谓正式制度与非正式制度、制度优化与制度滞后同时并存。这种制度之间的缝隙,既塑造了地方核心行动者个体成长,也给地方核心行动者提供了行动空间。其中,"四项基本原则"以坚持不动摇的刚性形态,准确表述了国家与人民的意志,为地方政府及其核心行动者规定了行动的方向。转型时期非正式制度也同时存在。20 世纪 80 年代以来西方学者认为中国是分权的权威主义体制[②],认为中国的干部可以根据自己的意愿有

---

① Bo Rothstein. A New Handbook of Political Science. Oxford University Press 1998, pp. 133 – 135.

② [德] 托马斯·海贝勒,《关于中国模式若干问题的研究》,载于《当代世界与社会主义》2005 年第 5 期,第 9~11 页。

选择地执行对自己有利的政策①。笔者以为,所谓非正式制度是指改革过程中没有经过权力机关的批准程序、没有得到立法机关正式颁布的地方性文件,是各地政府探索性的规定与试点性的经验积累。地方治理中的非正式制度主要指制度探索中的体制空间,主要表现为机制弹性与自由裁量空间。

需要指出的是,研究制度空间,尤其需要关注中央与地方关系。1958 年和 1970 年,我国分别进行过两次放权,试图同时发挥中央与地方两个积极性。毛泽东曾直白地说:"中央集权多了,我就下放一点;地方分权多了,我就收上来一点"②。在条块分割体制下,"条的分散性"和"块的分散性"③同时存在,"条"、"块"之间权力配置的模糊性,构成了地方与中央的博弈格局。改革开放以来,行政放权依然在政策治国的轨道上摇摆。每当中央宏观调控时,往往会根据形势的判断与主要社会问题的现状出台主导性的政策,至于地方如何调整,主要取决于各地的领会和把握,其中就具有相当的自由裁量空间。用足政策、截留权力被普遍视为政策性机遇,谁掌握了政策机遇,谁就等于获得了发展契机,机遇就是空间。近年来,中央开始加大对条的管理,很多财权、事权收归省管,但是由于路径依赖,地方仍然可以盘活制度空间。不久前安徽芜湖市土地储备中心状告安徽省"发改委"就是最好的例证④。这种新旧制度混合中出现的弹性,是导致新旧制度冲突、甚至出现制度"真空"的主要原因。

转型时期非正式制度也同时具有相当的负向价值。第一,权力与资本的联结在市场经济条件下得到强化,体制的逻辑制约着改革的逻辑⑤,地方人大与党委主要领导人"一肩挑"与党政"双跨"现象,透露出权力运行的某种闭合性。监督的有效性仍然有限,"对上对下都负责"的体制尝试仍然不尽理想;第二,中央政府的主导性与调控性,在地方治理中得到了同构性的位移与重复⑥,政治

---

① Lianjiang Li., Kevin J. O'Brien. Selective Policy Implementation in Rural China, Comparative Politics, 1999, 31 (2): 167 - 186.

② 转引自赵震江:《分权制度与分权理论》,四川人民出版社 1988 年版,第 204 页。

③ 林尚立:《权力与体制:中国政治发展的现实逻辑》,载于《学术月刊》2001 年第 5 期。

④ 2008 年安徽芜湖国土局把芜湖市镜湖区中江商场附近 16.5 亩的土地售给芜湖汇锦置业公司,而芜湖土地储备中心却承担拆迁任务。其中商户倪家因为补偿问题商议无果,在律师建议下申请安徽发改委进行行政复议,安徽发改委在 2010 年 2 月做出"行政越权"批复,撤销芜湖发改委的立项批文。为此芜湖土地储备中心把安徽发改委告上法庭,形成"官告官"的奇案。在此,芜湖土地储备中心与芜湖建投公司是两块牌子一套班子,而芜湖建投公司是芜湖市人民政府领导的国有独资公司。详见许浩:《芜湖土地储备中心职能变形记》,《中国经营报》2010 年 7 月 24 日。

⑤ 本说法受景跃进演讲的启发。参见景跃进:《如何认识中国政治?》,载于"选举与治理" - http://www.chinaelections.org/newsinfo.asp? newsid = 189452。

⑥ 朱光磊:《"职责同构"批判》,载于《北京大学学报》(哲学社会科学版)2005 年第 1 期。

单一制和经济联邦主义的二元化试探①，是赋予地方核心行动者能动性的关键。当政府本身也成为一种资源性和规则性安排的时候②，体制中的"上下两个积极性"作为一种非制度化的宪政策略③，从根本上决定着地方政府对上级政府的理性程度；第三，法治正在努力建设中，但又与人治惯性处于混杂胶合状态。在地方治理中，往往又将法治的战略地位降为策略功能，使法治与改革时时呈现出矛盾的面相。由于客观上法治与信仰双重乏力，于是，关系成为主要的交往机制与交换资源，呈现出强大的俘获力，成为地方治理中的渊薮；第四，市场空间仍然偏于狭小、分工程度偏低，因此，经济主体人格化、跨越市场和跨越地区之间的外部性、行政依附性等现象，仍然显现出泛滥的状态。

总之，无论新制度还是旧制度、正式制度还是非正式制度，其内在客观存在着缝隙与距离，这就决定了制度空间的不确定性。因此，"规则和行为人的行为之间的互动变得更容易理解"④，制度不仅规定了行动者应该做的，还指明了行动者在特定制度环境下的角色。制度的分布、变迁与运行，并非平面的、单向度的，而是具有时空的重叠性、结构的复杂性与实践的多变性。当制度体系作为资源与规则嵌入主体的行动结构中时，地方核心行动者对制度空间的理解能力，便成为影响地方经济、社会发展最值得关注的能动因素。也就是说，制度不仅影响到行动者的基本偏好，而且还影响到行动者对自我角色的塑造。人们只有有效认识事物发展的客观规律，才可以促使制度的日趋完善。

二、地方核心行动者的自主性及其发端

所谓地方核心行动者，是指在地方治理中，被正式制度吸纳进党政权力体系的核心成员，他们依托权威性的正式组织，通过运用正式规则与非正式规则，对辖区内事务享有主导话语权与根本主宰权，是地方制度变迁的支配力量⑤。当下，在改革进程中，地方核心行动者是指在某一个特定区域内发挥着推动和促进地方治理和制度变迁的领导核心，特指地方主要领导人（眼下我们主要指地方党委一把手，随着民主政治的发展，将逐渐被地方党委与地方政府领导班子的集

---

① 杨光斌：《我国现行中央—地方关系下的社会公正问题与治理》，载于《社会科学研究》2007年第3期。
② 陈振明：《中国地方政府改革与治理的研究纲要》，载于《厦门大学学报》（哲学社会科学版）2007年第6期。
③ 朱力：《当代中国的中央与地方关系》，载于《中国社会科学》2004年第2期。
④ [美] 道格拉斯·诺斯：《制度、制度变迁与经济绩效》，上海三联书店2008年版，第152页。
⑤ 显然，这一界定区别于西方精英主义所描述的以制度结果而存在的"统治阶级"（包括政治、经济、文化社会的各类精英），后者具有政治社会学意义上的社会结构性精英。

体行动团体所取代)。他们控制相当数量的财税资源、权力资源和文化资源,但是,并不能就此证明他们是公共选择理论框架下的理性经济人,他们更符合制度主义的语境①。从他们与制度之间联系(即获取资源与运营规则)的素质和能力来看,行动力争理性、目标力争清晰、策略力争最优、行动资源储备也力争充盈,然而,这正是目前地方核心行动者的常态面相。他们通过指令号召、魅力感染、风格鼓舞乃至奖罚鞭策,推动并鞭策地方政治与行政系统共同发挥集体功能,合力面对地方发展与创新。在其他条件不变的情况下,核心行动者能力越强,达到预期目的的可能性越大。

我国地方治理30余年,自下而上,由星星点点的创新片段组合成一幅波澜壮阔的改革蓝图,其中,地方核心行动者的思路、风格、魄力等个人因素,构成画卷生动活泼的点睛之笔。要探究我国行政体制改革的规律,从研究地方核心行动者与制度互动关系入手,不失为一个好的切入点。

所谓自主性,是指国家与区域的治理结构"具有自身的逻辑和利益,而不必与社会支配阶级的利益和政体中全体成员群体的利益等同或融合"②。中国转型期的地方自主性就是地方"能动地利用一切条件合理扩展自身权益的能力"③。本章探讨的地方自主性,与国家统治性、地方政府主控性、社会自治性与官僚自利性不同,是在特定制度空间环境下,治理主体凭借一定价值整合性和利益超越性的内源性动力,通过互动博弈所形成的策略选择、治理结构、治理秩序与治理能力。它既遵循国家的秩序逻辑,又充分考虑地方政府的治理逻辑,还选择地允许合理逐利逻辑,从而造就了一个动态的地方价值性分配图景,其现实性就在上(国家和上级政府)、下(下级政府与基层社会)、左右(周边区域政府与社会)的时空中得以确立与展开。

改革开放以来,随着放权式的体制改革与经济市场化的逐渐推进,中央政府对社会进行总体性支配的格局逐渐宽松,自主性管理、尤其是地方治理中的自主性,成为观察"中国模式"绕不开的基本命题。纵览既有涉及地方治理自主性的文献,具有代表性的分析模型林林总总,有对地方政经一体化(即厂商理论

---

① [美] 彼得·豪尔等:《政治科学与三个新制度主义流派》,何俊志等编译:《新制度主义政治学译文精选》,天津人民出版社2007年版,第47~71页。
② [美] 西达·斯考切波:《国家与社会革命》,何俊志等译,上海人民出版社2007年版,第27~28页。
③ 熊万胜:《基层自主性何以可能》,载于《社会学研究》2010年第3期。

和庇护关系)强调的地方法团主义①,有中国式财政联邦主义对分权性威权政体的地方自主性及其经济影响的分析②,还有逐利型主导行动集团理论对偏离委托的政权经营者的"第一行动集团"角色揭示③,以及在压力型体制与晋升锦标赛机制下的政治激励导引模式所透视出各地不同的竞相发展与"制度范式"等制度主义行为分析④。这些分析从不同的学科角度、不同的研究立场,各抒己见,构成了转型期地方治理研究的代表性流派,具有重要的启发意义。

但是,在地方治理自主性形成机制的探究上,都不同程度地存在着制度—主体的线性思维桎梏,不同程度地忽视了行动者的能动性吁求,有轻视制度不足之嫌,有疏于意识形态、文化观念与传统习俗对行动者价值规约与影响之疑,更有脱离特定制度环境约束、仅注重对主体行为予以纯粹道德评价之虑,值得作进一步廓清和梳理。

哈佛教授托尼·塞奇(Anthong. Saich)指出,在一个地方资源和权力结构越来越决定政治后果的情况下,对中国地方自主性的研究,迄今为止的概念工具基本上都缺乏实际解释力。造成这一状况的基本原因在于,人们"试图将中国经验的销子插入西方理论的洞口"⑤。这与中国正成为"发展出自己独特的态度和条件的混合体"、简单套用西方概念分析中国将无济于事的判断基本一致⑥。制度环境、资源体系与收益预期诱导,刺激着地方核心行动者发挥自主能动性的最大化,它们不仅刺激着行动者获取常规的、存量收益的兴趣,而且还持续地强化着他们以超常规的方式创造了增量收益的冲动。这个过程,正是制度—核心行

---

① Andrew G. Walder. Local Governments as Industrial Firms. American Sociological Review, 1995, 101. pp. 263 - 301. Jean Oi. Fiscal Reform and the Economic Foundation of Local State Corporatism in China. World Politics. 1992, 45 (1).; David L. Wank, The Institutinal Process of Market Clientelism. The China Quarterly, 1996, 147. pp. 820 - 838.

② 钱颖一、B. R. Weingast:《中国特色的维护市场的经济联邦制》;张军、周黎安:《为增长而竞争》,格致出版社2008年版,第23 - 48页;托马斯·海贝勒:《关于中国模式若干问题的研究》,载于《当代世界与社会主义》2005年第5期。Vivienne Shue. The Reach of the State. Stanford University Press1988, pp. 125 - 152.

③ 张静:《基层政权:乡村制度诸问题》,浙江人民出版社2000年版;杨善华:《从"代理型政权经营者"到"谋利型政权经营者"》,载于《社会学研究》2002年第1期;杨瑞龙:《我国制度变迁方式转换的三阶段论》,载于《经济研究》1998年第1期。

④ 荣敬本等:《从压力型体制向民主合作体制的转变》,中央编译出版社1998年版,第1 - 20页;Edin, Maria. Market Forces and Communist Power: Local Political Institutions and Economic Development in China. Sweden. 2000, Department of Government, Uppsala University. 周飞舟:《锦标赛体制》,载于《社会学研究》2009年第3期。

⑤ [美]托尼·塞奇:《盲人摸象:中国地方政府分析》,载于《经济社会体制比较》2006年第4期。

⑥ [美]李侃如:《治理中国:从革命到改革》,胡国成、赵梅译,中国社会科学出版社2010年版,第6页。

动者关系确立、并形成地方自主性的启迪过程。为此，在制度与行动者之间非线性的、互为因果关系的动态链条中，有必要对制度的客观规约性与行动者的主观能动性之间的关联因素给予充分关注。其前置性条件是承认行动主体的相对自主性及其相对理性、有限理性和渐进理性（而非绝对理性、完全理性和主观理性）的客观存在。在根本制度正义的预置下，制度人格化与人格制度化的互动，是当下地方治理自主性形成与变迁的基本线路。转型中的机遇与挑战、希望与焦虑、理想与现实之间，存在着明显的连接与紧张，如果用非此即彼的线性思维逻辑思辨这些关联，很难有效解读快速发展成就中的种种冲突、悖论与困惑。制度—核心行动者分析框架的基本价值就在于，把主体自主性与积极性有效纳入行动结构之中，为治理中的行为寻找制度变迁的缘由，我们的使命是，将上述框架具体化为"制度空间—地方核心行动者—制度创新"的分析构架，作为解读地方治理自主性发端、进路、发展的钥匙，并为认识"中国模式"提供一个方面的参考。

三、制度环境与地方核心行动者的互动

中国社会现代化的诸多元素尚未根本成型，当下呈现的基本格局是传统结构与现代结构重叠、明规则与潜规则共存、民众意愿与决策的关联度偏低、社会自治程度整体不高、自主能力较弱。于是，正式制度、非正式制度与核心行动者之间，构成了一种制度主体化与主体制度化的双向互动的局面。制度首先能够约束行动者主体，作为正式制度与非正式制度的作用过程，就是塑造地方核心行动者的过程。

第一，制度环境对行动者的角色塑造。制度往往通过行动者的接受发挥作用。行动者经过对制度的执行，达到相当的程度才能成为核心行动者。依据角色受制度作用的程度不同，可将行动者分为制度行动者、自主行动者以及混合行动者。前者具有制度的深刻印记，其行为与制度的偏离度较小，成为循规而治的角色；中者的行为中带有明显的策略性，而且，往往以策略的选择为主导，结果构成随机性的根源；后者介于二者之间，制度化和非制度化治理因素共含其中。在形式上往往表现为规范性与选择性的结合，在实践中主要表现为整体性的注重和局部性的嬗变，其核心是追求自身的合法性与权威性，使制度的意志与自己的意愿同向转化为机遇和成效。

第二，制度环境对行动者价值的定位。凡是能够成为地方核心行动者的，一般都具备正式制度认同的价值底线。当然，转型期的复杂性与多变性，使各种正式规则、非正式规则与潜规则同时可能对其构成影响。从制度对其信仰的塑造程度看，地方核心行动者可以划分为价值固化者、价值随机者以及价值自主者。前

者在信仰上坚守根本,即使具体制度发生战略偏离,也在行动中体现出坚毅性与自己核心价值观;中者在形式上认同根本制度,在行动上相机选择利好制度,在为政理念上,往往表现为不变亦变的价值随机性,对待本土的业绩往往表现为效益最大化追求;后者在信仰与策略之间选择原则性与务实性的结合,往往对经济发展与维护稳定表现为理性的态度,同时对政绩的显性释放呈现出自主性特征。

第三,制度环境对行动者的利益重塑。实际上,行动者的治理偏好都会受到制度环境的约束。准确厘清行动过程中的制度约束和制度空间,关系到制度环境对行动者利益的重塑。地方自主能力目前最重要地表现为核心行动者的制度理解能力、制度创新能力与制度运用能力。同样的制度环境在不同素质的行动者那里,会产生不同的制度效应。地方治理中存在着能动分利者、能动得利者与能动泛利者三类[①]。能动分利者的治理更多呈现出自身牟利性——即地方政客之治,把改革化为入仕为官的敲门砖;能动得利者在地方治理中表现为常态性——即地方官僚之治,信守完成任务结果导向与相安无事的为人信条,自利观念与公益追求两者兼而有之;能动泛利者主导的治理秩序有助于形成地方自主性——即地方核心行动者之治,能将危机转化为创新的契机。

第四,制度环境对行动者行为的规约。制度的激励与约束作用主要体现在对行动者的行为塑造上。制度的产生、发展、维持与强化的逻辑,影响着行动者的形象、特征、价值导向的逻辑,其中,制度的自主性即使低效、甚至无效,也会在一定阶段内具有影响力。显性规则的定向与隐性规则的实用,通过行动者的基本姿态、策略组合、资源运用与治理技术得以体现。例如,任期制确定的是任职长度,功绩制影响的是任职高度,它们之间的直接关联性,使地方核心行动者表现出很大的差异性,地方治理由此可能出现依附性行动者、选择性行动者、理智性行动者。前者的行为是制度规定性的简单外化,其能动性较弱;中者的行为能动性胜过行动原则性,从近期看,表现为风险最小化、收益最大化;后者的行为既可能被誉为"改革者",也可能被贬为"独裁者",之所以导致人们判断迥然,最根本的原因是判断者很大程度上源自于对制度环境的忽略,或对行动者行为策略的过度倚重。

制度约束着行动者,同时,行动者也在影响和改造着制度。行动者对制度的影响、改造与利用会引发制度变迁,其中包括制度发展、制度进步、制度创新,也可能是制度停顿、制度萎缩、制度衰退。这是一个行动主体意志渗入的过程,

---

[①] 我们借用"泛利"一词,其来源于奥尔森集团理论研究中使用的泛利集团,经济学者姚洋则使用"泛利型政府"来解释中国社会的经济发展。参见姚洋:《地方创新和泛利性执政党的成功结合——对改革开放以来制度变迁和经济增长的一个解释》,载于史正富、张军:《走向新的政治经济学》,上海人民出版社2005年版,第397~415页。

这个过程越准确反映社会发展规律，就越能体现行动者的治理理性。行动者引发制度变迁，其关键取决于行动者的目标清晰度、改革着力度与制度收益度，三者之间的消长变化，影响着制度变迁的过程与流向。地方核心行动者影响和改造制度的最明显环节主要是制度延续、制度创设、制度淘汰与制度混合。

第一，制度延续。当地方核心行动者意识到遵循现有制度体系就可以保障治理利益时，制度就会在顺应惯性或强化惯性下延续。当然，这仅仅是制度的延续而不是制度的创新。在转型期，由于社会各领域都在客观地推进着结构性变迁，这种制度延续将出现两种可能：一是作为变革的阶段性结果，制度成本与客观收益达到平衡，体现了地方受益的现实性；二是地方核心行动者成为获利者，这时，制度成本与客观收益将失去平衡，制度延续不仅不可能发生，还会使地方收益异化。

第二，制度创设。制度创设的结果将导致原有制度的部分改变或全部替代，并同时出现多种制度分类：一是制度新立。即从制度结构与实际功能的匹配角度出发，使一个新的制度得以诞生。如分税制实施后，部分地方政府采取包税制方式，便是分税制现实运行的最好例证；二是机制更新。即原有制度通过内部机制革新，用以解决制度成本过高、社会反响过大的问题，如行政服务中心的遍地开花便是典型，它现有的机制性变革应对了旧体制行政效率过低的现实，结果方便了民众，却没有从政府的职能结构上实现体制性的优化，因此，充其量只是局部流程的调整；三是制度叠加。即在原有制度存量上作部分增量创设，从而实现制度效能的部分改造或提升，如现有干部人事制度中引入干部任前公示、公推公选等。

第三，制度淘汰。制度自身有可能不适应社会的发展，甚至可能会抗拒变迁，于是，制度变迁就将成为新旧制度的更替。从立法实践看，新法产生后，有颁布新法时旧法即时废止的、也有延时废止的，而延时多久，则取决于立法者的意志。事实证明，任何制度在运行中都可能存在脆弱之处，有人称之为"制度否决点[①]"，这种脆弱之处为相互竞争的行动者之间的权力关系提供新的入口。突发事件或累积性的公共危机就是制度的脆弱之处，如何面对这种制度的脆弱之处，将构成淘汰旧制度、创设新制度的契机。新旧制度交替之际，必然有新旧规定的冲突，也会产生执行机制、实施方法的选择，是执行新规定还是旧规定，既有的制度往往会有处理的惯性，但是，实际上，往往要看核心行动者对制度的理解和把握。制度淘汰将关系到具体机制的相应更替，如果新机制尚未建立、旧机

---

① ［美］凯瑟琳·西伦、斯温·斯坦默：《比较政治学中的历史制度主义》，何俊志等编译：《新制度主义政治学译文精选》，天津人民出版社2007年版，第149－150、159－160页。

制低效或无效,就会造成制度缺失、制度真空、甚至制度冲突。

第四,制度混合。在转型期,各种制度的激励与约束并存,会形成互为矛盾、各自为政的格局。在旧制度残存、新制度出台以及内外制度借用的叠加中,完全有可能出现制度过剩、制度混乱,有可能导致具体制度之间的地域性、时空性的冲突,导致不同核心行动者行动价值的落差,这是核心行动者面对制度空间的考验与挑战。

制度变迁是一种主观因素影响客观过程的活动,核心行动者对制度的影响,将对地方自主性产生两种导向:一方面是制度的进步,另一方面是制度的衰退。制度为公益创设还是为私利变更,两者具有本质的差异。只有总体上强化与扩大地方公益的制度变化,地方治理才会富有活力,才会出现治理新"模式",才能称得上制度创新,其关键在于核心行动者的意志与民意是否同构。当地方政府对短期利益急切逐求时,真正值得珍惜的长效价值就会被漠视。制度衰退的直接诱因是权力本位化、利益部门化,这种"制度内卷化[①]"行为,会引发地方治理对地方整体利益的偏离,其自主性也就失去合法性与合理性。

从理性的角度讲,地方核心行动者的成长应该是一种制度弹性的完善。制度弹性是指围绕刚性原则而留置或衍生的灵活性与适应性空间,即制度是否具有韧性、是否为行动者留置一定灵活范围的特性[②]。弹性强调制度运用的效应,转型期的制度弹性包括结构弹性、时空弹性和效应弹性。

制度的结构弹性主要是指体制性弹性,在转型期,这种体制性弹性具有治理试错的特性。改革的渐进性本质上就允许试错,其中主要是中央对地方试错行为的默许与支持;制度的时空弹性是指制度在时间与空间维度的余地。制度变迁不仅具有现时的继承性与惯性,而且还有历时的复杂性和差异性,制度的运行往往会使新旧制度并存,即便在全新的制度结构中,旧制度的阴影也难以完全挥之而去,而新制度的实施也需要时间的调试与配套。新制度的实施,其成本节约程度与适应现实的速度,是检测制度质量优劣的重要标准,其中,核心行动者是决定目标的实现与效果的关键因素。

显然,核心行动者的制度理解能力、方案形成能力、策略选择能力以及实践行动能力,是地方治理具有活力与自主性的重要元素。作为"公仆"的地方核心行动者,他们既可能是"理性经济人"、"政治交易人",更可能是公益行为的务实者。核心行动者集策略的选择性与实践的能动性于一身,他们赋制度以活力,同时又"倒逼"制度的进步。核心行动者具有三大功能:第一,一定程度

[①] [美] 杜赞奇:《文化、权力与国家》,王福明译,江苏人民出版社 1996 年版,第 66 – 67 页。
[②] 何显明:《市场化进程中的地方政府行为逻辑》,人民出版社 2008 年版,第 111 – 122 页。

的利益超然性。在政治学者看来,能动性实则上是权力的动员性与强制力①,是利益超越性的制度化即自主性②。转型期的地方核心行动者的利益超越性表现为意识形态领域的政治敏锐、在政策过程中的政治智慧以及地方经济发展中的政治技术,这是地方治理的内在需求,也是复杂博弈的结果;第二,一定强度的能力独立性。能动性即自主性③,即在特定的制度环境中,运用正式制度和非正式规则的抉择。在转型期,只会运用正式制度的核心行动者往往表现为政绩低下、不受重视,连地方民众也不一定会为之叫好。只会运用非正式规则的核心行动者,往往表现为人性浮动、不足信任,连地方民众也会失去起码的信任。在中国地方治理中,同时交替运用正式和非正式规则的核心行动者,可以视为具有高度理性的政治精英,他们的施政能力对地方发展影响极大。他们将缓解压力与释放能量具体化解为灵活制定与执行政策,激发组织的执行力,从而获取治理自主性的最佳效果;第三,一定限度的行为放逐性。正式制度具有政治威慑性,可以强化核心行动者的权威,非正式制度具有社会适应性,可以强化核心行动者的灵活。但是,如果不能准确把握正式制度和非正式制度之间的关系,其结果往往会表现出行为背离国家刚性制度的规定,导致地方治理的表面性与侵夺性。

获得制度性支持是核心行动者自主性的合法依据,也是获取最佳制度绩效的一种行动资源,寻求一切机会获取中央和上级政府的认同,便成为核心行动者的行动指向,这种指向既包含"相机赋权"的主观能动性④,也包含改革的弹性。地方核心行动者之所以盼望汇聚弹性改革权,一是由于央地关系中的非制度化放权机制。中央对地方授权中的"条的分散性"与"块的分散性"的双重分权性⑤,复杂了央地关系,从而为地方博弈提供了广阔的空间;二是社会发育迟缓。这既是强势政府得以生存的基本土壤,又是弹性改革权生长与强化的客观诱因。学界有一种看法认为,改革开放进程中地方政府获得中央授权是先赋的,地方核心行动者所面临的制度空间是既定的。在著名的"市场维护型联邦主义"分析中认为,下级政府对上级政府没有讨价还价能力。这种分析显然忽视了地方政府的自主性,忽视了中央政府、地方政府与基层社会之间的紧张、冲突的客观性。实践表明,由于集权的多层性和多源性,完全有可能导致"有组织的无序",上级的多部门是上级政府内部的制度化缝隙,领导人之间的差异是上级政

---

① [以]艾森斯塔德:《现代化:抗拒与变迁》,张旅平等译,中国人民大学出版社1988年版。
② [美]亨廷顿:《变化社会中的政治秩序》,王冠华等译,三联书店1989年版,第11-21页。
③ 时和兴:《关系、限度、制度:政治发展过程中的国家与社会》,北京大学出版社1996年版,第118-120页。
④ 郭剑鸣:《相机授权体制下中国央地关系中的潜规则现象及其矫治》,载于《浙江社会科学》2010年第6期。
⑤ 林尚立:《权力与体制:中国政治发展的现实逻辑》,载于《学术月刊》2001年第5期。

府内部的人格化缝隙,这都给下级组织和地方核心行动者以扩展自主性空间的可能①。

核心行动者能动拓展改革的制度性空间,根据地域特色需求与自身智慧,充分拓展超额成效、形成制度性增值,成为核心行动者行动指向的核心目标。从目前的改革趋势来讲,将从经济性收益为重逐步让位于社会稳定与生态收益为重。在转型期,地方政府集立法者与执法者、市场经营主体与市场监督主体、规则创立者与规则突破者于一身,导致人们对"超凡魅力"的领导人的清廉、信守、干练与务实的领导人的强烈期盼,而地方核心行动者实施路径主要是动员性的功能与工具。往往基于晋升压力,总会促使"较前任能干"的比较性功利行动普遍化②,导致一任官员一任规划,普遍缺乏执行的连续性,导致地方保护主义与急功近利,普遍的重复建设与过度竞争③,导致公共性、原则性缺失,普遍追求物本而非人本。在目前考核压力下沉④与政绩示好向上⑤的制度环境中,核心行动者的实施路径的特征是:第一,动员性。急迫的经济发展任务,使地方核心行动者通常采用运动或场景式⑥的方法;第二,经济为中心。"发展是硬道理"的信条,在局部地区已经异化为"硬发展就是道理",将社会发展与人的发展的审视退居其次;第三,效率至上。我国地方治理的快速发展以及对效率的迫切追求,被简单化为大幅度资源投入下的高速增长,其结果,几乎变成为增长而增长。这种地方核心行动者主导的威权改革模式,值得人们深思。

第二节 地方政府体制改革的机制结构

一、地方政府体制改革的效率机制

我国经济的迅猛发展的秘密何在?这涉及"中国模式"的机制和实现路径

---

① 熊万胜:《基层自主性何以可能》,载于《社会学研究》2010年第3期。
② 周黎安、李宏彬等:《相对绩效考核:中国地方官员晋升机制的一项经验研究》,载张军、周黎安编:《为增长而竞争》,格致出版社、上海人民出版社2008年版,第140-160页。
③ 周黎安:《晋升博弈中政府官员的激励与合作》,载于《经济研究》2004年第6期。
④ 荣敬本等:《从压力型体制向民主合作体制的转变》,中央编译出版社1998年版,第1-8页。
⑤ 周飞舟:《锦标赛体制》,载于《社会学研究》2009年第3期。
⑥ 笔者认为,运动式与场景式的相似之处是都内含着压力与命令,但是,运动式的治理方法更偏重于意志性,而场景式的治理方式更偏重场域的实景性。笔者在即将出版的《昆明样本:地方治理创新与反思》(清华大学出版社2013年版)中有一定的辨识。

问题。中国的奇迹来源于地方经济的高速发展，地方绩效基础源自于地方核心行动者特定的自主治理结构中。这是地方核心行动者转化制度的能力函数，即在一定时段与空间环境中运营与拓展制度空间的能力函数。地方核心行动者的能力越强，所获得的制度资源就越充分，突破规则约束的可能性就越大。驾驭规则的水平越高，地方治理的价值整合和规律遵行程度也就越高，其自主性就越能转化成为现实的发展力。反之，主体能力不强，面临的就必然是制度资源匮乏、困难重重、体制创新步履维艰。在"一个中心、两个基本点"基本路线下，中央权威致力于全力推进改革进程中的价值追求，尽管各地的发展水平和发展环境有所不同，但方向和基本内涵并无二致。其中，坚持四项基本原则是权威性的正式制度，是最高的合法性规范，坚持改革开放是灵活的弹性制度，是当下最迫切的合理性规范，两者指向的目标极为明确——改变国家落后面貌，这便意味着效率取向的物质要求是重中之重。效率主义地方治理的构造与运作，其秩序的可控性和效率的务实性，要求后发现代化国家中制度客观规约性与主体自主能动性必须良好契合。正因为如此，不论是风生水起的地方改革创新，还是默默无闻的地方治理，在发展的道路上，都几乎无异质地表现为经济建设的高度热忱、全员动员的同质性与高速增长的一致性。

  效率主义地方治理的核心运行机制，其目标直指现代化发展最为需要的基础——效能化，具体表现为人事性"治官"与人力性"治民"的耦合。一方面，在一个超大规模的社会中，人事体系的效率治理选取分层治理（上治官——中央负责地方主要官员的管理，下治民——给地方官员留足灵活治理民众和社会的空间）的策略[①]，核心要义是地方各级官员只要不违背中央政府的大政方针，均有一定的因地制宜的机动管辖权。这种体制可以有效降低分散执政风险，有助于社会长期的结构性稳定；另一方面，人力性治理导向的城乡二元户籍制度，决定了改革开放以来劳动力供给对于非均衡现代化战略的基础性地位和作用。然而，当市场经济体系初步形成之后，乡村服从城市、人力服从资本的基本格局却没有发生实质性的改变。不仅大量进城务工人员以人力要素为经济发展贡献力量，而且在非核心国企和各类经营性经济实体中的劳动者，都被系统性地纳入到了效率产出结构的非均衡性服务（成本付出与获得收益之间的不平衡）之中，依此支撑着中国 GDP 的飞速增长。两大类人力所面临的基本问题是相同的，作为生产要素性的劳动能力并未得到充分的价值性体现，只不过前者较之后者的状况更为突出罢了。

  这种独特的"人事"与"人力"之间涉及三方面的问题：一是官僚体系内

[①] 曹正汉：《中国上下分治的治理体制及其稳定机制》，载于《社会学研究》2011 年第 1 期。

部的人事资源分配机制的转型；二是并非完全成熟的市场人力资源配置的进步；三是官治体系与民治体系的交汇，通过权力的调节与控制，直接介入到对资本掌控下的财富制造和分配。显然，地方政府的直接介入是解释中国式发展的关键。问题是，官治体系的"政治型交易费用"[①]除了通过政府自我治理以财政方式获取外，还需要充分借助政府的社会治理，以政府、企业和社会互联的方式来支付，这就必须依赖于经济市场的补充。在经济领域，企业和经济组织内部与外部交往，分别可以通过管理型交易费用和市场型交易费用来实现，但是，必须考虑到人力成本的转移支付和潜在风险诸如职业病、养老、医疗等领域的成本节约问题。在当前，政府义务支出和保障责任尚不完善的情况下，最广大的普通劳动者在创造财富的同时，在实实在在地为公司或乃至整个社会支付着可观的发展成本。在此过程中，地方核心行动者犹如政治企业家，与市场企业家具有相同的行动方向，是高速发展中道德风险普遍存在的深刻原因。因此，效率追求对于公平诉求而言，始终存在着持续的内在张力，表现为管理领域中的劳资关系紧张与维权困难，又表现为生产领域由于粗放经营和知识产权保护水平低下所导致的产品质量问题频频，还表现为民众心理领域的信心下降与信仰危机泛滥。

这是一种决策议程精英"内输入式"的制度创设与机制运行[②]，它通过构建效率扩散型的制度供给来实现。效率扩散在这里指政治人事市场中的"能臣干吏"，通过经济人力市场的效能扩展来实现，"能臣干吏"的职业稳定、前途升迁与经济人力的生活保值、人力增值紧密结合，其中权力与资本关系的梳理，通过人事原则对人力原则的支配和强化得以完成。因此，确保公平制度供给的及时性与有效机制运行的可靠性就显得极为重要。一方面，核心行动者对公众诉求的理解、提炼和把握，理应成为政策议题的主要来源。不仅如此，政策过程也应在方案提供、择优选择、合法规范、分解执行、修正评估等方面深度介入，重重地打上民众能动选择的烙印。在充分面对民众利益表达和利益综合的基础上，权威性的政策输出才会回归公正，避免政府行为面临存疑、甚至悖论重重的困境；另一方面，依托于人事与人力机制相结合的效率主义，构成政府导引下的行政性治理模式。从发展的角度看，需要通过革新把这种超自主性结构发展成为限度介入式公共治理体制。原因在于现行模式具有行政权力超常规集中供给、公权力超剂

---

① 动用资源建立、维护、使用和改变制度和组织等方面所涉及的所有费用即交易费用，参见［美］埃里克·弗鲁博顿、［德］鲁道夫·芮切特：《新制度经济学——一个交易费用分析范式》，姜建强、罗长远译，格致出版社、上海三联书店、上海人民出版社2006年版，第55页。

② 决策的"内输入"受已有成果的启发，意指在公共机制待拓展和民众参与能力不足的情况下，精英对于民众意愿把握基础上的政策议题提起和设置。但是需要指出的是，内输入式的决策并非不能产生有效的公共政策，但是却可能因政策对象的体认感不足而实际提高政策执行成本。参见胡伟：《政府过程》，浙江人民出版社1998年版，第283－284页。

量展现的特征,由此形成处处在变革,时时在创新的轰轰烈烈场景,更有遍地的开发区、创业园区、一站式服务等同质性的复制与再版,但真正上升到体制层面的改革凤毛麟角。其中,选择"作为"所付出的违规成本与选择"等待"所浪费的机会成本,形成了对核心行动者规避改革风险的"黄灯效应"①,这也从一个侧面看出改革目标和实现路径之间的复杂性。

二、地方政府体制改革的动员机制

从地方政府改革实践来看,有问题导向型改革、需求导向型改革、意志导向型改革,但基本都属于表层性、技术性变革,要害都在于主政者的决断。其中,核心行动者依托于党政组织结构,以配套政策执行或重点工程项目安排为载体,以动员的方式展开治理,是实践中的一个常用的行动模式。可以说,那种暴风骤雨式的政治性动员业已渐渐远去,以服务于经济快速增长、为获取显著效益的行政性动员方式普遍存在。在现实中,通过反复论证、多轮征求意见来凝聚社会共识的敏感性公共决策,往往难出襁褓。这类单项性改革或表层性、技术性改革的最大弊端,是所谓的"双重交通规则"或"异体排斥"②,引发了制度过量与制度稀缺并存、制度成长与制度衰退共生的奇特景观。在这中间,既有弥足珍贵的善政和善治努力,又有令人扼腕的虚假治理和投机行为,问题复杂性还在于各地地方治理中往往是兼而有之。因此,成分的比重与程度的差异所产生的社会效应,需要再长时间的观察才能得出合理的评判。

依托地方自主创新实现国家整体现代化,是中国改革开放的基本策略。实践证明,地方自主性不断强化取得显著成就的同时,相伴而来的是地方核心行动者主导下的效率主义治理,存在着一系列的双重影响与悖论:一方面,物本与人本的紧张。"物本"取向的实质是政绩主导和拜物教的攫取式发展③,基于考核的压力与升迁的刺激,把地方治理的复合性使命简化为有效捕捉经济增长符号,却隐藏着经济增长带来全部社会问题整体解决的危险④,其结果可能导致价值规训淡忘,对发展目的做出工具性的理解和设计,导致环境正义、空间正义和代际正义等人们长期珍惜的价值追求的漠视;另一方面,效率与公平的紧张。满足现代化发展的效率需求,在当下中国语境中都具有合理性。这种效率性的理解被简化为经济高速增长,而发展的成本分担、与公众的成果共享、对环境的承载共识等

---

① 杨敏:《改革者遭遇"黄灯效应"》,载于《决策》2011年第1期。
② 吴敬琏、刘吉瑞:《论竞争性市场体制》,广东经济出版社1998年版,第125、141页。
③ 杨通进、祐素珍:《人与自然的和谐》,中国青年出版社2004年版,第3-15页。
④ 陈向义:《马克思主义与发展主义的关系探析》,载于《哲学研究》2007年第5期。

问题却遭到相当的忽视。发展的高速与成本的高昂，成为非均衡性支付的一体两面，而资本逻辑的强化又进一步刺激了工具理性的膨胀，导致重复建设、过度投资、过度竞争，还导致司法公信失误、社会分配失公、城乡发展失衡、地区进步失均，生态环境失常，更导致经济与政治、文化和社会之间的发展协调不足，腐败压力增大。

转型期中国地方的种种问题，清晰地呈现出地方治理的公司化变异，其治理理念上的倒置性、绩效考虑的优先性、发展偏好的获利性、经济增长的绝对性、政策导向的选择性、治理方式的侵蚀性、执行策略的机会性、评估权重的政绩性，甚至还有应对考核的政府间"共谋"现象①，相当一部分地方核心行动者成为"非常睿智的 CEO"和"有才华的经理人及管理人"②。地方自主性的强化，对地方与国家来说，都承载着显性成就取得与隐性风险累积的双重影响。

三、地方政府体制改革的社会互动机制

地方政府体制改革不是自以为是、自说自话、自娱自乐的行为，而是公共的事业，需要形成政府与社会的有机互动，方能取得实效。主要涉及三方面的重要内容：

一是着力提升公民主体性。地方政府体制改革，核心的问题是解决政府权力与社会权利的关系问题。要实现以权力制约权力以及以社会权利制约政府权力、确保政府权能与责任彼此匹配，进而发展成真切面对民众、真实面对社会的负责任的公共行政，就必须有赖于公民社会的成长，其关键在于公民主体性的成长。所谓公民主体性，即指公民对其政治社会主人地位的充分理解和对拥有的政治权利的理性认识，并且能够在具体的公共生活中以独立、负责任的态度来行使其权力。当然，公民的主体性地位，需要在获得明确法定程序和公共认可的公平规则之下得以实现，这就意味着不仅要有公信力的制度来保障和发展公民权，而且还需要公民群体具有良性的公民资格感与公民人格感，具有公共理性精神。正如政治哲学家威尔·金里卡（Will Kymlicha）所指出的，"现代民主制的健康和稳定发展不仅依赖于基本制度正义，而且依赖于民主制下的公民的素质和态度"，"现在已经清楚的是，旨在平衡个人利益的程序性的制度机制是不够的；还需要有一定水准的公民品德和公共精神"③。因此，必须革新公民政治文化，培养公

---

① 周雪光：《基层政府间的"共谋现象"》，载于《社会学研究》2008 年第 6 期。
② [美] 奈斯比特：《中国模式和中国未来趋势》，载"环球网"2010 - 12 - 9。
③ [加] 威尔·金里卡：《当代政治哲学》，刘莘译，上海三联书店 2004 年版，第 512 页。

民主体意识、政治感情和效能感，造就现代化的、民主的参与型公民政治文化，塑造具有现代民主意识、积极参与精神、法律意识以及参与能力的新型公民。

二是公民参与责任的强化。任何权利的行使都是与相当的责任相联系，作为公民资格的重要成分[①]，参与责任与参与权相伴相随。在转型期，地方政府体制改革不能够缺失民众的参与，有效的公共参与意味着不仅有公民参与数量的增加，更要有参与质量的提高。行政改革过程不应该是孤立于社会需求的"自斟自饮"、"独角戏"，也不应该是高居于社会之上的"悬浮性"[②]，而应该是国家与社会、政府与公民，尤其是政府与市场有序互动和良性合作的过程。任何缺乏民意基础的所谓革新，都可能昙花一现。公民社会参与责任的有机楔入，不仅仅意味着社会主体的在场，更在于它可以全过程监督、敦促政府以回应公民、回应社会为出发点和着力点的兑现与完善。因此，深化地方政府体制改革，不仅需要强化民众参与中对自己所作所为（如对暴力对抗、非法侵损他人和社会合法权益等非制度化行为后果）的后果承担责任，更应对其制度化参与中的附从、随意、无作为等懈怠行为承担责任。可见，参与责任应该是一个兼具道德责任和法律责任为一体的责任重合。转型期，培养和发展这种具有健全权利义务意识，尤其是提升与健全参与责任意识，对于地方政府改革获得持续的公共理念和行为支持至关重要。

三是参与渠道的制度性拓展。从政治发展的角度看，政治过程的民主化是一个不可避免的趋势。在现实政治实践中，通过公开征集意见、决策听证、公推公选等公民参与途径为管理民主的发展创造了机会。然而，民众参与的咨询色彩仍旧浓厚，协商民主的价值体现仍不充分。譬如，在立法参与或决策听证，以及公推公选等过程中，参与者的意愿还难以得到切实体现，参与权的保障和救济仍然存在种种不足，以至于各种"参与难"、"难参与"和"象征性参与"现象还客观存在。从这个角度讲，不断发展和完善公共主体、公共程序与公共救济的法律法规，进一步拓展参与渠道，通畅参与机制，完善参与制度，为民众提供"敢参与"、"能参与"、"会参与"且"参与好"的制度空间，对于保障参与权力、激发参与热情、提升参与效能不无裨益。这样的努力，实际上是地方政府体制改革取之不尽、用之不竭的力量源泉，大大有利于促进政府改革由"政府为改革而改革"转向"政府与社会合作驱动"的政府改革。坚持这种两条腿走路的改革，是提高改革针对性和实效性的重要保障，是地方政府体制改革由表及里转向的有力支撑。

---

① [美]托马斯·雅诺斯基：《公民与文明社会》，柯雄译，辽宁教育出版社2000年版，第11页。
② 沈荣华、钟伟军：《中国地方政府体制创新路径研究》，中国社会科学出版社2009年版。

第三节 地方政府体制改革的优化选择

一、地方政府体制改革的优化与缺失

总体看来,现行的地方政府体制改革还处于一个地域零散、局部理性和不断试错的状况之中,由此带来了改革实践的双重绩效。我们认为,现有的地方政府体制改革尚不能完全满足快速经济社会发展的需求,因此,合理揭示现有实践对于治理现代化的种种不适,是地方政府体制改革优化的基础。

第一,从治理结构的分化角度看,现有的地方治理实际形成的是一种"中心—外围"的支配式与非均衡式结构。地方核心行动者的偏好主导着地方发展的基本格局,有人把这种旨在妥善处理地方政府与地方经济体之间关系的治理称之为"有计划的非正规性",并强调它"是中国经济发展的真正动力,同时也是其社会和环境危机的根本来源"①。当权力逻辑继续处于对资本市场支配地位时,自动选择有序转化或政府退出微观经济领域的治理结构,将在相当长的时间内难以成型。与之相伴随的是无法形成权利对权力的有效制约及其制度化进程。于是,有可能将阶段的过渡性制度安排固化成为长期秩序的危险②,从而成为下一轮发展转型的阻碍。

第二,从治理功能的专门化角度看,权威替代而不是权威引导将长期存在,政府调控而不是政府功能专门化将长期存在。这反映出权力逻辑对于资本与社会的作用,远远超越了应有的行动范围。尽管改革开放以来,政党、政府与社会高度一体化的格局已经出现分化趋势,但是,以权力为中心和政府为主导的实际运转仍然是基本事实。实际上,在权力的公正取向、资本的效率取向与社会的自治取向之间,尚未建立起较为稳定的秩序平台。

第三,从治理权力的理性化程度看,地方治理体制是我国经济奇迹的发动机,但是,其运行进程具有明显的非制度化色彩。亨廷顿(Hautington. Samael)说过,"制度化是组织和程序获取价值观和稳定性的一种程序"③。我国地方治理功能的非制度化表为:一是功能目标带有偏离性,没有将权力从属于权利的源泉牢记在心,没有将功能与改善服务民众的责任目标匹配相连;二是功能过程具

---

① 黄宗智:《中国发展经验的理论与实用含义》,载于《开放时代》2010年第10期。
② 周冰:《过渡性制度安排与平滑转型》,社会科学文献出版社2007年版,第5页。
③ [美]亨廷顿:《变化社会中的政治秩序》,王冠华等译,三联书店1989年版,第12页。

有一定的闭合性，表现在地方政府组织权力的届际延续以及职能运作的非程序化，也表现在功能流程的非公开性与低参与度；三是权力监督的低效性。在非人格化与人际化混合运行的情况下，地方治理往往以自由裁量来行使弹性改革权，这既为地方社会的发展创造良好契机，同时又给地方治理带来累积性的掠夺风险，诸侯经济、局部逆市场化等地方性"利维坦"现象的出现就是例证。

第四，从治理理念的世俗化角度看，实现经济高绩效是当下地方治理现实中的主导价值，工具理性与价值理性存在相当程度的张力。不管这种张力是主观选择还是客观环境的产物，都导致转型期国家与社会、政府与市场、政府与公民之间的脱节，无法有效确立起权力决策与权利意愿的直接关联。这种地方治理功利化，使"发展为了人民、发展依靠人民、发展成果由人民共享"的中央要求存在相当距离。这种淡化人民价值关怀的情结，是短期利益逐求的深刻缘由，导致社会价值制度化难以真正确立。

二、地方政府体制改革调整的价值向度

以人为本是地方政府体制改革的价值基点，"以人为本"是各种良性要素相互融合的整体结构，它涉及到人与人、人与社会、人与自然等多重关系。"以人为本"实质上引导构建的是一个民主与善治的社会、稳定与秩序的社会、公平与正义的社会、宽容与友善的社会、诚实与信任的社会。最根本的是人与自然之间、人类社会内部之间是以和谐为主还是以对抗为主，决定着人类社会的祸福安危，引领或阻碍地方政府角色转换的成败。

满足人民群众的需要、服从于与服务于人民意志，是地方政府体制改革的价值依归，地方政府改革必须真正地坚持"以人为本"的原则和精神。我国改革开放以来的"中国模式"或中国奇迹，本质上应该是"人"成长与发展的奇迹，"中国模式"发展的真正源泉应该是对人民主体性价值的尊重。其中，既需要关注的是"农民理性"的现代转换（对"农民性"的引导和整合应该是中国发展的基本秘密[①]），更为重要的是需要进一步提升、夯实与优化我国治理结构，尤其是地方治理结构中的人民主体性地位。确信无疑地讲，我国确立的"以人为本"的价值导向对于独特的官民体系的基础性作用是深远的，是中国的立国之本。改革开放任何成就的取得，都莫不与人民主权有效转化为政府治权、人民主体性有效彰显直接相关，任何困难与曲折的出现，都莫不是漠视人民主体性保护

---

① 徐勇：《农民理性的扩张："中国奇迹"的创造主体分析》，载于《中国社会科学》2010年第1期。

和发展所致。地方核心行动者的自主性必须制度化地服从于、服务于人民主体性，否则就会僭越和放任。与此同时，人民主体性对于地方核心行动者的支配与使唤，必须转化成对核心行动者的治理行为与流程的规范与制约，最高权力中心必须进行顶层设计和整体性改革，打破原来在体制上的锁定状态与路径依赖，创新地方政府改革的路径①，以赋权的精确化与明晰化，来防范与杜绝权力与资本的合谋，抵制对人民主体性价值的侵蚀。

人的现代化是社会现代化之魂。必须认识到，在统计意义上的纵向与横向比较，讲的是管理意义上的治理有效性与增益度，而更为根本的是"人民满意不满意"问题上的真实性与准确程度。为此，地方治理自主性的拓展和运行，必须强化地方治理过程的民主参与，使治理自主性建置在人民意志规训和改造核心行动者行为的价值之上。核心行动者既实际地塑造着制度创设，又影响着制度结果，他们既是改革的动力，同时又是改革的对象，客观存在着突出的悖论。因此，必须要区分内生型现代化国家与后发外生型现代化国家在政府能力需求与供给方面的显著差异，尤其要避免邯郸学步②。基于我国改革的渐进性特征，学界所提出的政策过程"中层理论"③，应该对解决转型中的挑战不无启发。因此，突破局部理性，在政府、市场与社会之间合理调整权能，对核心行动者进行逐级、双向、选择性的制度性替代，强化地方治理结构的现代性，是未来改革的基本走向。这就需要不断明晰党的体系与国家体系的边界④，让治权有效衔接主权，让政府有序回归社会。把"行动政府"逐步转型为"思想政府"⑤，挖掘长效智慧、突破应景行政、杜绝"割据创新"，确立服务性政府结构，建立双向性责任关系，让核心行动者既有放手做事的灵活性与策略性，又有束手做事的原则性与规范性，更要有妙手做事的自主性和能动性。同时，进一步增强决策参与的集体性与透明性，拓展监督过程中的权益个体性与规范性，唯有此，才能解除转型社会中效率主义治理的悖论之围。

实践中的地方治理自主性规范，从结构分离化、功能专门化、权力理性化与

---

① 沈荣华、钟伟军：《中国地方政府体制创新路径研究》，中国社会科学出版社 2009 年版，第 1-2 页。
② 根据中西方国家政府在现代化阶段、国族建构与民主状况、官僚制发育以及政府形态之显著差别，转型期的中国地方政府能力建设应有的放矢，尤其需要对效率主义秩序模式进行系统性的调整优化。参见黄建洪：《现代化进程中的政府能力发展：一般规律与中国选择》，载于《社会科学研究》2010 年第 4 期。
③ 徐湘林：《从政治发展理论到政策过程理论——中国政治改革研究的中层理论建构探讨》，载于《中国社会科学》2004 年第 3 期。
④ 林尚立：《政党制度与中国民主》，载于《武汉大学学报》（哲学社会科学版）2010 年第 3 期。
⑤ 薛澜在接受期刊采访时的观点，参见贺海峰：《2011 地方政府创新趋势》，载于《决策》2011 年第 1 期。

文化世俗化方面看，仍不能满足治理现代化的需求。因此，地方治理需要进一步转型升级，尤其需要进一步制度化地确立民意主导的系统性制度安排。强化制度建设，减少主体权威依赖，进行更具现代性的制度化治理。从主体的能动到制度的完善，需要将非正式制度的弹性转变成正式制度的刚性、将体制外的合理性转变成体制内的合法性，将地方核心行动者的努力与创新上升为制度规范、将其不足与异化转化为制度防范。而近期，有效的民意识别整合机制、民意导向政策议程以及多元治理的工具选择，将是地方治理自主理性的重中之重。后30年改革如何对官僚自主性、地方自主性与地方自治理性进一步甄别，如何对地方自主性进一步作治理秩序的对策性引导，并在改革实践中获得准确定位，都需要进一步制度性的面对与解答。

1. 地方政府体制创新的结构重点是关系调整。

地方政府体制改革创新的核心在于结构调整，要害在于通过权力关系的调整而实现权力与权利关系的良性互动，目标直指公民、社会与政府关系的动态调节与制度化发展。

基于人民主权理论认知框架，任何权力的获得与授予，必须得到人民的同意，否则就是僭越和不公正。地方治理当然也需要厘清权力关系，并由此迈向权利的充分保障与有序实现。因此，需要通过权力结构调整来引导职能机构的变化。地方政府体制改革不能继续停留在表层和技术层面，而应该走入体制的内核，推动一种权力结构关系的重新组合。简而言之，就是在主权至上性转化为职权有效性的过程中，需要先行对党政结构的基本权力、职能与责任有一个相对清晰合理的划分，以有效的权力组合配置来形成治理构架，从而在一个更具现代性的行动结构基础上，来达成有效性功能到位。

公民是一个具有公共特性的宪法概念，公民内涵意味着自由、平等、独立的深刻内容。公民身份意味着公民权利，意味着关于公民权利与义务的规范体系的存在，意味着公民个体的独立地位。它也蕴涵了公民权利与公共权力关系的普遍意义，构建了公共权力来源于公民权利且归属于公民的理论前提，并构建了公民与政府的对立格局。依据政治科学所共同接受的一般原理即"以社会权力制约公权力"，需要通过顶层设计来体现对权力的规训和对权利的保护。这种看法，是基于个人权利第一性的、原生性的设置，将国家权力视为从属性的、派生性的载体，才能演化出自发性与内源性的政治现代化。公权有限，民权为大。不是法律赋予公民权利，而是公民的天赋权利产生法律；不是统治者造就法律，而是法律造就统治者。从这个角度讲，改革创新的深层发生学，需要高度关注国家与社会、公权力与私权利的关系互动，始终围绕着保障人的权利、尊重人的意志的中轴展开。

政府与社会关系互动中的轴心是人，是基于对人的利益和地位的判断，是基于对人的生存环境与发展走向的思考。我们的制度建设需要同时完成法治与民主的补课，因此，制度建设不仅要遵循政府与社会良性互动的规律，还必须从法治与民主的逻辑中，时时把握"以人为本"的本质内涵与精神实质，才能保证制度不偏离方向。我国制度建设的起点是以人为本；我们制度建设的本质是为了造福人民，为了实现好、维护好、发展好最广大人民的根本利益；我们制度建设的归宿是发展成果由人民共享。这就需要遵循规律，克服主观随意性，抛弃官本位，纠正心态上的浮躁性。

2. 地方政府体制创新的契点是职能重新配置。

在一个社会羸弱、市场机制有待进一步发育的转型国度，要稳妥推进地方政府体制改革，就必须将权力结构的调整重点转为政府职能的调整，需要由技术性的局部的改革进入一个整体性的改革，从制度理性中致力于长远的发展，这就要求把政府职能结构的重组放到一个立体的角度来考虑。

第一，政府职能调整的依据。政府与社会关系是观察一个国度是否真正强大的基础。依据于历史传统和现实国情，中国的地方治理总体上面临的现实格局是"大政府、弱社会"。这说明一个与人口和国土规模相称的社会构架尚未完善。但需要指出的是，作为一个大国以及大国的地方治理，尤其是在转型发展的阶段，不可能是一个"小政府、大社会"的格局。这样的认识误导性在于仅从硬件角度认识问题，而没能上升到国家现代化转型对权威推动力强盛需求的角度。我们认为，当下的中国地方治理，治理结构的优化远比政府规模的衡量要重要得多。多年以来的地方政府体制改革，基本上都在经济领域展开，且多数都是对增量的市场资源进行调整，这就使得从机构调整为进路的政府改革，实际上已经落后于形势发展的需要。尽管在20世纪80年代中后期，党和政府就提出了"转变政府职能"这一重要命题（也发挥了不可忽视的积极作用），但是囿于市场和社会的支持力量极为有限，转变职能的工作比实际预期的目标存在相当的距离。

多年改革的经验积累和他国发展的教训可以给我们启示。政府职能转变的基本依据，是在准确理解和充分尊重经济社会发展规律基础上，以市场机制配置资源的成熟程度和公民社会发育状况所界定的自主、自治程度为测算标准。这就提出了政府自我治理向有限与有效的方向发展的重大命题，也提出了阶段性地介入市场、进行市场替代和制度替代必须适时实行政府职能转变，大力引导、规范社会建设，培育全社会的自主性和公共理性，通过政府优良的自我治理实现社会治理，由善政而善治。任何过于超前或严重滞后的政府职能转变，都会对公共利益构成危害。从而导致要么通过多地推卸政府责任而致使公共事务荒芜，要么管得过多过死而导致社会活力尽失。可见，政府职能转变的恰到好处，就是在对社会发展规律高度把握基础上的与时俱进，这既需要勇气，更需要智慧。

第二，政府职能调整的方向。在我国的治理结构中，总体上处于后发型的一种体制，其最大的特点是行政权力成为推动经济社会现代化最好的动力，所以，行政权力本身具有很大的空间。这是呼应现阶段的社会经济结构的，这是发展优势，也是社会发展的现实要求。但是，也需要考虑其存在的限度。换言之，现在先期考虑的问题是权力结构的内部调整，然后促使权力与权利之间关系的调整。这就会涉及核心行动者怎么样束手做事，怎么样放手做事，怎么样巧手做事。

要适应经济社会整体的变化，政府职能调整需要有两个方向上的考虑。从政府发展进程的纵向角度来讲，有的职能是暂时的（譬如落后地区和特定发展阶段上的政府招商引资），而有的是持久的（如社会管理与公共服务）；从横向平行的角度讲，政府职能有些要淡化，有的要延续，有的要强化，有的要新生，有些要消亡。譬如，在市场发育到一定程度的时候，就需要大力淡化政府直接介入微观经济的职能，更多地依靠宏观调控来达成治理目标，那时法律机制与价值规律的作用应该得到更为充分的放大与强化。又如，对于市场监管职能，需要延续，但又存在着侧重点的转移。肇始于西方发达国家的金融危机频繁出现，说明了即便在成熟市场经济社会，经济规制也都还存在持续改进的必要性；与此同时，英法等国不时出现的社会骚乱，也都说明了社会建设并不是一劳永逸的，改进社会规制仍然处在进行时态。因此，强化社会管理创新对于转型中的中国社会和地方治理，就更加的重要。在这个过程中，持续地向社会转移政府职能需要有序进行，而规范引导政府自身以及社会新赋职责，便成为政府亟待转化和优化的崭新使命。

需要强调的是，职能调整是一种制度建设。为此，我们应该有个预期，应该制度化。哪些职能在何时过渡期限到了，何时应该终止，需要有科学研究特别是政治科学和行政管理学的支撑。对于公共服务或综合管理方面的职能模糊或"不搭调"状况，说明宏观改革思路上还没有正视、没有应对、没有回应这个现实，这便佐证了治理改革需要顶层设计的极端重要性。

第三，地方政府创新的着力点是工具更新。政府工具或治理工具的简单、单一，是制约我国公共管理效能的重要方面。从计划时代走来，政府还习惯于用行政的手段、以命令—服从的方式来进行经济建设和社会管理。在改革开放初期，这样的状态并不会有太多的问题，因为这与计划管理体制恰恰吻合，减少了新治理技术投入所产生的摩擦成本。然而，斗转星移，在市场经济体制框架已基本确立的当下，不少地方政府仍受制于旧有的思维习惯，则滞后于治理发展的现实需要。公共管理学原理告诉我们，可以根据政府职能的变化和新近配置，大力采用市场机制、工商管理技术和社会化手段，来提高政府治理效能。以市场机制和工商技术为例，可以采用的政府工具有民营化、政府付费、合同外包、特许经营、凭单制、分散决策、放松管制、产权交易、内部市场、全面质量管理、目标管理、绩效管理、标杆管理、流程再造等①。这些政策工具及其组合，在英国、美国、新西兰、澳大利亚以及日本诸国的政府改革实践中取得显著成效。在国内地方政府改革实践中，昆明的市场化改革风生水起，有声有色，其基本做法也是注重市场机制的发挥和市场环境的建设，试图通过党政合力驱动、以民营化改革为力点的改革探索，逐步实现政府支配资源的最小化、市场支配资源的最大化，取得了明显的成效。从现代化发展的基本历程来看，经历政府主导逐渐向政府与市场有效对接、进而发展成为以市场为主、政府宏观调控为辅的成熟状态，将是一个自然历史过程。但从我国中西部的现实状况看，多数地区仍然处于致力于寻求政府与市场"掌心对握"的阶段，故此，在相当长的一段时间内，以招商引资为抓手的行政性经济治理就有其存在的合理性。这从一个侧面告诉我们，一方面需要不断更新政府治理理念，在扶持市场发展和培育公民社会的过程中，需要适时地进行权力关系的调整，通过及时合理的转移职能和公私部门协同，有利于为社会提供更为优质价廉的公共服务和公共产品；另一方面，政府手中的"箭"如何使用，必须通过社会需要来确定，政府改革必须走出自我决策的封闭状态，以更为开放透明的过程和更为优化的流程设计，来提升治理效能。因此，需要从公共管理创新和政策优化的角度，来理解和发展政府多元化的治理工具，从而推动政府管理方式变革、实现政府治理的公共服务化转型。

三、"制度空间—地方核心行动者—制度创新"的分析工具

地方政府创新的突出点是核心行动者行为制度化。目前，政府优位于社会、权力优位于权利的客观事实将在一段时间内持续存在。那么，通过转型发展，就需要逐步解决以地方党政主政者为主体的核心行动者对于制度体系的显著优越性。而地方核心行动者行为的制度化将是关键，这就需要在刚性的制度他律与有公共德行的行动者自律有机结合起来，把地方核心行动者的自主能动性严肃地纳入到制度化释放的渠道中来。

当下，我国地方治理结构中核心行动者普遍强势，而民众对其影响和改造力量还比较有限，这对于有效平衡民主与效率、制度与权威显然具有遏制作用。从全社会来看，逐渐分化出强势利益集团与社会弱势群体，他们之间不仅资源占有程度不成比例，而且，利益表达渠道与公共参与度都处于极度不公的状态。对弱

---

① 陈振明等：《政府工具导论》，北京大学出版社 2009 年版，第 1-15 页。

势群体的"回应性"是"以人为本"的题中应有之意，意味着政府对公众的期待和要求做出及时、负责、高效的反应，将公众普遍关注的社会民生问题确立为政府着重要解决的政策问题，使政策问题充分体现民意；"回应性"又是地方政府公共性的重要保障，意味着政策方案必须考虑普通民众特别是弱势群体的利益。目前，弱势群体除了"上访"，正常的利益诉求很难展示在公开平台，无法对地方政府形成有效的压力，而部分官员还对体制内的有限利益表达渠道、或空置、或堵截、或追击。一部分地方政府官员还对市民利益表达行为的正当性不以为然，而将市民的激烈行为视为非正常，视为"非顺民"甚至视同"刁民"、"暴民"，这是一种非常可怕的倾向。要使各级地方政府真正在"回应"中发挥积极作用，最需要解决的恰恰是地方政府完成自身角色和职能的重大转换。如果继续照搬计划经济时代那种全能型政府的角色，如果继续套用单一的、行政的、强制的手段，那么，地方政府的主导作用发挥的越大、越强烈，对社会转型产生逆向作用就会越明显。

改革就是要建立一种新的社会生活运行机制和社会秩序控制机制，改革就是要建构一种既有内在活力，又有相对稳定秩序的生存、生产、生活环境。过去那种"一放就乱、一乱就收、一收就死，一死又放、一放再乱"的局面实属低效。然而，这种局面又不会自动消亡，这就需要从根本上改革传统的国家控制模式，抛弃过去那种依靠垄断资源、依靠行政手段、依靠强制性措施的控制模式，这就需要严格审定中央政府放权的适度性标准，同时在法律规范下实现地方政府的"亮丽"转身，实现自律与他律的有机结合与良性互动，建设服务型政府。这无疑是一个相当长的过程。

实现地方治理现代化的关键环节，在于通过重塑核心行动者的行为模式，以制度化治理来达成治理目标。其根本点在于，确保行动者依照制度规则和程序、在遵循经济社会发展规律的基础上，进行理性化的公共治理。转型期，制度的刚性弹性并存、规范的衔接与矛盾并存、内容的有效与无效并存，甚至还存在着制度的"真空"。地方核心行动者得以在这个制度环境中获得了暂时的制度空间，才使他们各显神通、丰富多彩，但也难免鱼龙混杂。真心改革的地方核心行动者在取得显著成效之余，难免有缺失与不足；无心改革的地方核心行动者在实践检验其行为之时，孰是孰非、功过自有公论。

制度的功能是激励与约束的统一。制度是行动者行为的规则系统，规定行动者的行为边界、规范行动者的行为内容、流程以及奖惩，严格地讲，行动者是被"嵌入"制度中并被其创造和指引的。制度约束力只有在行动者服从的条件下才能体现，因而就需要实施机制。如果没有强有力的实施机制，制度就可能形同虚设，甚至会导致行动者蔑视制度，以至于机会主义盛行。转型期，作为一个地区差异极明显的泱泱大国,各地区之间存在着很大的非均衡性,如果直接由中央整齐划一地去推行某项改革制度,将可能面临经济风险,甚至是政治风险。降低全盘性改革风险的最有效办法,就是让地方核心行动者在原则框架内进行改革试验,这就是我国的试错性改革策略。这是一种适合我国国情的改革逻辑:选择部分地区进行改革试点——总结试点经验——在全国推广。我国的许多重大创新举措,都是在局部试验基本成功,证明新制度的收益大于旧制度并具有可行性和普适性后,才由中央政府赋予其合法性,进而自上而下推行的。这种举措的前提,是对地方核心行动者改革试验中的自主权在限定的范围内,保持必要的宽容,允许他们在改革中犯错误。中央政府主动预留一定的制度空间,包括在市场经济环境下出现的新概念和源于计划经济体制内旧机理的接纳、修正的及时性与准确性的调整。在这种情况下,地方核心行动者实际面对的是相对"软化"的制度约束环境。地方核心行动者只有拥有一定的自主性,才有可能为权力中心提供真正具有创新价值的变革启示。

本书所采用的理论框架是关于制度与地方核心行动者之间互动的分析工具。制度体系自身内部各要素之间会发生相互影响与作用,其中包括宏观的制度、中观的体制、微观的机制之间的相互渗透,而地方核心行动者的主观能动性、积极性与创造性本质上也是影响制度变迁的重要因素。显然,在我们这个分析框架中,存在着两个变量因素——制度与个人,制度与人的互动有助于更清晰地考察地方制度变迁的基本脉络与地方治理的主线流向。

笔者提供"制度空间—地方核心行动者—制度创新"的分析工具,旨在解释原有的制度体系在地方核心行动者的直接面对、解读、回应、"打擦边球"、"绕道走"之余,在时空中产生了包含地方治理效能与制度变迁的价值函数,这些函数在互动中反思原有的制度质量,并在现实的改革中充分展现地方创新的丰富多彩,然后,随着时间的推移与实践的检验,随着活生生的价值函数与质量拷问,演化成对原有制度的反思、提升、创新、完善。

我们提出的"制度空间—核心行动者—制度创新"分析工具,主要用来分析具体地方治理的创新样本,并试图归纳一般意义上的地方治理内在逻辑与前景展望。我们的分析框架还可以是一种简易的模型,也可以扩展为一种复杂的模型。所谓"模型"是指由各个互相联系、彼此影响的运作要素之间的有机整体。简易模型基本归于"制度"与"个人"之间的分析,其中,并不是拘泥于简单评判法治或人治的好坏,而是分析制度与个人之间的互动对我国地方治理与制度变迁的影响。其构成要素包括:"制度"(整体意义上的政治制度、中观层面上的行政体制、微观意义上的创新机制及相关文化氛围等)、"地方核心行动者"(前面已有解释)、"样本结果"(包括地方治理效果、制度变迁情况及民众满意度等)(见图9-1)。

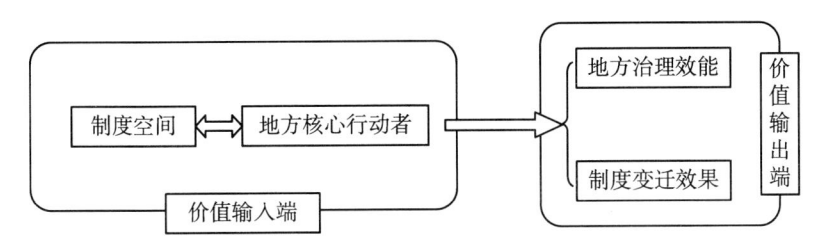

图9-1 "制度—个人—制度"分析框架的简易模型

学理模型是在简易模型基础上的进一步细化,最主要的差距是需要立足整个行政管理体制改革的发展规律,综合、全面分析各个样本中的诸多要素,从我国地方治理的整体状况到整个改革趋势的评估与预测。其构成要素包括:"价值理念"(主要指地方治理与制度创新的根本导向)、"公众需求"(公众对地方治理状况的要求、政府对公共利益满足情况的反馈、公众需求的发展趋势)、"高端意志"(中央领导人对改革的决议及意愿、地方高级领导人的意志、改革坚定度及其发展计划完善度等)。旨在明确地方核心行动者与制度的法治关系、地方核心行动者与体制的合理格局、地方核心行动者与机制的空间关系,制度、体制及机制三者之间的互动联系,解决的焦点是如何提高我国地方治理效能、如何促进我国地方体制改革、如何深化我国行政管理体制改革(见图9-2)。

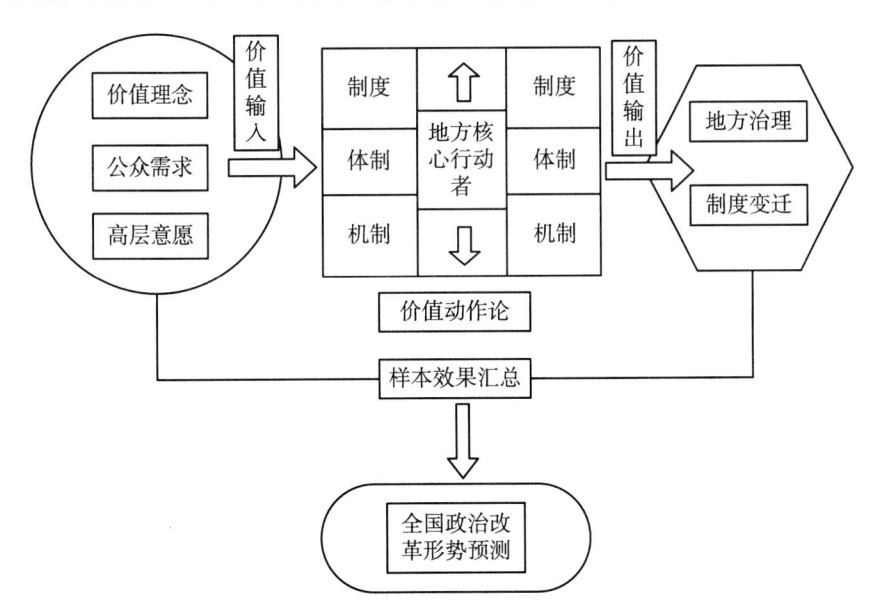

图9-2 "制度空间—地方核心行动者—制度创新"分析框架的学理模型

在我国转型期,"制度空间—核心行动者—制度创新"的分析工具显然打上地方核心行动者的"个人烙印"。面对实践中媒体和社会公众的关注,我们面临着一个严肃的命题:地方核心行动者的个性化执政,究竟给当地带来怎样的变化?这些变化在回应治理有效性的政绩诉求以及民众的民生需求之外,还有没有更深层次的制度意义与创新价值?个性化执政方式有没有限度?限度在哪里?有没有困境?什么样的困境?实践中,一些有创新思路、创新胆识、创新魄力、创新作为的地方核心行动者,其执政方式和创新成果是否会在任期之后陷入"人存政举,人离政息"的悖论?制度空间中的地方核心行动者,应该如何在制度创新中实现"人"向"制度"的归依?他们一个个鲜活的样本能否为制度创新提供素材与佐证?

当下,改革已经进入深水区,要公正、理性地评判地方核心行动者,就必须直面客观大背景,冷静了解所在小环境,就不能脱离国情所要求的进度、人民所寄予的期望。凡是想真改革而不是假改革、凡是想有所作为而不是庸庸碌碌,必然会有改革的主动、能动与冲动。在标准既清晰又模糊的前提下,在要求既具体又多元的前提下,经历了制度空间与地方核心行动者之间的相嵌,经历了地方治理实践中林林总总的理性与非理性、理智与非理智的解读,制度需要进一步完善与创新。

在一个正经历快速发展的国家中,问题的复杂性远远超过人们的想象。西方国家可以从容地在300年左右时间内完成现代化进程,但是在我国,由于现代化启动模式以及历史、现实条件的约束,改革的脚步往往显得有些局促与急切。机遇与挑战、希望与焦虑时时深沉地纠结着,如果用平面的或直观的思维方式,很难有效解读种种奇迹与成就,更难以理解发展中的悖论与问题。因此,打破线性的简化逻辑,导入叠加的务实思维,运用辩证的发展眼光,才能找到解析我国地方治理制度变迁轨迹的钥匙。在这里,需要摒弃"制度决定论"的呆板、突破"行动决定论"的随意、摆脱"人的神话"的束缚、抛弃非民主即专制、非法治即人治、非市场经济即计划经济的思维惯性。具体来讲,就在于从客观实际出发,动态地、深入地、真切地解读地方核心行动者的治理行为。进而阐释地方治理"是什么"、"为什么"、"怎么样"等基本问题,从中合理评估地方核心行动者的能动价值,从"现实的解释"变为"解释的现实",从"人"的功能走向制度的价值,从制度空间走向制度创新。

后30年改革如何进一步正确引导与规范地方治理创新,如何在改革中进一步维护中央权威、进一步准确定位地方政府的角色,最重要的是如何将地方核心行动者的创新能量、积极能动、卓越能力纳入制度范畴,将他们的正向创新上升到制度规范,将他们的负面影响转入制度防范,进一步讲,就是将体制外的合理性转变成体制内的合法性，将行为中的自发性转变成意志中的自觉性，避免与防止地方核心行动者掌控制度、高居于制度之上的现象，用持续的制度供给来巩固改革的成果，这是我们"制度空间—地方核心行动者—制度创新"研究的宗旨与落脚点。

地方核心行动者应将自己的心扉与行为向群众开放，制度应该将地方核心行动者关进法治的笼子。只有在法治发展与民主的健全中，才能确保地方核心行动者的智力、能力、魄力与魅力汇成制度的完善，进而实现地方治理创新与行政管理体制改革的成功。

第十章

地方政府体制改革的具体对策

近10多年来,地方政府体制改革已经成为深化行政管理体制改革的重要内容。1997年9月党的十五大报告指出,要按照社会主义市场经济的要求,转变政府职能,深化行政体制改革。2002年11月,江泽民在党的十六大上强调,要进一步转变政府职能,改进管理方式,推行电子政务,提高行政效率,降低行政成本。2007年10月,胡锦涛在党的十七大上指出,行政管理体制改革是深化改革的重要环节;要着力转变职能、理顺关系、优化结构、提高效能,形成权责一致、分工合理、决策科学、执行顺畅、监督有力的行政管理体制;健全政府职责体系,完善公共服务体系,推行电子政务,强化社会管理和公共服务。

2008年2月,党的十七届二中全会通过了《关于深化行政管理体制改革的意见》,明确了深化行政管理体制改革的总体目标是:到2020年建立起比较完善的中国特色的社会主义行政管理体制。通过改革,实现政府职能向创造良好发展环境、提供优质公共服务、维护社会公平正义的根本转变,实现政府组织机构及人员编制向科学化、规范化、法制化的根本转变,实现行政运行机制和政府管理方式向规范有序、公开透明、全民高效的根本转变,建设人民满意的政府。

2008年3月温家宝同志在十一届人大一次会议上进一步明确,行政管理体制改革总的原则和要求是:坚持以人为本、执政为民,坚持同发展社会主义民主政治、发展社会主义市场经济相适应,坚持科学民主决策、依法行政、加强行政监督,坚持管理创新和体制创新,坚持发挥中央和地方两个积极性。要着力转变职能、理顺关系、优化结构、提高效能，形成权责一致、分工合理、决策科学、执行顺畅、监督有力的行政管理体制。温家宝强调，要从加快转变政府职能、深化政府机构改革、完善行政监督制度和加强廉政建设等方面深化行政管理体制改革。

我国最近一轮地方政府改革以2008年8月国务院下发《关于地方政府机构改革的意见》为标志。以理顺中央与地方权责关系、平衡中央和地方财权事权、推行"省直管县"模式为主要内容。这次改革的主要特点是：

一是加快政府职能转变。关键处理好政府与市场、政府与社会的关系。

二是组建"大厅、局"。要求机构设置有严格的量化规定，并改制一部分行政性事业单位，调整一部分行政部门领导关系。

三是严控人员机构与编制。基本原则是严格控制人员编制，进一步优化人员队伍结构。将全面厘清议事协调机构，撤销工作任务已完成的议事协调机构，对确需设立的议事协调机构，严格按照有关规定进行审批，不单独设置实体性办事机构，不单独核定人员编制和领导职数。从严核定部门人员编制和领导职责数。

四是明确责任。改革方案按照权责一致、有权必有责的要求，建立健全行政问责制，探索过错责任追究制度、引咎辞职制度等，逐步健全绩效考核体系。

五是向下放权。主要重点是省级政府将权力下放。如陕西积极扩大省直管县财政体制改革试点和扩权强县，将试点县扩大15个，并依法探索省直管县体制，减少管理层次，扩大县级政府社会管理和经济管理权限。

问题是，这次改革存在两大悬念：一是各省改革方案都没有触及中央与地方权责划分的轴心问题，二是省直管县仍处于实验阶段。

要深化行政管理体制改革，必须着重于四个关键抓手：

1. 抓住改革的出发点。这就是必须坚持"以人为本，建设服务型政府。政府要逐渐从传统的集权型向民主参与型转变，要从重管理、轻服务的"政府中心型"向注重公共管理也注重公共服务的"民众中心型转变，政府与民众之间的关系，应该由治理者与被治理者关系转变成为服务者与消费者的关系。

2. 抓住改革的发力点。政府职能始终是行政管理体系的核心和根本，由此派生出政府权责体系，公共服务体系，公共财政体系，行政法治进程，电子政务建设，等等。因此，行政管理体制改革的发力点是转变政府职能。

3. 抓住改革的突破点。地方政府利益是客观存在的，主要由公共利益和部门利益构成。如果地方政府利益与部门利益主宰政府之间的关系，那么，权力配置、职能设置、职权运行机制必然发生偏向和变形，并严重阻碍体制改革的进程。因此，厘清政府利益关系，在取缔和限制地方保护主义和部门利益的基础上，构建中央政府和地方政府之间、同级政府的不同部门之间的利益关系，是行政改革的突破点。

4. 抓住改革的创新点。我国行政管理体制的两个显著症状是中央各部门之间，或权力过于分散并且交叉，或权力过于集中无法制约；在中央政府和地方政府之间，权力配置不均，人权、财权、事权不对称。行政改革的关键是权力配置和运行机制的优化，其创新点主要集中在三个方面：第一，通过推行大部制改革，解决权力过于分散与交叉的困境，重构决策权、执行权、监督权相互制约、相互协调的体制；第二，通过实施分权制，厘清中央各部门之间协调、互补、互助的权力体系；第三，通过适度分权，建立中央政府与地方政府人权、财权、事权均衡的权力体系。

抓住出发点、发力点、突破点、创新点，改革的大局就能盘活，改革的整体效应才能展现，国家才能真正获得活力和生机，民众才能真正获得收获与体验。

下一步改革的基本对策与建议：

一、必须明确中央与地方的权责划分

在我国现行的政治体制下，决定中央与地方权责划分的关键在于中央。从中央政府的态度看，有推进中央与地方分权的主观愿望；从地方政府的态度看，有明显的积极性与内在需求。但目前的问题是，应当建构怎么样的调控机制。笔者以为，这种控制机制第一要把握中央对地方宏观调控的适度性，目的是保证国家政策的连续性与完整性；第二要保证地方政府生成服从中央宏观调控的大局观念与自觉性。具体还得需要制度的配套与完善：

（一）推行外包与代履行制度

在明确地方政府必须履行的国家义务前提下，通过法律、行政法规的形式，在过渡阶段以规范性文件的形式，规定"外包与代履行"的主体资格、履行形式、执行程序、执行效果、不履行国家义务的责任。从法治的角度讲，应逐步减少规范性文件确定国家义务的现象。

（二）财政控制制度

财政转移支付是中央政府控制地方政府、引导地方政府行为最有效的手段。

目前，我国已初步建立财政转移支付制度。《财政转移支付法》已被提上立法议事日程，但是，财政转移支付对地方政府行为的引导力度不够。一个重要原因是地方政府预算外收入颇丰，根本没有纳入同级人大的预算审查之内，只是在政府系统内进行运作。因此，如何取消地方政府预算外收入，并将所有脱离预算审查的政府资金一揽子纳入同级人大预算审查，是引导和控制地方政府行为的根本。

（三）借用外力监督地方政府

将当地居住民众对地方政府的评判，作为中央政府对地方政府的考核指标，这也是单一制国家的成功经验。问题是谁来收集当地居住民众的意见、如何收集当地居住民众的意见，有必要制定《民众绩效考核法》，来规范当地居住民众意见的采集方式，从而实化监督制度。

逐步改变中央政府对地方政府的人事控制手段。关键是取消上级政府对地方官员的提名权，同时，完善同级人大对地方官员的罢免权。由于上级政府对地方官员往往存在信息不对称的问题，如果地方官员的"乌纱帽"仍然拎在上级政府手中，且不说责任导向，单单信息不对称也会导致地方官员大做"表面文章"和"形象工程"。如果将上级政府的提名权保留在省级政府，使省级以下政府官员的遴选权归还给地方人民代表大会，上级政府不再干涉，再配合普及县级人民代表大会的直选制度，分步骤实现省以下人民代表大会代表的直选，这样，基本可以保证地方正、副行政首长均能对地方人民负责。

二、地方政府立法中的问题与建议

在我国地方政府中，有20多个地级市政府有制定规章的权力，绝大多数地方政府无权立法，事实上却客观地存在着立法行为。数量浩瀚的规章和其他规范性文件，在法治实践中发挥了相当的作用，但是，其内容和质量存在不少问题。主要表现为规章自相矛盾、规章与法律法规有相抵触之处。如何克服地方政府规章与其他规范性文件中的缺憾，已成为我国依法治国必须面对的大问题。

（一）规章在立法体系中的比重过大

自新中国成立以来至今，全国法律规范性文件总数（包括法律、行政法规、法规性文件、地方性法规、地方政府规章、部门规章、司法解释和司法文件）

达 54 755 项，其中地方政府规章占 47.31%①（见表 10-1）。

表 10-1　　　　中国法律法规构成状况（1949~2010年）

名称	全部法规	法律	行政法规	法规性文件	地方性法规	地方政府规章	部门规章	司法解释	司法文件
件数（件）	66 032	656	1 310	3 070	21 633	31 243	5 092	2 590	438
比例（%）	100	0.99	1.98	4.65	32.76	47.31	7.71	3.92	0.66

检索全文库，截至 2010 年共有文件源 55 447 件，需除去案例 692 件。现再加上 2011 年与 2012 年法律 26 件、行政法规 47 件、地方性法规 1 704 件、地方政府规章 1 265 件、部门规章 307 件、司法解释 29 件、司法文件 71 件。法律法规文件时间范围为 1949-10-01 至 2012-12-31

资料来源：国务院法制办公室 http://search.chinalaw.gov.cn/search2.html。

（二）规章在执法中是依据、在司法中却只是"参照"

地方政府规章的任务主要是将中央立法与地方权力机关的立法具体化、细则化，地方政府规章最直接面对社会关系，从而构筑了我国法律体系的基础，是地方政府执法实践中最直接的依据，其作用是不容低估的。然而，《中华人民共和国行政诉讼法》第五十三条规定，"人民法院审理行政案件，参照国务院部、委根据法律和国务院的行政法规、决定、命令制定、发布的规章及省、自治区、直辖市和省、自治区的人民政府所在地的市和经国务院批准的较大的市的人民政府根据法律和国务院的行政法规制定、发布的规章。"

"参照"显然不等于依据。这不能不说是一种法治中的困惑，更是给地方行政执法增添了困难。

否认规章的司法效力，就等于使地方政府的行为因丧失最直接、最具有可操作性的根据而失去其应有的权威性，也使规章的普遍适用力、拘束力变得毫无意义，这无疑是我国行政立法中的败笔。

（三）制定地方政府规章的主体资格模糊

我国制定地方政府规章的主体是一个庞大的体系，其中，国务院批准的较大的市的人民政府与经济特区制定地方政府规章的资格，最值得商榷。在"较大的市"问题上，宪法只对此作了原则规定，并没有对较大的市的资格条件、批

---

① 截至 2010 年的统计，地方政府规章占全国法律规范性文件总数的 48.66%，近二年已有所下降。

准行为的程序、原则与监督作明确规定。这样就等于放任国务院自由裁量决定，这样的授权立法机制所隐含的不科学性是不言而喻的。从现实所批准的较大的市来看，什么标准、什么指标都不明确，导致国务院的批准行为只能是"黑箱"操作。

如何规范地方政府规章？

我们建议：

1. 地方政府规章的制定主体仅限于省级人民政府、省会市人民政府，而地级市执法规章制定权一律取消。我们的主张是以优化资源配置和加强法治一体化为出发点的。考虑到现行各地级市政府之间存在大量激烈甚至是无序的竞争，为减少市场封锁和区域分割，把制定政府规章权上收到省级政府，有利于整合资源、减少冲突、提高法治效能。

2. 提高规章的司法价值，把规章"参照"上升到依据。第一，明确确立规章的法律属性，属于抽象行政行为，它是将法律、法规具体化、规则化，使其具有可操作性。只要规章与法律、法规不相抵触，规章的法律属性应该毋庸置疑。第二，明确规章在行政诉讼中的依据价值，当然，规章也应该纳入司法审查范围。第三，明确规范地方政府规章的内容，主要侧重于规范行政主体行使权力的行为、加大程序性规范的比重。

3. 完善规章制定程序和加强规章制定者的责任追究机制。一方面，民主必须成为地方行政立法的法律价值取向，在已有规章制定程序的基础上把民主原则具体化和可操作化。另一方面，需要从两大方面完善规章的制定程序：第一，着重完善地方政府规章制定程序的完整性和完备性：准备—草案的提出——审查和审议——公布与广泛征求意见——批准生效——备案、解释和变动。每一环节必不可少，各环节的有效性、彼此之间衔接的合理性也必须予以高度关注。增强规章制定程序的刚性规定，确保规章本身的严肃性、公正性与合法性。第二，发展和完善行政相对人参与地方政府规章制定的程序。行政相对人在规章制定中参与不足、参与质量不高是制约规章制定的重要方面。为此，必须建立和完善通告制度、征求人们意见和讨论制度、人民申请和救济制度以及特殊问题解释说明制度。同时，切实有效地推进《行政法规制定程序条例》执行和相关的基础性机制建设，不断提高我国行政民主化水平。第三，强化对规章制定者尤其是主要责任者的立法责任追究。一是在现有备案规定的基础上，建立完善规章审查标准、备案情况通告制度、建立备案回执程序，对矛盾规章暂缓执行而后协调，允许公民和法人向审查机关或审查机构反映申诉等。这里，需要强调对规章制定机构或部门的首要责任人进行质询，以促其行权守则、履职担责。二是建立和完善地方政府规章的内部法制监督体系。变单向监督为双向监督、建立公开立法制度；同时发挥专业监督的作用。三是建立和完善地方政府规章的外部法制监督体系。着力实化权力机关、司法机关的监督，拓展群众监督、舆论监督和政党监督。其着力点是把行政问责制的完善和有力推行作为提高规章制定质量、确保规章制定者尤其是主要责任者依法履责的突破口。立法责任追究对于依法行政、依法治国，都具有重要的理论和实践意义。

三、促进地方政府由技术性改革转变为制度性改革

在这个问题上，我们主要提出四点原则设想。第一，改革是大业，具有宏观性、久远性、根本性与方向性的本质，因此，就不应该以眼前的、局部的、暂时的和单方面的得失为评判标准，更不能以政绩论高低。经济的发展应该是体制改革的外围条件与基础，而不是改革成果的主要标志。第二，改革是对自我的超越甚至是否定，这需要勇气、魄力与决心。如果不具备这些能力，改革就无法触及体制内核，而只会在表层或者在技术层面去展开。其中，个体利益、部门利益、地方利益、小团体利益是体制改革的大敌。第三，促进地方政府由技术性改革转变为制度性改革的关键是抛弃旧的路径依赖。在计划经济体制下，我们习惯了自上而下的动员方式、习惯了自内而外的单向性的思维方法、习惯了以政府为老大的单一性运作、习惯了用行政性手段来解决其他问题，再加上政府与社会之间的衔接不够，相互脱离，呈现着"悬浮"状态，这种习惯已经不自觉地成为我国地方政府改革中的路径依赖，影响了改革的进程与突破。

我们建议：

1. 体制改革必须从整体推进，不能沿用计划经济体制下惯用的试点模式。

要知道，体制涉及全局，它应该是一个体系的运行，而不应该零敲碎打，也不能单兵独进，要减少随意性，克服碎片化，体制改革的推进需要改革成果的制度化，而不是拿某一个成功的案例为样板，供大家去学习模仿。体制改革的成功推进就是将成功的制度制度化。所谓制度化就是指将制度系统化，增加其配套性；就是将制度细则化，增加其可操作性；就是将制度明确化，增加其有效性；就是将制度具体化，增加其科学性。我国地方政府改革态势丰富多彩、各有特色，考虑到地方政府自主性与创造性的地域空间，放弃一刀切的传统方法与思维习惯，顺应着各地的差异性而呈现丰富性、多元性，从而因势利导，条条道路通罗马。

2. 行政管理体制改革应该进入双向性、互动性的轨道。

所谓双向性是指不仅从上而下，也可以由下而上，通过地方政府的主动性与创新，丰富中央决策的灵活性与适时性，使中央的决策更适合地方的发展，地方

的发展更有利整体的进步。所谓互动性是指政府的行为模式不仅是政府对社会的指令或给予，还包括社会对政府的要求。政府如果不了解社会的实际与需求，命令会转化为强制、给予会转化为强迫；如果了解了社会的实际，即使命令也会降低成本，给予才会变成真正的服务。双向性与互动性的真谛是构建政府与社会的良性对话框架，在这个对话中，政府不再是纯粹的一个强者，社会也不再是一个完全的弱者，公民的话语权在提升，政府的权力在规范中进步。在这种提升与进步中，公民的地位在提高，政府权力的边界在明晰，政府的权力之间的界限在重构。也就是说，政府体制的改革必须在充分吸纳社会元素与力量的基础上方能实现，必须在公民社会的发育中方能在由表及里、由浅入深的轨道上改革到位。

四、着力推进地方党政关系法治化建设

地方党政关系的法治化就是确立地方党委与以地方政府为核心的整个地方政权机关之间政治关系的科学化、民主化与其运行机制的透明化，并使得这种法治化以调节各个政治主体之间的政治关系不受个别领导人的改变而改变，不受个别领导人意志的改变而改变。地方党政关系法治化既包括法治意义上的党政分工，又包括政治意义上的以党促政。法治意义上的党政分工主要是指党政关系的科学化、民主化以及运行机制的透明化。政治意义上的以党促政主要是指通过服务型地方党组织建设来推动地方服务型政府建设。

法治意义上的地方党政关系的科学化是指这种法治化要以地方党政关系的法制化为基础，并且这种法制化必须是符合具体的地方的实际情况，不同政治主体经过协商得到各方认同的规范地方党政关系的各类法律文件，以此体现地方党政关系法治化的科学化内涵。地方党政关系民主化是指依托"从群众中来到群众中去，一切依靠群众一切为了群众"这条我们党始终恪守的唯物主义认识路线，依托群众群策群力地来监督实现地方党政关系法治化的实施。运行机制透明化是指地方党政关系如何架构、如何完善、如何推进都尽量要公开、透明。具体地讲，地方党政关系的法治化的主要内容包含以下五个方面。

（一）将地方党组织与地方政府的角色定位明确化

第一，要明确各自的属性。地方党组织是地方公共事务的领导核心，地方政府是地方公共事务的管理核心；第二，要明确各自的任务。地方党组织是要把握地方的发展方向与总体路线不偏离中央，地方政府是要管理好地方事务不偏离人民的意志与偏好；第三，要明确各自的侧重点。地方党组织主管宏观，地方政府主管中观与微观。地方党组织关注人们的精神领域，地方政府关注人民的物质生

活。总之,各有侧重,各有区别,又各有交叉与重合。交叉与重合之处就是关注人民追求的指数、弄清人民喜恶的内涵、明白人民担忧的对象、把握人民向往的未来。

(二) 地方党组织为地方政府指明的政治方向规范化

具体表现为政府产生形式与程序的合法性,表现为贯彻党中央的基本路线而实现自己的战略,并使政府的一切行为符合人民的意愿、符合人民的利益诉求、符合人民的文化需要。这里,关键是保障地方政府如何了解和实现人民的意愿、诉求与需要,如何使实现人民的意愿、诉求与需要变成政府的行动计划,并成为详细的规范。

(三) 地方党组织为地方政府提供的政治原则条文化

一提到原则往往会联想到我们国家的基本原则,地方党组织的使命就是使党和国家的宏观原则演化为符合当地实际的具体原则,演化为地方政府工作人员的行为准则。这里,关键是如何保障将党和国家的宏观原则演化为符合当地实际的具体原则和地方政府工作人员的行为准则。这就需要将这种演化细则化、条文化。

(四) 地方党组织为地方政府的决策提供政治领导的法治化

决策总是由人来操作,决策应该是一个严格的程序与流程,决策的主体不能混淆、决策的步骤不能缺少、决策的顺序不能颠倒。地方党组织为地方政府的决策提供政治领导就是不能因人而异、因事而异、因时而异,不能随心所欲、不能急功近利、不能投机取巧。而地方党组织为地方政府的决策提供政治领导的法治化,就是将这些预防具体化,就是将这些措施制度化。不仅如此。地方党组织为地方政府的决策提供政治领导的法治化还包括地方政府在决策的全过程进行监督,发现问题,及时提出意见和建议。

(五) 地方党组织向地方政府推荐干部公开化

地方党组织通过规范的程序与方法培养、教育、考察干部,而不是近者亲、远者疏,更不是任人唯亲、长官意志、个人专断、暗箱操作。于是,推荐的条件与标准就成为关键。一般来说,我们党坚持的用人标准包括政治素质、业务条件、身体状况与年龄界线。政治素质应该包括政治观念、政治立场、政治态度、政策水平,并将四者的权重明晰。其中,政治观念的权重为2,政治立场的权重为2，政治态度的权重为3，政策水平的权重为3；业务条件包括专业学力、专业水平、专业能力、专业潜质与动手能力、操作水平，并将六者的权重明晰。专业学力的权重为1，专业水平的权重为2，专业能力的权重为1，专业潜质的权重为2，动手能力的权重为3，操作水平的权重为3；身体状况包括心理健康状况、身体健康指数、吃苦耐劳能力与素质。心理健康状况的权重为3，身体健康指数的权重为3，吃苦耐劳能力与素质的权重为4；年龄界线不是以生理年龄为唯一标准，还要看心理年龄与健康状况。

政治意义上的以党促政主要是指通过服务型地方党组织建设来推动地方服务型政府建设。服务型地方党组织的基本要素是服务有因、服务有据、服务有果、服务有序、服务有度的整合。所谓服务有因，就是强调地方党组织服务群众的必要性。地方党组织承载着代表人民根本利益的使命，明确自己是公仆而不是"恩赐者"，是诚意表达而不是意志强加，坚持把服务群众放在首位，急群众之急、想群众之想，这是党的宗旨使然，也是地方党组织的第一使命；所谓服务有据，就是强调地方党组织服务群众的合法性。地方党组织为群众排忧解难，必须要有据可依，而不能长官意志、朝令夕改、主观随意。这就需要加快制定服务型地方党组织的有关组织章程与规范，全程、全方位实行制度化服务；所谓服务有果，就是强调地方党组织服务群众的真实性。服务型地方党组织唯有做到言必信、行必果，才能凝聚党心、召回民心，才能使矛盾与冲突化解在理解与信任之中。因此，要杜绝说空话、放空炮，更要杜绝搪塞推诿、随心所欲；所谓服务有序，就是指地方党组织服务群众的渐进性。密切联系群众是中国共产党的优良传统，随着时代的进步，党的优良传统应该不断适应社会需要、不断顺应社会新秩序而与时俱进。地方党组织的服务越能准确对应群众的实际需求，就越能增强党的号召力和凝聚力；所谓服务有度，就是指地方党组织服务群众的有限性。这种有限性包括：一是上级党组织不要承揽地方党组织的服务职责，否则，有可能使地方党组织为难与被动。二是明天的服务事项不能今天去办，今天的服务项目也应该制定时间表和时刻表，以便让群众明晰服务的内容，预知服务的顺序，不致失望、不抱奢望。三是根据自身实际服务能力，不能夸大服务以哗众取宠，也不要缩小服务以推卸责任。

因而，当务之急是实现地方党组织再造。如何实现地方党组织再造？就是将科学发展观贯彻到服务型地方党组织建设的实处，从机制入手，从点滴入手，从代表群众利益、满足群众需要入手，增强党与群众的血肉联系，在适应新环境变化中提升领导能力和服务水平，重构全心全意为人民服务的坚固堡垒。具体对策是：

1. 以"地方党组织小班化"为抓手，建立全覆盖的党组织服务网络。由于经济社会的发展,各种新组织不断涌现,社会结构也发生了明显的变化。面对党员政治生活空间的变化,原有的地方党组织结构已经显示出松散性弊端。因此,依据新形势发展,实现地方党组织小班化显得非常必要。所谓"地方党组织小班化"就是将地方党组织建设深入农村专业合作社、协会、村民小组以及城市的楼道、物业委员会以及私营企业组织之中,形成以乡镇或街道党组织为基层党组织中心、以村社党组织为基层党组织基点、以普通党员为骨干的三级地方党组织网络。通过"地方党组织小班化"建构,把地方党组织的政治网络完善化、服务功能最大化,做到横向到边、纵向到底的全覆盖,把党组织真正延伸到各个角落,构建党组织与群众之间最密切的联系。

2. 以"党员服务中心"为平台,打造无缝隙党组织民情服务体系。地方党组织可以考虑在县、乡、村三级建设党员服务中心,为了不流于形式,真正为大众服务、为群众排忧解难,必须配备专门的党务工作者,建立三级无缝隙对接服务机制。在制度规定的范围内,有针对性地开展农技推广、就业培训、法律政策咨询、税费代缴、贫困救助、矛盾调解等便民服务。通过三级服务平台,一方面采用发放民情卡的方式,建立民情联系制度,以便随时了解群众的服务需求;第二方面积极鼓励社会热心人士、公益组织、相关企业通过组建诸如服务志愿团队,广泛、主动深入群众,去主动发现问题,有针对性解决问题,并提供专项服务;第三方面建立基层领导干部定期走访和联系制度,走访群众、了解民情,征集民意、定期到各党员服务中心驻点办公。

3. 以"群众满意度"为目标,严格党组织民情服务考评体系。群众满不满意是地方党组织再造是否卓有成效的最终评价依据。这就需要在地方党组织设计服务程序、服务质量和服务规范的标准化评价体系。第一,建立街道(乡镇)党组织年度工作目标考核、村社党员干部承诺自查考核、普通党员和群众参与的"三位一体"考评制度,把普通党员和群众的满意度作为地方党组织服务质量考评的重要依据。其中,自上而下和自下而上的双向考评机制,将上级考核和群众测评紧密结合起来;第二,用党员满意、群众满意的"双满意"标准来衡量地方党组织的服务水平和质量;第三,建立严格的问责机制,对于一些服务观念淡薄、服务能力不足、服务质量低下而导致群众不满的党员干部进行问责,依照党章严肃处理;第四,通过推行群众议事会、党员议事会、民主恳谈会、公共事务听证会等方式,畅通群众表达渠道,通过开辟民情热线、社区互动网站和政务微博等方式搭建无障碍沟通机制,积极吸引群众参与,引导群众真实反映意见;第五,通过律师提前介入、"调解员"全程进基层等形式,及时沟通,消解情绪,化解矛盾。

五、大部制改革与地方政府结构重组

一般来说，按照部门的职能大小和机构的数量多少不同，政府机构设置有"小部制"与"大部制"两种类型。小部制的特征是"窄职能、多机构"，部门管辖范围小、机构数量大、专业分工细、职能交叉多。

对于我国来说，推行的"大部制"改革，是试图适应市场经济体制和行政管理体制改革的需要，也是为了减少乃至消化政府部门之间的互相扯皮、互相推诿。我国的传统是中央政府机构有变，地方政府必然会有效呼应，如果国务院实行大部制，则地方政府就必须进行结构重组。大部制改革对地方政府结构的主要影响在于，一方面，要求地方政府减少职能交叉，完善行政运行机制，以整合政府资源，确保全面履行政府职能；另一方面，大部制可能推动组织重建、机制创新、职能重构与流程再造，以提升政府的效率、效益与效能，为公众提供便利和高质量的公共服务。

但是，有一个老问题仍然值得我们深思，那就是中央政府的机构与地方政府的机构是不是一定要上下机构对齐，也就是说，中央政府实行大部制，是不是意味着地方政府就一定要实行大局制。

我们的建议是：

第一，从政府的职能分解来看，中央政府的决策职能占据最主要的地位，除此以外，还有监督职能等。而地方政府的职能系统中，执行职能是最主要的，除此以外，还有决策职能、监督职能和其他职能。因此，要上下对齐，从职能角度讲是不客观的；

第二，从政府的实际运行来看，职能不一样，就不能保证行为一致。例如，中央将劳动与人事部合并，这有利于对人的统一管理。但是，如果在地方上也同样成立劳动人事局，那么，其工作的强度与难度就可想而知，因为公务员与员工不是一个概念，两者的招聘方法与管理内容都相去甚远，特别是两者的奖惩制度也完全不同，如此等等，其结果必然是合而必分；

第三，从历史的经验来看，改革开放以来的多次机构改革之所以都不十分成功，一个重要的原因是采用了上下机构对齐的思路。改革开放是一个伟大而复杂的系统，政府机构改革也不是一个简单加加减减的算术题。实行大部制，其本质要求是通过机构设置，打破计划经济体制下的结构体系，使我们政府的职能与市场经济的规律相适应。

六、省直管县与地方政府管理扁平化

在一个巨型的组织中，控制幅度大，就会减少管理层级，相反，控制幅度小，就必然增加管理层级。而控制幅度大小，既受到技术条件的制约，也受到管理目的和管理理念的影响，这是管理学界一个规律。在交通、通信等技术条件不够发达的时代，管理手段比较有限，组织的控制幅度不可能太宽，于是，增加管理层级，实行层层控制，就成为维系组织生存的必然选择。在现代社会，交通技术和通讯技术高度现代化，不仅大大提高了组织的控制手段和控制能力，而且也为扩大组织的控制幅度提供了强有力的技术支撑。与此同时，当今世界日趋激烈的国际竞争和市场竞争，要求政府和企业等组织由过去自上而下的控制型组织转变为自主创新型组织。国际竞争和市场竞争的压力，组织自主创新的内在需求和交通、通信手段的现代化，促使组织结构出现了扁平化的趋势。这是一种适应经济、政治发展和社会变革的世界性潮流。组织结构的扁平化，会促使政府管理更加机动灵活，更加有利于提高整个政府管理系统的效能。省直管县就是这个客观条件下的创新形式。

在我国，按《中华人民共和国宪法》规定，政府层级主要以四级制为主，只是在较大的市和自治州才实行五级制。但从1982年推行市管县体制以后，我国政府层级已经由四级制为主变成五级制为主。市管县在推行初期取得了很大的成绩，最集中表现在带动了县域经济与社会的发展。但是，在实践中同时也带来了很多的问题：实行市管县体制之后，中心城市往往利用其有利的行政地位，以各种形式侵夺县的利益；市县之间存在着比较普遍的矛盾和利益冲突，产生严重的内耗，特别是在市县经济实力比较接近的发达地区，市县之间的经济摩擦更加激烈；在较发达地区，由于县有足够的经济实力与市抗衡，导致相互之间各自为政，各谋自身的发展，造成严重的重复建设和产业结构趋同，既浪费了资源，又降低了经济发展的整体实力；在部分地方，市县之间的利益冲突还进一步引起市县关系的紧张，对社会稳定产生了极为不利的影响。

从2002年起，浙江、湖北、河南、广东、江西、河北、辽宁等省先后开始了"强县扩权"的改革，把地级市的经济管理权限直接下放到一些重点县，在经济管理方面形成了近似于"省管县"的格局。2005年6月，国务院总理温家宝在农村税费改革工作会议上明确提出："具备条件的地方，可以推进'省直管县'试点。"《中共中央关于制定国民经济和社会发展第十一个五年规划的建议》中也明确提出"减少行政层级"，"理顺省级以下财政管理体制，有条件的地方可实行省级直接对县的管理体制。"

省直管县体制改革，触及到我国大多数地区经济发展、财政体制、行政管理体制等诸多方面，特别是利益关系、权力关系的调整，必然会有来自原有体制、人和观念的各种障碍。归根结底，省直管县的问题从本质上可以分解为县、市政府的定位问题和省以及地方政府的分权问题。因此，建议从以下几方面着手推进省直管县体制改革：

（1）明确定位，依法界定权责关系，推进行政直管。实行"省直管县"体制，符合我国的宪法，要从地方组织法上进一步明确省、市、县各自的权限和关系，依法界定县、市的管理权限和职能定位问题，县级政府以发展县域经济和管理农村为主，高级政府以城市化建设为主，二者平等地归属于省级政府管辖，市、县政府履行各自法律范围内的职能。按照责权统一，重心下移，能放都放的总体原则，凡是县（市）能办的事，都放手让县（市）去办。不仅在经济领域下放更多管理权限，而且在社会事务、干部人事等领域给予县（市）更大的自主权。对经济较发达、城镇化水平较高的镇，各县（市）可按照属地管理原则，采取委托或明确职责等形式，向镇（街道）下放有关管理权限。

（2）结合实际，慎重选择。综合考虑各地区经济发展水平、行政区域面积、省内市县行政单位数量、人口规模等因素，将推进"省直管县"体制改革与发展县域经济、合理调整行政区划、促进城乡经济融合、加快城市化进程和行政管理体制改革有机结合起来，实现省直管县体制改革与相关的推进措施、制度配套。一是根据各地的具体情况来确定，不能一刀切。在中央发布的各种文件和中央领导的讲话精神都明确强调"在具备条件的地方，可以推进省直管县的改革试点"。由于各个地方发展的具体情况有较大的差异，在推进"省直管县"体制改革上，要对各地"市管县"体制及其存在问题、存在问题的性质原因进行科学分析与评估，不能盲目；二是尊重历史。对于已经成为市辖区的原有县（或县级市），不应再重新改回县（或县级市）；对于还没有成为市辖区的县（或县级市），将其从原有"市管县"体制中分离出来，直接实行省直管县，市不再管辖县（或县级市）只辖区。建议一是在形成区域经济中心和积极构建区域经济中心的发达地区，如北京、上海、天津、重庆等直辖市和广州、深圳、南京、武汉、青岛、大连、宁波等副省级城市，可重点加大推进"撤县建区"的力度。特别发达和比较发达的地级市也可扩大管辖范围，改近郊部分乡镇或县为市辖区，为市的发展留下空间。二是在西部面积比较大的欠发达地区，如青海、西藏、内蒙古等省区，在区划没有调整的情况下，仍维持目前的行政管理格局，但可向县级单位下放一些权力。三是在上述两种情况外的大部分区域特别是经济比较发达的区域，积极探索省直管县的改革，条件成熟时实行省直管县。

（3）分步推进，逐步实现从财政意义上的"直管"迈向政府行政管理体制上的"直管",彻底减少行政层级。第一步是目前各省的改革试点,即省主要对试点县的财政进行直管,并适当下放经济管理权,但仍维持市对县的行政领导地位。第二步是市和县分治,相互不再是上下级关系,各自均由省直管,重新定位市和县的功能,市的职能要有增有减,县的职能要合理扩充。第三步是市的改革,合理扩大市辖区,调整精简机构和人员。总的方向应当是,撤销传统意义的管县的地级市(级别可保留),省真正直管县。

(4)根据市、县的不职能定位,分类实施绩效考核,避免一刀切。"省直管县"的直接结果是加大了县级政府在经济发展和社会事务中的权力,调整了高级政府的职责范围和管理幅度,因而必须针对市、县的不同职能定位,强化分类的绩效考核体系,尽快制定指标,严格监督检查。例如,中央文件特别提出按照科学发展观和正确政绩观要求,把粮食生产、农民增收、耕地保护、环境治理、和谐稳定作为考核地方特别是县领导班子绩效的重要内容。除此之外,还要将财政管理纳入绩效考核体系。

(5)提高省级调控能力问题,适当调整省级行政区划。实行"省直管县(市)"体制,在宏观主体上就只有中央部门和省级部门。所以,强化省级在承接中央调控目标基础上自主调控本省区经济社会发展的权力,提高省级调控部门的能力显得非常迫切。改革后县级行政的经济社会管理权限得到扩大,在不实行"缩省"即省管理幅度不变的前提下,省对县的直接管理很可能力不从心,县级政府对市场的权能将会增强,从而极可能为追逐政绩而侵蚀市场,加剧市场分割和地区封锁,危害区域经济的整合和发展。实行省直管县之后,必须注意加强对县的监督和制约,这种监督和制约不仅来自于上级政府,更需要通过改革地方治理,推进民主改革来实现。此外,也可以根据各地实际情况,增强省级政府的调控能力。

七、加强地方政府间关系协调机制建设

(一)建立制度化的跨区域的地方政府协商平台

国外跨区域的地方政府协调机构非常普遍,成为地方政府关系协调中最为重要的途径之一。但是我国目前没有类似的协调机构,地方政府之间现有的协调机制显然很难适应我国地方经济社会的快速发展,建立制度化的协商平台成为必然。这样的制度化协调机构以反思的理性为基础,持续不断地坚持对话,以此产生和交换更多的信息;将参加治理的单位锁定在涉及短期、中期和长期并存运作、相互依赖的一系列决定之中,减少机会主义危害;通过鼓励有关方面的团

结，建立相互依赖的关系、共同承担风险。因此，可以考虑在人大设立地方政府协调委员会，或组建跨区域的正式的协调机构来协调地方政府之间的关系，也可以鼓励建立和发展跨区域的半官方或民间组织，建立供地方政府间进行谈判和协商的多种层次的协调管理机构。

（二）建立地方政府之间关系的司法审查制度

我国目前地方政府之间的争议难以进入司法程序，这就在很大程度上使得地方政府之间的协调失去了司法保障，这无疑是一大缺憾。因此，如何在司法体系上进一步完善，通过中央司法程序进行地方政府之间的协调是一种趋势。为此，必须建立违宪审查制度，推进法治建设。

（三）完善中央政府在地方的权威体系

首先要强化中央政府的立法权威体系。可以考虑出台相关的专门性的法律来规范中央地方关系，从而为中央在地方政府关系协调中发挥更为合法的有效的功能提供依据。

其次是完善中央的财政权威体系。中央政府除了通过对地方政府的财政补助手段监督地方政府外，还可以通过其他途径，如审查各级地方政府的财政收支，审查借款计划，审批地方发行的公债和批准地方的经费预算等途径监督地方政府。

最后是完善中央政府的行政权威体系。强化行政监督绝对不是说加强中央政府对地方政府自身范围内的事务的干预，而是进一步强化中央政府和有关地方政府之间争议的仲裁者身份的强化，通过建立有效的组织机构以及完善仲裁程序来协调地方政府之间的关系。

八、以改进地方政府绩效评估为契机，建立地方政府改革评估制度

政府绩效评估就是对政府公共部门管理过程中投入、产出、中期成果和最终反映的绩效及其等级进行评定、判断和划分的管理过程。地方政府改革评估则是对政府公共部门为提升其绩效而采取的一系列措施进行评定、判断和管理的过程。地方政府绩效是地方政府改革的目标和归宿，地方政府改革是提升地方政府绩效的手段和过程。因此，通过积极营造政府绩效评估有效施行的环境条件、并以评估社会化完善政府绩效评估的基础（详见第七章），建立科学合理的政府改

革评估制度，确保地方政府改革的持续有效。

1. 合理确立地方政府改革的评估主体。选择社会专业评估机构或是政府自体独立评估机构将成为一种必然的趋势。

2. 恰当提炼地方政府改革的评估内容。主要有政府改革意愿、政府改革依据（法理依据和现实依据）、政府改革战略（政府改革规划的整体性、科学性与可持续性计划）、政府改革内容（包括权力与职能的来源、配置、变更、运行和监督的改革）、政府改革方法、政府改革程序、政府改革动力、政府改革成效、政府改革的监督机制。这些内容只是评估指标体系的基础，还要进一步细化。

3. 科学设置地方政府改革的评估程序。对于业已展开的政府改革，需要选取切入时段和切入领域；对于修正或即将进行的政府改革，也需要有相应的实施程序。一般而言，对于地方政府改革的评估，首先明确评估主体，其次确定单项评估还是全面评估、提出评估标准、配备评估条件（资金和设备等），实施开门评估、专门监督评估机构运行，监督规范性、公正性和有效性等，形成的评估结果，即时公布于众，最后由公众进行对评估过程的评估。

4. 客观设计地方政府改革的评价标准。大体而言，可能会涉及宏观的政治安全性标准、行政有效性标准、经济发展性标准、文化支持性标准以及社会和谐性标准，以及具体层面的评价指标体系。如行政审批权力、职能、与机构改革的衡量指标，电子政务平台的机制、程序和技术建设的衡量指标，以及公务员制度改革的衡量指标，等等。在设计中，既可以对政府整体改革进行全面指标体系设计，如自我治理和社会治理举措与效益；又可以针对某些重大改革进行重点设计，譬如地方大部门制改革、省管县改革、行政三分与制衡改革等。同时，需要理性借鉴国外和境外地方政府治理改革评估的成熟做法，提高评估标准设计的科学性。

5. 重视对地方政府改革评价成果的使用。对于具有独立性、科学性、可操作性的地方政府改革评价成果，如评估所提出的政府改革存在的偏差、现实危害、未来战略、发展规划以及具体对策等，应予以充分关注，并择其精要进行局部试点和实践推广，以达到评估总结改革、评估批评改革、评估发现改革、评估设计改革和评估推进改革的目的。

九、以开发区的探索推进政府体制改革

（一）进行国家层面的开发区立法

开发区管委会的实际运作存在多方面的问题，第一，作为地方政府的派出机

构要承担起一级政府的职责，但是，实际上，派出机构与下属机构的区别不清。第二，有不少管委会仅代表地方政府行使管理开发区的权力，没有明确机构自身的性质。开发区缺乏法律地位是影响其进一步发展的最关键最急迫的问题。

（二）开发区服务规范化改造，逐渐实现政府公共服务的标准化

第一，机构编制规范化。第二，机构设计规范化。第三，工作内容规范化。第四，服务流程规范化。第五，服务时限和收费统一。

（三）以开发区管委会体制改造与一般政府体制的衔接

开发区管委会素以机构精简著称，现在，很多开发区管委会为了与原体制对接，不少地方出现机构增加，这势必把管委会原有的"小政府、大社会"模式逆转成为原来的旧体系格局，而不是引领其发展。

我们建议，在提炼的基础上设计出具有可操作性的机构设置、职能配置、运行程序和治理机制，以较为精简、高效的开发区治理体制为主体，探索行政管理体制的改革创新。防止和克服现在开发区体制向传统政府体制复归的问题。以开发区治理探索基层政权改革、推进政治体制改革。这就需要从如下方面进行改革试点，获取经验，以推进全国基层政权和民主政治的建设。

十、推进政民互动，实现公民参与制度化

政民互动既是政府以人为本执政理念的生动体现，又是对公民权利主体性的理性尊重，公民参与的制度化是政府提升服务效能、增强服务回应性的基础。在构建服务型政府的浪潮下，各地方政府在推进政民互动、实现公民参与制度化方面多有探索。比较典型的如南京的万人评议活动以及各地方政府向社会公布电话等。问题在于，不管是万人评议还是公布电话，都只是一种政民互动的方式，通过此种方式的公民参与是否是一种公开、平等条件下的参与？如何考察公民参与公共事务的治理效果？如何评判这种参与的稳定性、持久性？这些都是对公民参与制度化提出的要求。

第一，搭建公民参与平台，增强政府透明性与回应性。方便公民参与的形式并不等于公民就能够真正参与到公共事务的治理中来，需要搭建一个制度化的公民参与平台，把公民涉及自身相关权利利益的诉求与政府部门互动，建设成为公民意见表达、参与管理、监督政府等有机结合体。在这一互动平台上，允许公民意见的正常表达，并且有负责的联系交流，能够对问题的解决产生实质性的、程

序性的影响，这个意义就非同寻常。

第二，把公民参与与政府绩效评估有机结合。政民互动、公民参与的目标终归是要提高政府服务的效率与效能。而政府服务的优劣好坏，要以老百姓的实际感受为标准，并以此种标准作为对政府公共管理绩效的要求。因此，要将公民参与与政府内部的绩效评估、专业机构的政府绩效评估以及行政监督活动结合起来。甚至可以考虑在政府自我绩效评估的过程中，设定公民参与这一必经环节或必备内容，以增强政府绩效评估的有效性和合理性，减除其间的不合理性。

第三，完善公民参与的程序与方法。逐步完善万人评议的参与程序和参与方法。我们认为，需要强化程序问题，这至关重要。譬如，对于参与公众而言，从哪里获取评议信息？以哪种方式连接参与？评议的方式是会议的、分散的还是现场参与后做出判断？抑或是几者的结合？为此，需要设计出万人评议的参与程序和参与方法，以提高参与实效。

第四，把公民参与与政府问责有效连接。对于老百姓所关心、所焦虑的事情、所质疑的事情，政府有责任、有义务做出回应。同时，建立联动机制，对于政府工作的失误、差错、问题等要依法进行问责，将公民参与作为体制改革的内生动力，通过"机制＋问责"，展开制度性的改革建设。

第五，提升整个公共生活的公共理性。公共理性是一个社会政治生活的价值规范与价值约束范畴，其最基本的任务是为现代公共生活及其参与者提供一个基本合理的行为规范和价值尺度。中国现代化进程中所需要的公共理性，是适合中国社会发展的公共理性，是公共智慧与累进常识，是有限理性与渐进理性，从根本上讲是发展理性、公民理性、人民理性，它表达的是社会普遍善的理念，倡导的是社会合作，运行的是共赢思维，发展的是公共治理的逻辑，彰显的是以人为本和科学发展的精神；其核心是强调公共权力的合法性与发展利益的协调性，最终目标是实现公共领域与私人领域的互动和谐与协作共治。在实践中，公共理性是现代民主社会发展所需要的协商民主和公共治理，即对公共事务的平等协作、合作共治、程序参与、权力共享、利益均衡与协调发展。为此，需要逐步扩展的公共参与和程序化的互动沟通，如通过参与适量的民主选举、公共决策等参政、议政、投票、论辩、听证、监督等活动，可以增强公民对政府的信任，同时也提高政府领导人的威信、增强公共政策的针对性和可操作性，优化政府治理效能。通过渐进的民主生活的训练，可以营造公共理性的公共生活环境，帮助公民、公民社会和政府客观、公正、平和地看待利益、行使权力，从而塑造文明、理性的公共生活。因此，积极培育现代公民（具有独立人格的公民人格和自主的公民精神）、大力发展公民社会和着力打造（在价值理念、制度机制与政策行为方面具有现代性的）现代政府，极为重要。

十一、"万人评议"转入公共参与的评估制度建设

自从 20 世纪 90 年代后期以来，我国南京市等各地方政府先后开展的各种万人评议活动甚多，诸如"万人评行风"、"万人评医院"、"万人评警"、"万人评计生"、"万人评工商"、"万人评公交"、"万人评学校"、"万人评环保"、"万人评窗口"等多种形式。万人评议机关活动仅指由万名来自社会各界评议代表对一批而非某一个政府部门、单位或其干部的工作进行评议的活动。其注重的是参与者形式上的广泛性，却缺乏评判者关注问题的针对性，缺乏评判标准客观性的完善，其效果就只是将不同职能内容的部门放到一个同样的尺度上去衡量，这样，怎么也无法量出客观的结果来。问题的关键是没有在相对人方面做出专门的制度性设计。这个万人中，其代表性如何？是否是个别领导人的个人权威性行为？是否拥有常态化的公民参与监督渠道，这就需要地方政府做出专门的制度性设计。

第一，把万人评议的主体与规模作区分。万人评议实质上突出的只是评议规模，现在的问题是，参与评议的公众人数多不等于参与质量高，参与人数越多不等于参与质量越高，这需要对评议参与者的资格进行甄别与界定。首先，是否需要代表性，如何规定不同职业、不同阶层、不同领域的参与者人数？要不要规定不同群体的比例？要不要考察参与者参与意识与参与能力？其次，是否需要考虑与评议对象的相关性，如何规定相对人意见的权重？一般来说，应该把万人评议主体的专业性与业余性作区分，总体趋势是将第三方（政府管理和服务对象）作为专门评议主体，并对参与结构进行分析。不解决这些问题，万人评议就只会是热闹而不务实，只是场面精彩而不能真正解决问题。

第二，提炼万人评议的内容。主要包括政府改革目的、政府改革依据（法理依据和现实依据）、政府改革战略（政府改革规划的整体性、科学性与可持续性计划）、政府改革内容（包括权力与职能的来源、配置、变更、运行和监督的改革）、政府改革方法、政府改革程序、政府改革动力、政府改革成效、政府改革监督机制。这些内容只是评估指标体系的基本框架，还要进一步细化。那就是进一步甄别部门或官员个人成绩与个别事项不足的权重，计量评估内容的易难，区别不同性质、不同岗位、不同内容、不同层次的政府部门的工作质量等。

第三，科学设计万人评议标准。要有清晰的层次区别，第一层次涉及宏观的政治合法性标准、行政有效性标准、经济效率性标准、文化基础性标准以及社会和谐性标准。第二层次涉及具体层面的评议指标体系，包括机构改革的职位、职数衡量指标，电子政务平台的机制完善指标、运行技术与工具先进性的衡量指

标、公务员比例的衡量指标,等等。同时,需要理性借鉴国外和境外地方政府治理改革评估的成熟做法,提高评估标准设计的科学性。

第四,不断完善万人评议的参与程序和参与方法。我们认为,强化程序至关重要。一方面,对于参与公众而言,从哪里获取评议信息?以哪种方式接入此事?评议的方式是会议的、分散的还是现场判断?抑或是几者的结合?另一方面,对于需要评估的政府行为,选取切入时段和切入领域,分清问题的重点、次重点与一般;再一方面,确定评议的方法,是单项评议还是全面评议、是开门评议还是专项评议等;最后,形成评估结果,即时公布于众,由公众对评估过程进行再评估。为此,需要设计出万人评议的参与程序、参与方法以及检测参与有效性的方法,以提高参与实效。

总之,万人评议必须制度化。不能是阵风式的评议参与,这样只会是过眼烟云。不能只评不议,这样只会是形式主义。而是将参与主体身份界定明确化,参与方式合理化,参与程序清晰化,参与行为责任化,评议结果公开化,以及进行评议过程中的公共监督严格化。

十二、推进承诺制度化,避免"承诺"过度化

在当前的服务型政府建设热潮中,一方面,地方政府基于压力型体制下政绩心理的路径依赖,另一方面,地方政府出于对社会稳定的不恰当理解,往往会导致两个问题,需要格外注意。第一,主观色彩太重。有些地方政府往往在热忱之余,缺乏对民众实际需求的了解,想当然地设计与实施一些服务内容,民众并不领情;第二,承诺异化为迁就。有些地方政府只要是公众有人开口,就会做出应对承诺,不顾民众需求的普遍性与轻重缓急,也不顾自身实际能力与规划设计。这种过度承诺不仅吊高了民众的胃口,还造成承诺与实施的脱节,一旦承诺不能兑现,反而加剧公众对政府的不满。

在多元化的社会结构内,不同的社会主体有不同的需求,其中包括公共性需求和私人性需求。如果公众提出的需求纯粹属于私人领域,不具有一点公共属性时,地方政府做出承诺就是非理性的,这不仅意味着地方政府职能"越界",还意味着公共利益的受损;如果私人的需求代表了公共需求,地方政府应该对需求进行结构分析,分清轻重缓急、明确主次先后,讲究服务的秩序性,地方政府还应该对自身的服务责任有清晰的了解。地方财政能力只是地方政府提供服务的基础性因素,不是决定性因素,关键是地方政府对待民众的态度与立场。明确自己是公仆而不是"恩赐者",明确自己是诚意表达而不是意志强加,明确自己是履行责任而不是权力显示。因此,地方政府的服务绝不是仅仅为了维稳。

避免地方政府过度承诺，需要从四个方面努力。

第一，进一步明确地方政府的职能边界。政府不该管的，就不应该承诺；应该是政府明天的任务，就不该今天去完成；即使今天应该管的，也应该制定时间表，更要公布时刻表。明白无误的时间表，能让民众明晰政府服务的具体内容、先后顺序；公开透明的时间表，能让民众与政府之间准确预知、信息对接，心知肚明有盼头。准时会使人增添信心，误点会使人感到不满，晚点会使人感到茫然，失信会使人感到失望。准确无误的时刻表犹如晴雨表，能让民众对政府明察秋毫增添理性。地方政府面对理性的民众，也会锻炼与提升自己的理性。

第二，进一步提高地方政府服务的规范性。承诺具有人治性色彩，往往会因人而异、因时而异、因地而异，具有明显的随意性。随意性往往会使制度后退，使规范无光。因此，地方政府必须减少承诺，其间的所言所行，只能根据法律法规的规定，只能在其职能权限范围内提供高质量的公共服务。这就需要对原有的规范进行调整、修改、补充、完善，更需要使规范符合各地实际、代表民意走向、保证地方政府承担责任的准确性、正当性、合理性。

第三，进一步完善地方政府与民众的互动结构。政府之所以有权力，完全来自民众的让渡，地方政府的权力同样来自民众。由于各地客观差异很大，民众的需求也会存在不同。地方政府在服务中，应该将民众利益始终放在第一位，做到诚心诚意深入民众了解实际状况，真心真意面对民众商量解决方案，全心全意为民众提供优质服务。当地方政府与民众之间形成信息对应而不是立场对立，当地方政府与民众之间习惯对话而不是选择对抗时，公共服务将出现崭新的局面。

第四，进一步推动地方政府体制改革的进程。我们不得不注意到这样一个事实，一些地方政府在承诺中掩饰责任的不足，在承诺中掩盖体制改革的缺失，淡化了体制改革的使命。地方政府要真正兑现服务责任，仅仅依靠经济增长还无法满足公众多样化的需求。必须在职能明晰的引导下，分清政府服务的界限，在体制改革的推动下，清理政府工作的旧模式，以新的服务姿态、新的服务方式、新的服务渠道，搭建新的服务平台。从而避免误差、增加服务的合理性，克服误解、增加服务的有效性，杜绝误导、增加服务的合法性。

另一方面，要提高承诺的制度化水平。承诺往往是由个人做出，承诺往往会因人而异，承诺还会时过境迁。而制度具有稳定性、确定性、规范性、持续性的特点。承诺不是仅仅停留在口头表态上、一时的行为上，而是把它转化为可操作的具体流程，有内容规定、有过程设定、有中间检查、有后果追究，即把问责制与承诺结合在一起，使承诺变成制度。

第一，提高承诺的公共性。这涉及两方面的问题：一是承诺需要公开做出、程序化地做出，提高严肃性。承诺不能想当然、随意而出，需要真心实意，而且必须是在政府公共管理范围之内的,不能够以承诺方式侵蚀市场、企业和公民的合法权益。二是对承诺内容本身要严加推敲,既要能够及时满足公众不断增长的物质文化需求,又能够在承诺之后在具体的工作中加以执行。必须减少"母鸡承诺生蛋有蛋黄蛋清"式的虚假承诺。只有负责任的承诺内容和承诺表达,才能获得公众的积极响应和真心支持,也才能使承诺成为真实有效的公共服务行为。

第二,加强承诺履行的监督力度。"言必信,行必果"。政府必须对自己的言行承担责任,负责任的政府是公共服务型政府的基础和核心内容。但是,缺乏监督可能会使得政府某些部门机构和工作人员懈怠,忘却业已做出的承诺。因此,必须加大监督。一是监督承诺内容的真实和合理性,二是监督承诺履行的程序性和有效性,三是监督承诺效果的服务型。必须对相关政府机构和人员进行规范的行政行为监督,减少"口惠而实不至""作秀",甚至是假借公共利益之名行对侵犯公众权益之实。

第三,规范对承诺的问责制度建设。有权必有责。政府是"公器",政府手中的治理权限是人民授予的,必须确保它使用的公平性、公开性和公正性。对于政府自愿做出服务承诺行为,要使之有效而且持续,就必须进一步加大对承诺的问责制度建设。对于相关机构和人员的言行,把它纳入到宪法和法律可依据的范围之内,纳入到地方经济社会需求的范围之内,纳入到权力机关、行政系统和各种社会可以有效监督并且实施实质问责的范围。对于欺骗、炒作、擅自扩大政府权限、侵犯社会合法权益等失职、违法行为,应给予问责处罚,使之成为提高政府依法行政水平的重要推动力。

十三、"公布电话"转换为政府与社会的对话机制

电话作为一种工具,只是一种渠道,它相对于原来政府行为的封闭性、百姓向政府反映情况的无奈性而言,大有进步,应该是改革的成果之一,是地方政府以人为本的一个具体行动体现。但是,电话有可能接得通或接不通,电话反映的情况有可能处理或被搁置。而对话是一种平台,是一种结构,对话双方处于一个平等的位置,其对等性、对应性、回应性是制度性的安排,它不可能因人而异、不可能表现为随机性与随意性。当然,由电话转化为对话也是有可能的,关键是要构建一个机制,即连接问责制,这个机制就是有专门的人负责处理电话反映的问题,否则就要被问责,这就在一定程度上将电话变成了对话。当然,电话变对话还要有一个内生条件,那就是打电话的市民应该逐步成为公民,不仅关心自己眼前的利益,还要关注社会与国家的长远利益,不仅应该知道自己有权利向政府

反映问题，还应该知道自己在这些问题处理中的义务，学会明确哪些问题应该由政府管、哪些应该由政府的具体部门管、哪些应该通过市场解决。改革的动力内生化了，体制的根本问题也涉及了。即通过"机制+问责"，展开制度性建设。

第一，以公布电话为契机推进公民参与的制度建设。我们认为，公布电话只是做出了一个方便公民参与的姿态，并不等于公民就能够真正参与到公共事务的治理中来，对于政府公务的监督效果也只能是有限的。需要把公民与政府的电话交流，建设成为公民意见表达、参与管理、监督政府的有机结合体。为此，公民来电记录、在线沟通要求、政府接待方式、相关问题的处理以及热线联系的时效等机制，需要加大力度建设。因此，必须祛除敷衍塞责、取消居高临下、杜绝模棱两可等态度。允许公民意见的正常表达，沟通负责任的联系交流，且构成对问题的实质性、程序性的解决。

第二，改变"咨询式"接触而转为"协商式"治理。以往人们认为，有了热线联系就能够解决相关权益问题，但是实际却未必是这样的。对于政府，必须改变传统的"民本"思想，把"替老百姓做主"转变成为"为人民服务"，确立现代意义的民主治理观念。电话参与不是可有可无的咨询，爱听就听听，不想听就等于没听见，而是必须树立"以人为本"、民意至上和科学发展的观念，尊重公众合法的参与权、知情权和监督权。因此，逐步建立和完善公共协商民主，是促进社会主义民主、建设法治国家的基本步骤。

第三，培育整个公共生活的公共理性。公共理性是一个社会政治生活的价值规范与价值约束范畴，其最基本的任务是为现代公共生活及其参与者提供一个基本合理的行为规范和价值尺度。中国现代化进程中所需要的公共理性，是适合中国社会发展的公共智慧与基本常识，是有限理性与渐进理性，从根本上讲，表达的是社会普遍善的理念，倡导的是社会合作，运行的是共赢思维，发展的是公共治理逻辑，彰显的是以人为本和科学发展精神。其核心是强调公共权力的合法性与发展利益的协调性，最终目标是实现公共领域与私人领域的和谐。在实践中，需要逐步扩展的公共参与的互动沟通，通过渐进的民主生活训练，帮助公民、公民社会和政府客观、公正、平和地看待利益，从而塑造文明、理性的公共生活。因此，积极培育现代公民，使具有独立人格的公民精神得到自主发育就显得尤为重要。

十四、城市社区体制改革思路

从1989年国家提出"社区服务"概念、1991年民政部提出"社区建设"思路至今，出现了沈阳模式、江汉模式、上海模式、盐田模式、平江"1+4"

模式。

第一，设置一个协调机构——社区建设和街道工作协调委员会，其职责主要有：一是协调功能，协调各政府职能部门之间的关系；二是过滤功能，将一部分不该进社区的职能部门的工作挡驾在社区之外。

第二，恢复社区居委会的自治组织身份。居委会本应该是城市居民的自治组织，但是，实际上几乎成了上级政府的下属组织。现在，将居委会从原来繁重的行政工作中解脱出来，回归宪法规定的自治组织的身份，有利于完善民主政治的社会基础。

第三，明确社区工作站的性质与地位。应定性为非政府组织，它与街道办事处的关系，在事务上是委托与代理的关系，在工作上是指导与被指导关系，而不是上下级关系。这即是新公共管理中的一种外包形式，即政府通过市场机制，将自己一部分行政事务外包给社区工作站代劳。

第四，落实社区居民事务服务所的服务功能。社区居民事务服务所构成社区的一个重要平台与窗口，从中体现出社区的另外一半功能，那就是承担社区居民服务的功能。居民事务服务所与街道办事处的关系，是政府购买服务的关系。这便在实际的公共事务管理中引入了新的治理工具。居民事务服务所的工作人员一般分为两大类：一类是外来的服务性行业进驻社区的业主与工作人员，另一类由义工、志愿者、中介组织组成。

上述"四位一体"架构：社区党组织领导下的社区居委会、社区工作站、社区居民事务服务所之间的互联、互补、互动体制。这四者明确分工、各司其职。社区党组织是社区的领导者，主要负责社区的政治工作、思想建设、作风建设，成为协调委员会意志的呵护者、协调委员会协调各职能部门关系的协助者、社区发展方向的把握者、社区居民利益的维护者以及党的方针政策的宣传者与贯彻者；社区工作站作为外包型的非政府组织承担部分行政职能；社区居委会则回归"自治组织"的法律身份；社区居民事务服务所承担为居民提供服务的功能。它们之间的关系可用图10-1表示：

十五、县级政府行政编制总量控制的对策

由于我国县级政府是一个广域型政区，包含县级市、乡镇两级政府，这两级政府的编制状况随着每次政府机构改革而相应发生变化。经过多次机构改革的摸索，在1998年的政府机构改革中，正式确立了"三定"机构改革方案，"三定"的主要内容包括：定职能、定内设机构、定人员编制和领导职数。在编制调控实践中，就是按照定职能——定内设机构——定人员编制和领导职数的顺序，来配

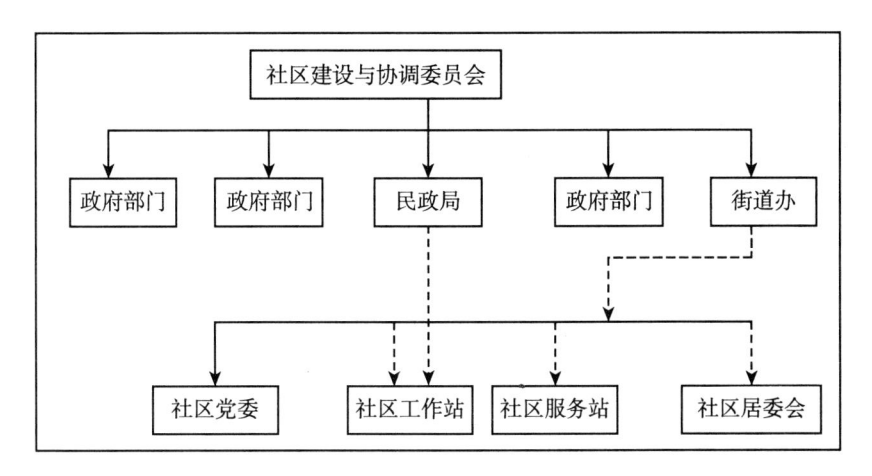

```
                    ┌─────────────────────────┐
                    │   社区建设与协调委员会   │
                    └─────────────────────────┘
         ┌──────┬──────────┼──────────┬──────┐
         ▼      ▼          ▼          ▼      ▼
      政府部门 政府部门  民政局    政府部门  街道办
                           │                  │
         ┌─────────┬───────┼───────┬──────────┘
         ▼         ▼       ▼       ▼
       社区党委 社区工作站 社区服务站 社区居委会
```

图 10 – 1

注：本图为笔者为调研的社区体制创新而设计，其中实线为领导与被领导关系或者上下级关系，虚线为指导与被指导关系、委托与被委托、外包关系、政府购买服务的关系。

置职能，精简机构和核定编制的。

县级机关编制总量调控是体制内的自我完善，却不能解决编制总量控制的问题。由于政府职能未理顺，编制总量控制仍是计划经济模式下的"加减法"；由于编制调控自上而下的"一刀切"，使县级机构编制总量调控偏离地方社会经济发展实际及其需要；再加上编制总量核定缺乏合理性和科学性、法治化程度不足、"人治"色彩浓厚，使得县级机关编制自主性失衡，规范缺失。

县级政府编制总量调控的问题还存在于县级政府编制管理部门自身。主要表现在以下几个方面：第一，微观配置缺乏规范性。具体到一个机构，其编制总量的核定和调整并非与其职能和作用保持紧密的正相关性，在操作过程中通常视领导的意志和机构的谈判能力而定。第二，编制类别分配缺乏规划性。行政编制、事业编制的分布和配置随机调整，没有系统长远的规划，因而缺乏科学性，影响政府效率的提高和效能的发挥。第三，人员编制调整上的不同步。一是上下不同步，市里已经调整，但是县、乡镇往往滞后；二是部门之间调整不同步、职能该弱化的不弱化，职能该加强的没办法加强，人员编制的内部调剂几乎不可能。第四，人员结构的不合理。年龄结构上，平均年龄普遍偏大，缺乏合理梯度；"官、兵"结构上，官多兵少，缺乏办事梯队；专业机构上，专业人员比例偏少，其他渠道进入人员偏多，缺乏决策精英。

县级机关行政编制总量调控是事关整个行政系统编制的基础，必须在体例改革中一揽子解决。具体考虑如下对策。

（一）转变政府职能是县级政府编制总量调控的前提

职能是一定机构设置和人员编制配备的依据，机构是职能的载体，人员编制则是组织机构的人事保证。三者紧密相连，关系密切。三者的变迁，从理论上来说，是从政府职能的调整与变化开始，然后才是机构和人员编制的调整。根据经济社会发展的基本态势和中央政府的政策导向，当前和今后一段时期我国县级地方政府应具体承担的主要职能有：（1）县域地方经济发展推动者；（2）县域地方社会事务管理者；（3）县域地方公共服务提供者；（4）县域地方社会保障构建者；（5）县域地方资源环境保护者；（6）县域地方公共秩序维持者。

（二）科学定编是县级机构编制总量调控的基础

科学定编的基本内容有：一确定县级政府编制总量核定的依据；二核定县级政府编制总量标准；三县级政府组成部门编制总量调控的具体规范。

县级政府编制总额核定的依据：（1）县级政府职能形态；（2）经济发展状况；（3）人口状况；（4）地理状况；（5）行政区划面积；（6）文化因素；（7）技术条件。

县级机构编制总量核定的参考思路：

1. 确定核编指标。确定县级政府编制总量核定的依据，主要包括县级政府职能形态、经济发展状况、人口状况、地理状况、行政区划、文化因素以及技术条件七大依据，分别确立为一级指标。然后，对七项一级指标逐项进行细化，建立核编指标体系，主要是将各个一级指标分解为几个二级指标，然后在更加具体地细分为三级指标，形成可量化的评价指标体系。

2. 确定指标体系权重。核编指标体系权重的确定可以通过 AHP（层次分析法）方法或者专家调查法来确定。这两种方法也是目前主要的权重精确测度方法，但是各有优劣。专家调查法是邀请该领域内的权威专家，依靠他们的知识、经验和主观判断，通过匿名赋值，多次论证后求均值，其优点在于有较高的说服力，容易为社会各界所接受；缺点在于聘请专家的成本较高，而且不一定符合实际情况。AHP法是将专家的思维过程定量化，并且可以通过一致性检验处理专家意见不一致的情形，这种设计的优点在于可以得到极为精确的数值，有较高的科学依据，但是，缺点也较为明显，可操作性不强，确定权重之间的相对重要度（即1-9尺度）带有一定的主观色彩，并且不够直观。因此，不管使用哪种方法，都只具有相对价值，这可以在后续运用分等定编法中得到一定弥补修正。

3. 权重分析。可设计如下思路：（1）职能形态所占权重最大。一般来说，同一级市政府的职能范围大致相同，但是在职能结构形态上却有较大区别。比如，发达地区县级政府与中等、欠发达地区县级政府的政府职能转变程度以及职能重心定位就会存在一定程度的差别。分析体系框架，二级指标中的社会管理职能和公共服务职能占政府职能的权重达到 0.58，由此可见，政府职能重心明显要求转移到社会管理和公共服务职能上来，相应就要求我国县级政府的机构设置和人员编制安排要以这两项职能为主要参考。可是，我国区域经济社会发展的不平衡，使得职能转变的阶段性特征十分明显，发达地区与中等、欠发达地区在职能形态上体现出一定程度的差别，对于中等或欠发达地区来说，经济职能也许是最重要的，由此，在机构设置和人员编制安排上，经济发达地区和中等、欠发达地区就会出现不同。只是，根据政府职能基本可以确定同一级市政府的编制基数，然后再依据经济社会发展现状和职能转变需求，相应确定政府机构设置和人员编制配置。（2）经济发展状况所占权重达到 0.18，而其与人口状况二者权重相加，占核编总权重的 0.33。（3）地理状况和文化因素各占核编总权重的 0.11，行政区划占 0.10，技术条件占 0.08。地理状况二级指标中的地理位置和交通状况占有权重较大，分别为 0.29 和 0.26，而地理位置和交通状况条件优越的城市往往经济发展状况良好，流动人口数量也比较众多，这也进一步证明了经济发展状况和人口状况在县级政府编制总量核定中的重要地位。文化因素成为一个重要核编参考依据并超过行政区划所占比重，说明城市软要素对城市社会公共治理的影响日益重要，从指标体系看，一个城市的教育科技水平和人口素质成为衡量城市文化总体水平的主要指标，各自所占权重分别为 0.28 和 0.26。

4. 分等定编。首先，依据专家调查法得出的权重系数，计算出江苏省各个地级市的核编指数（见最后附件县级机构核编指标体系表）。其次，依据指数，划分等级，等级不宜过多，三至四等即可。再次，根据等次定编，确定每一等次编制总量幅度。由于各指标的属性、量测的单位等的不同，在进行多因素综合评价时，需将各指标进行转化，以便得到相对统一的尺度。在今后的数据处理过程中，可以进行两种处理：（1）定性指标定量化。对于一类定性评价指标，它的评价结果可用"优、良、中、差"之类的评语来评定，比如职能形态三级指标中的"地方民主发展度"就可以用"优、良、中、差"来评定，附件表格中的指标用"程度"、"效能"等表示的都可以依据此种方法来评定。为便于分析，进一步将这些等级评语加以量化，如上述评语可分别量化为 1.0、0.8、0.7、0.3，这种评价系数实际上是将定性指标进行了量化处理。（2）定量指标的无量纲化。为合理评价不同量纲指标的相对重要性，可以采用归一化的办法。其做法是找出某一指标的最大值，然后用此值去衡量其他各地区该项指标值。比如，文化因素三级指标中的"人均文化消费"，就可以以某省所属各地级市中最高的"人均文化消费"数为 1，然后以此为标准去衡量其他地区的指标数（如设吴江市人均文化消费为 200 元，为全苏州 5 个县级市最高，则可以确定该指标数为 1，那么，若太仓市人均文化消费 100 元，则太仓市人均文化消费的指标数就为 0.5。）。

（三）多管齐下是县级机构编制总量调控的基本路径

第一，经济手段是理顺县级政府编制总量调控的钥匙。

经济手段主要指县级政府在地方公共财政体制下，以经济利益为杠杆，运用经济方法来调节、控制和管理县级政府编制，实现县级政府编制总量调控的细化与优化。在县级政府编制总量一定的状况下，刚性的财政经费支出将成为控制县级政府编制总量的重要手段。其具体又可表现为经费预算控制、审计监督、编制包干、经济奖惩等多种手段。

第二，法律手段是规范县级政府编制总量调控的钢鞭。

运用法律手段进行编制总量调控，就是指依据宪法和相关基本法律，通过制定和颁布编制法律法规，并依照这些法律法规对编制总量实施有效管理和调控。编制法律手段的实施以及编制法制建设可以使编制工作走上规范化、标准化和制度化的轨道，从而最大限度地杜绝编制总量调控中的恣意妄为、随心所欲现象。

第三，县级政府自律是实现编制总量调控的组织前提。

县级政府自律，必须重点解决好以下几个问题：①理顺编制管理体制。②完善编制审批程序。③强化编制调控监督。强化编制调控监督是县级政府编制管理机关日常行政工作的重要组成部分，机构编制主管部门的监督是行政监督中的一种，因此属于政府自律的范围，同时它也是编制监督体系中最直接、最经常的一种监督方式。④实现编制总量调控手段的现代化。县级政府在机构编制总量调控过程中还应充分借鉴和运用各学科先进的分析方法和技术，特别是数理统计技术、计算机技术、网络管理技术等，努力实现编制总量调控手段的现代化。⑤制度建设是县级政府编制总量调控的根本出路。

在运用核编指标体系来规范县级政府编制总量后，当前，在我国县级政府编制总量调控中，必须大力推进和完善编制实名制，建立和完善编制信息公开与报告制和编制管理绩效评估制。这三项制度设计的共同特点在于便于对县级政府编制总量调控行为进行有效的监督，避免各种"人治"现象和随意性的冲动。

第十一章

结 论

我国地方政府改革已经铺开，政府的公共服务化转型势在必行，但是，总的来说，地方政府管理体制与不断发展的新形势不相适应，继续改革是坚定不移的历史使命。目前，最根本的问题是政府职能转变仍然不到位，没有着力为创造社会财富提供条件，还有相当多的地方政府继续在直接创造财富；最迫切的问题是政府职能仍然错位，不少地方政府将太多的精力放在被动应急上，往往将常规管理拖延至应急状态，从而将应急管理取代常规管理；最紧急的问题是政府职能仍然缺位，没有将服务型政府作为地方政府体制改革的方向，还继续滞留在旧模式中自得其乐。因此，在今后的30年中，政府体制改革的基本进路就必须致力于政府理念、权力、权利以及制度支点的重心移位，以实现由表及里、由浅入深的公共服务要素的丰富与积累。

一、地方政府体制创新的理念支点移位

（一）从革命到建设的理念转变，把政府改革纳入到遵循社会发展的规律上来

众所周知，作为一个革命后的政府治理，难免会遗留种种革命时代的管理思维和方法①。但是，科技的进步和经济社会的发展，使得政府管理不得不日渐全

---

① 王沪宁：《革命后社会政治发展的比较分析》，载于《复旦学报：社会科学版》1987年第4期。

新。中国社会转型的基本趋势是：一是经济"一体化"，即经济市场化、全球化（如加入 WTO 就是适应这一趋势的重大举措）；二是政治"二元化"，包括国家—社会关系的二元分化，民主政治的发展以及强政府—强社会关系模式的选择；三是文化"多元化"，即主流价值导引下社会文化的繁荣与文化宽容；四是社会"信息化"，即知识经济时代科技广泛应用下的治理技术现代化。为此，政府改革就必须直面经济社会发展的基本规律，逐步摒弃习惯性的行政命令方法和动员性治理手段，摒弃革命的浪漫主义色彩，以建设性的思路全面推进政府自身改革，以政府服务职能的深刻转向来达成社会的良治。党的十八大报告将中国特色社会主义事业总体布局从"四位一体"扩展为"五位一体"，这表明我们党对社会建设规律从认识到实践都达到了新的水平与高度。

（二）从"唯政治"到政治经济规律的认识转变

从传统的角度讲，中国社会具有浓厚的"唯政治"情结，这与经久不变的劳作方式和生产结构紧密相关。改革开放以来，中国的市场化进程快速推进，市场机制在社会资源配置中的基础性作用日渐重要。这就需要改变以政治衡量为权重、以政治手段为法宝的政府管理，更多地运用符合经济自身规律的理念、方式和手段来展开治理。否则，就难以真正转变观念，就难以真正做到发展依靠人民、发展为了人民、发展成果人民共享。换言之，以经济的规律办经济的事，以政治的规律办政治的事，应该成为各级地方政府的定势思维，逐步改变经济发展的政治化或所有政治问题一味经济化的窘态，克服政治与经济不分、权力逻辑与资本逻辑混同的窘态，只有这样，经济发展的市场回归和政治发展的权力归位才有可能得到逐步解决。党的十八大报告强调要以更大的政治勇气和智慧，不失时机深化重要领域改革，坚决破除一切妨碍科学发展的思想观念和体制机制弊端，建构系统完备、科学规范、运行有效的制度体系，使各方面制度更加成熟更加定型。

（三）从国家本位到社会本位的观念转变，确立为民众、为社会而改革发展的观念，真正实践以人为本[①]

这是一个极为核心的问题。当今世界的发展态势告诉我们，任何改革如果总是流于权力的自我服务，则不可能得到民众的真正支持。我们党和政府提出以人为本、科学发展观，就是要求政府的出发点和落脚点必须以民众的权益保障和发展为依归。从全能政府到有限与有效的政府转变，关键就是要实现政府服务的公

---

① 沈荣华等：《以人为本：我国政府的价值定位》，载于《中国行政管理》2008 年第 12 期。

共性、回应性，就需要从实际出发，寻求政府服务于社会的最佳方式，寻求最为廉洁、高效的服务路径，这是时代所赋予地方改革者不可推卸的神圣使命。党的十八大报告中的"五位一体"显示了战略性的变化，其中，经济文明建设是探究规律的净化、政治文明建设是追求权力的净化、社会文明建设是旨在规范权利的优化、文化文明建设是呼喊心灵的净化、生态文明建设是最新提出的自然界的净化。它对应的是全国老百姓的经济、政治、社会、文化、生态五大权益，它体现了我国建设与改革的向度，已经开始了从国家本位向社会本位的转变。

二、地方政府体制创新的权力支点移位

权力的有序授予与合理配置极为重要，对于地方政府体制改革而言，权力关系的调整居于核心地位。体制上的改革，从表层和技术层面走入内核，是一种权力结构关系的重新组合。简而言之，就是在主权至上性转化为职权有效性的过程中，需要先行对党政结构的基本权力、职能与责任有一个相对清晰合理的划分，从而有效地形成权力良性配置的治理构架，在一个更具现代性的行动结构上提升有效性功能。要实现权力支点的移位，关键在于分权机制的确立和正常运行。分权机制"与中央集权联系在一起，一个社会的多元结构失去得越多，它的中间势力越是弱小，就越有可能产生使绝对权力统治成为可能的条件"[①]，要改变分权下的集权状态，就需要适当调整党的直线权力关系，进行执政党——权力机关——政府——司法机关四维关系的建构和功能激活。形成于革命时代的党政直线权力结构关系，在权力的决策，运行和监督上存在一定的闭合性，不利于权力在阳光下透明运行，为此，应该回原于多边权力相互有效制衡的结构。国家权力是权力的最高形式，而执政党的意志只有转换成国家意志才具有治国的合法性效力，地方政府绝不能偏离国家的意志而随意行事。只有把地方政府的行为置于更为明确、更为规范的国家意志和规则约束之中，才能更有效地服务民众利益、服务地方利益和国家利益。党的十八大报告中的两个"五位一体"是相辅相成的战略建构。除了经济、政治、社会、文化、生态五大文明一体化以外，还提出了党的建设总体布局也是"五位一体"，即思想建设、组织建设、作风建设、反腐倡廉建设、制度建设，这就体现了我们党的肌体的自我净化，其中，当然涵盖了政府肌体的自我净化。

---

① [美]乔·萨托利：《民主新论》，冯克利、阎克文译，东方出版社1998年版，第216-217页。

三、地方政府体制创新的权利支点移位

一个社会本位的国家易于建立起长期稳定的政治秩序。我国长久的国家主义历史，在国家支配社会的格局中，没有给公民和社会留下太多的平等博弈空间。社会主义基本制度的建立，从民主结构上对公民权利予以主体性的规定，但公民权利的实际享有与运行则仍需要进一步完善。在地方改革事务中，不少政府的强势在很大程度上僭越着民众的主体权利，导致政府与民众对话机制难以得到制度化的保障。我们知道，强者与弱者之间是难以形成真正的对话框架的，要真正认真对待权利和社会，就必须提升弱者的地位，给予弱势群体更多的话语权，通过增强地方政府改革的针对性与回应性，来提高公众公共参与的有效性。托克维尔（Alexis de Tocqueville）指出的以社会权力制约公权力，实质上就是以私权利制约公权力。这种制约体现公民社会中的各种团体积聚，由私人形成公众领域，犹如麦克风那样将个体的声音扩大（"麦克风原理"①），给社会发展以更多的自由空间，鼓励公民在可能的范围内参与公共事务，有助于公民理性的增长。一个更具有公共理性精神的社会将是一个更为安全的社会。长期以来政府主控下的公民社会培育模式应进行反思，在适度放松社会规制的条件下，让社会有一个更为内生性的发育，这对于执政安全和社会民主都极为重要。党的十八大报告提出"全面建成小康社会"的目标，从"建设"到"建成"，一字之差体现了质的飞跃，体现了我们党对小康社会美好前景的制度自信与信仰坚定，体现了对人民权利的重视与权利支点的移位。

四、地方政府体制创新的制度支点移位

地方政府体制改革最重要的落脚点在于制度建设。在一个制度认同高于道德认同的时代，进行制度化的治理是社会文明的表现。我们改革面临的一个重要问题是，政府优位于社会、权力优位于权利的事实，并将在一段时间内持续存在，地方党政主政者需要怎样推进政府治理的制度化与法治化？笔者以为，逐步解决地方党政主政者对制度体系的优越性问题，也即在刚性的制度化他律与有公共道德自律的结合中，实现地方党政主政者行为制度化是关键。把地方党政主政者的自主能动性有机地纳入到制度化释放的渠道中来，尤其需要制度化地确立民意主导的系统性制度安排。当下，我国地方治理结构中党政主政者过于强势，民众对

---

① 沈荣华等：《中国地方政府体制创新路径研究》，中国社会科学出版社2009年版，第1—3页。

其影响力还十分有限。为此，最高权力中心必须进行顶层设计和整体性改革，打破原来在体制上的锁定状态，创新地方政府服务民众的路径，以赋权精确化与明晰化，来防范与杜绝权力对人民主体性价值的侵蚀。

制度的功能是激励与约束的统一，制度是行动者行为的规则，规定行动者的行为边界、规范行动者行为的内容、流程以及奖惩，行动者是被"嵌入"制度中并被其创造和指引的[①]。制度约束力只有在行动者服从的条件下才能体现，因而就需要实施机制。当下，我国民主仍然不足、法治尚且贫乏，人的作用绝对不能低估。实际上，地方党政主政者是推动地方发展的第一动力[②]。由于制度的刚性与弹性并存、规范的统一与矛盾并存、内容的有效与无效并存，甚至还存在着制度的"真空"，地方党政主政者才得以在这个环境中获得了暂时的制度空间[③]。真心改革的地方党政主政者在取得显著成效之余，难免有缺失与不足；无心改革的地方党政主政者在实践检验其行为之时，孰是孰非、功过自有公论；假心改革的地方党政主政者在虚伪与慵懒过后，历史会做出准确的回答；借改革之机徇私舞弊的地方党政主政者，不仅会遭到人民的唾弃，还会被法律制裁，钉上历史的耻辱柱上。一句话，改革者众生态，大浪淘沙，最终都必然归在制度之下。

将非正式制度的弹性转变成正式制度的刚性、将体制外的合理性转变成体制内的合法性、将实践中的模糊性转变成制度的自主性，用持续的制度供给与保障来巩固改革的成果。这个转换需要三个基本前提：第一，自律机制。作为公权的执行者，地方党政主政者起点要有公心，底线要留住公德，要遵循公律（规律）、符合公意（公共意志），才能在制度面前抛弃个人的意志惯性与随意性，将自己置于刚性制度的完整设定与法律的严格流程中；第二，他律机制。也就是将地方党政主政者的努力与创新上升为制度规范，地方党政主政者的不足与行为异化将被作为教训转化为制度防范，从而从另一个角度促使地方党政主政者完成角色的重大转换；第三，用进一步开放来倒逼制度化进程。作为地方党政主政者的开放主要是将自己的心扉向群众开放。当下，面对"摸着石头过河"的理论，群众开始表达完善顶层设计的渴望；面对"发展是硬道理"的召令，群众提出了"硬发展不是道理"的思辨；面对改革的卓越积累，群众发出了要同步享受改革成果的呐喊。只有融合在群众之中，地方党政主政者才能将自己的智力、能

---

① ［美］彼得·豪尔等：《政治科学与三个新制度主义流派》，何俊志等编译：《新制度主义政治学译文精选》，天津人民出版社2007年版，第47－71页。

② 有学者认为，地方政府是制度变迁的第一行动集团（参见杨瑞龙：《我国制度变迁方式转换的三阶段论——兼论地方政府的制度创新行为》，载于《经济研究》1998年第1期）。笔者认为，需要关注到作为组织的政府背后，其关键性的能动因素是地方党政主政者，他们是推进地方制度创新的核心行动者。

③ 沈荣华等：《地方核心行动者行动的空间拓展与异化》，载于《中国社会科学文摘》2011年第5期。

力、魄力与魅力汇成制度的完善，通过发展转型实现治理现代化。党的十八大报告用24个字，从三个层面概括了社会主义核心价值观：从国家层面要求富强、民主、文明、和谐，从社会层面强调自由、平等、公正、法治，从公民个人层面希求爱国、敬业、诚信、友善。这个核心价值观将成为地方政府制度创新的核心内涵。

当下，在党的十八大精神指引下，全面实现地方政府体制创新的理念支点、权力支点、权利支点以及制度支点的系统移位，保证我国整个行政管理体制改革由表及里、由浅入深的方向有序推进。

附　表

县级机构核编指标体系

一级指标		二级指标		三级指标	
名称	权重	名称	权重	名　称	权重
职能形态	0.27	政治职能	0.18	（1）地方民主发展度	0.31
				（2）地方政治稳定度	0.32
				（3）地方社会和谐度	0.37
		经济职能	0.24	（4）贯彻上级政府宏观调整政策效能	0.19
				（5）地方经济发展效能	0.28
				（6）地方经济规调效能	0.26
				（7）地方经济保障效能	0.27
		社会管理职能	0.29	（8）作为地方社会事务管理者效能	0.27
				（9）作为地方公共秩序维护者效能	0.27
				（10）作为地方资源环境保护者效能	0.23
				（11）作为地方公共危机管理者效能	0.23
		公共服务职能	0.29	（12）作为地方公共产品提供者效能	0.39
				（13）作为地方社会保障构建者效能	0.37
				（14）作为地方多元利益协调者效能	0.24
经济发展状况	0.18	经济规模	0.50	（15）地区生产总值占全省GDP比重（%）	0.21
				（16）财政收入占全省财政收入总量比重（%）	0.24
				（17）工业总产值占全省工业总产值总量比重（%）	0.19
				（18）全社会固定资产投资总额占全省固定资产投资总额总量比重（%）	0.20
				（19）外贸进出口总额占全省外贸进出口总额总量比重（%）	0.16
		发展水平	0.50	（20）人均GDP（元）	0.28
				（21）人均能源消耗（千瓦时/人）	0.22
				（22）市区居民人均可支配收入（元）	0.23
				（23）农民人均纯收入（元）	0.27

续表

一级指标		二级指标		三级指标	
名称	权重	名称	权重	名　称	权重
人口状况	0.15	人口数量	0.56	（24）常住人口数量占全省常住人口总量比重（%）	0.51
				（25）流动人口数量占全省流动人口总量比重（%）	0.49
		人口复杂性	0.44	（26）流动人口占总人口比（%）	0.43
				（27）少数民族人口占总人口比（%）	0.28
				（28）城市人口与农村人口比（%）	0.29
地理状况	0.11	地域面积	0.22	（29）地域面积占全省地域总面积比重（%）	0.44
				（30）可耕作、可放牧面积占全省可耕作、可放牧总面积比重（%）	0.56
		地形地貌	0.23	（31）平原面积占地域面积比重（%）	0.27
				（32）山地面积占地域面积比重（%）	0.43
				（33）江河湖泊面积占地域面积比重（%）	0.30
		地理位置	0.29	（34）是否为风景名胜区	0.22
				（35）是否为边防战略要地	0.20
				（36）是否为区域经济中心城市	0.32
				（37）是否为中心港口城市	0.26
		交通状况	0.26	（38）是否为公路枢纽	0.20
				（39）是否为铁路枢纽	0.20
				（40）是否有干线机场	0.15
				（41）是否有支线机场	0.15
				（42）是否为集装箱枢纽港口	0.15
				（43）是否为普通港口	0.15
行政区划	0.10	纵向层级数	0.49	（44）所属县（市）、区数占全省县（市）、区总数比重（%）	0.50
				（45）所属街道、乡（镇）数占全省街道、乡（镇）总数比重（%）	0.50
		横向单位数	0.51	（46）县级政府所属行政机关数占全省地县级政府所属行政机关总数比重（%）	0.18
				（47）县级政府所属事业单位数占全省地县级政府所属事业单位总数比重（%）	0.18
				（48）所属县（市）、区下属事业单位数占全省县（市）、区下属事业单位总数比重（%）	0.19
				（49）所属街道、乡（镇）下属行政机关数占全省街道、乡（镇）下属行政机关总数比重（%）	0.14
				（50）所属街道、乡（镇）下属事业单位数占全省街道、乡（镇）下属事业单位总数比重（%）	0.12

续表

一级指标 名称	权重	二级指标 名称	权重	三级指标 名称	权重
文化因素	0.11	文化环境	0.25	（51）历史文化传统遗存度	0.28
				（52）每万人公共图书馆藏书量（册/万人）	0.19
				（53）人均文化消费（元/人）	0.25
				（54）政府文化投入占财政比重（%）	0.28
		文化发展	0.21	（55）报纸出版数量占全省报纸出版总量比重（%）	0.36
				（56）杂志出版数量占全省杂志出版总量比重（%）	0.28
				（57）图书出版数量占全省图书出版总量比重（%）	0.36
		教育科技水平	0.28	（58）高等学校学生数占全省高等学校学生总数比重（%）	0.28
				（59）中等学校学生数占全省中等学校学生总数比重（%）	0.24
				（60）科研机构数占全省科研机构总数比重（%）	0.25
				（61）科研机构职工总数占全省科研人员总数比重（%）	0.23
		人口素质	0.26	（62）受过高等教育人口/25～64岁人口（%）	0.35
				（63）参加终身学习人口/25～64岁人口（%）	0.29
				（64）青年受高中以上教育程度/20-24岁人口（%）	0.36
技术条件	0.08	信息化水平	0.50	（65）每百户家庭平均拥有电脑数量（台/百户）	0.41
				（66）每万人中互联网上网人数（%）	0.31
				（67）人均计费邮电业务总量（元/人）	0.28
		电子政府	0.50	（68）电子政府建设财政支出占财政总支出比重（%）	0.45
				（69）办公现代化程度	0.55

参考文献

一、中文文献

1. 《马克思恩格斯选集》第 1-4 卷,人民出版社 1995 年版。
2. 《列宁选集》第 1-4 卷,人民出版社 1995 年版。
3. 《毛泽东选集》第 1-4 卷,人民出版社 1991 年版。
4. 《邓小平文选》第 1-3 卷,人民出版社 1994 年版。
5. 中共中央文献研究室:《江泽民论有中国特色社会主义》,中央文献出版社 2002 年版。
6. 曹沛霖:《政府与市场》,浙江人民出版社 1998 年版。
7. 林尚立:《当代中国政治形态研究》,天津人民出版社 2000 年版。
8. 林尚立:《国内政府间关系》,浙江人民出版社 1998 年版。
9. 罗豪才:《中国司法审查制度》,北京大学出版社 1993 年版。
10. 罗荣渠:《现代化新论》,北京大学出版社 1993 年版。
11. 钱穆:《中国历代政治得失》,生活·读书·新知三联书店 2001 年版。
12. 秦晓:《当代中国问题:现代化还是现代性》,社会科学文献出版社 2009 年版。
13. 王亚南:《中国官僚政治研究——中国官僚政治之经济与历史的解析》,中国社会科学出版社 1981 年版。
14. 俞可平:《全球化:全球治理》,社会科学文献出版社 2003 年版。
15. 徐湘林:《渐进政治改革中的政党、政府与社会》,中信出版社 2004 年版。
16. 朱光磊:《当代中国政府过程》,天津人民出版社 1997 年版。
17. 李军鹏:《公共服务型政府》,北京大学出版社 2004 年版。
18. 杨宏山:《府际关系论》,中国社会科学出版社 2005 年版。

19. 张志红：《当代中国政府间纵向关系研究》，天津人民出版社 2005 年版。
20. 周亚越：《行政问责制研究》，中国检察出版社 2006 年版。
21. 钱乘旦、陈意新：《走向现代国家之路》，四川人民出版社 1987 年版。
22. 任晓：《中国行政改革》，浙江人民出版社 1998 年版。
23. 马长山：《法治的社会基础》，中国社会科学出版社 2003 年版。
24. 时兴和：《关系、限度、制度：政治发展过程中的国家与社会》，北京大学出版社 1996 年版。
25. 陈红太：《当代中国政府体系》，华文出版社 2001 年版。
26. 丁煌：《政策执行阻滞机制及其防治对策》，人民出版社 2002 年版。
27. 樊纲：《渐进改革的政治经济学分析》，上海远东出版社 1996 年版。
28. 费孝通：《乡土中国》，三联书店 1985 年版。
29. 何显明：《市场化进程中的地方政府行为逻辑》，人民出版社 2008 年版。
30. 胡伟：《政府过程》，浙江人民出版社 1998 年版。
31. 黄仁宇：《十六世纪中国之财政与税收》，生活·读书·新知三联书店 2001 年版。
32. 金耀基：《中国的现代转向》，牛津大学出版社 2004 年版。
33. 荣敬本等：《从压力型体制到民主合作型体制》，中央编译出版社 1996 年版。
34. 应松年：《当代中国行政法》，中国方正出版社 2005 年版。
35. 吴思：《潜规则：中国历史中的真实游戏》，复旦大学出版社 2009 年版。
36. 宋新中：《中国财政体制改革研究》，中国财政经济出版社 1992 年版。
37. 童吉渝：《转轨时期地方政府行政行为研究》，云南教育出版社 2001 年版。
38. 汪伟全：《地方政府竞争秩序的治理》，世纪出版集团、上海人民出版社 2009 年版。
39. 王沪宁：《比较政治分析》，上海人民出版社 1987 年版。
40. 王敬松：《中华人民共和国政府与政治》，中共中央党校出版社 1994 年版。
41. 王永钦：《大转型：互联的关系型合约理论与中国奇迹》，格致出版社、上海三联书店、上海人民出版社 2009 年版。
42. 谢庆奎等：《中国地方政府体制概论》，中国广播电视出版社 1998 年版。
43. 徐勇：《非均衡的中国政治：城市与乡村比较》，中国广播电视出版社 1992 年版。
44. 严耕、杨志华：《生态文明的理论与系统建构》，中央编译出版社 2009

年版。

45. 杨通进、祐素珍：《人与自然的和谐》，中国青年出版社2004年版。

46. 杨小凯：《当代经济学与中国经济》，中国社会科学出版社1997年版。

47. 杨雪冬：《市场发育、社会生长和公共权力建构》，河南人民出版社2002年版。

48. 姚洋：《作为制度创新过程的经济改革》，格致出版社、上海人民出版社2008年版。

49. 张静：《基层政权——乡村制度诸问题》，浙江人民出版社2000年版。

50. 张培刚：《新发展经济学》，河南人民出版社1999年版。

51. 赵震江：《分权制度与分权理论》，四川人民出版社1988年版。

52. 钟伟军：《利益冲突、沟通阻梗与地方协调机制建设》，天津大学出版社2008年版。

53. 周冰：《过渡性制度安排与平滑转型》，社会科学文献出版社2007年版。

54. 周国雄：《博弈：公共政策执行力与利益主体》，华东师范大学出版社2008年版。

55. 周黎安：《转型中的地方政府：官员激励与治理》，格致出版社、上海人民出版社2008年版。

56. 朱德米：《经济特区与中国政治发展》，重庆出版社2005年版。

57. 李元书：《政治发展导论》，商务印书馆2001年版。

58. 唐士其：《国家与社会的关系》，北京大学出版社1998年版。

59. 任进：《政府组织与非政府组织》，山东人民出版社2003年版。

60. 王绍光、胡鞍钢：《中国国家能力报告》，辽宁人民出版社1993年版。

61. 关海廷：《20世纪中国政治发展史论》，北京大学出版社2002年版。

62. 夏大慰等：《政府规制：理论、经验与中国的改革》，经济科学出版社2003年版。

63. 王俊豪：《政府管制经济学导论》，商务印书馆2001年版。

64. 俞可平：《权利政治与公益政治》，社会科学文献出版社2000年版。

65. 林毅夫等：《中国的奇迹：发展战略和经济改革》，三联书店、上海人民出版社1994年版。

66. 沈荣华：《现代法治政府论》，华夏出版社2000年版。

67. 沈荣华、周传铭：《中国地方政府规章研究》，上海三联出版社1998年版。

68. 沈荣华：《现代行政法学》，天津大学出版社2006年版。

69. 沈荣华：《地方政府治理》，社会科学文献出版社2006年版。

70. 沈荣华：《中国地方政府学》，社会科学文献出版社2006年版。

71. 沈荣华、钟伟军：《中国地方政府体制创新路径研究》，中国社会科学出版社2009年版。

72. 沈荣华、黄建洪等：《公共行政学世界百年经典原著导读》，天津大学出版社2009年版。

73. 黄建洪：《公共理性视野中的当代中国政府能力研究》，中国社会科学出版社2009年版。

74. 容志：《土地调控中的中央与地方博弈》，中国社会科学出版社2010年版。

75. ［美］阿尔蒙德等：《比较政治学：体系、过程和政策》，曹霈霖等译，上海译文出版社1987年版。

76. ［美］阿瑟·刘易斯：《经济增长理论》，周师铭等译，商务印书馆1983年版。

77. ［美］埃莉诺·奥利特洛姆等：《制度激励与可持续发展》，陈幽泓等译，上海三联书店2000年版。

78. ［美］艾伦·C·艾萨克：《政治学：范围与方法》，郑永年等译，浙江人民出版社1987年版。

79. ［美］安东尼·奥罗姆：《政治社会学导论》，张华青等译，上海世纪出版集团2006年版。

80. ［英］霍布斯：《利维坦》，黎思复等译，商务印书馆1996年版。

81. ［英］洛克：《政府论》（下），叶启芳、瞿菊农译，商务印书馆1996年版。

82. ［美］帕森斯：《现代社会的结构学过程》，梁向阳译，光明日报出版社1988年版。

83. ［美］胡格维尔特：《发展社会学》白桦、丁一凡编译，四川人民出版社1987年版。

84. ［美］昂格尔：《现代社会中的法律》，吴玉章、周汉华译，中国政法大学出版社1994年版。

85. ［美］戴维·奥斯本、特德·盖布勒：《改革政府》，周敦仁等译，上海译文出版社1996年版。

86. ［荷］盖叶尔、佐文：《社会控制论》，黎鸣等译，华夏出版社1989年版。

87. ［美］格林斯坦·波尔斯比：《政治学手册精选》，储复耘译，商务印书馆1996年版。

88. [美] 戴维·伊斯顿：《政治生活的系统分析》，王浦劬等译，华夏出版社 1989 年版。

89. [英] 米切尔·黑尧：《现代国家的政策过程》，赵成根译，中国青年出版社 2004 年版。

90. [美] 弗雷德里克森：《公共行政的精神》，张成福等译，中国人民大学出版社 2003 年版。

91. [英] 克里斯托弗·胡德：《国家的艺术》，彭勃等译，上海人民出版社 2004 年版。

92. [美] 盖伊·彼得斯：《政府未来的治理模式》，吴爱明等译，中国人民大学出版社 2001 年版。

93. [英] 安东尼·吉登斯：《民族—国家与暴力》，胡宗泽、赵力涛译，生活·读书·新知三联书店 1998 年版。

94. [英] 边沁：《政府片论》，沈叔平等译，商务印书馆 1995 年版。

95. [美] 查尔斯·林德布洛姆：《政治与市场：世界的政治—经济制度》，王逸舟译，上海三联书店、上海人民出版社 1996 年版。

96. [美] 查尔斯·赖特·米尔斯著：《权力精英》，许荣等译，南京大学出版社 2004 年版。

97. [美] 查默斯·约翰逊：《通产省与日本奇迹》，金毅、许鸿艳等译，中共中央党校出版社 1992 年版。

98. [美] 大卫·格里芬编：《后现代精神》，王成兵译，中央编译出版社 1998 年版。

99. [美] V. 奥斯特罗姆、D. 菲尼、H. 皮希特：《制度分析与发展的反思——问题与抉择》，王诚等译，商务印书馆 1992 年版。

100. [英] 戴维·米勒，韦农·波格丹诺：《布莱克维尔政治学百科全书》（修订版），邓正来编译，中国政法大学出版社 2002 年版。

101. [美] 道格拉斯·诺思：《经济史中的结构与变迁》，陈郁等译，上海三联书店、上海人民出版社 1994 年版。

102. [美] 道格拉斯·诺斯：《制度、制度变迁与经济绩效》，上海三联书店 1994 年版。

103. [英] 密尔：《代议制政府》，汪瑄译，商务印书馆 1982 年版。

104. [美] 费正清、罗德里克·麦克法夸尔：《剑桥中华人民共和国史》（1949-1965），王建朗等译，上海人民出版社 1991 年版。

105. [美] 弗兰克·古德诺：《政治与行政》，王元等译，华夏出版社 1987 年版。

106. ［美］哈罗德·D·拉斯韦尔：《政治学：谁得到什么、何时和如何得到？》，杨昌裕译，商务印书馆1992年版。

107. ［英］哈耶克：《致命的自负》，冯克利等译，中国社会科学出版社2000年版。

108. ［英］哈耶克：《自由秩序原理》，邓正来译，生活·读书·新知三联书店1997年版。

109. ［美］赫伯特·西蒙：《管理行为——管理组织决策过程的研究》，杨砾等译，北京经济学院出版社1998年版。

110. ［德］黑格尔：《法哲学原理》，范扬、张企泰译，商务印书馆1961年版。

111. ［美］亨廷顿：《变化社会中的政治秩序》，王冠华等译，生活·读书·新知三联书店1988年版。

112. ［意］加塔塔·莫斯卡：《统治阶级》，贾鹤鹏译，译林出版社2002年版。

113. ［英］拉尔夫·密利本德：《英国资本主义民主制》，博铨、向东等译，商务印书馆1988年版。

114. ［美］黎安友：《从集权统治到韧性威权：中国政治变迁之路》，巨流图书股份有限公司2007年版。

115. ［德］罗伯特·米歇尔斯：《寡头政治铁律》，任军锋译，天津人民出版社2003年版。

116. ［美］罗兹曼：《中国的现代化》，"比较现代化"课题组译，江苏人民出版社1998年版。

117. ［英］洛克：《政府论》（下），叶启芳等译，商务印书馆1964年版。

117. ［美］迈克尔·罗斯金：《政治科学》，中国人民大学出版社2009年版。

119. ［美］曼瑟·奥尔森：《集体行动的逻辑》，陈郁、郭宇峰、李崇新译，上海人民出版社2005年版。

120. ［英］密尔：《代议制政府》，汪煊译，商务印书馆1982年版。

121. ［美］青木昌彦：《比较制度分析》，周黎安译，上海远东出版社2001年版。

122. ［美］R.科斯、A.阿尔钦、D.诺斯等：《财产权利与制度变迁》，刘守英等译，上海三联书店·上海人民出版社1994年版。

123. ［美］塞缪尔.亨廷顿：《第三波》，刘军宁译，上海三联书店1998年版。

124. [美]斯考切波：《国家与社会革命》，何俊志、王学东译，上海人民出版社2007年版。

125. [美]西里尔·布莱克：《比较现代化》，杨豫、陈祖舟译，上海译文出版社1999年版。

126. [英]伊夫·梅尼等：《西欧国家中央与地方的关系》，朱建军等译，春秋出版社1989年版。

127. [美]詹姆斯·E. 安德森：《公共决策》，唐亮译，华夏出版社1990年版。

128. [美]詹姆斯·M·布坎南，戈登·图洛克：《同意的计算——立宪民主的逻辑基础》，陈光金译，中国社会科学出版社2000年版。

129. [美]詹姆斯·M·布坎南：《自由市场和国家》，吴良健等译，北京经济学院出版社1988年版。

130. [美]珍妮特·登哈特，罗伯特·登哈特：《新公共服务：服务而不是掌舵》，丁煌译，中国人民大学出版社2010年版。

131. [美]约翰·罗尔斯：《正义论》，何怀宏等译，中国社会科学出版社2001年版。

132. [美]汉密尔顿等：《联邦党人文集》，程逢如等译，商务印书馆2004年版。

133. [奥]凯尔森：《法与国家的一般理论》，沈宗灵译，中国大百科全书出版社1999年版。

134. [美]亨金等：《宪政与权利》，郑戈等译，三联书店1997年版。

135. [德]沃尔夫冈·查普夫：《现代化与社会转型》，陆宏成译，社会科学文献出版社1998年版。

136. [美]拉雷·格斯顿：《公共政策的制订》，朱子汶译，重庆出版社2001年版。

137. [美]保罗·C·莱特：《持续创新：打造自发创新的政府和非营利组织》，张秀琴译，中国人民大学出版社2004年版。

138. 陈天祥：《中国地方政府制度创新的利弊分析》，载于《天津社会科学》2002年第2期。

139. 陈雪莲、杨雪冬：《地方政府创新的驱动模式》，载于《公共管理学报》2009年第7期。

140. 戴长征：《国家权威碎裂化：成因、影响及对策分析》，载于《中国行政管理》2004年第6期。

141. 郭小聪：《中国地方政府制度创新的理论：作用与地位》，载于《政治学研究》2000 年第 2 期。

142. 何俊志：《新制度主义政治学的流派划分与分析走向》，载于《国外社会科学》2004 年第 2 期。

143. 洪银兴、曹勇：《经济体制转轨时期的地方政府功能》，载于《经济研究》1996 年第 5 期。

144. 黄宗智：《中国发展经验的理论与实用含义：非正规经济实践》，载于《开放时代》2010 年第 10 期。

145. 金太军、张劲松：《政府自利性及其控制》，载于《江海学刊》2002 年第 2 期。

146. 康晓光：《90 年代中国大陆政治稳定性研究》，载于《二十一世纪》（香港）2002 年 8 月号。

147. 李路路：《社会资本与私营企业家》，载于《社会学研究》1995 年第 6 期。

148. 李强：《后全能体制下现代国家的构建》，载于《战略与管理》2001 年第 6 期。

149. 林尚立：《权力与体制：中国政治发展的现实逻辑》，载于《学术月刊》2001 年第 5 期。

150. 倪星：《试论中国政府绩效评估制度的创新》，载于《政治学研究》2004 年第 3 期。

151. 荣敬本等：《县乡两级的政治体制改革：如何建立民主的合作新体制》，载于《经济社会体制比较》1997 年第 4 期。

152. 彭和平编译：《国外公共行政理论精选》，中共中央党校出版社 1997 年版。

153. 孙立平：《实践社会学与市场转型过程分析》，载于《中国社会科学》2002 年第 5 期。

154. 孙立平：《向市场经济过渡过程中的国家自主性问题》，载于《战略与管理》1996 年第 4 期。

155. 王沪宁、陈明明：《调整中的中央与地方关系：政治资源的开发与维护——王沪宁教授访谈录》，载于《探索与争鸣》1995 年第 3 期。

156. 王沪宁：《论九十年代中国行政改革的战略方向》，载于《文汇报》1992 年 6 月 26 日。

157. 王玉明：《论政府的制度创新职能从新制度经济学的视角分析》，载于《中国行政管理》2001 年第 5 期。

158. 萧功秦：《中国社会各阶层的政治态势与前景展望》，载于《战略与管理》1998 年第 5 期。

159. 徐勇：《内核—边层：可控的放权式改革——对中国改革的政治学解读》，载于《开放时代》2005 年第 2 期。

160. 杨光斌、李月军：《中国政治过程中的利益集团及其治理》，载于《学海》2008 年第 2 期。

161. 杨瑞龙、杨其静：《阶梯式的渐进制度变迁模型》，载于《经济研究》2000 年第 3 期。

162. 杨瑞龙：《我国制度变迁方式转换的三阶段论——兼论地方政府的制度创新行为》，载于《经济研究》1998 年第 1 期。

163. 杨善华、苏红：《从"代理型政权经营者"到"谋利型政权经营者"》，载于《社会学研究》2002 年第 1 期。

164. 袁瑞军：《官僚自主性及其矫治》，载于《经济社体制比较》1999 年第 6 期。

165. 周飞舟：《地方政府"公司化"的利弊》，载于《北京日报》2010 年 4 月 26 日。

166. 周黎安：《晋升博弈中政府官员的激励与合作》，载于《经济研究》2004 年第 6 期。

167. 周黎安：《中国地方官员的晋升锦标赛模式研究》，载于《经济研究》2007 年第 7 期。

168. 周雪光：《基层政府间的"共谋现象"》，载于《社会学研究》2008 年第 6 期。

169. 周业安：《中国制度变迁的演进论解释》，载于《经济研究》2000 年第 5 期。

170. 朱光磊：《"职责同构"批判》，载于《北京大学学报（哲学社会科学版）》2005 年第 1 期。

171. ［德］托马斯·海贝勒：《关于中国模式若干问题的研究》，载于《当代世界与社会主义》2005 年第 5 期。

172. ［美］托尼·塞奇：《中国地方政府分析》，载于《经济社会体制比较》，2006 年第 4 期。

173. ［美］詹姆斯·马奇、约翰·奥尔森：《新制度主义：政治生活中的组织因素》，载于《经济社会体制比较》1995 年第 5 期。

174. 沈荣华：《WTO 与地方政府管理体制改革》，载于《政治学研究》2002 年第 1 期。

175. 沈荣华：《关于政府职能转变的若干思考》，载于《政治学研究》1999

年第 4 期。

176. 沈荣华：《党的十一届三中全会与中国政治发展》，载于《政治学研究》1998 年第 4 期。

177. 沈荣华：《地方政府法治化是建设我国社会主义法治国家的突破口》，载于《政法论坛》2000 年第 6 期。

178. 沈荣华：《地方政府规章的法律效力》，载于《政法论坛》1999 年第 6 期。

179. 沈荣华：《服务型政府论要》，载于《行政法学研究》2008 年第 4 期。

180. 沈荣华：《关于我国行政改革的法律思考》，载于《行政法学研究》1998 年第 4 期。

181. 沈荣华：《关于地方政府规章的若干思考》，载于《中国法学》2000 年第 1 期。

182. 沈荣华、钟伟军：《论服务型政府的责任》，载于《中国行政管理》2005 年第 9 期。

183. 沈荣华、杨国栋：《一站式服务与行政管理体制改革》，载于《中国行政管理》2006 年第 10 期。

184. 沈荣华：《信息非对称视角下我国地方政府的职能转变》，载于《中国行政管理》2002 年第 6 期。

185. 沈荣华：《从体制改革到 WTO 游戏规则：我国地方政府的角色转换》，载于《中国行政管理》2001 年第 11 期。

186. 沈荣华：《论服务行政的法治架构》，载于《中国行政管理》2004 年第 1 期。

187. 沈荣华等：《以人为本：我国政府的价值定位》，载于《中国行政管理》2008 年第 12 期。

188. 沈荣华：《合作共治：我国城市社区建设的路径探析》，载于《社会科学》2008 年第 10 期。

189. 沈荣华：《论我国地方政府职能的十大特点》，载于《行政论坛》2008 年第 4 期。

190. 沈荣华：《我国地方政府体制改革路径反思》，载于《理论探讨》2009 年第 4 期。

191. 沈荣华、王扩建：《地方核心行动者行为空间的拓展与异化》，载于《南京师大学报》2011 年第 1 期。

192. 黄建洪、施雪华：《改革开放 30 年来中国公共行政的理论探索与实践发展的关系》，载于《中国行政管理》2009 年第 8 期。

193. 黄建洪：《现代化进程中的政府能力发展：一般规律与中国选择》，载于《社会科学研究》2010 年第 4 期。

194. 黄建洪：《生态型区域治理的现代性与后现代性张力论析——兼论地方政府行为的逻辑》，载于《社会科学》2010 年第 4 期。

二、英文文献

1. Sharpe Fritz. Games Real Actors Play. Actor-Centered Institutionalism in Policy Research Bouleder and Colorado, Westview Press, 1997.

2. Susan Shirk. The Political Logic of Economic Reforms in China, Berkeley and Los Angeles: University of California Press, 1993.

3. Vivienne Shue. The Reach of the State: Sketches of the Chinese Body Politic, Stanford: Stanford University Press. 1988.

4. Niskanen, William. Bureaucracy and Representative Government. Chicago: Aldine-Atherton, 1971.

5. Robert E. Goodin, Hans-Dieter Klingemann, . A New Handbook of Political Science. Oxford University Press, 1996.

6. Salem Press Inc, International Encyclopedia of Government and Politics, London, Volume I, 1996.

7. Marc Blecher, Vivienne Shue. Tethered Deer: Government and Economy in a Chinese County, Stanford, CA: Stanford University Press, 1996.

8. Steve Leach. Local Government Reorganization Review and its Aftermath, Frank Cass, London, 1998.

9. Linda keen and Richard scase. Local Government Management: The Rhetoric and Reality of Change, Open University Press, 1998.

10. Samuel Humes Iv. Local Governance and National Power: A Worldwide Comparison of Tradition and Change in Local Government, New York, Harvestes Wheatsheaf, 1991.

11. Argaret Wiley. Local Government in the Third World, Mawhood, 1983.

12. Robert Leach and Neil Barnett. Local Government Reorganization: the Review and its Aftermath, Edited by Steve Leach, Fran Cass London, 1998.

13. Edin, Maria. Market Forces and Communist Power: Local Political Institutions and Economic Development in China, Sweden. Department of Government Uppsala University.

14. Jean. Oi. Rural China Takes off: Institutional Foundations of Economic Reform, Berkeley: University of California Press. 1999.

15. Lecours Ander. New institutionalism: theory and analysis, Toronto University of Toronto Press, 2005.

16. Lieberthal, Kenneth and Lieberthal, K. G., Lampton, D. M. Bureaucracy. Politics, and Decision Making in Post-Mao China, Berkeley: University of California Press. 1992.

17. Andrew G. Walder. Local government as Industrial Firm: An Organization Analysis of China's Transitional Economy, American Journal of Sociology, 1995.

18. Lin Nan. Local Market Socialism: Local Corporatism in Action in Rural China. Theory and Society, 1995, 24 (3).

19. Lucian W. Pye. 2002. Factions and the Politics of Guanxi: Paradoxes in Chinese Administrative and Political Behavior. In Jonathan Unger (ed). The Nature of Chinese Politics: From Mao to Jiang. New York: M. E. Sharpe.

20. Murray Scot Tanner. China Rethinks Unrest. The Washington Quarterly 3, 2007.

21. Oi, Jean. Fiscal Reform and the Economic Foundation of Local State Corporatism in China. World Politics 45 (1), 1992.

22. Paul Pierson. Increasing Returns, Path Dependence, and the Study of Politics, The American Political Review, Vol. 94, No. 2, Jun., 2000.

23. Shi Xuehua, Huang Jianhong. The Relations between the Theoretical Exploration and the Practical Development of Chinese Public Administration Since 1978. Revue Juridique et Economique Europe-Chine. Janv-Juin 2008.

后 记

本书是沈荣华教授主持的教育部哲学社会科学研究重大攻关项目《地方政府改革与深化行政管理体制改革研究》（批准号：06JZD0033）的终期成果，2010年6月经教育部组织专家评审，结项为优秀。

本书以我国地方政府改革、提炼深化行政管理体制改革规律为核心内容。在回顾30多年来地方政府体制改革的基础上，在论证地方政府体制创新的制度性起点的前提下，本书系统阐述了中央—地方政府确权与地方政府的权能定位、地方政府责任体系重构与行政问责制度化、地方政府关系调适与行政管理结构合理化、地方政府绩效评估与行政管理体制改革评判常态化以及地方政府体制创新反思、改革窗口前沿的整体性改革的经验与反思等问题，最后提出了15项具有实践意义的地方政府改革对策建议。

本书研究旨在达到这样的基本目标：思考改革动力的多元性结构、琢磨自下而上和自上而下的治理机制对接，构建多向度的互动整合架构，努力促使改革从表象向纵深内核推进，同时构思地方政府自主创新的多元格局，促使地方政府的服务型功能得到最大效应的推进。因此，我们的研究坚持以人为本和科学发展观理念，充分采用实地调研法、比较法与统计分析方法，从实际出发，实事求是分析和思考。

除了这份终期成果以外，我们还有部分中期研究成果，主要包括：学术专著7部（沈荣华、钟伟军著《中国地方政府体制创新路径研究》，沈荣华、黄建洪等著《公共管理学百年经典原著导读》，钟伟军著《利益冲突、沟通梗阻与地方协调机制建设》，余敏江著《政府管理改革新视界：当代公共管理与宪政关系研究》），黄建洪著《公共理性视野中的当代中国政府能力研究》，容志著《土地调控中的中央与地方博弈》，赵康著《管理咨询在中国：现状、专业水平、存在问题和发展战略》）；调研报告4份，内容涉及县级编制改革、滇池治理、行政服务中心建设、平江社区创新，报告已经呈送相关部门，受中央编制委员会、江苏省编制委员会、苏州市编制委员会、昆明市政府、苏州平江区政府等政府部门的采纳；学术论文77篇（其中沈荣华撰写的论文《论服务型政府的责任》被《新华文摘》全文转载；另有20多篇论文被中国人民大学报刊复印资料全文转载），在学术界和政府实践部门引起一定的反响。

首席专家带领课题组长期研究中国地方政府，长期与地方政府官员及工作人员接触、了解、对话，并思考、总结、提炼。既为改革开放以来日新月异、与时俱进的地方政府创新倍感高兴、欢欣鼓舞；又为不少地方政府出现的盲目决策、铺张浪费、远离民众以及某些地方政府领导人集体腐败与堕落忧心忡忡、愤懑不安。在公民责任和学术良知的驱使、鞭策下，我们课题组立志为实现民主、法治、服务、廉洁导向的地方政府体制改革尽绵薄之力。

本书由沈荣华提供总体思路与框架并全程参与，钟伟军、张晨、黄建洪、余敏江、容志、王扩建是本书调研与执笔的主力，本书的完成，主要凝聚了核心团队的聪明才智与团结努力。在本书初稿的写作阶段，沈荣华提供了第1、2、3、10章，容志副教授提供了第4章，余敏江、张晨副教授提供了第5章，黄建洪副教授提供了第6章，张晨、钟伟军副教授提供了第7章，沈荣华、钟伟军提供了第8章，沈荣华、黄建洪、王扩建提供了第9章。葛建一研究员对第2章有部分贡献、王荣庆研究员对第3章有部分贡献，芮国强研究员对第8章有部分贡献，蓝蔚青研究员为本书增添了智慧，并对第11章有部分贡献，钟伟军、张晨、黄建洪对第11章也有部分贡献，他们均从不同的学术角度为本书提供了营养。王平、沈志荣、宋煜萍等博士以及孙红军、白祖纲、曹飞、林萍、陆永娟、周定财、吕承文等博士生也参与其中，为本书作出了诸多努力。严博、齐之鉴、叶加洪、张凡、苏丽君、李冉、张士威、刘京、吴茜、谈淼、徐静娴、何瑞文、何晔、戴文娟、李敏、赵靓文、房秀兰、鹿斌、梁霄、肖娜、杨心怡等硕士生也积极参与寻找资料、协助校对，其中，吕承文、张士威甚为努力。最值得一提的是，国内一批著名大牌学者关心、支持、帮助本课题的进展，并对本书的结构完善、观点提炼、思路提升等方面提出了许多卓见与高论，为本书增添了学术厚度与理论光彩。学界前辈夏书章、丘晓、徐大同、曹沛霖、王邦佐、张永桃、孙关宏给予深深的关怀，已故前辈王惠岩、赵宝煦生前也对本书提出建议，他们都为本书严格把关。本书最后由沈荣华负责统修。钟伟军、张晨、黄建洪协助前半段修改工作。从2012年以后，首席专家又用一年多的时间对全书再作详细统修并最后定稿，周定财、鹿斌协助其间。

本书于2006年12月获教育部重大课题批准立项并即时启动，2010年6月如期结项。结项至今又历经了近三年的修改、充实，但仍感惴惴不安。本书的出版尽管凝聚了许多人的智慧、关心、帮助，得到了许多人的努力与付出，但是，书中内容仍有许多缺陷与不足，除了地方政府体制改革实践发展太快总感跟不上以外，主要由于本人学术肤浅与精力有限，还望学界友人与广大读者批评指正。

在课题研究和终期成果撰写的过程中,得到了云南昆明,江苏苏州、盐城、南通,浙江杭州、宁波,广西柳州,四川乐山,广东深圳,山西晋中,黑龙江哈尔滨等市政府以及云南安宁,江苏昆山、常熟、吴江等县级市政府的大力支持,其中特别是江苏省盐城市的郭峥嵘先生,工作之余不仅为本书提供实践素材,还在课题调研中,为本人出谋划策,提供建议与设想,在此一并表示深深的感谢。本书还借鉴参考了学界大量既有研究成果和资料,在此一并致以真诚的谢意。

教育部哲学社会科学研究重大课题攻关项目成果出版列表

书　名	首席专家
《马克思主义基础理论若干重大问题研究》	陈先达
《马克思主义理论学科体系建构与建设研究》	张雷声
《马克思主义整体性研究》	逄锦聚
《改革开放以来马克思主义在中国的发展》	顾钰民
《当代中国人精神生活研究》	童世骏
《弘扬与培育民族精神研究》	杨叔子
《当代科学哲学的发展趋势》	郭贵春
《服务型政府建设规律研究》	朱光磊
《地方政府改革与深化行政管理体制改革研究》	沈荣华
《面向知识表示与推理的自然语言逻辑》	鞠实儿
《当代宗教冲突与对话研究》	张志刚
《马克思主义文艺理论中国化研究》	朱立元
《历史题材文学创作重大问题研究》	童庆炳
《现代中西高校公共艺术教育比较研究》	曾繁仁
《西方文论中国化与中国文论建设》	王一川
《楚地出土戰國簡册〔十四種〕》	陳　偉
《近代中国的知识与制度转型》	桑　兵
《京津冀都市圈的崛起与中国经济发展》	周立群
《金融市场全球化下的中国监管体系研究》	曹凤岐
《中国市场经济发展研究》	刘　伟
《全球经济调整中的中国经济增长与宏观调控体系研究》	黄　达
《中国特大都市圈与世界制造业中心研究》	李廉水
《中国产业竞争力研究》	赵彦云
《东北老工业基地资源型城市发展可持续产业问题研究》	宋冬林
《转型时期消费需求升级与产业发展研究》	臧旭恒
《中国金融国际化中的风险防范与金融安全研究》	刘锡良
《中国民营经济制度创新与发展》	李维安
《中国现代服务经济理论与发展战略研究》	陈　宪
《中国转型期的社会风险及公共危机管理研究》	丁烈云
《人文社会科学研究成果评价体系研究》	刘大椿

书 名	首席专家
《中国工业化、城镇化进程中的农村土地问题研究》	曲福田
《东北老工业基地改造与振兴研究》	程 伟
《全面建设小康社会进程中的我国就业发展战略研究》	曾湘泉
《自主创新战略与国际竞争力研究》	吴贵生
《转轨经济中的反行政性垄断与促进竞争政策研究》	于良春
《面向公共服务的电子政务管理体系研究》	孙宝文
《产权理论比较与中国产权制度变革》	黄少安
《中国加入区域经济一体化研究》	黄卫平
《金融体制改革和货币问题研究》	王广谦
《人民币均衡汇率问题研究》	姜波克
《我国土地制度与社会经济协调发展研究》	黄祖辉
《南水北调工程与中部地区经济社会可持续发展研究》	杨云彦
《产业集聚与区域经济协调发展研究》	王 珺
《我国民法典体系问题研究》	王利明
《中国司法制度的基础理论问题研究》	陈光中
《多元化纠纷解决机制与和谐社会的构建》	范 愉
《中国和平发展的重大前沿国际法律问题研究》	曾令良
《中国法制现代化的理论与实践》	徐显明
《农村土地问题立法研究》	陈小君
《知识产权制度变革与发展研究》	吴汉东
《生活质量的指标构建与现状评价》	周长城
《中国公民人文素质研究》	石亚军
《城市化进程中的重大社会问题及其对策研究》	李 强
《中国农村与农民问题前沿研究》	徐 勇
《西部开发中的人口流动与族际交往研究》	马 戎
《现代农业发展战略研究》	周应恒
《综合交通运输体系研究——认知与建构》	荣朝和
《中国独生子女问题研究》	风笑天
《中国边疆治理研究》	周 平
《中国大众媒介的传播效果与公信力研究》	喻国明
《媒介素养:理念、认知、参与》	陆 晔
《创新型国家的知识信息服务体系研究》	胡昌平

书　名	首席专家
《数字信息资源规划、管理与利用研究》	马费成
《新闻传媒发展与建构和谐社会关系研究》	罗以澄
《数字传播技术与媒体产业发展研究》	黄升民
《教育投入、资源配置与人力资本收益》	闵维方
《创新人才与教育创新研究》	林崇德
《中国农村教育发展指标体系研究》	袁桂林
《高校思想政治理论课程建设研究》	顾海良
《网络思想政治教育研究》	张再兴
《高校招生考试制度改革研究》	刘海峰
《基础教育改革与中国教育学理论重建研究》	叶　澜
《公共财政框架下公共教育财政制度研究》	王善迈
《农民工子女问题研究》	袁振国
《当代大学生诚信制度建设及加强大学生思想政治工作研究》	黄蓉生
《处境不利儿童的心理发展现状与教育对策研究》	申继亮
《学习过程与机制研究》	莫　雷
《青少年心理健康素质调查研究》	沈德立
《WTO主要成员贸易政策体系与对策研究》	张汉林
《中国和平发展的国际环境分析》	叶自成
*《中国抗战在世界反法西斯战争中的历史地位》	胡德坤
*《中部崛起过程中的新型工业化研究》	陈晓红
*《中国政治文明与宪法建设》	谢庆奎
*《中国能源安全若干法律与政府问题研究》	黄　进
*《我国地方法制建设理论与实践研究》	葛洪义
*《我国资源、环境、人口与经济承载能力研究》	邱　东
*《边疆多民族地区构建社会主义和谐社会研究》	张先亮
*《非传统安全合作与中俄关系》	冯绍雷
*《中国的中亚区域经济与能源合作战略研究》	安尼瓦尔·阿木提
*《冷战时期美国重大外交政策研究》	沈志华

……

＊为即将出版图书